ミネルヴァ日本評伝選

世界的見地より経綸を案出す

竹越与三郎

西田　毅著

ミネルヴァ書房

刊行の趣意

「学問は歴史に極まり候ことに候」とは、先哲荻生徂徠のことばである。

歴史のなかにこそ人間の智恵は宿されている。人間の愚かさもそこにはあらわだ。この歴史を探り、歴史に学んでこそ、人間はようやくみずからの正体を知り、いくらかは賢くなることができる。新しい勇気を得て未来に向かうことができる。徂徠はそう言いたかったのだろう。

「ミネルヴァ日本評伝選」は、私たちの直接の先人について、この人間知を学びなおそうという試みである。日本列島の過去に生きた人々の言行を、深く、くわしく探って、そこに現代への批判を聴きとろうとする試みである。日本人ばかりではない。列島の歴史にかかわった多くの異国の人々の声にも耳を傾けよう。

先人たちの書き残した文章をそのひだにまで立ち入って読み、彼らの旅した跡をたどりなおし、彼らのなしとげた事業を広い文脈のなかで注意深く観察しなおす——そのとき、はじめて先人たちはいまの私たちのかたわらによみがえってくる。彼らのなまの声で歴史の智恵を、また人間であることのよろこびと苦しみを、私たちに伝えてくれもするだろう。

この「評伝選」のつらなりのなかから、列島の歴史はおのずからその複雑さと奥ゆきの深さをもって浮かび上がってくるはずだ。これを読むとき、私たちのなかに新たな自信と勇気が湧いてきて、その矜持と勇気をもって「グローバリゼーション」の世紀に立ち向かってゆくことができる——そのような「ミネルヴァ日本評伝選」にしたいと、私たちは願っている。

平成十五年（二〇〇三）九月

上横手雅敬
芳賀　徹

竹越与三郎（三叉）（中野の自宅にて）
（竹越家提供）

開拓社草創期のスタッフ

（右端が三叉）（竹越家提供）

看板「世界之日本発行所開拓社」（東京大学法学部附属明治新聞雑誌文庫蔵）

草創期の開拓社跡地

（東京都中央区銀座５丁目／旧京橋区尾張町１丁目４番地）

衆院選の選挙スタッフ

（前列帽子を持つのが三叉，その左隣が山路愛山）（著者蔵）

「翠袖飜天彤管留地　三叉漁叟」

（著者蔵）

三叉胸像

（新潟県上越市蔵）

家族（左から，虎之助，三叉，龍五郎，北見，熊三郎，竹代，鵠四郎）
（明治37年）（竹越家提供）

邸内のバラ園にて
（竹越家提供）

四谷東大久保の竹越邸（明治36年頃）
（竹越家提供）

はしがき

偏狭な国家主義思想が吹き荒ぶ昭和初期の日本において、稀有な「世界主義」者にして「貴族的平民主義」者、思想的なブレのない節操を守った言論人で歴史家の三叉《さんさ》竹越与三郎《たけこしよさぶろう》とはどういう人物なのか。

明治時代のジャーナリスト鳥谷部《とやべ》春汀《しゅんてい》は、かつて竹越の文才を次のように評した。

「三叉の文才は、当今多くその類を見ず。その文恰《あたか》も繭の糸を吐く如く、鋸《のこぎり》の屑を下だすが如く、殆ど意を経ずして章をなすものに似たり。勿論文法語格の放縦《ほうしょう》不検束なるはその欠点なりと雖も、要するに才子の文なりと謂うべし」、その「才藻渙発、千言万言筆に任かせて紙上に来往するの風あるは、実に三叉の天才なり」（「当今の時文家」『文章世界』一巻一号）と。また「軽舟に棹《さおさ》して長江を下るが如し、両岸の風光応接に暇なからんとす。麗なり、綺なり、而して其人も亦意気なる高襟《はいから》なり」（「竹越与三郎先生」『万朝報』）といった批評もある。とにかく、三叉の名文、麗筆は文壇で定評があった。しかも筆の早いことでも有名であった。批判精神が旺盛であった三叉は、書いた新聞記事がたびたび筆禍に遭い、発刊停止処分を喰ったが、速筆の彼はその間に一気呵成に本邦初のクロムウェル伝（『格朗空』）を書き上げるという芸当をやってのけたこともある。『新日本史』や『二千五百年史』をはじめ名著を発表して歴史家としての名声も手にし、「文人」として成功していた彼がなぜ政界に打って出たのか。

友人の山路愛山《やまじあいざん》は三叉の「公共的神経」の鋭さ、「殉公的精神」の強さを政界進出の第一の理由に挙げている。竹越は取材活動で知己になった陸奥（宗光）や伊藤（博文）、岡崎邦輔らの影響で政界の腐敗堕落、とくに目に余る藩閥支配に抗して政党再編運動にコミットしたのがきっかけで次第に実際政治に傾斜していった。愛山によれば、日本の政界には「学問ある僚属と無学な衆議院議員との暗中格闘」という「不可思議なる現象」があった。愛山はとりわけ政治家の識見を重視し、文明列国とともに歩むべき日本において現代を正しく理解する知識の鍵をもつ政治家の不在を嘆いた。

真の政党と政党政治が不在の日本の政界にあって、竹越のように「新時代に教育せられ、新時代を解釈し得る好個の読書生」が政界に進出することは、大いに歓迎すべきことであると述べた。とはいえ「文人」三叉にとって、その決断は彼一身の利害から言えば「計の甚だ拙なるもの」と断言することも忘れなかった（「濁世論」）。

三叉は明治三五年に衆議院議員に選ばれて以後、貴族院、枢密顧問官と下院から上院議員へとその政治的立場は変わったが、竹越は政治家としての後半生を送った。しかし、彼は政治家時代に入って後も言論人としての活動を一貫して続けたわけで、それはいわば批評家と実践家の二足の草鞋を履いた人生であったとも云える。彼はペンを捨てて政治活動に入ったのではなかった。むしろ複雑な現実政治の魑魅魍魎《ちみもうりょう》をみることで、それまでの書斎で構築される観念的な政治論とは異なった成熟した政治的思惟の形成に役立ったともいえよう。

彼は貴族院議員に推薦されたとき、民党（自由民権派）の政治家の初心を省みて大いに躊躇したという。しかし孤高の「学者政治家」タイプの彼には、激しい政権争奪に明け暮れる下院議員より「文人」西園寺の懐刀として政界で働く方が性に合っていたのではないか。原敬ら政友会執行部グループとの肌合いの違いを見るにつけそういう実感がする。

三叉の見識からいえば閣僚経験があって不思議ではないが、W・グラッドストーンやA・P・ローズベリーらを理想の政治家と仰ぐ三叉のような英国型「文人政治家」は、明治大正期の未熟な政党政治の時代には政権中枢部で活用される余地がなかったのであろう。否、識見、弁才、品格を兼ね備えた政治家が現実政治の場で敬遠されるのは、今も昔と同じといえるかもしれない。

一九三〇年代から四〇年代にかけて軍部が席巻する時代にあって、大所高所の観点からこの国の政道を是正する役割は、もはや大政翼賛体制下の政党人には期待できない仕事であった。その意味では「救世の志ありて救世の才なく、救国の見ありて救国の力なく、遂に一事をも為す能はずして退て書斎に入る」という、いささか自嘲的とも受けとれる晩年の彼の心境は悲観的に過ぎるように思われる。

日本の政界から「文人政治家」や「学者政治家」と呼ばれる政治家が消失して久しい。また、政治家の「志」を取り上げて議論するといった風潮も現在ではあまりみられない。有権者の間で将来のこの国の理想像について贔屓《ひいき》の政治家とともに語り合い、ともに作り上げていくという積極的な意欲も乏しい。

第二次世界大戦後、新憲法と普通選挙の実現によって政党政治がようやく実現することになったが、国民の政治意識が成熟しないこともあって、ともすれば自己保身や特殊利益の代弁者として行動するか、輿論の動向に過敏に反応し、支持率に一喜一憂する政治家が多い。また有権者も近視眼的な利害にとらわれ、この国の安全保障や外交について無関心を続けるようでは、選挙をいくら繰り返しても政治はよくならない。

現代において三叉のようなタイプの政治家の果たす役割は何か。

三叉は政治教育の必要を誰よりも強く主張した。西園寺とともに出版した『人民読本』はその意欲の結晶である。普通選挙と議会政治が制度的に保障されている今日、有権者の政治意識の向上のため、学生青年層はむろん、ひろく社会人一般に対する政治教育の実施が必要ではなかろうか。現代における政治教育の課題は、立憲政治の本質、国家や社会と個人の関係の捉え方、「情報化」時代で人とものの交流が盛んな今日、情報洪水に流されることなく、氾濫する情報のなかから真実と誤った情報を識別する方法、そして地球規模で容易に人と人が往き来する時代に生きるわれわれにとって、国と国との交際はどうあるべきか、といった問題など多岐にわたるが、それに加えて広く国民一般に判断と理解の鍵を明示し得る政治家の存在が求められるのではないだろうか。内政外交に対する一家言をもち、直面する政治課題について展望を示し得る政治家、言い換えれば政治の世界に聡明さと知性の導入を説いてやまないのが三叉であった。

批評家であり、政治家でもあった三叉の人脈は広い。彼の周辺には近代日本の著名な学者・教育者、政治家、宗教家、作家、言論人の名前がきら星のように並んでいるのに驚く読者もあろう。彼はこれら各界の俊傑たちとの交わりのなかで、人としての生き方や思想、あるいは行動規範を学び形成していった。評伝というスタイルを活かして、本書でできるだけ多くの人々との関わりを取り上げ、三叉がどのような出会いと別離・決別を繰り返したか、かなり細部にわたって検討した。本書の叙述を通して読者諸賢が著者の気づかない竹越与三郎の人と思想、そして精神のかたちを探索するヒントを摑んでいただければ幸いである。

竹越与三郎――世界的見地より経綸を案出す　目次

はしがき

凡例

・本書の引用は原典（竹越の著書・文集など）に忠実であることを旨とした。しかし読みやすさを考慮して、適宜、片仮名を平仮名にあらため、改行、句読点やルビを付した。また、現代の読者にとって繁雑と思われる場合はルビの省略を行った。
・〔　〕は筆者の注、（ママ）は原文字句の真偽は不明であるが、原文通りとすることの意味。明らかな誤字脱字は適宜、訂正した。
・現代の表記法から見て不適切と思われる西洋人名は現代風に改めた。

図版写真一覧

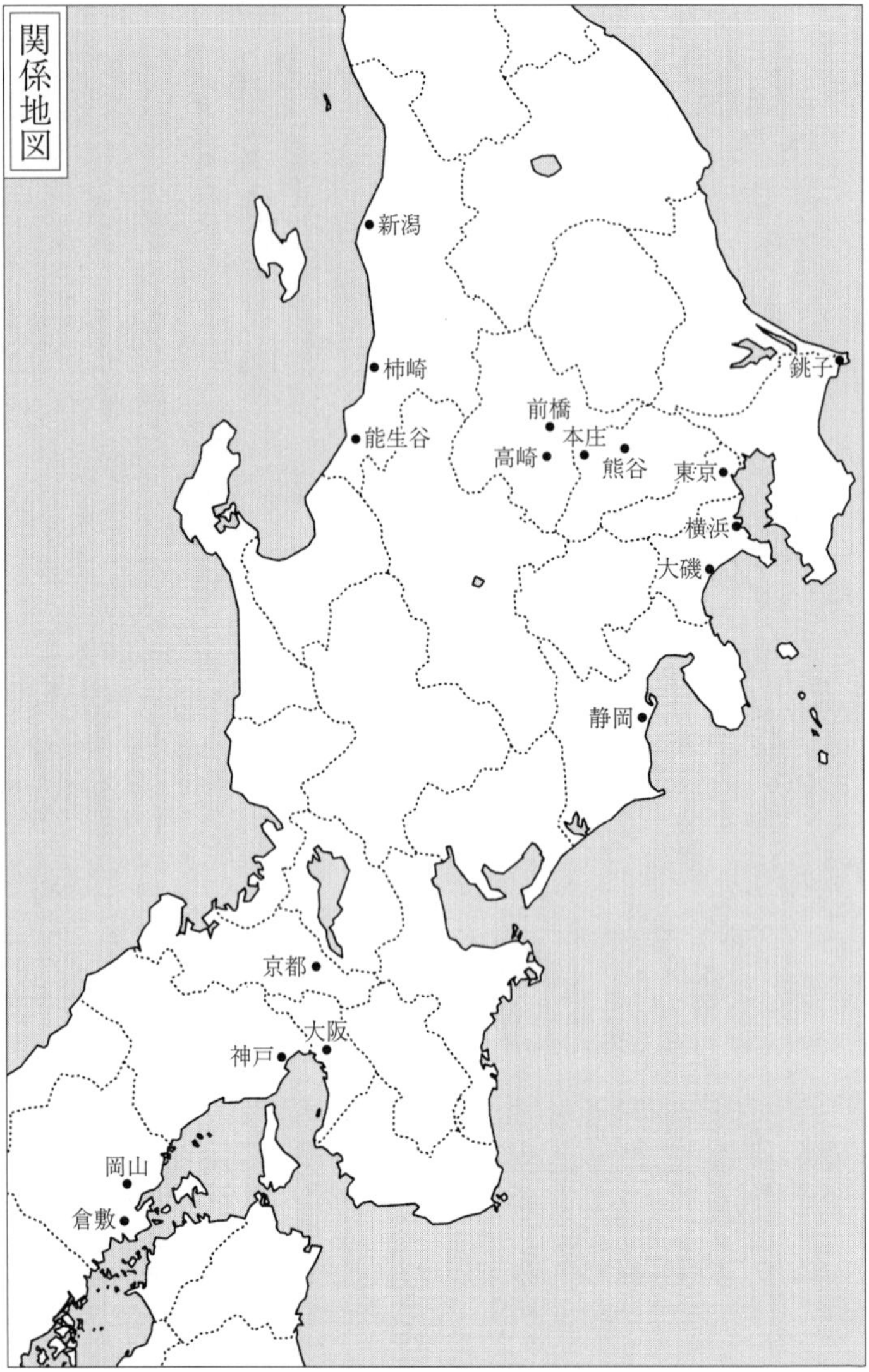
関係地図
新潟
柿崎
能生谷
前橋
本庄
高崎
熊谷
銚子
東京
横浜
大磯
静岡
京都
大阪
神戸
岡山
倉敷

序章　「文人政治家」晩年の心境

プロフィール

竹越与三郎（号は三叉、一八六五〜一九五〇）は、明治・大正・昭和の敗戦直後まで生きた息の長い言論人である。彼はまた、在野の歴史家、政治家（衆議院議員・貴族院議員・枢密顧問官を歴任）としてその名は広く知られた存在であった。

慶應義塾で福沢諭吉の薫陶を受け、その後徳富蘇峰《とくとみそほう》の「平民主義」思想に共鳴して民友社《みんゆうしゃ》に入社、『国民新聞』や『国民之友』を舞台に政論記者として活躍、そして民友社退社後は陸奥宗光や西園寺公望の後援を得て雑誌『世界之日本』を創刊、主筆として政治や歴史、社会問題に縦横の健筆を揮った。そして民友社時代に刊行した『新日本史』（一八九一〜九二）、『二千五百年史』（一八九六）などのベストセラーによって歴史家としての名声も得た。明治三〇年代に入って政論記者から政界に転じ、明治三五年から大正四年まで衆議院議員、大正一一年に貴族院勅選議員、そして昭和一五年に枢密顧問官に任命された。その間、読売新聞主筆、伊藤欽亮の主宰する日本新聞、東京毎夕新聞、大阪毎日、東京日日新聞などに関与し新聞記者としての活躍も継続している。また、大正一〇年に臨時帝室編修官長に就任し、『明治天皇紀』編纂の仕事に従事した。多忙な政治家時代にも『南国記』（一九一〇）をはじめ、『人民読本』（一九一三）、『陶庵公』（一九三〇）など、輿論をリードする著作を次々に発表、さらに主著『日本経済史』（全八巻、一九二〇）を出版するなど歴史家としての面目を維持し続けた。

このように、生涯にわたって精力的な執筆活動を続けた竹越の基本的な思想的立場は、明治の啓蒙思想やプロテスタンティズム、自由民権思想によって培われた「平民主義」にあり、若いときは、民友社同人として徹底した「下から」の欧化と個人主義、反貴族主義、立憲政治論を主張した。しかし彼の平民主義は、ポピュリズムを否定する「天爵貴族」政治論と背中合わせの思想でもある。曰く、「進歩した少数があって、多数が此の少数に聴いて居るのが平民政治であると思ふ。此の点に於ては所謂天爵貴族主義であって、制度、法律に依る貴族にあらず、己の精神の力に依りて一世を率いて行く天爵を得た貴族政治でなければならぬ」（傍点筆者）といった「貴族的平民主義」にその一端が表れている。日清戦争の頃までその基本主張は徳富蘇峰とほぼ同じ論調であったが、民友社を退社して明治二九年に開拓社を起して『世界之日本』を発刊する前後から陸奥、西園寺流の自由主義的政治家との交渉が親密になり、やがて第三次伊藤内閣が成立（一八九八年一月）するや西園寺文相の秘書兼勅任参事官に起用される。

言論人から政界への転身といえば、ちょうど前年に蘇峰が松方内閣の内務省勅任参事官に就任して世間から「変節漢」の激しい非難を浴びたが、竹越の場合、とくにそのような非難の声は上がらなかった。反藩閥の風潮の強い当時の言論界で、彼の陸奥・西園寺ら非藩閥政治家とのつながりが、一種の「免罪符」になったのであろうか。しかし、「無冠の帝王」から政権内部への移動という点では蘇峰と大差はない。

やがて陸奥の参謀格の岡崎邦輔《おかざきくにすけ》らと一緒になって政友会結成のために奔走し、その延長線上に竹越の衆議院議員誕生が実現する。とにかく、この時期の三叉は藩閥と政党の提携や政党再編問題などにコミットするなど、実際政治の改革に強い意欲を示した。

竹越はその人脈や思想史的な系譜からいえば、福沢・陸奥・西園寺の系譜に連なる自由主義的政論家である。大正中期以降の上院議員時代にはそのリベラリズムは次第に「上流平民主義」、ないし「貴族的平民主義」（「天爵貴族」主義）へと変化し、論策もラディカルな平民主義からナショナルな社会帝国主義（「自由帝国主義」）に変わっていく。一方、三叉の思想を検討する場合、キリスト教の影響も軽視できない。すなわち、二十歳前後に経験した新島襄《にいじまじょう》との出会いや小崎弘道《こざきひろみち》、海老名弾正《えびなだんじょう》らキリスト教界の人々から影響されて、群馬の廃娼運動や青年教育に参加、伝道活動にも積極的な熱意を示した事実を看過できないのである。彼は明治二〇年代のキリスト教に対する政府支配層の抑圧に対して、信教自由の保護の観点から積極的に抗議している。

竹越の政治や社会的関心は国内政治の問題にとどまらず、対外認識、とくに近隣のアジア大陸や欧米諸国との理想的な外交関係の構築を目指す発言となって現れた。外交問題重視の姿勢は、『世界之日本』の発刊によく示されている。すなわち、創刊号（明治二九年七月二五日）の社説「世界の日本」は、今日、次第に世界が縮小し、各国の利害が複雑で尖鋭化するのにともなって、国民の運命を決定する力としての外交の比重が高まってきたことを述べ、こうした時代の要請に応えるために、豊かな外交知識を国民に与える目的で本誌が発刊されたことを詳細に説明している。『世界之日本』の基本的立場は東洋、西洋といった地理的「空名」にこだわらず、狭い「日本人の日本」や「東洋の日本」という意識から脱皮して、もっと「世界の日本」を自覚し、「世界の舞台に上り、世界的見地より経綸を案出し、世界的胸宇を以て列国の間に周旋せざる可らず」というグローバリズムの立場を鮮明に打ち出している。日清戦争後、愛国心や国家主義的風潮が盛んな時期にあって、偏狭な国粋主義を排して「世界之日本」主義を宣揚したことは注目に値しよう。

　同時に、時代の進展とともに、彼自身の関心対象の移動や歴史認識の変容といった問題についても検討しなければならない。日清戦争後、日本は台湾を獲得し初めて植民地経営に乗り出すが、彼はそうした状況の変化を鋭く感知して新渡戸《にとべ》稲造《いなぞう》、江木《えぎ》翼《たすく》らと殖民学会を組織（一九一〇年四月）し、『台湾統治志』（一九〇五）や『比較殖民制度』（一九〇六）、『南国記』（一九一〇）などの書物を公刊した。要するに、明治後半期の彼にとって、平民主義に基づく国内の政治改革と理想的な対外関係の構築は、最大の関心事であった。そして、維新の改革によって形成された新日本にとって、植民地経営は失敗が許されない「大国民」の要件と考えられた。

　日露戦後から大正初期にかけての大正政変（憲政擁護運動）への参加、そして辛亥革命前後の中国視察旅行や中華民国の成立、その後の袁世凱政権をめぐる政争や国民政府の北伐運動への関心など、彼は隣国の政治変動に対しても並々ならぬ関心を払った。外交知識の重要性や、変化してやまない近隣のアジア諸国並びに国際社会の理解の意義は、雑誌『世界之日本』の刊行以来、彼が一貫して説き続けたテーマであった。張之洞《ちょうしどう》や袁世凱ら清末、民国初期の政治家たちと実際に会って、清末の改革運動や満州問題など、日中両国の懸案問題について話し合っている。

また、国内政治では明治末の第二次西園寺内閣を瓦解させた陸軍の師団増設問題や国防政策を批判、軍部勢力の外交政策への容喙に対して勇気ある批判を試みた。軍部批判については、その後も昭和期の『旋風裡の日本』（一九三三）における言説や東条内閣の瓦解を歓迎する発言などが注目を引く。しかし、満州事変勃発に続く五・一五事件、昭和一二年七月七日の盧溝橋での日中両軍の衝突から日中全面戦争の開始、そして昭和一六年の対米英宣戦布告といった暗転する時局の進展に対して改善のためになす術もなく、彼は次第に無力感を強めていったことも事実である。昭和初期には、浜口（雄幸）内閣の経済政策とくに財政緊縮政策と金解禁策に対して、竹越は首相や井上（準之助）蔵相に貴族院で質問演説を行うなど、まだ意気軒昂振りを示している。浜口内閣総辞職、犬養首相暗殺直後には、反ファッショの力強い警世の発言もあった。しかし、二・二六事件後は系統だった時局批判の言論活動はない。昭和一五年四月、西園寺の推薦で枢密顧問官に就任したが、「最後の元老」としての西園寺の期待に十分応えられなかった。太平洋戦争に向かって怒濤の勢いで進行する政局にあって、三叉は軍部のファッショ支配に最後の抵抗を試みたが、刀折れ矢尽きて敗退したというのが事実であろう。四〇年の長きにわたって親炙してきた西園寺の死が彼に与えた衝撃の大きさも見逃せない。

それでも、「ファッショ的思想は、亡国の廃墟から起り、その声は塚中の枯骨の叫である。堂々として隆興の運に乗ずる我が国民をして、之（ナチス思想）を模倣せしめんとするは恥づべき挙動」（『旋風裡の日本』）と軍人や右翼団体を厳しく批判して軍人を刺激した（原田熊雄『西園寺公と政局』第三巻）。そして、三国同盟批判や日ソ中立条約批准に対する疑義、「大東亜省設置案」をめぐる東条首相批判など、抵抗の姿勢はかろうじて維持されたといえようか。

三叉は枢密顧問官時代に『三叉小品』を出版したが、そのなかに「深草の元政《げんせい》どの」という一編が収められている（初出は『中央公論』一九三九年）。「文人政治家」としての三叉の特徴がよくあらわれた評論であるが、そこに表明された三叉晩年の心象風景を紹介しておこう。

「深草の元政どの」への想い

京都洛南の地深草に元政上人石井氏（一六二三〜六八）ゆかりの日蓮宗瑞光寺《ずいこうじ》がひっそりとした佇まいを見せている。地理的には近くに稲荷山とその麓に伏見稲荷大社や荷田春満の旧宅があり、そして東山の今熊野から深草大亀谷を経て桃山の桓武帝や明治天皇御陵まで、歴代の天皇陵が打ち並ぶいわば「王家の谷」に属する一帯である。今は名神高速道路やJR、京阪電鉄が走り、洛中とかわらぬ賑わいを見せているが、元政上人がここに庵を結んだ寛文年間の頃は、世捨て人が住まうにふさわしい鄙《ひな》びた風情のただよう極楽寺村であった。

三叉と元政上人との出会いはどのようにして生じたのか。竹越は一六、七歳のころ、国学者伴蒿蹊《ばんこうけい》（一七三三〜一八〇六）が書いた『続近世奇人伝』で元政の伝記を知り、さらに元政が著した歌集や詩集を直に読んでその人物に興味をもつようになったという。事実とすれば、わずか一六、七歳で世捨て人の元政に興味をもつとは、ずいぶん早熟でませた子供であるが、それはともかく、元政は彦根藩士石井道種（二千石取り）の第二子で、その名を石井俊平といい、元和九年（一六二三）京都に生まれた。姉は彦根侯の側室で、その子がのちに藩主になったというから石井の家は有力な家系であったといえる。長じて彼は藩侯井伊直孝に仕え、八、九歳で江戸に出て、一九歳で彦根に帰藩し、二六歳で妙顕寺の日豊上人に出会って入道した日蓮宗の高僧である。さらに、和歌や漢詩文を良くした元政は石川丈山《いしかわじょうざん》（一五八三〜一六七二）と並んで「寛文の詩豪」といわれた人である。

彼はまた尾張徳川家に客事した明の詩人陳元贇《ちんげんぴん》*と親交があり、両者の詩篇数百首が『元元唱和集』

瑞光寺（京都市伏見区深草坊町）

元政上人墓（瑞光寺境内）

と題して残っている。また、陽明学者の熊沢蕃山とも交流があり、国学に長じ、和歌や茶を嗜《たしな》むなど竹越の言葉を借りれば、いわゆる「坊主くさからぬ高僧」であった。そして元政の読書の範囲は広く日本紀や源氏物語にまで及び、とくに源氏には精通していたという。

＊陳元贇（一五八七〜一六七一）明代末期の文人。一五八七年（万歴一五）逝江省余杭県生まれ。三十代で日本に渡り尾張藩主徳川義直に招聘され拝謁を得る。生涯日本に留まり柔術・書道・詩・作陶を能くした多才な人物。寛文一一年（一六七一）名古屋で死ぬ。その作品『元元唱和集』は元政との応答に基づいて作成された漢詩集。

元政が若くして仏門に帰依した動機は一体何なのか。竹越の主たる関心は若くして深草に隠棲したその動機や背景の探索にあった。藤原吉迪の『睡余小録』によりながら、彼は若き日の元政と京の島原の名妓高雄のロマンスに書き及んでいる。二人は相許す仲となったが、高雄が思わぬ客に求愛され、強制的に身請けせられることになったのを嘆いて自刃し、そのことが当時、一九歳から二三歳ころの「純真無垢、多感多情」な若者であった元政に、「悲哀・憂愁、心の底から滾々《こんこん》として湧き来り、抑ふべからざるもの」が生じた。かくして、この悲哀・憂愁が、人生に対する大疑・大迷を生じ、元政をして出家得道を決意せしめたのではないかと竹越は想像する。

厚い仏教信者の家で育った彼が人生を棄却することによって、「心中の煩憂・悲哀を医さん」とした決断は、源渡の妻袈裟御前を誤って殺し、仏門に入った遠藤盛遠《えんどうもりとお》（文覚上人）と同工異曲であろう。心の痛手から人生を達観した石井元政は、世を捨てる高人のなかでも空海や最澄のような堂々と仏法をひろめる猛気もなければ、一休和尚のような「人生を玩弄する」スレッからしの坊主でもない。要するに元政は「結局、詩人的仏僧」であったと評している。また、『奇人伝』に載った辞世の一句「深草の元政どのは死なれけり、我が身ながらもあわれなりけり」を引いている。

三叉晩年の意気と諦念

このエッセーには竹越の人間観や宗教観がよく出ているが、この時期の彼がなぜ元政上人に惹かれたのであろうか。彼は慶応元年生まれであるから、齢すでに古稀を超える年齢に達しており、「経世の志ありて済世の才なく、救国の見ありて救国の力なく、遂に一事をも為す能はずして退いて書斎に入る」（「倦鳥求林集に題す」）といった無力感に間々襲われることもあった。しかし、政治に対する無力感を抱いたとしても、彼が政治の世界からの逃避として詩歌風流の道を求めたとは思えない。それは上の文章に続けて「余の現状は倦鳥が林を求むるにも似た」状況にあることを洩らした言葉や『三叉小品』題言の「病を癒すには、必しも天下の奇薬のみに限らず、牛《ぎゅう》溲《そう》馬《ば》勃《ぼつ》（牛の小便や馬の糞）でも用ふべきは用いて、以て病を癒すのが名医」といった文章報国の念からは陶淵明流の隠者の心境を推し量ることができない。

竹越は明治三〇年代に人生を一個の芸術とみる「美術的人生観」を語ったことがある（「人生観を問はれたるに答ふるの書」『世界之日本』明治三三年一月）。道徳や理想も「美術心」の発露であり、それは人間精神の奥底にあって人々を突き動かすインパルスであると解した。当時、流行した「美的生活論」に似ているが、高山樗牛《たかやまちょぎゅう》の本能肯定論的な「美的生活論」ではなく、より審美主義的な感が強い。その彼が、晩年になって「坊主くさからぬ」「詩人的」高僧の元政上人に魅かれたのも若き日の人生観からみて肯けよう。何となく、彼自身と元政上人を重ね合わせたような書きぶりを感じさせる一篇である。

昭和一四年は、ちょうど盧溝橋事変から日中全面戦争に向けてわが国が泥沼の大陸侵攻作戦に突き進んでいく時期であった。ヨーロッパではナチス・ドイツのポーランド侵攻に続いて、ドイツ軍が欧州諸国を席捲する時期にあたる。そのような多難な時局にあって、公人としての彼は「最後の元老」西園寺公望の推薦によって、枢密顧問官に任命され、昭和一五年から敗戦までこの国の国家枢要の地位にありながら、軍部の跳梁跋扈《ちょうりょうばっこ》に翻弄される運命にあった。

枢密顧問官に任命されたその年、四十年来の愛顧を受けた西園寺が死去し、出端《ではな》をくじかれた三叉の落胆は大きかった。翌年の東条内閣の成立と対米英宣戦布告の現実を迎えて、絶大な軍部の支配が進展するなか、枢密院自体がもはやかつての君主の最高諮問機関としての権威もなく、竹越は西園寺の期待に充分こたえる働きが出来たとはいえない。この間の日独伊の三国同盟締結によって生ずる対米対ソ関係悪化の懸念の表明や、日ソ中立条約の批准に関する発言、「大東亜省設置案」反対の意思表示、そして東条英機批判などに、辛うじてリベラル・デモクラット(自由民主主義者)としての意地をみせたが、所詮、それは絶大な軍部勢力への「蟷螂《とうろう》の斧」でしかなかったといえようか。

幕末に生を享け、明治啓蒙期に思想形成を行い、成人してのち政治の世界に自由と知性、合理的精神の定着を目指して、ペンと実際政治の世界で活躍した竹越与三郎がわれわれに懸命に訴え続けたものが一体何であったのか。また、歴史家・思想家として彼が残した知的遺産は何か、激動の近代日本の歴史的背景を視野に入れながら、その人と思想の実相を検討してみたい。

第一章　修学と思想形成——キリスト教・明治啓蒙思想・自由民権論

1　誕生と少年時代

誕生と修学

竹越与三郎（以下の行文では本名の与三郎と号の三叉*を併用し、あえて混用の整理は行わないことをあらかじめ断っておく。他に彼は三汊漁郎（漁叟）、槐堂主人、鬼哭先生などの雅号を用いた）は、慶応元年（一八六五）一〇月一四日（旧暦）、新潟県中頸城郡柿崎村（現・上越市柿崎区）の清野仙三郎とイクの次男として埼玉県児玉郡本庄町（武蔵国本庄宿、現・埼玉県本庄市）の森田助衛門宅で生まれた。なぜ出生地が埼玉県なのか。

＊号三叉の由来であるが、与三郎が明治一五、六年頃、隅田川の清洲橋の上流、日本橋中洲町の近く（言問？）に下宿した。その近辺は隅田川が三筋に分かれて流れているところから三叉という雅号を用いるようになったという。当時、文章を書く若者の間で、雅号を用いるのが流行っていた。

実父仙三郎は天保一〇年一一月九日、柿崎村の長井多三郎の三男として生まれたが、長井家と姻戚関係にある清野家に嗣子がなかったため文久二年三月四日に養嗣子として入籍した。ところが養父で戸主の啓助が健在であったので、仙三郎は埼玉県本庄町でその地の名主の森田助右衛門が所有していた酒造権を借りて酒の醸造を始めた。その頃に本庄町で与三郎が生まれたのである。与三郎は兄の迂策（万延元年一〇月一四日生まれ、『自由党史』にその名が出てくる越後の民権運動家で高田事件に連座）と弟の耕平（明治一〇年五月一日生まれ、のちに坂口家の婿養子になる）の三人兄弟である。

明治元年、清野家当主の啓助の死亡にともない、柿崎村の清野家の醸造業を管理し引き継ぐため、仙三郎は家族を引き連れて本庄から柿崎村に転居（明治三年）、この時から明治一三年に一五歳で上京するまで、この頸城平野北辺の寒村柿崎で与三郎は少年時代を過ごした。その頃の柿崎村にはまだ小学校がなく、村役人や「有志惣代」らが柏崎県庁（明治六年に柏崎県が廃せられ、新潟県に統合される）

父・清野仙三郎
（竹越家提供）

母・幾子（イク）
（竹越家提供）

に「郷学創設」に関する願書（「明治五壬申年七月二七日」）を提出し、許可された。その場所は親鸞上人ゆかりの浄土真宗寺院浄善寺を以て仮校舎とした。学齢期に達していた与三郎は第一期生としてこの柿崎校に入学した。なお、与三郎の実父仙三郎は熱心な「有志惣代」の一人であった（『柿崎町史』昭和二二年、参照）。明治一一年九月に明治天皇の北越地方への巡幸があり、柿崎で一二、二四日の二夜駐輦《ちゅうれん》があり、一三歳の与三郎少年は「内膳課の給仕役」として接待奉仕にあたった。仙三郎は供奉官員の宿泊の分担を引き受けるなど、戸長として多忙な奉迎行事の準備に取り組んだ。

与三郎が学んだ小学校は寺の仮校舎で、地元の名望家が中心になって必要な維持資金を醵金した。当初は教育用具が不備で、優秀な教員の確保もままならぬ有様であった。学校で教えられたのは漢学中心の教育であったが、与三郎は父親の配慮で漢学教師を家庭に特別教師として迎え、より高度の漢籍教育を受けた。与三郎の漢籍の素養はこの幼少期に受けた教育の影響であると考えられるが、木村荘五によれば「十五、六歳の頃には司馬遷の史記、范固の漢書、春秋左氏伝等を読み、已に才気煥発を示した」という。＊また、少年の頃から好んで「支那人の詩を誦読し、枕頭にも、机上にも、カバンの中にも、便所にもそれぞれ詩人の詩集を配置した」と述べている（竹越与三郎『倦鳥休林集』岡倉書房、昭和一〇年、二二九頁）。

＊木村荘五「解題」竹越与三郎『南国記』日本評論社、昭和一七年、八頁。なお、木村は竹越が幼にして得た漢学の力がのちに「文章家としての文藻に光彩を添へ語彙の富贍、造語の清新玄妙を致し、表現の自由的確を得せしめた」と文体形成に及ぼした影響を指摘し、竹越が漢書の中でも史籍に親しんだことが「修

中村正直
（国立国会図書館蔵）

史家としての嗜好と其の透徹した史眼を養ふ」上で資する所少なくなかったと述べている。重要な指摘というべきであろう。なお、三叉と漢学であるが、彼は経学よりも歴史書を推薦し、とくに明清の文学に学ぶ必要を強調して次のように述べている。世の中の事物が複雑になり、思想も複雑になってくると、「史記や論語時代の文字を以て今日の複雑な事物を描写すると云ふことは甚だ難事」で、複雑な事象を描くに最も適しているのは明清両時代の文字である。そこで明清時代の何を読むべきか。歴史を読む必要があること、明代文章では『明文在《みんぶんざい》』、清の文章では『国朝録』を挙げている。その他に明清代の精華として読むべきものは『二十八松堂文集』『魏叔子文集』を挙げている（「青年必読の漢籍」『文章世界』明治四四年五月一日、「明清の文辞を学べ」『文章世界』明治四三年一一月一五日）。

郷村の漢学教師について修学すること数年、やがて上京して同人社に入り、中村正直《なかむらまさなお》（敬宇、一八三二～一八九一）に学ぶ機会が訪れることになった。それでは、なぜ彼が同人社に入学したのか。明治一二年に柿崎村小学課程を終えた与三郎は上級学校に進学するか、両親の希望を入れて故郷にとどまって家業を継ぐべきか、選択を迫られた。この年、東京から郷里に帰ってきた兄の迂策から中央の情報をいろいろと聞くことが出来た。迂策は自由民権思想の影響を受けて政治改革に強い関心をもち、帰郷してから頸城地方の自由党の中心人物である鈴木昌司らと交わりをもち、民権運動に参加、やがて高田事件（明治一六年）に連座する。同人社と中村敬宇（正直）のことを聞き、洋学への関心が高まり、ついに両親の反対を押し切って上京する。明治一三年、一五歳のときであった。与三郎の出奔の背景には、漠然とした東京へのあこがれや向学心があったことは事実であろうが、同時にまた、全国に澎湃《ほうはい》として起こる自由民権運動の展開や五歳年上の兄の感化が考えられる。上京の熱意は固いものの旅立ちの金策に困った与三郎であったが、兄迂策の協力もあって家を飛び出すことに成功した。まさに笈《きゅう》を負うて家を出た少年三叉は、柿崎から東京まで約八〇里（約三二〇キロ）の距離をたった一人徒歩で向かった。

途中、熊谷近在の吉岡村にある伯父の長井市太郎の家にしばらく落ち着き、地元の私塾折諦学舎に通い、漢学者の中桐倹吉（小豆島出身の人物で山梨県甲府中学校長を務めたという異説がある）らについて学んだ。ちなみに伯父は甥与三郎の修学に理解があり、両親の説得に協力してくれた。この折諦学舎は伯父の市太郎や村の有力者たちの協力で明治九年に創設され、のちに変則中学校の資格が認められた学校で、兄の清野迂策や従兄の長井茂吉もここで学んでいる。なお、長井家の当主市太郎は醸造と製糸業を営み、埼玉県の県会議員や酒造肝煎り役をつとめるいわゆる豊かな地方の名望家であった。折帝学舎の初代講師は村山格堂という儒者で、中村敬宇の推薦でやってきたという。三叉が同人社を志望したことと何か関係があるかもしれない。

同人社に入る

竹越の同人社入学は明治一三年（一八八〇）九月である。ここで校長の中村敬宇に親しく接することになった。中村は幕末に渡英し、ヴィクトリア時代の自由思想に触れた人物で、ミルの『自由之理』、スマイルズの『西国立志編』の訳著で知られ、当時、明六社同人で啓蒙思想の普及に努めた教育家としてよく知られた人物であった。三叉はここでキリスト教と西洋文明の知識を貪欲に吸収する一方、英語を本格的に勉強し始めた。三叉は中村について、彼が旧時代の日本と維新後の新日本の架け橋（「橋梁」）の役割を果たしたと述べている。

福沢諭吉
（国立国会図書館蔵）

「彼は実に旧世界の残物なり、新世界の先登者也。氏は漢書を講ずる四十年、なほ巻を捨てず。而して一方に於ては英儒スマイルスの精神に感じて、其自助論、品行論、節用論を訳して之を世に公にし、又たミルの自由論までも翁の翻訳を経たり。蓋し翁は実行の君子也。泰西国民の強大なる、其の秘密は自助、勤勉、自由の心にあるを信じ、之を以て我国民を啓発せんと欲したる也。我国民の気風、若し多少の変化を此際に受けしとせば、翁の功、決して没すべからざる也」（『国民新聞』明治二四年六月九日）

慶應義塾に移る

しかし、同人社に在学すること一年で慶應義塾に移った。『慶應義塾姓名録（入社帳）』には、本人姓名清野与三郎、迂策の弟とあり、保証人として久代孝次郎の名前が記載されている。ところで、わずか一年で同人社を去った理由が何か、よく分らない。同人社や中村敬宇の学問や人格に対して、とくに不満があったとは思えない。ただ、前述の文章で次のような福沢と中村を比較する件がある。同人社が慶應義塾と並ぶ「府下の二大私塾」であるが、「氏は福沢氏の如く門下生をして職業を得せしむるの便を有せざりし」という一節がある。慶應義塾がもつ人材育成の教育機関としてのスケールの大きさに加えて、福沢諭吉が、三叉にとって柿崎の幼少期より、「宿昔理想の人」であったこと、福沢の唱える独立自尊、万民平等論、実学の主張が、若い三叉の進取の気性により強くアピールしたものと考えられる。

徳富蘇峰は中村が篤学の士であり、謙虚さを失わない「満腔真誠」の学者であることを認めた上で、その態度に積極性が欠けていたことを指摘している。「この意味に於て、福沢、中村、新島、明治時代に於ける三大教育家として、先生に物足らぬ所がある。反対論を或時は笑殺し、或時は罵倒し、或時には冷嘲し、大手《おおて》搦手《からめて》より攻付ける腕前は、福沢を以て天下一品とせねばならぬ。又福沢程の巧妙なる手段は無きも、伝道心の猛烈にして、教化精神の旺盛なる、新島先生の如きは、無比と云ふても差支《さしつかえ》あるまい。中村先生に於ては、然らず、其の門に入る者は拒《こば》まず去る者は追はずとの程度を以て、自ら足れりとしたるものゝ如く、新島の如く校門を出づる学生を、背後より追ひかけ、熱涙を揮《ふる》うて、強いて之を引き留めんとする熱情は遂に之を見出すを得なかった」（徳富蘇峰『三代人物史』読売新聞社、昭和四六年、一二三〇頁）と。

慶應義塾の三田演説館（東京都港区三田）

この蘇峰が抱いた物足りなさは、あるいは三叉に共通する想いであったかもしれない。
なお、当時の慶應義塾は中等学校程度のレベルであったが、三叉の在塾年数は三年に満たなかった。*
明治一七年に中退している。

*竹越は中退で正規の卒業生ではなかったが、のちになって課程修了の認証を受けている。「慶應義塾塾員カード」（福沢研究センター所蔵）には明治三二年に「特選」の記述がある。

ところで、彼の名前が清野から竹越姓に変わったのは明治一六年九月のことであった。伯父竹越藤平の養子になったのがその理由であるが、祖父母がともに竹越家の出身であり藤平はその一族であった。藤平に嗣子がなく、三叉がこの家を継ぐことで竹越家の再興をはかったのである。学資や生活面の支援はあいかわらず伯父の長井市太郎から受けていたが、自活の道を開こうとして福沢と相談して時事新報社で翻訳の仕事をして何がしかの収入を得た。しかし、仕事の内容は彼にとって満足のできるものではなかった。翻訳以外に時事新報に掲載されるのを期待して、いくつか文章を書いたが採用されなかった。その原因は彼の関心方向と当時の時事新報社の方針が違っていたこと、事務局を仕切っていた先輩格の若手スタッフと、鼻っ柱の強い一介の書生に過ぎない三叉との間に何となくそりが合わず、しっくり行かぬ空気があったと考えられる。哲学・宗教・文学など精神文化方面に関心があった三叉と、経済や実業重視の時事新報の雰囲気の違いがその背景にあったことは十分考えられる。

福沢の下を去る

自由民権運動の活発な当時、福沢は急進的な藩閥政府打倒論にかわって、穏健な官民調和論を説いていたが、三叉はそれに不満で官民調和論は「迂僻にして事を解せずとなし、政府民間の争、激甚にして、而して後、天下の事、初めて進歩変革あるを得べしとして之に服せず、数万言の文章を作りて之を難じて」三田を去った。福沢は三叉にとって生涯の師であるが、常に親密な間柄にあったわけではない。哲学青年の彼は福沢の説く実学思想や官民調和論を正しく理解できなかったが、福沢もまたこの時点で三叉の未来の可能性を十分に把握していたとは思えない。とにかく、両者は明治二〇年代の後半に再会するまで、その交流は一旦ここで中断することになる。

2　教育・著述・青年運動とキリスト教入信

三田を去った後の三叉の足取りを追跡しよう。

哲学青年三叉　彼は元来、文筆に興味を示し、多作家であったが、処女出版は訳書『近代哲学宗統史』（丸善、明治一七年五月）である。本書の原著はフランス人V・クーザン（Victor Cousin）の *Cours de l'histoire de la philosophie moderne* で、O・W・ウエートの英訳本 *Course of the history of modern philosophy by O. W. Wight* の重訳である。彼は同人社から慶應義塾時代を通じて外国語、とくに英語とフランス語の習得に励んだが、その成果の一つが本書の出版である。ちなみに本訳書は抄訳である。

原著者のクーザン（一七九二〜一八六七）はF・ギゾーと同年輩の著名なパリ大学教授で、折衷主義哲学の主唱者であった。米国のエマーソンに影響を与えたともいわれる。本書の出版は一八四一年で大学の講義録が基になっている。英訳版は一八六九年にニューヨークのアップルトン社から出版された。原書は二巻三篇からなり、第一編は総論で哲学と哲学史の叙述、第二編は近世哲学の概観、第二巻第三編は古代哲学の叙述に始まり近代哲学の叙述に進む。分量がきわめて大部に及ぶので整理縮小を図ったという。訳業は「竹越与三郎重訳」と銘打ち、出版されたのはわずかに「総論巻之一」だけで、続編の計画はあったかもしれないが、未刊に終わった。

翻訳の動機について、「我国近日二、三の哲学書ありと雖も概ね浅薄にして見るに足らず。況や其の古今相伝ふるの宗統、関係、是非を示すものに至って寥《りょう》としてあるなし。是れ此の書の訳ある所以なり」（原文はカタカナ、適宜、ルビ、濁点、句読点を補った。以下同）。明治初年のわが国で西洋哲学の翻訳を試みる場合、訳者は専門用語の訳語の選択に苦労するが、三叉も同じような困難を経験した。曰く、「泰西哲学の我国に入るや日猶浅くして其の修練未だ熟せず、訳辞未だ一定せざるを以て不便少なからず。適《たま》ま之あるも唯だ之を以て彼に比するに過ぎず。蓋し未だ嘗て見ざるの語を訳するに未だ嘗て有らざるの意義を以てす、其の人を謬《あや》まらざるもの幸なり」と異なる文化圏に成育した言語の翻訳の難しさを述べている。

三叉は訳文の文体にも関心を払っている。すなわち、彼が初めて英訳でクーザンの書物に接したとき、その「筆端光彩あって燦然人目を眩射するに感じカウシン先生のパリ城裡、机に隠りて一世を睥睨《へいげい》するの風采を想像して一唱三嘆せしが、翻って之を思ふに聖経賢伝は固と稗官《はいかん》小説（民間の風聞をまとめて作った小説）に異り、唯り人の耳目を悦ばしむるの具にあらざるを以て当さに理の造至深邃《しんすい》を以て人を化すべきも宜しく文章の流麗艶富を以て人情に訴ふ可らず。蓋し此の如くんば適ま其の目的志望を達することあるも亦果を予想の外に生ずることあるを以てなり。然るに先生の書、其の文、爛として鼓舞の体あり、恐らくは先生の本意に非ずして米訳者ウエート氏の文飾に出るに非るかと」。

一九歳の青年三叉が専門書を訳出するにあたって、このような「訳文の体裁」上の問題に悩んでいたのである。結局、彼は「勉めて平々の文を以て之を綴り、之を情緒に訴ふるの危険と人を会得に苦《くるし》ますするの憂とを避くべし」という方針を採用したが、哲学用語の訳語の未確定という問題もあって、訳文ははなはだ生硬で読みづらい。* 他に、同年一二月に出版されたチャーリー・ボース原著『独逸哲学英華』（報告堂刊）があり、哲学青年三叉の面目躍如たるものを看取できるであろう。

＊たとえば、訳語として現代も通用する反省・意識・智力・知識・範疇・観念論・名目論・実体論などの用語が使用されているが、本書であらたに使用された訳語として、表詮（affirmation）、遮詮（negation）、待対（relative）などの用語がある。明治期における哲学用語の変遷史の資料としても、本書は有益であるかもしれない。

三田を去った三叉はそのあと数年間、「杳《よう》として消息を通ぜず、此頃よりして三田出身の徒、多く実業社会に入りて、余は文学政治を好み、彼等が多く宗教に頓着せざるに、余は基督教を尊信するがため、余は漸々三田派と遠ざかり、後には彼の徒、全く余を知らざるに至り、或は余を認めて同志社派の一員とするものすらありき」（竹越与三郎『萍聚絮散記』開拓社、明治三五年、四五頁）という状況になったことを述べている。

同志社派グループとの本格的な接触は、明治一九年、小崎弘道（一八五六〜一九三八）の推薦で当時、上州一帯で伝道活動を行っていた海老名弾正（一八五六〜一九三七）を援けるため、前橋に赴任した頃から始まるのであるが、その前に東京商業学校との関わりについて簡単に触れておきたい。

東京商業学校との関わり

三叉が東京商業学校で教鞭をとったのは、明治一七年から一九年の初めにかけての一年あまりであったと思われる。当時の校長は矢野次郎（二郎）であった。どのような経緯で東京商業学校との繋がりが出来たのか。

東京商業学校は、森有礼が米国人教師ホイットニーを招聘して明治八年（一八七五）九月、京橋尾張町に開設した商法講習所がその前身である。その後、経営が東京府庁の管轄に入り、初代所長に森と親交のあった矢野次郎が就任、名実ともにこの学校を主宰して欧米の商業学校に倣った実践的な商業教育が導入された。明治九年五月に木挽町に移転し、明治一七年には農商務省所管の官立学校となり、東京商業学校と改称された。翌一八年に文部省に移管され、明治二〇年（一八八七）に高等商業学校と改称、その後、大正九年（一九二〇）に大学令による東京商科大学、そして戦後の教育改革によって一橋大学になった。この学校は私立から官立へ、商業専門学校から大学令による大学へ、そして数次の校名の変更を経て今日の国立大学法人一橋大学に至るが、三叉は最初期の本校の教育に関わりをもっているのである。

京橋木挽町時代の東京商業学校で三叉は何を教えていたのか。この学校が外国語を重視して英語予備科が設置されていて、彼は英語に関係ある教科を担当したらしい（竹越熊三郎「竹越三叉と東京商業学校」（未定稿）昭和三九年二月）。科目名は明らかでない。明治一八年五月に商業学校の予備校である「付属商工徒弟講習所」で英語科の教職についている。子息の竹越熊三郎は明治一七年一二月に刊行された『独逸哲学英華』が三叉の講述筆記に基づいているので、商業学校の講義に関係をもつのではないかと推測する（同上）。

本書はキール大学哲学教授のチャーリー・ボースほか三人のドイツ哲学書の纂訳である。カント、フィヒテを経てヘーゲル哲学に至る哲学史を講じている。先にクーザンの『近代哲学宗統史』の翻訳もあり、当時の三叉の哲学熱がうかがえる。英語の原書を用いて購読形式で授業したのか、あるいは一方的な講義であったのか、その点は不明である。筆記者は由井正之進という人物である。

校長・矢野次郎

三叉が教鞭をとった当時の校長の矢野次郎（一八四五～一九〇六）とは、どのような人物であったのか。彼は幕臣富永惣五郎の次男として生まれ、一六歳のとき英語翻訳官の森山多吉郎について学び、文久元年（一八六一）、外国方訳官となって文久三年の幕府遣欧使節に随行した。慶応元年（一八六五）、幕府騎兵伝習隊に勤務したが、王政復古後は士籍を脱して横浜に翻訳所を開いた。その後、明治三年、森有礼の薦めで外務省に入り、ワシントン在勤となる。明治八年、帰国して商法講習所の経営を引き受けた。彼は外国語に堪能で、わが国の商業教育の基礎を築いた人物である。退官後は東京商業会議所名誉会員となり、民間企業の重役として活躍する傍ら貴族院議員などつとめた。三叉は矢野について次のように語っている。

「彼の理想は文明にあり。彼が日本国民をして学ばしめんとする標本は、大西洋の両岸にあるアングロサクソン人也。彼の宗教は常識也。是れ欧米の文明を信ずる人士の間に共通の思想なりと雖も、世かゝる思想を有しながら、性情の和平なるがため、其独を楽しむに止るもの少からず。然れども彼が満腔の闘争心《ファイテングスピリット》は、此等の思想をして、勃々として活動せしめ、彼をして文明主義の為めに戦士たらしむ。彼が米国領事を以て代理公使たるや、彼れは深く米国の社会を観察し、其新興の国家を以て世界の一大勢力たる所以の秘機は、産業の発達を以て立国の基礎とするにあるを発見し、帰来森有礼氏と力を併せて商業学校を経営したりき」

ここには矢野の産業立国論や商業教育重視の特徴が要領よくまとめられている。また、その人物について、「彼の風采は半ば武人的の勁直と、半ばヤンキー的の簡潔とを有し、彼の音調は多少のサビを帯び多少の鼻音を含み、極めて高低あり、極めて震動あり、彼の談話には機才《ウヰット》あり、滑稽《ユーモル》あり、逸事あり、警句あり、抑揚あり、六分の英語と、四分の江戸語を以て、快弁縦横、混々として尽きず」、これに加えて「熱火の如き烈性の情感に富み、人其過を悔ひて投じ来るや、之を助くるに躊躇せず、其事に感激するや、殆んど得失を思慮するの暇なくして之に赴かんとす。殆んどシバルリー〔騎士道〕時代の武士気質を近世的に表現せしめたるものにして、一言にして云へば、文明の洗礼を受けたる江戸っ子か」と述べている。このような思想・人物描写に続けて、高いモラル・ディシプリンに言及している。すなわち、矢野は人において最も尊ぶべきものは品性であることを強調して止まなかった。「事業の中心は品性也、一の中心的品格、全力を尽くして経営するにあらずんば何ぞ能く為さんと」。この姿勢は常に変わらず、彼の私立学校が国家の事業に変わっても、なお自らその商業学校を以て「治外法権」と見なして、富や権力の支配から学校経営の自治を守ったという（『世界之日本』第二九号、明治三一年七月一日）。

沼間守一を知る

三叉が矢野を知るきっかけとなったのが、東京横浜毎日新聞社長の沼間守一《ぬまもりかず》（一八四四〜九〇）であった。沼間は東京出身で兵学に関心が深く、幕府時代に横浜の徳川幕府伝習所の伝習生であった。同じころ矢野もまた伝習所にいて二人は親交を結んでいた。

幕臣として大政奉還に反対、勝海舟の恭順論に憤激して暗殺を企てたが失敗、戊辰の役が起るや士官二十余人を引き連れて会津藩に走り、官軍を率いる板垣退助、谷干城らと対峙奮戦した。会津藩が降るや沼間は捕えられたが、板垣の恩顧で明治二年に土佐の藩兵訓練に起用されている。それは板垣が沼間の非凡な用兵技能の才を惜しんで、救援の手を差し伸べたのであった。その後、板垣の恩顧に報いんとした沼間は、板垣らの主張する自由民権論や国会開設運動の思想と運動に共鳴して、沼間自ら嚶鳴社《おうめいしゃ》を結成して民権運動に加わった。そして、機関紙発行や講演活動を通じて自由民権思想を鼓吹した。嚶鳴社は後に改進党結成の中心勢力となった。彼はその後明治一二年一〇月に東京府会議員に選ばれ、府会議長に進んだ。また、沼間は新聞を起して活発な言論、文筆活動によって世論に訴え世人の注目を引いた。官民調和論に反発し、より急進的な自由民権論や国会早期開設論を支持する立場の三叉は自然、沼間の言論集会にも参加し知己となった。そして、沼間を知ることによって、矢野次郎を知る道が開けたのである。

三叉の商業学校における教師生活は、明治一八年の終わりから翌一九年の初めにピリオドが打たれた。それは自ら開設に尽力し、講義を担当することになった前橋英学校の教師として赴任するためであった。

上毛地方での活躍——伝道・英学校・青年運動

三叉はその生涯において教師、新聞記者、文筆家、そして政治家といくつかの職業を経験した。しかし、そのなかで教職は最も性に合った職業で、それは彼にとって天職ともいうべき仕事であった、と後年に回想している。実際、理想に燃える前途有望な若者を教育することは、彼の情熱をかきたてる営為であった。彼が執筆した含蓄ある青年論は、『惜春雑話』（大正元年）に収められた幸福論や友情論などに多くみられるが、その他にも、若者を鼓舞激励する書簡類が多く残されている。彼の青年好きの表れであろう。

自然主義作家の上司《かみつかさ》小剣《しょうけん》（一八七四〜一九四七）は三叉を、「非常に青年を愛する人で、恋人に対するが如き状を以って青年に対して居られたことのあるのを私は屢々《しばしば》見ました」と証言している

（「竹越与三郎論」『中央公論』明治四三年一一月）。

青年三叉は、前橋や高崎を中心に、上毛地方において約三年間暮らした。具体的には、前橋英学校における英語や哲学、文明史の教師としての活動であり、さらに「青年談話会」や上毛青年会に集る地元の青年たちの学習活動（社会教育）の指導、そして廃娼運動を中心とした上毛地方の道徳意識の改善や社会改革運動へのコミットに示されている。それは三叉にとっていったい何を意味する営為なのであろうか。時期的にも民友社入社直前のことであり、民友社参加の動機も明らかになるだけにこの時期の三叉の活動に注目する意義は大きい。

まず、前橋赴任のきっかけになった三叉のキリスト教への入信に言及しなければならない。三叉がいつ、どのような機縁でキリスト教に関心をもったのか、はっきりした記録はない。同人社の中村敬宇は明治七年一二月にメソジスト派の宣教師カックランより洗礼を受けたキリスト教徒であり、彼が翻訳したミルの『自由之理』やスマイルズの『西国立志編』から三叉は西洋文明について知見を得た。そして三叉自身、カックランら宣教師に接する機会が多くあったことであろう。牧師は同志社でもそうであったが、宣教活動と並んで英語を生徒たちに教えるのが常であった。福沢の物質主義に飽き足りない思いで三田を去った彼が、初期同志社のキリスト者たちと交渉を深めていく素地が、同人社で形成されたと見ていいであろう。年譜によれば、明治一九年（一八八六）八月に小崎弘道から洗礼を受けている。受洗した教会は小崎が主宰する東京の霊南坂教会であった。

小崎弘道

小崎弘道との出会い

それでは、小崎弘道（一八五六〜一九三八）との出会いはいつなのか。小崎は同志社第一回卒業生で、明治一二年に上京して新肴町教会の牧師となり、翌一三年には東京基督教青年会を設立、そして機関誌『六合雑誌』を創刊、明治一六年には警醒社を起して『東京毎週新報』（のちの『基督教新聞』）を発刊する。さらに自著『政教新論』を刊行する（明治一九年）など、当時、宣教とキリスト教ジャーナルの両方の世界で活発な活動をして、多くの青年信者を惹きつけた。

小崎は熊本バンドの一員で、L・L・ジェーンズから洗礼を受け、同志社では新島校長の信任も厚く、新島没後の明治二五年に二代目同志社社長に就任した。寛容で面倒見のいい性格の彼は若い信徒たちの世話をよくしたが、柿崎から単身上京してきた三叉が、東京でこれといった身寄りもなく孤独感をかこっていた彼にとって、小崎は頼りがいのある心強い存在と映ったのであろう。

しかし、三叉が小崎に接近した理由は単にそれだけではなかった。小崎の新神学的な宗教思想に共鳴したところが大きい。小崎は『政教新論』で、儒教とキリスト教の新旧二つの素材によって明治の新日本を構築する必要があるという「儒基両教論」を主張していた。また、恩師の新島襄と違って高等批評を弁護し、教会合同論に同意し、批判主義的な聖書解釈や総じて自由主義神学の立場に立つなど、海老名弾正らとともに新神学の立場を標榜していた。一方、三叉はクーザンの折衷哲学から宗教に入ったが、「余はクウザンより入ってヘゲルの哲学を知り、ヘゲル派の故によりて、シュレゲル派を知り得たり、シュレゲルと教会は壁一重を隔つるのみ、此に於てか余は遂に基督教徒となれり、然れども、余の宗教は哲学上よりして此くあらざるべからずと云ふ機械的断定にして、極めて冷淡なる推理派に属す」と哲学宗教に対する自らの心理的道程を述べている。このような哲学宗教観が正統派の神学と異なる新しいキリスト教への注目となり、小崎らの宗教実践に対する関心へとつながっていったのだろう。当時の三叉の宗教・政治論は『六合雑誌』掲載の「陰陽新説」（明治一八年五月～一九年二月）や『基督教新聞』に掲載されている。

さて、三叉が群馬の青年運動に参加するチャンスは小崎の推薦によって開かれた。小崎は同志社卒業後、新島襄を主軸とした組合教会系（米国会衆派教会の系統、日本組合教会と称した）の会派の牧師として、東京の霊南坂と番町の二つの教会を主宰していた。

新島は同志社英学校の経営と同時に、アメリカンボードの宣教師として日本各地で積極的に伝道活動を行っていた。その守備範囲の一つが彼の郷里旧安中藩のある群馬県安中、前橋地方であった。そのために卒業生の海老名弾正を安中伝道に派遣、明治一一年三月には安中教会堂が竣工している。新島自身も明治一五年と一六年五月に安中で説教している。ちなみに、明治七年晩秋に米国留学を終えて帰国、安中の実家で両親と一〇年ぶりに再会をはたし、初めて説教を試みた場所は現地の竜昌寺であった。

海老名は新島の熱意に応えて安中伝道に当たるが、さらに上州一帯に教化活動を広げるため、明治一七年一一月に前橋に進出し、前橋教会堂を建立、宣布伝道に努めた。新島は「上毛地方之伝導の遂

新島襄
（国立国会図書館蔵）

海老名弾正
（『新日本精神』より）

に盛大になりしは実に喜欣之至り、且海老名兄の前橋に赴かれしは上策なりと存候」という手紙を小崎宛に送っている（明治一八年三月一八日付け新島書簡）。

小崎は新島ともどもこの海老名の上州伝道を援助し協力する立場にあった。そこで、海老名から青年に接触し、教導しうる適当な人材の紹介を頼まれていた小崎は、『六合雑誌』や『東京毎週新報』の編集発行を手伝っていた三叉に眼がとまり、彼に白羽の矢を立てたのである。推薦された三叉は明治一八年、前橋に赴き、海老名牧師のいる前橋教会堂を根拠に青年運動と前橋英学校の開設に協力して、明治一九年三月から三叉自身が英学校の教師として教壇に立った（三叉はこの間の事情をあまり語っていない）。

群馬で出会った青年たち

群馬の活躍で見逃すことのできないのが、明治二〇年九月の高崎英和学校開設にコミットしたことである。前橋英学校と同じく、キリスト教徒や町の有力者が創設に協力したこと、そして三叉は両校ともに有力な一員として参加していたことは注目に値する。すなわち、彼は群馬県沼田の豪農出身の牧師星野光多らが計画した高崎英和学校を助け、明治二〇年九月一五日の開校式典では、創立者に代わって開校の趣旨について演説した。設立者には清水元造、岡本六左衛門らの名前が挙がっており、彼らはいずれも地元の政治・経済界の有力者であった。星野は同人社でG・カックランの薫陶を受け、明治一二年から三年間、慶應義塾で学んだ経歴の持ち主で、彼と同じく同人社から慶應義塾に進んだ三叉とは共通の修学の基盤があった。

なおこの学校の前身は猶興学館（明治一七年一〇月開校）であるが、旧高崎藩士の山下善之という人物が関わっている。山下は明治一二年（一八七九）二月に慶應義塾に入学するが、一年も経たぬ間に辞めている。その後、高崎において国会開設運動に関する政談演説会を開催するなど、自由民権運動に関わっている。山下は上毛自由党の運動にも加わるが、民権運動が急進化するころには運動からはなれて猶興学館の創設経営に力を貸した。どちらかといえば、政治運動より民権派私塾の教育活動に情熱を注いだが、彼はまたキリスト教徒になって約三十年間北海道での布教活動に献身した人でもある（杉沢一美「山下善之と猶興学館――高崎における深井英五の少年時代をめぐって」『共愛学園前橋国際大学論集』五号、Mar. 2005）。

現在の前橋教会
（群馬県前橋市大手町３丁目／元は前橋市紺屋町）（前橋教会提供）

さらに、三叉は同志社出身で群馬青年会のメンバーの岡本彦八郎（前掲の高崎で柏屋の屋号をもつ呉服商で貸金業も営む岡本六左衛門の次男）とバジョット（W. Bagehot）の英国憲法論を共訳し出版している。原著は慶應義塾の教科書として使用されていたので、慶應在学中か時事新報社で仕事をしていた時に翻訳を思いたったのであろう。『英国憲法之真相』（明治二〇年七月）がそれで、バジョットの *The English Constitution* の抄訳である。なお三叉は猶興学館でバジョットの英国憲法論を講義していた。* このように、前橋と高崎の二つの英学校の教師の経験、そして上毛青年会における青年教導活動など、群馬におけるめざましい活躍ぶりを示すが、この時期の三叉は熱心なキリスト者であり、その実践の中心は教員と青年教導の仕事であって直接の政治活動や伝道活動ではなかった。彼の実践活動を導いた思想的特徴は何かといえば、キリスト教的倫理観と平民主義的な民権論であったといえよう。『青年思海』に発表した二篇の評論が、当時の三叉の思想を端的に表現していると思われるのでここで簡単に紹介してみよう。

＊深井英五『人物と思想』三八七頁には、俳人の村上鬼城が猶興学館で竹越のバジョットの憲法論の講義を聴いたという記述がある。

『青年思海』と三叉

『青年思海』は明治二〇年八月に創刊された月刊雑誌で、発行所は「日本青年協会」であるが、人見一太郎《ひとみいちたろう》、緒方直清《おがたなおきよ》、池本吉治ら民友社同人が青年読者向けに発行した思想文芸雑誌である。創刊号には竹越与三郎のほか、徳冨健次郎《けんじろう》（蘆花）や檜前保人らが寄稿している。三叉は「青年は已《すで》に緑光を望めり」（創刊号）と「退歩せる理想境」（一〇号）を寄稿している。

その内容は社会や歴史の変化の様子を論じ、青年の社会改良に果たす役割を強調したもので、処女出版の『政海之新潮』とほぼ同じ趣旨の論旨が展開されている。

「天下古今の事業は何人が之をなせしや。（中略）人類の史記は唯だ新時代と旧時代との争闘にして宿昔の英雄と当代の青年との相駆逐せる行動の記録なるにあらずや。ア丶青年よ々汝は実に改良の友なり。ソノ運動の勢力なり。而して常に新社会の基礎なり。汝に非ずんばソレ社会の進歩を如何にせん」

と青年の活動に期待し、鼓舞激励を惜しまなかった。文中でウォルター・バジョットの「政治的改革」（「ポリチカル、イノーウエション」）に言及するなど、当時の彼が読み親しんだ政治思想史上の古典的文献を挙げている。

歴史の改革と変遷に果たす青年の役割論と並んで、彼が主張した他の論点は新旧世代の交代の問題である。

「改良文化の大勢は青年を駆りて社会の水平面に浮ばしめたり。而してソノ勢は浩々蕩々として英雄崇拝の蓮台を犯して已まざるが如し。旧人民にして若よく之を知ば、古今天下失意の境遇は正さに此人に在るべし。此かる失意の境遇にあるものが争《いか》でか活発の飛動をなし得べきぞ。（中略）ア丶彼の旧人民は已に千秋楽を舞ふて楽屋に退くものなり。青年は正さに式三番《しきさんば》を歌ふて花道へ出るものなり」（「青年は已に緑光を望めり」）。

ここには徳富蘇峰の「天保の老人」と「明治の青年」世代を対比しつつ青年の役割を論じた青年論と共通の論調がみられる。*

＊「所謂る破壊的の時代漸く去りて、建設的の時代将に来らんとし、東洋的の現象漸く去りて泰西的の現象将に来らんとし、旧日本の故老は去日の車に乗して漸く舞台を退き、新日本の青年は来日の馬に駕して漸く舞台に進まんとす、実に明治二十年の今日は、我が社会が冥々の裏に一変せんとするものなりと云はさる可からす」（「ああ国民之友生れたり」明治二〇年二月、『蘇峰文選』二〇頁）。

このように青年に時代改革の期待を托した三叉であったが、彼はどのような現状認識をもっていたのだろうか。そして改革すべき社会像はどのようなものであったのか、次に問われるべきはその問題である。明治二〇年前後における国家主義台頭の風潮について、三叉は次のように警告を発している。すなわち、「国名と云へる理想、否な寧ろ空想のために一般人民の実利を抑ゆるものこそ恐るべけれ。世に社会党を恐れ其名を聞て戦慄するものあり。去れども恐るべきは国家的社会党こそ恐るべけれ。彼等は理も非も問はず、唯だ一意に国旗に黄白の綵色《さいしょく》さへ施せば国の名誉なりと思ひ、国名さへ輝かせば、施政の事尽せりと思ふ」と人民の自由平等より国家を重視する「nationality と云へる手前勝手なる名目」を唱導する風潮をきびしく批判する（「退歩せる理想境」）。

そこには、自由民権運動の敗退後の「時代閉塞」の意識や藩閥政府による支配の強化、国権主義的言論に対する危機感が背景にある。

そもそも「国粋」精神の高揚に対しては、

「理想は大切なり。されど妄念を以て理想とせば、吾々は其可なるを知らざるなり。凡そ天人の際に於て過失の最も大なるものは、神を忘れて偶像を拝するにあり。之に次ぐは、人事の上に人民同胞と云へるものを忘れて、国名国体を拝するにあり。彼等神を知らざればこそ偶像を拝するなれ。天地山川を拝するなれ、英雄を拝するなれ。彼等人民を知らざればこそ、政府を拝するなれ、国名国体を拝するなれ。一旦確然として上に神あり、吾友に人民あるを知らば、吾々は須らく偏屈なる妄念を捨つべきのみ。四海は兄弟と云ふにあらずや。兄弟は何故に有無を通ぜずして、殊更らに睨み合ふの必要ありや。ア、吾々は人間が獣類と共同の理想より、幾千の変革を経て、初めて人民、平等と云へる理想に到着せるを見て欣《よろこび》に堪へざりしに、端なくも今日に於て逆流に遇《あう》を嘆んず」

（「退歩せる理想境」）。


と、神を忘れた偶像・英雄崇拝、人民の存在を忘れた政府や国体崇拝を排除し、四海兄弟の人類共存主義を強調している。ここにはキリスト教信仰に裏打ちされた自由平等と博愛精神が躍動している。

三叉の前橋生活は二年足らずの短い滞在で終わったが、この時に培った人脈の支持を得て、二六年後に前橋から衆議院議員選挙に立候補して当選を果たした。彼は感激を込めて青春を回想し、知人友人の貴く得がたきことを述べている。『惜春雑話』（大正元年）はその青春賛歌である。その意味でも、多くの理想に燃える青年と直に接し、青年のもてる力と価値を深く理解する機会を得た前橋時代は、三叉の生涯にとって、意義深く、無視できないものであったといえよう。

第二章　民友社時代——青年運動家から政論家へ

1　民友社入社まで

群馬における青年運動から、さらにスケールの大きい政論家としての言論活動に参加するチャンスが到来した。民友社への加盟、そして国民新聞政論記者としての誕生がそれを意味する。三叉と民友社との関わりは、前橋高崎時代に知り合った湯浅治郎《ゆあさじろう》の「国民之友」特別寄書家推薦によって生まれた。

『国民之友』特別寄書家に選ばれる

徳富蘇峰と竹越三叉が知己になったきっかけは、蘇峰が明治二〇年に民友社を結成し、雑誌『国民之友』発刊の準備を進めているとき蘇峰の姉婿で雑誌発刊の財政上のスポンサーであった湯浅によって「特別寄書家」に推薦されたことにある。なぜ湯浅が推薦したかといえば、それは前橋・高崎地方での三叉のめざましい活躍が湯浅の眼にとまったからであろう。「国民之友と云へる雑誌を毎月発行之積りに之あり、其初号は来月中旬を期し申し候、就ては東京の諸名士にも既に相願得候共、愛兄にも我社の特別寄書家に御加り下されたく候」（明治二〇年一月二九日付）と湯浅は直接三叉に依頼したのである。「特別寄書家」というのは、総合雑誌として『国民之友』を飾るにふさわしい「諸名士ノ卓論偉説」が掲載されるコラムであり、候補に挙がっていたのは島田三郎、植村正久《うえむらまさひさ》、高橋五郎、中《なか》江《え》篤介《とくすけ》（兆民《ちょうみん》）、小崎弘道、浮田《うきた》和民《かずたみ》、田口《たぐち》卯吉《うきち》、尾崎行雄、矢野《やの》文雄《ふみお》、伊勢《いせ》（横井《よこい》）時雄《ときお》、植木《うえき》枝《え》盛《もり》、乗竹《のりたけ》孝太郎《こうたろう》、志賀《しが》重昂《しげたか》、酒井《さかい》雄三郎《ゆうざぶろう》らで、彼らとは年齢的にも一回り違い、知名度の点からみても無名に近い三叉は太刀打ちできそうにない人物であった。当時、三叉は弱冠二二歳であった。その意味では抜擢人事であったといえよう。湯浅の決断の背景に、あるいは小崎の推薦があったかもしれない。とにかく、多士済々の名士に伍して中央の論壇で活躍する場が与えられたのである。

続いて蘇峰は三叉に面談を求め、三叉も書簡で政論活動に対する情熱を訴えた。そして最初に『国民之友』に掲載された論説が、「英雄崇拝ノ時代ハ已ニ過ギ去リタリ」（明治二〇年八月一五日）であった。その主張は何か。

政府は明治一七年（一八八四）に華族令を制定して、新たに維新の功臣に公侯伯子男の五等爵を適用して、特権をともなう社会的身分を創出、そして自由民権運動の制圧とともにかつて大きな勢力を示した民権自由の思想が衰退するなど、明治維新の改革によって、一旦は崩壊した英雄崇拝の風潮がまた復活しつつある現状を彼は痛烈に批判している。

「爵位ハ無味無色ナリシモ、ソハ英雄崇拝ノ時代ニ於テ、英雄ノ像ナリシナリ。（中略）古ヘニ貴族ヲ愛スルモノアリシハ、貴族ハ英雄ノ像ナリシガ故ニ非ズヤ。然ルニ、今ヤ英雄亡ク、豪傑ハ滅シ、滔々タル世界、日本ノ風潮モ、平等ノ趨勢ト変ジ、蓮台ノ英雄ノ栄華ハ、端ナク蓮ノ葉ニ湛《タタエ》ル露ノ如クニ消散セントスルニ、之ヲ望ムモノアリトセバ、マタ之ヲ仰グモノアリトセバ、吾人ソノ何ノ故タルヲ解スル能ハザルナリ」と述べて、「平等平民ノ制度ノ敵」たる「貴族的ノ誘惑ハ、古今天下腐敗ノ原ナルゾ。英雄崇拝ノ時代ハ已ニ過ギ去リタルゾ」

と警告を発し、朝野に充満する英雄崇拝、貴族社会、貴族的の誘惑の空気を指摘して、それの一掃の急務を説いた。

このような「新貴族的階層」や「特権的受益者層」が出現し、これらの新しい階層と一般平民との間の不平等や不自由を是正することの必要性や青年の改革運動参加への期待感（「あゝ青年か青年か、汝は真に平民の友なり、改革の友なり、平民的の運動の勢力なり、而して新社会の基礎なり、汝に非んば此社会を如何にせん」『政海之新潮』）は、「維新革命」の精神を継承し、中途半端に終わった維新の改革をより徹底させて「第二の維新」をめざす、蘇峰ら民友社同人と共通の基本理念でもあった。若き三叉は民友社グループに対して同志的連帯感を抱いたことであろう。その思いはまた、社会矛盾や犯罪の根本原因は「貧富の争い」、貧富の懸隔の増大にあることを看破して、廃娼運動が単なる「人情的、博愛的運動」によってその根本的解決が困難であることを説いた姿勢と重なる。

「社会の改革家は、善法を定め、飲酒を禁じ、売淫を停むる等の運動を為すと共に、到着すべき問題は、常に如何にして貧富の争を停めて、凡べての人をして悉く正経なる職業と、適当なる賃銭を有せしむべきかの問題にあるなり」（「好友よ」『上毛之青年』一三号、明治二三年一月一八日『竹越三叉集』二八一〜二八二頁）と貧困からの解放こそ肝要であることを明らかにし、上毛地方の青年たちも廃娼運動の経験を通して根本的原因が何であるか、ようやく事態の本質を理解するに至ったであろうと述べている。

「貧富の争は、千古の大哲学者、大政治家、大改革家、大演説家、大詩人が解かんと欲して解く能はざりし問題なり。余は其責任の甚だ重大なるを思ふなり。然れども好友よ。此大問題を解釈するにあらずんば、吾人の生涯もまた甚だ無用のみ。願はくは一歩を進んで、最少数の最大幸福を目的とする此の社会の組織を一変して、最多数の最大幸福を目的とするに至らしむる人情的博愛的運動を為すの用意を怠る勿れ」（同前）と激励、キリスト教的ヒューマニズムの青年運動に限界を感じるとともに、「特権的受益者層」と茅屋に呻吟する平民の不平等をなくし、貧富の格差を解消するには「最多数の最大幸福を目的とする」社会の実現に向けて社会組織の変革が必要であることを訴えている。

ここには「第二の維新」の実現を視野に入れた、社会・政治・経済分野に及ぶ広汎な改革を目指す言論活動に対する三叉の決意が表明されている。

『基督教新聞』の編集人に

ここで、三叉が正式の民友社員になるまでに関係した新聞雑誌について簡単に触れておきたい。明治二〇年一一月に高崎から東京に移った彼は『基督教新聞』の編集人になる。編集長は杉山重義であった。*『基督教新聞』は小崎弘道が発行人兼編集人となって警醒社から出版されていた週刊新聞である。本紙は『六合雑誌』と並んで「基督教を代表し、基督教の教勢を世人に知らしむる」（綱島佳吉「基督教新聞第三百号の発刊を祝す」『基督教新聞』三〇〇号）役割を担っていた。三叉が本紙の編集長として活躍したのは第二五九号（明治二一年七月一一日）から第二八〇号（明治二一年一二月五日）までの五カ月であった。編集長辞任の理由は、大阪公論社に入社するためであった。

＊杉山重義（一八五七〜一九二七）は伊予松山藩士の子。明治大正期の牧師、教育者。藩校明教館をへて慶應義塾で学ぶが中退。のち、大阪の米人ゴールドンに学びキリスト教徒となる。また、彼は自由民権運動にも関わり、自由民権派の雑誌『攪眠《こうみん》新誌』や『福島毎日新聞』の編集長に就任、明治一五年の福島事件に連座、一時期原市教会牧師として上毛伝道に加わった。その後、米国ハートフォード神学校に留学、帰国して岡山教会牧師になる。その教員歴であるが、明治三三年（一九〇〇）に東京専門学校（後の早稲田大学）の講師になり、大正一四年（一九二五）までに商学部・予科教授、早稲田実業学校校長などに就任した。担当科目は英語、原書講読、倫理など。キリスト教徒では村井知至、小崎弘道、綱島佳吉などと交友があり、ユニテリアン系の雑誌『六合雑誌』の同人であった。

その生涯を通じて、最もキリスト教的求道心が強かったと思われる時代の三叉の発言を紹介してみよう。彼はキリスト信者の役割が精神と社会・政治の改革にあることを説いた上で、今、キリスト者に求められるのは、過去の信者が実際に実践してきた歴史的模範に従うことであった。

すなわち、「善を説くに止まらずして、悪を攻めたり、正を談ずるに止まらずして、不正を撃てり。

基督を戴いて濁世に突入し、之を焼き、之を洗ひ、之を斬れり。彼等其心に言て曰く、神は知ろしめす此事の甚だ難きを、然れども此かる事をなすに非んば此生は何の為なりや」、「人間社会一切の根底を掃尽せる前例を追ふて、清明の天地を来たさんとするの好位地に立つ」（「基督信者社会的の智識」『基督教新聞』二三九号、明治二一年二月二二日）という自覚であった。

しかるに、社会改革の必要を唱導するキリスト信徒のその社会認識の水準の低さは、実に寒心に堪えない状態にある。「基督教徒は神の性質、徳義の行路に於ては、博士たるものありと雖も、社会的の智識に於ては、未だ寺子屋の児童たるにも足らざるもの多からん」（同前）と手厳しい。

もう一つ例を引こう。それは青年会の役割を説いた次の一篇である。彼は当時、雨後の筍のように全国各地に簇生する青年会の社会的意義について次のように説いている。

青年会は何のために結成されたのか。それは聖書研究や、学者や外国人の講義を聞くための会ではない。それは「上帝」の摂理にもとづいて、青年に与えられた客気とその燃え立つ炎のような改革の気質にあいふさわしい事業の達成のために結成されたのである。すなわち、「教会が内界より人心を改革するが如く、青年会は外界より社会を改革するにあるのみ。即ち政治に、社会に、文学に凡そ人間界一切の問題を取り、之を基督に照らして解釈し、之を俗世界に示して、其行動の標準となさしむるにあり。其起るの必要は此にありて、為すべきの事業も此の如し」（「青年会を如何にせん」『基督教新聞』二五九号、明治二一年七月一一日）。三叉は青年会をして、キリスト教主義の社会を実現するための「製造所」たらしめんと期待したのであった。

蘇峰の紹介で『大阪公論』に入社

次に三叉と『大阪公論』の関わりについて見てみよう。

三叉が民友社に入社するのは明治二三年（一八九〇）一月であるが、そのちょうど一年前の明治二二年（一八八九）一月、彼は『大阪公論』記者としての生活に入った。『大阪公論』は、朝日新聞が大阪朝日新聞と改称して、『東京公論』と同時に発行した政論新聞である。明治二二年一月三日に創刊号を発行し、翌明治二三年五月二七日を以て終刊号とするわずかに一年五カ月足らずの短命な政論新聞である。その陣容であるが、発行兼編集人が上野理一《うえのりいち》、編集スタッフは主筆が織田純一郎、その下に西河通徹《にしかわつうてつ》、竹越与三郎、上野岩太郎《うえのいわたろう》、境野熊蔵《さかいのくまぞう》、多田直勝、野間友徳らの面々がいた。そして、少し遅れて、天囚西村時彦《てんしゅうにしむらときつね》が参加する。

発行所は大阪北区中之島の大阪朝日新聞社内大阪公論社となっている。ちなみに、姉妹紙の『東京公論』の編集陣は、織田が主筆を兼務し、滝本誠一、古谷次郎、末広鉄腸らであった。『大阪公論』は、帝国憲法の発布と国会開設を目前にして、水準の高い政治新聞の確立を目指してスタートした。当時の大阪朝日はいわゆる「小新聞」と呼ばれる娯楽記事の多い大衆紙であったが、政論新聞の発行と二本立て経営の方針が打ち出されたのである。

読者の対象は主に有識層に想定して中身は不偏不党の「公論」を中心とし、広義の政治教育＝世論の指導啓発を行わんとしたのである。しかし、論調は穏健で、物事の軽重を比較しながら批判的に判断を下す姿勢を示している。その改革論は、一種の漸進主義であり、過激民権派にみられる官民激突論を避けた平和的改革が提唱された。

「大阪公論発行の主意」（創刊号）に述べられた編集綱領（七項目）にその特徴がよく表れている。すなわち、そこには、ナショナリズムの論理（「徹頭徹尾我日本国を立る」）と同時に、わが国開化の「模範を欧米に取」る欧化主義の姿勢が強調されている。それはまた、国会開設を以て「第二の維新」ともいうべきエポック・メーキングな慶事ととらえる歴史認識に支えられていた。いいかえれば、明治二二年という年を、これまで旧思想に支配されてきた旧日本を革め、新思想を以て新日本を創出する準備の一年と規定する考え（「本年は即ち明治十四年以来我々の待ちに待受けたる帝国議会開設前の一年にして、是より我政海の水面を一変すべきは実に瞭然火を睹る如きもの」『大阪公論』創刊号）が展開されている。

三叉がこの「大阪公論」に入社したいきさつであるが、そこには蘇峰の遠謀深慮が働いていた。朝日新聞（大阪）を創刊した村山竜平ははじめ蘇峰に朝日入社を打診したが、蘇峰はそれを断り、代わりに三叉と上野（岩太郎）の二人を他日、蘇峰が独力で新聞を創刊したとき役立たせるために、いわば見習い修業のために紹介したという（「香雪翁懐古」『村山竜平伝』四二頁）。

当時、蘇峰は『国民之友』が「予想外の成功」で大いに意気があがり、その勢いに乗って遅くとも明治二三年の帝国議会の開設の年には、宿願の新聞経営に乗り出さんとして着々とその準備に取り掛かっていた。『国民之友』と『国民新聞』の両者の関係は、ちょうど蘇峰が愛読する米国の雑誌『ネーション』と『イブニング・ポスト』紙のように、両者並立の状態で経営されることを彼は夢みていた（徳富猪一郎『蘇峰自伝』二六四頁）。

社内における三叉の位置

ここで、三叉と他の編集スタッフの関係を簡単に述べておこう。まず主筆の織田純一郎であるが、織田は英国の作家リットン卿の『欧州奇事花柳春話』の翻訳で知られているが、他に『日本民権新論』（一八七九）、『通俗日本国会論』（一八八〇）などの著書があり、英国流の立憲君主政体を支持し、貴族と大衆がそれぞれの利益を議会に反映することができる政治の仕組み（上下両院の存在）に関心があった。さらに、一九世紀の英国の選挙法の改正運動にふれて、今後、ますます下院の勢力が伸張することが予想されるとして、それがまた、立憲政治の自然の勢いであると主張していた。いわば、改進党系の政治思想の持ち主であった。織田は元来、三条公の家臣で明治初年に二度英国に留学し、ロンドンの四大法学院の一つであるミドル・テンプルを卒業してバリスター（高等法院弁護士）の資格をもつ法律家であった。最初の留学は明治四年の第一期政府派遣の留学生のときで、その時の留学生仲間は全部で三十余人、メンバーの中には西園寺公望や森有礼らもいた。織田は西洋の新聞事情にも詳しく、一八八八年五月に欧米に向けて新聞事情の調査に出かけ、ロンドンでは各新聞社の綿密な調査を行っている。織田は主筆として社説を担当するかたわら、海外事情の紹介記事や新聞に連載する小説「腕競」を書くなど健筆を揮《ふる》った。しかし、彼は同年の六月には東京転勤が命じられたので、織田は三叉にとって半年程度の上司であった。

織田と入れ違いに入ってきたのが境野熊蔵（元警保局員）と西村天囚である。境野と三叉は何かとそりが合わず、双方悪感情を抱いていたらしい。六月の人事異動の時に西河通徹、多田直勝、中川澄らが退社、そして織田の上京によって新聞小説「腕競」の連載が取りやめになり、かわって天囚の

「天囚雑綴十種」が掲載された。

さて、三叉の社内での位置であるが、俸給（月額）の順位からいっても上野（理一、百円）、織田（百円）に次ぐナンバー3（月額五十円）で、後年の回顧談によれば論説部長格であった（「三叉座談」『実業之日本』一九四二年新年号）。とにかく、彼は有能な論説記者として社説や論説記事に健筆を揮った。

三叉の退社は明治二二年一二月であるから、在社期間は一年にも満たない。しかも辞意の表明はすでに九月に村山あてに出されていた。社長や上野の慰留でその時は一旦おさまったが、『大阪公論』改革意見書を出している。四月から実施された紙面改良で社会記事を多く採用し、連載小説を掲載するなど紙面が総じて軟化したことや、六月の編集部の大異動、そして七月の『関西日報』の発刊と中川澄（彼は関西における大同団結派の世話人であった）の退社といった社内の変動が、当時二四歳の血気ざかりで鼻っ柱の強い三叉と他の編集人、とりわけ西村、西河、境野らとの衝突を惹き起こし、三叉の社に対する不満をふくらませていったものと思われる。彼は改革意見書のなかで、現状の呉越同舟の寄り合い所帯を解消して、誰か中心になる人物が「同臭同味の人々」を集めて一貫した編集方針を貫くこと（そこには中江兆民や末広鉄腸といった大物の存在がそれぞれ『東雲新聞』や『関西日報』の特色をよく発揮しているという思いがあった）や関西では特定党派以外の政治新聞を受け入れる余地が少ないことを理由に、社内が一個の政党のつもりで団結して運営にあたる必要を述べている。『大阪公論』時代の三叉はその去就を含めて、蘇峰と絶えず密接な連絡を取り合っていた。二人の連絡の中身は社内の動向から大阪市政や『東雲新聞』をはじめ関西の新聞界の動きまで含まれていた。

三叉と対立するグループの側からの批判も厳しかった。たとえば、三叉には「改進党臭味」あり（西河）とか、「只今の公論は徳富が出店同様にして竹越輩の社説は国民の友をソコラココラ抜書したるも同様にて甚だ見苦しく御座候」（境野熊蔵）、「目下の社説たる一は批評的の半戯文に属し、酷に之を評すれば全く民友記者の糟粕をなめ、徒らに其文に擬せんことを勉むるものに之あり、字句錯雑毫も文章をなさず、従て其論放言漫語に近く」（内山喜多次）といった辛辣な調子であった（『東京朝日新聞編年史』改巻六）。

こうした折、『国民新聞』の創刊準備を進めていた蘇峰から、「若し愈よ御決心ナラバ本年一杯ニテ公論ヲ切リ上ゲ、明年一月中旬頃迄、東上相被成候方可然ト存候」との書簡を受け取った（蘇峰書簡明治二二年一一月一〇日付、『徳富蘇峰記念館所蔵民友社関係資料集』民友社思想文学叢書別巻、七〇頁）。三叉は渡りに船と快諾し、明治二三年一月一七日、『国民新聞』政治記者として正式に民友社に入社した。

2　民友社入社

三叉と蘇峰

竹越熊三郎は三叉の民友社加盟の素因として、二人が年齢的に二歳しか違わないこと（蘇峰が文久三年、三叉が慶応元年の生まれ）、そして蘇峰が同志社を中退して新島襄から洗礼を受けているのに対して、三叉は慶應義塾を中途退学して後に小崎弘道から洗礼を受けていること、蘇峰が大江義塾を設立して青年を教導したのに対して三叉は東京商業学校や前橋英学校、高崎英

徳富蘇峰
（『徳富蘇峰集』より）

和学校の開設に尽力し、自ら教師として教鞭をとったことなど、よく似た学歴と職歴、そしてキリスト教信仰歴をもっていたことなどを指摘している（竹越熊三郎「竹越三叉——民友社時代」）。それに加えて、両者がともに士族出身ではなく、熊本と新潟、埼玉地方の名主・庄屋といった名望家層の出自で、明治一〇年代の自由民権運動の影響下に思想形成を行ったことも、「第二の維新」を目指す同志的結合を促す要因になったと考えられる。

たしかに、世代論的には、二人は民権運動の論客たちより少し若い世代に属しており、遅れてきた自由民権派の世代といえよう。そして、ともに中村、福沢、新島といった洋学者の薫陶を受け、封建的な儒教的倫理観とは異なるキリスト教的価値観と「反貴族」、反藩閥主義、啓蒙的な自由民権思想によって形成された平民主義が両者に相通ずる思想的紐帯となった。

三叉が入社した当時の民友社の陣容はどのような情況であったのか。元社員の語る資料に基づいて概要を述べてみよう。

『将来之日本』の成功に勢いを得、私塾の大江義塾を閉鎖して、一家を挙げて上京した蘇峰が民友社を創設したのは明治二〇年一月下旬のことであった。それは『国民之友』の創刊日（明治二〇年二月一五日）を遡る少なくとも二〇日前という説を杉井六郎が主張している（「民友社の背景とその成立」同志社大学人文科学研究所編『民友社の研究』）。そして民友社の所在地は、東京赤坂榎坂五番地の湯浅治郎宅であった。社主は湯浅治郎、編集徳富猪一郎、印刷人見一太郎の陣容でスタート、編輯事務に与る社友は旧大江義塾のメンバーであった。このように、草創期の民友社は蘇峰を核とする第二の大江義塾の性格が強く、蘇峰の独壇場的傾向がみられた。しかし、「政治、社会、経済、文学上の時事等評論する」総合雑誌『国民之友』は編集方針として、「通常寄書」家と別に、広く「江湖諸名士の論文」を掲載するために「特別寄書」家制度をつくり、彼らに定期的に原稿を依頼して大いに「洛陽の紙価」を高からしめた。竹越や山路愛山《やまじあいざん》、国木田独歩《くにきだどっぽ》など有力な人材を擁するまで、民友社は明六社のような思想集団としての性格は希薄であった。

「書生の集団」民友社

とにかく、創設当時の民友社は、熊本大江義塾の無名の田舎書生を手足とする集団であった。三叉も「最初の民友社は書生の集団と申しても差し支えはない様な姿」（『文章世界』一九〇六年七月号）だったと回想しているが、明六社が西周、加藤弘之、福沢諭吉といった一騎当千の大家の集まりであったのとは好対照の蘇峰を中心とする青年の集団であった。『国民之友』創刊号の広告には「本誌ノ光輝ヲ加ンカ為ニ諸名士ノ卓論偉説乞フテ之掲ク」「特別《スペシアル》寄書《コルレスポンデンス》」家として次の名前を掲げている。島田三郎・植村正久・高橋五郎・中江篤介・小崎弘道・浮田和民・田口卯吉・尾崎行雄・矢野文雄・植木枝盛・乗竹孝太郎・竹越与三郎。候補者としてすでにその名が挙がっていた伊勢（横井）時雄、新島公義、志賀重昂らの名前がないが、ちょうど伊勢は夫人峰の死亡で取り込んでおり、新島公義は伯父の新島襄との関係がからんで実現しなかったのかもしれない。

『国民之友』は蘇峰が同志社時代から愛読していたゴドキン（E. L. Godkin）の『ネーション』（The Nation）にちなんで命名された。民友社の社名も『国民之友』のなかから二字を抽出したと述べている。そして、国友社とせずに民友社としたのは、当時、彼が急進的平民主義を主張し、どこまでも人民の味方を以て自ら任じていたからであると説明している（『蘇峰自伝』二二三頁）。また、紙面に特別寄書欄を設けたのも『ネーション』のスペシアル・コレスポンデンス（The Special Correspondence）に倣ったものであることを明らかにしている。

特別寄書家の交渉を受けた尾崎行雄はジョン・チャップマンの編集になる『ウエストミンスター・レビュー』やサー・ウィリアム・スミスの『クオータリー・レビュー』を想像したという。

また、三叉は『国民之友』を評して、それを英国の『エディンバラ・レビュー』の役割に喩えて「政治上の観察の警抜にして、精微なる、其理想の純潔にして、高尚なる、其文体の清新にして流麗なる、一世を驚動せしめ、旧日本の遺骸中より此新健児の出でしは、恰もジュピターの脳中よりミネルバの湧きしが如きものなりき」と称賛している（「国民之友の廃刊」『世界之日本』第二巻第一号、西田毅編『竹越三叉集』一九八五年、三六〇頁）。

三叉の記者としての職務は『国民新聞』社説並びに論説記事を担当することであった。

『国民新聞』は明治二三年二月一日に創刊号が出た。新聞の発行は蘇峰にとって宿願であった。新聞記者は早くから彼が希望する職業であったが、新聞記者としての働きを全うするには、「自分が新聞紙そのものに対する自由の手腕を振ふ事が必要であり、斯くするには自らその新聞の持主、若くは重なる持主たるべき必要のある事を認めた」（『蘇峰自伝』二五一頁）から、いずれかの新聞社に雇われるのでなく、自ら新聞社を経営して思う通りの新聞を発行してみたいと思ったと語っている。経営資金や人材の確保に余念がなかったが、日刊新聞の発行に向けて具体的に動き始めたのは、明治二二年の憲法発布の前後であったというから正味一年かかったことになる。遅くとも明治二三年の帝国議会開設の年には自前の新聞をもって自由に政論を発表したいと考えた。編輯担当は湯浅治郎の推薦で福田和五郎をあて、京都の画家久保田米僊《くぼたべいせん》を挿絵画家として雇った。当時はまだ写真技術が発達せず、写真版が普及しない時代だったので、スケッチの木版画を新聞に掲載する必要があった。

金策に困った蘇峰は、上州原市の半田平次郎や熊本県葦北郡の大地主藤崎弥一郎らから借金をするなどして工面した。なお藤崎から五千円の大金を借り受けるについては、新島襄を保証人に立てることで交渉が成立したというエピソードがある。

『国民新聞』の発刊と新島の死

かくして、ここに『国民新聞』（明治二三年二月一日）と『国民之友』（明治二〇年二月一五日）がセットで発行されることになった。新聞と総合雑誌が一対で発刊されることになったのは、米国ニューヨークの雑誌『ネーション』と新聞『イブニング・ポスト』の両者並立の刊行がモデルとされたからであろう。雑誌『ネーション』（*The Nation*）は、蘇峰が同志社の学生時代に恩師のラーネッドから教えられて愛読するようになった、一九世紀から二〇世紀初めの米国における代表的な自由主義ジャーナルであった。

ところで、蘇峰らが『国民新聞』の創刊に向けて昼夜兼行の奔走をしていたちょうどその時、恩師の新島危篤の知らせが飛び込んできた。一月二〇日夜、三縁亭で開かれる新聞発行披露のパーティーに、『国民之友』の特別寄書家をはじめ関係者を招待すべく準備に大童であった蘇峰がフロックコートを着込み、床屋へ顔を剃りに出かけたとき、社の小使いが「先生危篤至急来れ」の電報を届けたという。

これまで、『国民之友』や『国民新聞』の発刊と新島襄の関わりに詳しく注目した研究は寡聞にして知らないが、実は蘇峰の平民主義思想の形成に新島が果たした役割は、意外に大きいのではないか。蘇峰は明治九年一〇月に一四歳で同志社英学校に入って以来、ずっと新島に親炙し続けて深い感化を受けていた。入学した翌年の春頃には、新島から洗礼を受け、掃留《ソウル》というクリスチャンネーム（パウロの故名）をもらって京都第二公会（教会）に所属した。洗礼を受けた動機について蘇峰は、「キリストを信ずると云ふよりも、新島先生を信ずると云ふことで、キリストを経由して、神に近付くと云ふよりも、新島先生を経由して、神に近付くと云ふ事であった」（同前、八六頁）と回想している。彼がいかに新島の人物を高く評価していたか、その心酔の様子がよく分かる証言である。

蘇峰の同郷の先輩たち、いわゆる「熊本バンド」の年長組のなかには、新島をあまり高く評価しない連中もいて、「先生を以て平凡とし、先生を以ておとなし過ぎるとなし、先生を以て弱き人となし、先生を以て学識浅薄の人となし、教場にて先生をやりこめたりする事を得意がる者も全くないではなかった」（同前、八六頁）というが、蘇峰は最初に出会ったときから一貫して新島への揺るぎない人間的信頼感を持ち続けた。「熊本バンド」の学生たちの新島評は年長組と蘇峰らの年少組とでは異なり、小崎、浮田、海老名ら先輩組は熊本洋学校教師のL・L・ジェーンズの影響が強く、彼らは常にジェーンズとの比較で新島を評価する傾向があったのかもしれない。アメリカンボードと日本の官憲、そして日本人教師の間に立って苦悩しながら右往左往する新島の姿は、彼らには弱々しく妥協的な人間と映ったのであろう。

新島の思想

新島の人物に対する信頼に加えて、平民主義思想に関する蘇峰と新島の親縁性も注目すべきである。『将来之日本』三版の序（明治二〇年二月執筆）に寄せた新島の文章は次のようなものであった。

「余此ヲ読ミ、其ノ第一回ヨリ第十六回ニ至ル、毎回恰モ新佳境ニ入ルノ感ナキ能ハス。蓋《けだ》シ其論ヤ卓々、其ノ文ヤ磊々《らいらい》、余ヲシテ屢《しばし》巻ヲ蓋ヒ不覚快哉ト呼ハシメタリキ。夫レ君ノ著書タル、広ク宇内ノ体制を察シ、詳ニ古今ノ沿革ニ徴シ、苟《いやしく》モ天意ノ存スル所、万世ノ望ム所、早晩、平民主義ヲ以テ世界ヲ一統スベク、之ニ抗スルモノハ亡ビ、之ニ順《したが》フモノハ存シ、一国民一個人ノ克《よ》ク其ノ勢ニ激シ、其ノ力ニ敵ス可ラザルヲ説キ、之ヲ過去現今ノ日本ニ論及シ、遂に将来ノ日本ヲ図画シ、其ノ取ラザル可カラザル方針ヲ示スニ至リ筆ヲ止ム。蓋《とかく》之ヲ要スルニ君ノ図画スル所ハ他ナシ、即チ公道正義ヲ以テ邦家ノ大本トナシ、武備ノ機関ヲ一転シテ生産ノ機関トナシ、圧抑ノ境遇ヲ一変シテ自治ノ境遇トナシ、貴族的社会ヲ一掃シテ平民的社会トナスニアリ」（文中のルビ、句読点は筆者）

大隈重信
（国立国会図書館蔵）

と要約コメントしている。そして、「君ノ論旨中含蓄スル所ノ愛国ノ意ハ、全国ヲ愛スルニアリ。全国ヲ愛スルハ全国民ヲシテ各其ノ生ヲ楽ミ、其ノ宜キヲ得セシメルニアリ。是レ実ニ君ノ活眼大ニ茲ニ見ル所アリ。満腔ノ慷慨、黙々ニ附スルニ忍ビズ。直ニ其の血性ヲ攄《の》へ、発シテ一篇ノ著書トハナリシナリ」と、愛国と愛民の結合、国民の幸福と生の充実に愛国心が基礎付けられている点に新島が注目している。

蘇峰と新島の思想のハーモニーは、「同志社大学設立の旨意」により顕著に現れている。明治二〇年前後に、新島の同志社大学設立運動を最も熱心に援けた人物が蘇峰であることは今では周知の事実である。つまり、大学設立に必要な寄付金募集のために、都下の有力な各新聞社の記者を集めて協力を依頼した。政界の有力者では井上（馨）侯や大隈（重信）侯が肝煎り役になって寄付金集めが行われた。外務大臣官邸に大隈が主人となって渋沢栄一や岩崎弥之助らの富豪や有力者を集め、井上が自ら筆を取って勧進帳をつけ、一夜のうちに数万円の寄付金が集ったという。* 井上、大隈の両侯がそれぞれ一千円の寄付を申し込んだ。新島が井上に接触したいきさつはよく分からないが、おそらく当時の欧化主義の一端として井上がキリスト教の日本への導入の必要を感じたことと、慶應義塾の勢力の牽制として新島と同志社に力を貸したのではないかと蘇峰は見ている。当時の早稲田は学校が出来たばかりで、後の盛大は予想できなかったという。

＊新島襄は大隈邸の集会と寄付申し込みについて次のような記録を残している。当日（明治二一年七月二一日）夕方六時に井上（馨）伯がわざわざ馬車で出迎えて、大隈伯邸まで案内の労をとってくれたこと、同志社からは新島と蘇峰の他に湯浅治郎、加藤勇次郎の四人が出席、来賓として大隈、井上、青木、渋沢、原（六郎）、平沼（専造）、岩崎（弥之助、久弥）、益田（孝）、大倉（喜八郎）、田中（平八）。当日の募金総額は三万一千円。そして、会のスピーチの口火を切った井上は「学校ニ於テ将来ノ人間ヲ養成スルノ必要ヲ説カレ而、又養成スルノ一点ハ人物ヲ作ルニアリ、人物ヲ造ルハ智徳併行ヲ主トスル学校ニアラサレハ其ノ目的ヲ達スル能ハサルヲトキ、マタ其ノ目的ヲ達スルニハ同志社ヲ除キ他ニ望ムヘカラサルヲトケリ」と好意を示したこと、大隈は「物ニ当レハ感情ノ起ルモノニシテ、同志社ノ諸事整頓シ、内外教員ノ一致協力スル等ノ事ハ、遙ニ御自身ノ立ラレタル専門校ノ企及フ所ニアラサル所ト被思、如此整頓シタル純良ノ学校ヲ賛成スルハ銘々ノ義務ナリト思ヒ、又民力ヲ以て右様ノ学校ヲ立ツルハ我カ国ニ取リテ甚美事ナリト思フ所ヨリ、大ニ新島氏等ノ挙ヲ賛成スト被陳タリ」と、その夜の友好的な雰囲気を伝えている。晩餐のあと、井上はさっそく筆を取って寄付金高を記入したという。以上、『漫遊記』より。

政治家では井上を中心に青木周蔵、陸奥宗光、野村靖、三好退蔵らの賛成者があったが、とくに陸奥が熱心に募金の方法について知恵や才覚を提供してくれたと語っている。大隈邸の義捐金募集の会には新島の他に金森通倫や蘇峰らも出席したが、それは「同志社と世間とが初めて接触した」時であったと回想している（『蘇峰自伝』二三五〜二三六頁。なお、前掲『漫遊記』には金森通倫の名前はない）。

蘇峰が同志社の大学設立に向けて新島に協力したもう一つの問題は、「主意書」の執筆である。明治二一年一一月七日に『国民之友』をはじめ全国の主要新聞・雑誌に発表された「同志社大学設立の旨意」がそれである。趣意書の内容は欧米の文化や文明と教育・宗教の関係の解説に始まり、政府以外に「人民の手に拠って設立する大学」の存在意義、そして智徳併行の教育による「一国の精神となり、元気となり、柱石となる」、「一国の良心とも謂うべき」人物の養成が強調された格調の高い文書である。「主意書」の作成について、新島は蘇峰の筆力に期待し、蘇峰が起稿する前に詳細な執筆の資料を送っている（徳富宛新島書簡、明治二一年（一八八八）一〇月一三日付）。

そこには、人材の育成と人物の育成を峻別した「教育ノ目的ハ智徳併行ニシテ人物養成ノ一点ニ止マレリ、人材養成ニアラス、人物養成ノ意ナリ」以下、十六項目のメモ書きがある。しかし、少し注意して読めば分るように、第一の教育の目的を除いて、あとはすべて詳細な寄付金集めの情況とこれまでの寄付申し込み金額、海外（米国）の友人からの寄付金、同志社の生徒数や教員数、校地面積、教室、講堂、図書館などの教育施設の現況などが記されている。したがって、趣意書に述べられた同志社教育の理念や目的、国家と教育の文明論的な展開は、多分に蘇峰自身の思想が反映されているとみていいであろう。

もちろん、新島が普段から口にする「自治自立」や「自由教育、自治教会」論、「洛陽の一平民」をモットーとするその生き方にみられる平民主義のエトスは十分に踏まえながら、しかし、筆致はあくまで蘇峰流に自在かつ流暢に展開されている。

新島は蘇峰に「畢生ノ御尽力ト雄文ヲ以テ天下志士之心ヲ御動カシ被下度奉祈候」と書き送ってい

るが、論旨の組み立てについて細かい注文はつけなかったのであろう。蘇峰による独自の文章構成の跡はいくつか見出される。たとえば、人口に膾炙した新島の良心教育論について、蘇峰は人民対英雄という視点から論じている。すなわち、新島にはある種の英雄待望論があると思われるが、趣意書では、「一国を維持するは、決して二、三英雄の力に非す、実に一国を組織する教育あり、智識あり、品行ある人民の力に拠らざる可からず、是等の人民は一国の良心とも謂ふ可き人々なり、而して吾人は即ち此の一国の良心とも謂ふ可き人々を養成せんとす」と人民を前面に押し出し、人民概念を強調することによって、帝国憲法下の臣民教育論と鋭く対立する論理が展開される。しかも、趣意書は明治二三年の国会開設を視野に入れて執筆されている。未曾有の国会開設と「立憲政体」の実施を前にして、日本国民は立憲政体を立派に運用できる主体に成長しなければならない。すなわち、

「苟も立憲政躰を百年に維持せんと欲せば、決して区々たる法律制度の上にのみ依頼す可き者に非ず、其人民が立憲政躰の下に生活し得る資格を養成せざる可からず、而して立憲政躰を維持するは、智識あり、品行あり、自から立ち、自から治むるの人民たらざれば能はず、果して然らば今日に於て、此の大学を設立するは、実に国家百年の大計に非ざるなきを得んや」。

立憲政体運用論の観点から人民自治の育成を論ずるあたり、まさに蘇峰の独壇場のものであり、さらに、それは広く民友社初期の政治論に通底する思想と言わざるを得ない。

新島旧邸
（京都市上京区寺町通丸太町上ル松陰町）

新島への追悼文

新島の死は蘇峰や民友社同人、さらには「熊本バンド」のメンバーにとっても大きな衝撃であった。ここで、一時期「同志社派の一員」と言われたこともある竹越の新島追悼の一文を紹介しておきたい。三叉は「大阪公論」時代に、新島と何度も会っている。明治二一年一二月に『基督教新聞』の編集人をやめて大阪に移住し中之島三丁目の西照庵に止宿した。翌年には大阪土佐堀二丁目の國本旅館に転居している。『基督教新聞』の編集責任の地位を離れても、なお同紙にしばらく寄稿していたが、そのうちの一編がここに紹介する新島の追悼文である。

「新島襄先生長逝す」は第三四〇号（明治二三年一月三一日）の社説欄に掲載された。彼はいくつかのエピソードを紹介しながら新島の死を悼んでいる。その一つは、三叉が出会ったある地方の村里のクリスマスの出来事である。寒風で頬を赤くした数人のわらべたちが、にぎやかに声を嗄《か》らして笑いながらあちこち駆け回っている。何をしているのかと問えば、我らは親戚知己の家を訪ねて、クリスマスの贈り物や金品を集め、いつか新島先生がここへやって来たとき同志社大学の資金として使ってもらうため、手づから先生に贈らんとするのだと答えた。それを思い出して彼は「ア丶可憐なる小児達よ。何ぞ知らん、卿等が待ちに待ったる新島君は、今や已に鐘声夢冷かなる人となりしぞ。吾人は之を思ふごとに、中夜慟哭せずんばあらず」と憂愁に閉ざされる。

第二のエピソードは三叉が直に聞いた新島の言葉である。すなわち、彼は大阪にいた頃、たびたび神戸や京都を訪れて新島と歓談した。あるとき、新島は昂然と机を打って世を嘆き憂えたという。

「自ら天の召を受け、天職を信ずる所の人物が、数世の間相生まれ相死して、歴史を作りたる後に非ずんば、決して高潔、富愛、勇往、正義なる国民を作る克《あた》はず。見よ、我が国民の歴史中に、幾何《いくばく》か特異なるペルソンあるかと。是れ、余が君に聞きたる最後の語なり。今や君は長逝し、以て我国民の歴史に、一の特異なるペルソンを加へたり」と。

三叉の目に映じた新島はいかなるタイプの偉人、「大人」なのか。エドマンド・バークのフォックス評を借りて次のように述べている。

「昔し、エドモンドバークは、フヲックスを評して、云えり。彼は人に愛慕せられんがために、此世に生れ来りたる者なるかと。若しバークをして、新島君を知らしめば、何を以てか之を評せん。古人曰く、柳下恵（周代魯の人。大夫（裁判官）となり、自らの信念に従い正道を踏んだ人物）の風を聞く者は、頑夫も廉に、懦夫《だふ》も起つと。我新島君の如きは、身洛陽の一平民として、交遊天下に遍《あま》ねく、知ると知らざると、其風を聞て、皆な君を慕ひ、未だ其教を受けずして、先生と称す。而して一たび君に遭ふや、懦夫固より立ち、頑夫固より廉に、凶険、世の忌む所の人も、君と相語るや、恍然としてまた罪を忘る。其大磯にありて病漸く危しとの報あるや、上は国家の大臣、天下の富豪より下は陋巷《ろうこう》の士、窮衢《きゅうく》の人に至るまで、或は身を以て、或は電信を以て、其回復を祈るもの、頻繁として矢の如し。而して是れ必しも一局の人にあらず。君子正路《せいろ》の名ある人固より多しと雖も、世の称して射利《しゃり》の人となすもの、また君の病を憂たり。吾人は此に於て人心の至誠を知るなり」

新島は気立てのいい、人から愛され、好かれる人という見方は、かなり一般的である。至誠高邁な人という見方も広くある。一致組合両教会の合併問題では、組合教会の自由・自治主義が失われることを恐れて、強く反対する新島に対して辛辣な批判もあった。そこには、アメリカンボードと結んだ新島の私憤を指摘する声もあった。しかし、新島の直弟子の多くが合併推進論の側に立ったことは、新島にとって何よりの心痛の種であったことであろう。三叉は『基督教新聞』でこの合併問題を取り上げているが、ここではその問題に触れていない。むしろ新島の生涯を美的インパルス（衝動）として美化して捉えている。ちなみに、柏木義円《かしわぎぎえん》が編集発行する『上毛教界月報』三七四号（昭和五年一月二〇日）は、合同問題に関して、竹越は東京榎坂教会（霊南坂教会の前身）の代員として組合教会総会で合同に反対した闘士の一人であったことを記している。

「蓋し君の生涯は一の詩歌なり。胸中の活火燃へて已まざる、夕暮のダンテ、獄中のミルトン的の手腕を以て画き出した一大詩歌なり。毫も俗らしき所なく英霊活動、常に地上を離るゝを。惜しむべし其詩歌は、其半ばを人間に示したるのみにして其半ばは巻きたるまゝ、白雲一片去って悠々たるを。然れども何ぞ知らん、彼大能なる者の摂理、更らに深きもののなきを。アゝ我よ、我小児よ、我青年よ、汝の友、汝の嚮道者を失ふたるを悲しむ勿れ。新島君已に行くも、大能者の手は、常に我等の上にあるなり」

と、ロマン主義的情趣に富む名文で綴られている。

その頃の三叉は熱心なキリスト者であり、本気で伝道活動に入ることを考えた時期もあった。『基督教新聞』で「政府は何故に基督教を日本国内に公許せざるや」を発表（明治二一年九月二六日）し、『国民新聞』（明治二五年九月二八日）に「公開状」を掲載して、熊本県知事の松平正直《まつだいらまさなお》が小学校教員にキリスト教を信ずることを禁じたこと、また、同県の山鹿《やまが》高等小学校長赤星某が同校生徒が聖書を研究した理由で退校処分にした事件に対し、それが帝国憲法第二十八条の信教の自由の保障を侵害するものとして抗議の声明を発表している。

「日本最初の婦人記者」中村竹代と結婚

三叉と中村竹代《たけよ》（一八七〇～一九四四）の結婚式は、彼が『大阪公論』に在社中、安部磯雄（一八六五～一九四九）が仲人となって岡山で行われた。明治二二年八月二〇日のことである。竹代は岡山藩士中村秀人・静子の長女で、明治三年一〇月一二日、岡

妻・竹代
（竹越家提供）

安部磯雄
（国立国会図書館蔵）

山で生まれた。母の静子は、岡山教会の初代の牧師金森（通倫）から洗礼を受けた熱心なキリスト教徒であった。静子は二九歳で夫秀人と死別し、女手一つで二女一男を育てた。その長女であった竹代は大阪のキリスト教系の梅花《ばいか》女学校で学び、才媛のほまれ高い女性だった。

二人は大阪土佐堀二丁目の岡本旅館で新婚生活のスタートを切るが、翌年、三叉が『国民新聞』記者となって上京するや、彼女もともに上京してキリスト教関係者と交友を深め、『国民新聞』の婦人欄や『家庭雑誌』『婦人矯風雑誌』に寄稿するなど、文筆活動や婦人運動に参加していった。彼女は日本最初の婦人記者といわれる。

そもそも、二人の縁談はどのようにして持ち上がったのか。三叉が『大阪公論』の政論記者として大阪にいたころ、竹代はちょうど梅花女学校の寄宿舎に住んで米国人のドーデー牧師に信任され重用されていた。三叉は東京で『基督教新聞』の編集に携わっていた関係もあって、大阪にも多くのキリスト教関係の知人がいた。そのなかの一人が三叉と同年の増野悦興であった。増野は津和野藩士増野貞吉の長男で、同志社を卒業後、キリスト教伝道に従事していたが、やがて教育界に転じて旧制の岐阜、金沢、川越中学校長として中等教育に生涯を捧げた人物である。三叉が知り合ったのは彼の浪花教会牧師時代で、その「稀に見る清教徒的な人物」に敬意を抱き、「共に相誓って天下の廓清を期した人物」であった。四五歳の生涯を終えたとき、三叉は「涕涙して、思わず襟を霑《うるお》した」という。三叉と格別に気があった増野は安部磯雄とも昵懇《じっこん》であった。三叉はこの増野を通じて安部とも知り合いになったと考えられる。この三人の関係に加えて、安部の夫人駒尾が当時梅花に在学中で、竹代のことをよく知っていたらしいこと、そして金森のあとを継いで岡山教会にやってきた安部は竹代の母の静子を知っていた関係など、キリスト教徒の集まりのなかから自然なかたちで縁談が進展していったのであろう。

ところが、母静子は初めこの縁談に賛成しなかった。その理由は新聞記者という職業に対する当時の社会的評価が低かったこと、経済的に苦しい家計のなかで弟妹の養育を竹代に期待していた静子にとって、資力のない若い一介の新聞記者の三叉に経済的援助を求めることが困難だと判断したからである。しかし、三叉のことをよく知る安部や宮川経輝《みやかわつねてる》（当時大阪教会牧師、梅花女学校校長）らからつぶさに三叉の人柄を聞き、志の高い使命感の強い青年であることを知ってようやく理解し承諾を与えたという。

二人は明治二二年六月の日曜日に、竹代の属していた大阪教会で宮川牧師の司会で婚約を誓い、三叉が母静子に報告している。静子は、「父母の着せし衣をぬぎすてて開け行く世にならえ竹の子」という和歌を色紙に認めて娘に与えた（竹越熊三郎「竹越竹代の生涯」発行者竹越龍五郎（私家版）、昭和四〇年）。

かくして、三叉が大阪に赴任して四カ月目に縁談が成立、竹代の卒業を待って結婚式が執り行われた。三叉が二五歳、妻の竹代は二〇歳であった。竹代は結婚するにあたって、「私もふつつかながら君の補助官に撰ばれし上は、もはや君の御ために何をかおしまん。お身が車夫一般の生活を忍び給へば、余は下婢一棟の生活をいとわざるべし」と書き送った。清貧を厭わず、三叉を助けて、ともに荊棘《いばら》の道を歩まんとするけなげな心情が吐露されている。

「民友記者」としての職務と待遇

明治二八年の暮れに「伊藤内閣の境遇」を『国民新聞』に寄稿して民友社を去るまでの六年間に、三叉が『国民之友』と『国民新聞』両誌に発表した論説記事は署名・無署名あわせて相当の分量にのぼる。民友記者として重用された三叉は、蘇峰とともに『国民之友』と『国民新聞』の社説を書いたが、のちに人見一太郎も三叉が書く社説の一部を執筆することになった。『国民之友』の方は山路愛山も書くようになったという。元社員の回想（春風道人「昔の民友社」『文章世界』一巻五号。春風道人は塚越停春のことか）によれば、三叉は才気煥発で文章を書くのが早く、書き上げると大きな声でほとんど「抑揚の妙を極めた朗読をするのが例であり、其故に文章は一種の散文詩とでも謂ふべきもので、如何にも口調が善く、悠揚として高風の雲を吹く様な趣があった」と述べている。しかし、筆跡は悪筆で読みにくく、社内でも植字工泣かせの筆頭クラスであったという。

編集担当は主筆が蘇峰で、その下に三叉をはじめ人見一太郎、上野岩太郎、福田和五郎、徳富健次郎、中村修一、宮崎八百吉、丁吉次、小沢安左衛門、草野茂松、金子佐平らがあたったが、のちに上野、丁が去り、阿部充家、草野門平、山路愛山、平田久、深井英五、松原岩五郎、国木田哲夫、収二らが加わるなど異動があった。

民友社が保存する社員給料「日誌」が残っているが、そこには明治二三年二月分の編輯員給料とし

国木田独歩
（国立国会図書館蔵）

山路愛山

民友社跡地
（東京都中央区銀座８丁目／旧京橋区日吉町４番地）

て次のような記録がある。竹越は三〇円で編輯員中二番目に高い。挿絵担当の久保田米僊は七〇円で破格に高い。三叉についで内田《うちだ》（魯庵《ろあん》）の二五円、人見の二五円と続く。なお、竹村女史《ちくそん》（三叉夫人）には車代として金五円が三月分から支払われている（「社員給料『日誌』」『民友社関係資料集』徳富蘇峰記念館所蔵、『民友社思想文学叢書別巻』七四～一〇七頁）。

『大阪公論』の給与が五〇円であったから、約三分の二に減額されたことになる。東京赤坂新町に新婚生活の居を構えた三叉は、まもなく麻布竜土町に移転しているが、生活は楽でなかったように見受けられる。明治二四年には長女の北見が生まれ、また長男と次男がそれぞれ明治二六年と二八年に誕生し、妻の竹代も子育てしながらの原稿執筆に追われる毎日であった。総じて民友社の給与は安かったようだ。明治二五年八月に入社した山路愛山は月給一五円であった。愛山が蘇峰から独立する一つの理由は薄給にあったといわれる。しかし、他の社員が薄給に満足するなかで、久保田に次ぐ給料をもらっていた三叉は、社説の執筆をはじめ編輯スタッフとして重要な仕事を任されており、給与面でも優遇されていたのではないだろうか。

3　時論にみる思想的特徴

次に民友社時代に残した社説や時論にみられる三叉の思想的傾向について検討してみたい。

三叉は社説や論説欄で、政治、外交問題だけでなく、文学、史論、人物論など縦横にペンを揮った。

時にその論調が激越なために、筆禍事件を起こして『国民之友』や『国民新聞』が発行停止処分を食ったことが何度もあった。この時期の三叉の言論活動の中心舞台が『国民之友』と『国民新聞』の両誌であることはいうまでもない。

地方議会の実態を暴く

入社して最初に発表した記事が「人民にあらず議会にあらざる一階級」と「断じて元老院を廃すべし」の二編であった。どちらも『国民新聞』（明治二三年二月三日）に掲載された。帝国議会の開設を前にした地方議会の実態を紹介した批判精神の満々たる一文である。それは大阪府会の実状を衝いたもので、特定の利害団体が自らの利益を実現するために議員に議事妨害や圧力をかけ、議会で自由な議論ができないような情況をつくっていることを取り上げている。

その焦点は「淀川改修測量費」の諮問案の審議をめぐる問題であるが、利害を異にする淀川沿岸の住民と和泉河内地方の住民が、それぞれの地方選出の議員に自説を吹き込み、檄を伝えんと議場につめかけ、傍聴席に集まる者数百名にのぼり、互いに威勢を張って議場を支配せんとして、紛議止まるところを知らざる状態であったという。

そこでは「議員保護規則」も効果なく、「議員を指嗾《しそう》し、或は恐嚇する等のことはその跡を絶たず」という情況で、およそ立憲制度運用の趣旨に合致しない。

「立憲制度の円滑に行はるゝもの、唯だ人民と、政府と、議会との三級ありて、相牽き、相属し、相離れざるにあり。若しそれ不幸にして、人民にもあらず、議会にもあらず、将た政府にもあらざるのありて、その間に立ちて勢力とならんか、立憲制度の運転止まらざらんと欲するも得ざるなり。今まソレ、傍聴席なるものは何ものぞ。議会として一の法権をも有するものにあらず、人民として全体の心を代表するものにあらず。然るに、彼等の囂々《ごうごう》騒々たる示威的の行為によりて、議決を左右するが如きことあらば、是れ議会は傍聴席なる一階級の使役に応ずるに過ぎず。此時に方つて立憲制度もまた三文の価なき空名のみ」

と厳しく批判している。そして問題の根本的解決策として彼は、府県会議員選挙法の改革を訴えている。すなわち、そもそも「其選挙権の余りに狭隘にして、地方人民の思想を議場に代表し得ざるより、彼等自ら身を以て、其意見を議場に陳述せんとするによらずんばあらず」と矛盾の「源流」に注意するよう促している。

非立憲的政治機関の弾劾

次の記事「断じて元老院を廃すべし」は、立憲制を確立する上で、帝国憲法上の存在根拠のない元老制を廃止すべしという主張を展開している。明治政府が太政官制度から内閣制に変わり、そして帝国議会の開設を控えた今こそ、元老院は「歴史的勲功の紀念たる、元老の集会府となりて、内閣の使嗾に従ふに過ず（中略）元老院の意志は、毫も内閣を掣肘するに足らざるに至れり。此時に方つて、なほ何の必要ありて、元老院の空名を存するか」と速やかな廃止を主張する。主張の前提には、「大凡そ政制の憂ふべきもの、その機関の甚だ錯綜して、相衝突して、互ひに運転力を減殺するより大なるはなし」という政治思想があった。

これは明治後期から昭和初期にかけて首班指名など、重要な国務について天皇を補佐した絶大な政治的特権をもった元老の政治的機能を予見した言説ではないが、政治制度の多元的構造が立憲政治の機能不全をもたらす恐れを指摘した貴重な意見であろう。

初期議会の報道

第一議会（明治二三年一一月二五日〜明治二四年三月七日）は大荒れであった。第一次山県（有朋）内閣が海軍力強化のため軍艦建造費などの増額を図り、民党勢力と衝突したが、自由党土佐派など旧愛国公党系の賛成によって歳出削減幅を減少することで政府に妥協、政府支持の大成会とともに予算成立に協力した（明治二四年二月二〇日）。中江兆民が議会の政府に対する弱腰を批判し、土佐派の裏切りを「無血虫」と憤って衆議院議員を辞職した。その後、林有造、植木枝盛ら土佐派の二九人の議員は立憲自由党を脱党、三月に自由俱楽部を結成したが、一二月に自由党に復帰した。三叉はこうした初期議会の民党の混迷ぶりを、「自由党と自由俱楽部」（『国民新聞』明治二四年九月一二日）、「第一国会の小歴史」㈠㈡（『国民新聞』明治二四年三月八、九日）などの記事で取り上げている。三叉は、政党内部の「調和」には一定の条件や原則が確立していなければならないと述べ、「自由党裏切連の巣窟」たる自由俱楽部の復帰を軽々に認めてはならないと言い放った。

自由俱楽部の「政治的罪過は、太平洋の水を傾け来りて、之を洗ふも未だ清めること能はざる」ほどの大きさである。しかし、政治の世界で「恩怨の念」を蓄えてはならないと云い、当初は、彼らとて「断乎たる自由主義者」であった、もし彼らが「翻然説を改めなば、以て手を携へて、政治世界に周旋すべき也」という。しかし、一つの条件を設定することを忘れなかった。「裏切連中に純朴誠実、正経の君子ある」と同時にまた「狡獪、陰滑、巧偽の人なきを保する能はず」。これらの連中の復帰を無条件に認めることは「蝮蛇を我が懐中に入る、と又た何の異なる所あらむ」。そこで、自由倶楽部の連中にして、もし「真個に自由党に復帰するの意あらば、願くは顔良文醜の頭を斬りて来れ」といい、第二議会において民党と協同一致の政治行動をとることを義務付けた。この自由倶楽部非難の一文は彼らを痛く刺激し、やがて民友社と自由党本部の衝突事件に発展していく。なお、この記事が発行停止処分の対象になったことを蘇峰から知らされた三叉は、「小生の頑鈍軽佻一に此に至るか、痛嘆切慨に不堪候。解停の上、全力を尽くして周旋するも其過失を償ふに不足と、私かに恐懼仕居候」と神妙な返書を出しているが、「停止の報に接して愈よ以て我新聞の必要を悟り申候」と意気軒昂なところを見せている（伊藤隆他編『徳富蘇峰関係文書』一二六頁）。

ここで、三叉の時論の前提となる民党的立場の自己認識を明らかにしておきたい。彼は「民党と革新的精神」（『国民新聞』明治二六年五月一六日）で、民党を次のように定義している。「民党とは何物を意味する。民党とは藩閥政治を一変して国民的政治となす大精神の権化なるを知らずや。専制内閣の遺風を一変して、立憲的責任内閣となす大希望の実体なるを知らずや。官権的行政を一変して民権自治的行政となすの大気象の現象なるを知らずや。既に荒廃せんとする維新の雄図を紹《つ》ぎ、第二の維新を為すの大志願の具形なるを知らずや」と云い、現実政治においてその担い手となるのが「自由党、改進党、同盟倶楽部、その他天下に於ける革新的精神の鼓吹者」であると政党名を挙げて説明している。

同時に、彼は民党政治家たちの革新的精神が希薄化している現状を憂慮しているが、「自由党の生気は、其の枝葉にあらずして、其の根底にあり」と述べて、「自由党をして自由党たらしむるものは、実に無名の地方党員中にあり」と自由党を底辺において支えている地方の党員に注目している事実を挙げておきたい。民権運動の嫡出子としての三叉の実像がよくあらわれているといえよう。このような民党認識に立って三叉と「国民之友」同人たちは、紙面を通じて民党の大同団結（「進歩党大合同」）を訴えかけたのである。

教育勅語と徳育

教育勅語の発布は国家が明治天皇の名で教育と道徳の中身に関与する画期的な法典で、それ以降の日本の教育のあり方に決定的な影響を与えた。当然のことながら三叉もこの問題に重大な関心を払った。教育の場におけるキリスト教弾圧に対する抗議声明（明治二五年九月）などその典型であるが、「徳育書の編纂」（『国民新聞』明治二四年四月八日）は、文部省が中心になって「天下徳育の統一を計らんとす」る動きに対して警戒心を強めた文章である。

そもそも徳育とは何か、という問いかけから出発して、彼は徳育とは人を感化、「感発」すること、それは草木に水を注ぐように人物人品を練り上げることであると定義する。そして、「苟も人を動かさんとせば、自ら巍々堂々として溢るゝばかりの精神あるを要す。人を動かすの精神なく、内に満るの気魄なく、口弁軽給、汲々として嘉言善語を述ぶるも、その児童を感化する能はざるや明白なり。所謂る徳育なるもの実に此の弊に陥れり」と述べて、徳育の不振は「徳育の書なきにあらず、児童を感発激動すべき大勢力、大気魄なき」ところに問題があるとして、徳育を担当するにふさわしい人材の欠乏を余所にして、政府が徳育書の編纂に熱心なのに疑問を呈している。さらに、教育勅語の官製版解説書の出版に言及して、「勅語を注釈して我田に水を引かんとする偽似道学者、滔々として天下に満つるの時に方つて、一歩を誤らば取り返すべからざるの非運に陥らんとす」と述べ、政府（「文部委員」）が勅語の注釈を行い、学校長が教育現場で政府解釈に自らの解釈を付け加えている間に「白変じて黒となるの恐なきにあらず」と指摘し、「文部省の註解出でて学問世界の争いを増さんことを恐」れる彼は、註解がひとたび出るや「ソクラテスをも、スペンセルをも皆筆硯を焚きて俗吏に降服せしめずんば已まざるの日也」と政府による思想統制に危機感を露わにするのであった。

立憲政治と言論の自由

三叉は立憲政治を保障する政治の実現について、帝国憲法に依拠しない政治機関の設置を承認しないことと並んで、言論の自由が保障せられる必要を力説した。

「貴族院議員に告ぐ」（『国民新聞』附録、明治二六年一月一〇日）は、新聞法案の実現を目指して東京京橋の厚生館で開催された演説会における三叉の演説記録である。衆議院が議決した新聞法案を、貴族院が速やかに承認するように求めた文章である。本編は言論の自由の意義と、政界における貴族院の実情に対する厳しい批判から成っている。

文中で三叉は政界における貴族院の地位を「行政官の奴隷」と決めつけ、「衆議院に併行して国政を審議するの場と云ふよりも寧ろ内閣の為に衆議院を抑ゆるの北面武士」とその非立憲的性格を衝いている。彼は、これまでに貴族院が農民の悲願である地租軽減が衆議院を通過したにもかかわらず握りつぶしたことや、地価修正、保安条例もほぼ同じ運命を辿ったことを例に挙げて罪責を並べた。国民に公選されず、国民の信任も得ていない貴族院が、なぜそのような人民の意志に反する政治的権限を行使できるのか、これは区々たる新聞の自由の問題に止まらず、もはや「人間の権利問題」といわざるをえない。

しかし、なぜ新聞問題でとくに政府に抗議の旗をあげるのか。

それは「言論の自由は、憲法の礎たるが故也。憲法は一の活物也。彼は言論自由の空気を呼吸して生活し、生長し、発達し、変化する也。若し言論の自由なき乎、憲法は枯れて死し単に紙に印刷したる文字に過ぎざらんとす。言論の自由なからん乎、吾人は此の日より憲法と離るゝ也。凡ての自由と離るゝ也。故に吾人は全心全力を尽して、立論の自由を争ふ」と言論の自由が憲法の定める権利を実体化することを強調している。換言すれば、言論の自由が立憲政治の必須条件であることを揚言している。

この点に関して、さらに、三叉は「国に憲法あれば即ち立憲政治なり」と考え、憲法制定を以て能事とする伊藤博文の立憲政治論の誤りを指摘、「憲法政治とは国民天賦の人権を識認して、憲法を制定すると共に、此の憲法の精神、即ち国民天賦の人権を識認するの精神を凡ての国法に及ぼし、此の精神を以て国法を改定せざるべからず」、それゆえ、伊藤は憲法に合致するよう旧法を改定し、言論の自由保障の幅を拡張すべきであったと主張する。

ここにいうところの旧法とは、出版物取締法規（出版条例　明治二年布告、明治二六年公布の出版法につながる）、讒謗律《ざんぼうりつ》（明治八年発令、明治一三年制定の旧刑法に吸収される）、新聞紙条例（明治八年）など、明治政府が反政府活動や自由民権運動を意識して制定した一連の言論取締法規をさす。

帝国憲法には法律の範囲内における言論の自由の保障という制約があったが、これらの旧法が改定されずそのまま放置された情況のもとで、その制限規定がもたらす危険性を指摘するあたり、三叉の自由擁護の権利意識は鋭いと言わざるをえない。

「個人乎、国家乎」——国家主義批判

「個人乎、国家乎」（『国民新聞』明治二六年九月一三～一七、一九～二〇日）は七回にわたって『国民新聞』に連載された長編の評論である。

三叉は個人主義と国家主義の対立は「歴史的」と「理想的」という二つの異なる「観察点」（視点ないし立場）から導き出されるとして、以下のような国家主義批判の主張を展開している。まず「歴史的」観察方法とは現状維持的リアリズム、現状肯定論であり、「理想的」観察方法は人間性の善性を信頼して、歴史的社会を転覆して「新天新地」を実現せんと期す変革志向の立場を意味する。そして端的に言って国家主義は歴史派（歴史主義）の主張であり、「国家は万能力を有し、有機物的の発達を為し、個人は之を養ふが為に犠牲たらざるべからず」という「国家法権万能説」に結びつく。

国家主義は専制主義の同義語であり、その論理的結着は「君主即ち国家、国家即ち君主てふ一虚栄的の思想」にほかならず、徹底した個人否定説であると説く。

そして、歴史上の二つの政治思想を取り上げて、国家主義の誤りを具体的に指摘している。すなわ

ち過去の「政治上の迷信」である「帝王神権」（王権神授説）と現在、欧州大陸の学者によって主張される「力是権」の思想がそれである。「力是権」（Might is right）の思想は、国家主義者が個人主義に反対する論拠になっている。個人主義が天賦人権論に由来するのにかんがみて、国家論者が個人主義を反駁するのにまず天賦人権論を攻撃しなければならず、その準拠すべき立論として「力是権」の説が台頭してきたという。権力をもつ「強者」の支配を肯定し、権理は国家（強者）によって与えられるものとする思想に反対して、三叉は「人権は国家の賜にあらずして、天賦也。天賦の権、或は他種族によりて犯害せらるゝことあり。一人の力之を防ぐべからず。此の如くして社会は組織せられ、此の如くして国民は建設せられ、此の如くして国家は発達す。是れ国家は個人の為めに、個人を待って、個人によりて組織せらるゝ也」と社会や国家の起源にまで及んで説明されている。

さらに、三叉は国家主義者が人権思想の歴史的意義を正当に理解していないことに対して批判の眼を向けている。すなわち、彼は人権の思想が広く内外の民衆を解放したことにふれて、国王や僧侶、貴族に蹂躙せられていた人民が一八世紀以後にヨーロッパで蘇生したのは人権思想の影響であること、そしてわが国の明治維新が遺した正統の思想が人権の思想であり、過去二〇年間に実現した四民平等、法の前の平等、切捨て御免や「御用金課附、士族郷曲の武断」が禁止されたのはすべて人権思想の賜物ではないかと力説する。「赫々たる光輝を東洋に放つ大日本憲法も、また人権思想の現実せるもの」であり、国民を長い封建時代の桎梏のなかから救済したこれらの施策は、自然に到来したのではなく、「個人の権理は天賦なりとの大思想が刻みたる賜」であることを理解しない国家論者の説得に努めている。

さらに、人権思想と愛国心の関係はどうなのか。国家主義者は人権の思想は愛国心を弱めるというがはたしてそうか。そのような主張は歴史の事実に即しない見方であるといい、「世界に於ける人権の思想の最も強固なりしは、十八世紀の終より、一九世紀の前半世紀に至る間なりき。而して此間こそ欧洲列国に於て、国民独立主義の最も盛んに実行せられたる時にあらずや」と反論する。フランスやイタリア、あるいはギリシャ旧邦の国権回復、北米合衆国の興隆などの具体例を引きながら「個人の独自一個を保つ所以は、則ち一国の独自一個を保つ所以也。人権を尚ぶは則ち国権を尚ぶ所以也」とデモクラシーとナショナリズムの結合を強調している。

そして、わが国の事例で云えば、戊辰戦争において江戸城が「一兵に血ぬらず、一矢を損ぜずして、官軍の有に帰したるものは何ぞ。其の国家なるもの、三四執政と一階級の中に置きて、国民の胸中に徳川の国家なるものを托し置かざりしが故にあらずや」と国家の安泰は、「万民皆な人権を有し、国権は是れ人権の総合」なることの教化にあることを説いている。

国家主義が独断的な理論と歴史的な国情を無視した曲論であることを力説して止まぬ三叉であるが、個人主義と国家主義の両者を二者択一的発想で捉えることは避けている。つまり、「理想は目的を示めし、歴史は道行〔事実の経過、由来〕を教ゆるもの」という信念に基づいて、彼は事物はすべて「度合いの問題」だという見方を提示する。

「天下最も心に快きは寒暖相半の国土也。国政に於てもまた此の如し。吾人は已に十二分に、国家主義の結果を賞したり。遠き古は之を云はず、徳川氏二百五十年の治世の為めに、個人は無一物の底まで押し落されたり。数百年間の抑塞は、二十五六年の能く回復蘇生する所にあらず。少なくとも、維新以後、我社会に人となりたる国民が、一代を更へて児孫の世となりたる後にあらずんば、国家専制の慢性毒を全然脱却し得べきにあらず。今日は寧ろ個人主義を以て、数百年間の抑塞を緩和すべきの時也」。

それゆえ、人権の天賦なる所以が深く人心に浸透し、「一代の流風習俗になるにあらずんば、以て真乎の変革を為すに足らざる也」と、国家主義者が再び国家専制の下に人民を屈服せしめんとする動きを牽制した。さらに彼は国益（「国家の利益」）の名目の下、多額の公金が一部の商工業者の手に流れ、学問が「政権の奴隷」になり、学者が「当路政治家の門下生」となったこと、また「国家の威権」という名目の下に平民が官吏に対して、特別の尊敬を払い、言論、集会、出版、信教の自由が官吏の好悪の下に禁圧せられる実態を挙げて、行政権の拡大と保護干渉政策の一層の進展を憂慮している。

数々の著作

以上、三叉が紙面で論評した時論のいくつかを取り上げて、その民党的ジャーナリストの思想傾向を見てきた。民友社時代の三叉にはこのような時論や政論の他に、彼の代表作ともいえる著作がある。刊行順に挙げれば、『格朗穵』（明治二三年）、『新日本史』上中（明治二四、二五年）、『マコウレー』（明治二六年）、『基督伝記』（明治二六年）、『支那論』（明治二七年）、『二千五百年史』（明治二九年）の六冊である。『支那論』を除けばすべて史論である。

なお『二千五百年史』の出版は民友社退社後の明治二九年五月であるが、着想を得たのは七年前に遡り、明治二二年八月に岡山市で竹代と挙式したとき、病気の療養をかねて備前、備中に遊び、神武天皇東征の折の駐輦地《ちゅうれんち》という伝説の場所「神の島」を眺めて、述作を思い立ち完成させたという曰く因縁のある書物である。そして、歴史における詩歌的情感の契機を重視する三叉は、「一夜旭川（岡山）の辺を徘徊す。星河皎々備作の野に垂れ、江流混々海に入って已まず。正に是れ、星低平野濶、月湧大江流の概あり」、「自然は人生の無窮なるを繰り返すが如し」の古言を思い起こしたと記している（「天化」『国民新聞』附録、明治二五年四月二四日）。

彼は民友社にいる時、本務の記者生活を続けながら、四年の歳月を費やしてこの大作の完成にこぎつけたのであった。

第三章　三叉史論の特徴

1　クロムウェル論——政治と宗教

本邦初のクロムウェルの伝記

『格朗空《クロムウェル》』は三叉が民友社に入って初めて出版された単行本である。明治二三年一一月七日の発行日付のある、全部で十六章からなる本邦初の本格的なオリヴァー・クロムウェルの伝記であった。第一章「英雄崇拝」の序論に続いて、一七世紀英国のピューリタン革命期の政治・社会状況の特徴を国王・議会・軍・教会の勢力が複雑な政治的対立状況のなかでどのように変容していくか、そして、クロムウェルがどのように政治的変革のイニシアティヴをとっていったかを中心に叙述している。

民友社主の徳富蘇峰は、「格朗空の巻首に題す、帝国議会開設の月　蘇峰生」と題する序文を寄せている。参考までにその推薦文を紹介しておこう。

「此頃社友竹越君『格朗穵』の序を余に徴す。余之を読むに、文章逸宕《いつとう》華麗、殆ど雲生じ潮湧くの感あり。而して彼の人物事業を描き出し、躍然飛動せんと欲す。マヽ自家の意見を附して論賛の意を寓す。若夫れ其得意の所に至れば、縦論写倒関心処、揮筆行々紙有声の概あり。要するに斯書、君に於ては一気呵成の作と雖、その平生心に融し、意に会したるもの、加ふるに十九世紀の大手筆、マコーレー、カーライルの諸書より、ゴルドウヰン・スミス、フレデリッキ・ハリソン諸氏の作に到る迄、其精英を萃《あつ》め、其秀粋を抜きたるもの、其明治年間の好述作たる豈に余が呶々《どど》を竢《ま》たんや」。

蘇峰が文中に述べている「一気呵成の作」とは、三叉が執筆した『国民新聞』や『国民之友』の社説や論説記事が、たびたび筆禍事件にあって発行停止処分を食った時に書き上げられたことを指すのであろう。事実、三叉の速筆は社内でも有名であった。参考文献は三叉のみならず、蘇峰の歴史論に対しても大きな影響を与えたマコーリーをはじめカーライル、ハリソン、ギゾーらの書物が「引用書目」に挙がっている。ちなみに、トーマス・バビントン・マコーリーの参考著作は『英国史』、『著作と演説集』（*Writings and Speeches*）、『歴史論文集』（*Historical Essays*）の書名が挙がっている。カーライルは『オリヴァー・クロムウェルの書簡と演説集』（*Carlyle's Letters and Speeches of Oliver Cromwell*）である。

カーライルの思想とそのクロムウェル論の影響は、本書の議論全体にみられる。三叉の「トーマス・カアライル」（『六合雑誌』一〇八号、明治二二年一二月一七日）という一文を見れば、彼がいかにカーライルに傾倒していたかよく分かる。また、そこで著述家としてのカーライルの特徴について以下のように簡潔に述べている。

「余はカアライルの議論に於ては、実に世の所謂る学者の著書と異なりて、一種の力あるを見る。世の学者が人生を論ずるや、他国の事、若しくは隣家のことを論ずるが如く、甚だ冷淡に、其言ふや耳にさゝやくが如し。然れども彼は人生を以て己がものとなし、否な自ら人生なりと思惟するが如くに、熱心に真面目に、自任して之を詳論せり」とその言説が「信仰的にして、天命神心の上に確として立つ所」あるという。そして、カーライルは常々「伝記は一の詩歌なり、一の説教なり、大人の行動はソレ自ら一の聖書なり」と主張していたという。クロムウェルの伝記執筆を通じてカーライルが訴えんとしたものは何か。「彼好んでクロムウェルの為めに弁じ、清教徒の為めに弁ず。曰く、彼等は世の嘲りを受たり、然れども漫に之を嘲るを止めよ。彼等は何事を為したるかを見よ。彼等は小児の如く泣いて、寂天漠地の亜米利加の野に往き、ソコに彼等が神より授けられたる大業を遂げて、天下古今の大人となれり。彼の長生して大人となりたるは、即ち自然が彼を用ひたるを示す者にあらずやと。カアライルもまた十九世紀の清教徒と云ふべし」。

カーライルは英国の歴史家・文明批評家で、『衣裳哲学』『過去及び現在』『チャーチズム運動』などの著作を通じて一九世紀英国の「俗物的、拝金的の文明」が駸々として進展する情況を批判し、

「虚偽、軽薄、浮華、因循なる英国社会の悪弊」を矯め、社会改革の先頭に立ったことでよく知られる人物であった。内村鑑三などカーライルに注目する明治時代の思想家も多く、若い頃の三叉はそうしたグループの一人であった。彼のクロムウェル論がこうした清教徒的なカーライルの立論に拠っていることは確かである。他にマコーリーやハリソンらの研究に負っていることも確かである。

そういう意味では、蘇峰のいう西欧の歴史家の諸書の「摘訳抄録」から成る編纂ものの性格があるかもしれないが、論旨の随処に三叉独自の創見がちりばめられている。蘇峰の序文の「帝国議会開設の月」が言い表しているように、本書出版の背景には、帝国憲法の制定、国会開設というわが国未曾有の記念すべき時を迎えるにあたり、クロムウェルが新日本の政治的改革を担うべき政治家の一個のモデルとして、この伝記が出版された。民友社が意図する読者層は、彼らが「第二の維新」の主体として期待する青年層であったことは言うまでもない。

ピューリタン革命への関心とクロムウェル

ここで、民友社同人とピューリタン革命の問題について簡単に触れておきたい。

蘇峰は「明治二十三年後ノ政治家ノ資格ヲ論ズ」（明治一七年）で、国会開設を六年後に控えて理想の政治家像について次のように語っている。すなわち、明治二三年後の時勢は「新日本を作為する創業の時勢」ととらえて、それは維新前のような「旧政の破壊」ではなく、「新政の建設」、「政治の変化にあらずして政治の進化」と解し、歴史上にその先例を求めれば、あたかも「第十七世紀英国革命」に相当する。そこで、蘇峰がイメージする一七世紀の英国とは「宇内自由主義の大舞台に於てありし、而して含伯田（ハンプデン）弥耳敦（ミルトン）諸君は首尾能く其の局を結べり」と説明される時代であった。そしてそれが、一八世紀末米国のワシントンやジェファーソンの活躍する時代を経て、今、「第十九世紀の日本は正に宇内自由主義の大舞台とならんとする」時期を迎えたという歴史認識が示され、改革政治家の果たす役割は大きいと結んでいる。このように、明治日本の改革モデルとして、一七世紀の英国革命が論じられているのである。彼はまた、この他にも『東肥新報』（相愛社機関紙）にクロムウェルの伝記を載せるなど、改革政治家のモデルとしてピューリタン革命の政治家が紹介されている。

三叉の場合も同じく「改革政治家」のイメージでクロムウェルを捉えており、帝国憲法の制定（一八八九）、帝国議会の開設（一八九〇）というわが国の政治史上、未曾有の記念すべき時にあたり、新日本の政治的改革を担うべき政治家の一個の理想像として描き出そうとしたことは事実であろう。本書で描かれたクロムウェル像は、民友社同人の理想像である「平民主義」政治家像と言い換えてもいいが、読者の注目を惹くのが、クロムウェルが「上帝」のほか何者も宗教の首長たるを容認しないピューリタンといった宗教的政治家像、キリスト教（清教徒）信仰に根差す謙遜・自由・平等の人として浮き彫りされている点である。この点で思い起こされるのが、内村鑑三のクロムウェル論との距離の近

クロムウェル銅像
（ロンドン）

さである。内村は「日本国の大困難」（一九〇三・三）で次のように述べている。

「今日、文明国で唱えるところの、自由であるとか民権であるとかいうものは、決してキリスト教なくして起こったものではありません。（中略）ローマやギリシャに、古人が唱えてもって自由と称せしものはありましたが、しかし、ミルトンやクロンウェルやワシントンや、リンカンが唱えた自由なるものはありませんでした。これは実に新自由であります。これはプラトンもソクラテスもカトーもセネカもシセロも知らなかった自由であります。これは即ち、初めてナザレ人イエス・キリストによって初めてこの世において唱えられた自由でありまして、彼と彼の弟子によらざれば、決してこの世に現れなかった自由であります」、「キリスト教なしの代議政体、自由制度、これはアノマリー〔不合理〕であります。異常であります。違式であります。霊のない軀《むくろ》であります」、「今日、吾人が称して平民的政治となすものは、その原因を英国に求め、おもにこれが英国において発せしもの」（公法学者ヘンリー・S・メインの言葉）、「いつ、何人によりて、おもにこれが英国において始められしかといえば、もちろん、十七世紀の始めごろ、クロンウェル、ミルトン、ハンプデン、ハリーベーン、ピムらによって始められしものであります。そうして、これらはどういう人であったかと尋ねてみますと、何よりも先に、まず第一に熱心なるキリスト信者であったのであります。キリスト教なしに、かの大革命は始まりませんでした」

そしてこの一七世紀の革命なしには、米国の独立戦争も、一八四八年の欧州諸国の大革命もなかったこと、フランス革命は一七世紀英国の革命のまねごとであったという認識を示すのであった。

この内村の文章は、「西洋文明の真髄なるキリスト教」を採用しないで西洋文明を摂取した、近代日本に対する鋭い文明批評であることは今や周知の事実である。ただ、ここでは、内村も竹越もともにトーマス・カーライルのクロムウェル論の影響下にあることを指摘するにとどめたい。

英雄崇拝・「田舎紳士」論

三叉はクロムウェル伝の叙述に先立って、最初に英雄崇拝の章を設けて歴史と人物、歴史における偉人英雄の役割といった問題を総論的に叙述している。ここにはまた、彼の偉人英雄讃美の姿勢とクロムウェルが時代の要請によって誕生し、すぐれた国民の指導者であったことを直截な表現で主張している。

「彼の英雄なるものは、其の雄烈なる気象により、洞見の識力により、燃ゆるが如き熱心によりて、国民を指揮、鼓舞、作興するのみならず、其の伝説は生ける詩歌なり。生ける教訓なり。生ける議論なり。（中略）彼の身は殆んど一の理想にして天下をして因る所を知らしむ。然らば即ち其の崇拝する所の英雄を見て以て時世の汚隆を知るべしと云ふもの豈に信ならずや。ア丶英雄崇拝忽せにす可らざるなり」（『格朗穵』西田毅編集・解説『竹越三叉集』三一書房、一九八五年、四～五頁。以下、『格朗穵』の引用は断りなき限り、すべて三一書房版による）

ここには、カーライルの社会改革の意義と英雄待望論の影響が明らかに見られる。しかし、英雄にも予言の雄、詩歌の雄、宗教の雄とバラエティに富むが、クロムウェルは一体、いかなる種類の英雄なのか。三叉の評によれば、彼は「政治の雄、戦陣の雄、宗教の雄」である。そして、英雄は時代の産物であることを強調して、「彼れ国民を嚮導し、鼓舞し作興すと雖も、彼れ自ら時世の児なり。時世の請求によって生出せし産物のみ、国民の大熱心、大層望が一人に凝集せるのみ、一世一国の精神が化して人となりしのみ」と述べて、クロムウェルの人物を正しく理解しようとするならば、まず、クロムウェルを必要とした時代、そして、その求めに応じてこれを生み出したピューリタン（清教徒）の歴史を知らなければならないとして、クロムウェルの生きた時代の探求に向かうのであった。

それでは、クロムウェルが生まれた一五九九年当時の英国は、どのような時代であったのか。

「時は恰も彼の光耀華麗なるエリザベス女皇の中興政治も尾端漸く暗黒を示して、内政外交、蹉《さ》跌《てつ》多く、重臣死して、与国の王逝き、戦外に利を失して、改革党の勢、内に燃へ立ち、浮華、軽薄、淫靡なる宮廷の風俗は、漸く士人を腐敗せしめて事に堪へざらんとし、自由と良心と王室との争は早く已に其根を此間に固めたり。是れ実にクロムウェルが生れた時の光景にして彼の乾坤を一擲して輸贏《ゆえい》をクロムウェルと決せる軽柔公子チャールス一世の生れたるは其の翌年にありて第十七世紀の東雲は実に此二様の色相を以て開かれたり」

と華麗でドラマティックな文体で描かれている。

一六世紀初頭の宗教革新の波は、英国ではヘンリー八世（在位一五〇九～四七）のローマ教皇庁との絶縁、そして国王を首長とする英国国教会（アングリカン・チャーチ）の創設というかたちで宗教改革が実現した。国王の死後、クランメル率いる監督教会は教義上の改革の不徹底もあって、「左支右吾、前後矛盾、不調子不整頓」の制度であることが顕現し、新教徒のなかでも「礼文を卑しめ、僧侶を軽んじ、迷信を悪み、上帝の外何ものも宗教の首長たるべからずと確信せる清教徒の一派は、初めより痛くこの制度に反対」した。

旧教の復活を図ったメアリ一世のあと王位についたエリザベスは、宗教的に「中道」政策を採って国教会の確立に努めたが、清教徒に対する迫害はやまなかった。一六〇三年に女王が亡くなってスコットランド王のジェームス六世が王位に就き、ジェームス一世（在位一六〇三～二五）と称してイングランド王を兼ね、自説の王権神授説を繰り返して議会と対立し、外交政策も三十年戦争下（一六一八～四八）のヨーロッパにあって、旧教国のスペインやフランスに接近して国内の不評を買った。その宗教政策も、国教会を絶対王政の支柱にして国教会に従わない聖職者を迫害した。このような宗教的、政治的迫害の状況下で清教徒は「猛然たる一隊の民間党と化して、議院に乗り込む」ことになったのである。

王党派と民党派の対立を前記のように描写した三叉は、民党派のなかでもクロムウェルが所属する独立派ピューリタンの特徴について、次のように説明している。

「彼等は政治上に於ては急進改革の論を主張し、宗教上に於ては共和制を主張し、他の新教徒の如く、部会、中会、大会をして教会を裁判せしむるは、法皇をして教会を裁判せしむると等しく、自由平等の神意に戻るものとなし、固く取って動かざりき」。

彼のいう宗教上の共和主義が何を意味するのか、説明が十分でなく判然としないが、「会衆派」の自治主義を指すのか。そして、クロムウェル自身の描写であるが、衆望を担って登場した「一個の農民紳士」「田舎紳士」「無骨男子」の風貌を彷彿としてよみがえるように描出している。

「其の風采厳粛にして、皺よりたる広き前額には、熱心と度量とを見《あら》はし、其の目は深く且つ緑にして、凛乎たる精神と温然たる心胸と、兼ねて其の凄涼悲哀の人たるを示し、其の隆準にして赤き鼻端と少年宮人の衣服を最と不似合いに着けたるとのみ。(中略)彼は疑いもなく首領株の一人なりしと雖も、名声ピムに如かず、信任ハムプデンに及ばず、尊崇ノルサンベルランドに若かず、家名エッセックスに迨《およ》ばず、寧ろ第二流の人物にして、田舎議員といふ嘲笑辞の下にありし一人なりき」、「誰か図らん誰か其の成功の前日まで此少数党の一人、此第二流の人物、此の田舎紳士、此の無骨男子は是れ数年を出ずして驚天動地の大業を演ずるのオリヴァー、クロムウェルならんとは」。

オリヴァー・クロムウェルは、ケンブリッジ北西部の純農村地帯のハンティンドンで、父ロバート・クロムウェルとイーリーの大地主ニコラス・スチュワードの娘エリザベスの第五子として一五九九年に生まれた。クロムウェルの家は英国の脊椎骨《バックボーン》ともいうべき地方紳士の家柄に属していた。そしてクロムウェルの家は代々王室に忠誠を誓い、爵位や勲等を有する名門で国会に代議士も送り出していた。祖父のヘンリーの時代には、その屋敷に、女王エリザベスの行幸を仰いだこともあるという。しかし、クロムウェルの父ロバートは決して富裕な財産家ではなく、さりとて、生活に窮する貧者でもなかった。ロバートは義侠心に富み、相当の学問もあり、確固たる精神力と勇敢で謹厳な人物であった。謹厳実直な人柄が信頼されて、国会議員や「州内保安委員」、町村の委員、溝渠沼沢の浚渫委員として大小の公務に励み、堅固誠実の人として高い評判を得ていた。そして、オリヴァーは、この「東は沼沢遠く連なりて芦荻地をおおい、西北は川原杳々《ようよう》として一望際なく、唯僅かに所々の樹梢によりて眺めを遮らるゝ」鬱々荒涼たるハンティンドンの田野で生まれ育ったことを強調している。ここには、竹越が主張する一国のバックボーンとしての役目をはたす「田舎紳士」(country gentleman)の特徴がよく描き出されている。

また、三叉は歴史上の偉人とその出生地の地形や自然環境の相関性を指摘している。すなわち、マホメットは灼熱のアラビアで生まれ、ルターは堅氷峻烈の中部ドイツの出身であるように、クロムウェルの陰鬱沈思な性格は民人質朴、荒草茫々たる沼沢地のハンティンドンでこそ形成されると見た。それは、詩人的直感とも言いうるユニークな発想であるが、このようなハンティンドンの「聖僧農夫」、敬虔なピューリタンとしてのクロムウェル、そして英国の脊椎骨としての「中等階級」としてのクロムウェル像が形成される。竹越が捉える「田舎紳士」像は、蘇峰とよく似たカテゴリーで理解されているが、『格朗空』の一節を以下に紹介しておこう。

「当時英国に於ては地方紳士なる一階級あり。彼等は未だ罪悪を犯すほどの暴富にもあらず、さりとて未だ罪悪を犯すほどの貧乏にも陥らず純然たる一の中等社会にして、勉むれば以て上等社会に上るの望あり。失墜すれば直ちに下等社会に墜つるの憂いあるが故に、其の勤勉も、道徳も、自由を望むの心も、当時の社会に冠たるものなりしが、清教徒は実に其根を此の階級に結び付けたりき、此の種族の中に於ても、ハンティングドン一帯の地方は、最も熱心、最も勇敢、最も清潔なる清教徒の根拠にてありき」

その立論はまさに蘇峰の「隠密なる政治上の変遷」(一八八七)と符節を合する。そして、清教徒が、英国のハンティングドンを中心にした地方の名望家層たる中産階級に定着していたという、ピューリタン土着説が主張されている。ピューリタニズム土着説は、すでに、西洋史家の今井宏が指摘(今井宏『明治日本とイギリス革命』研究社、昭和四九年、一二七頁)するところであるが、確かに、本書ではルターやカルヴィニズムの英国清教徒への影響についてとくに言及されていない。

内乱の勃発——その原因

歴代の国王、とりわけスチュアート王朝に対する三叉の評価は厳しい。開祖のジェームス一世にいたっては、「最も賢き馬鹿者の本性」をあらわにした国王、という表現で処理された。

一六二五年、ジェームス王を継いだチャールズ一世は、その「執拗剛愎なるは父に過ぎたり」と評され、外交、財政政策で議会の同意を得ない外征費の調達や度重なる課税、国債献金の強要など勝手な振る舞いを繰り返して、議会と鋭く対立し、側近バッキンガム侯爵の失政攻撃などによって、議会は解散と召集を繰り返すなど、国内の緊張は一気に高まった。クロムウェルが初めて議会に入ったのは、一六二八年、故郷のハンティンドンの選挙区から代議士に選出されたときであった。この国会の会期は、英国の民権発達史における一大画期であり、王室政府の失政をきびしく弾劾して、立法、行政、司法、宗教等の実権を議会に奪還せんとする激しい政治的闘争の時期であった。「権利請願」が採択された第三議会に初登院したクロムウェルの最初の演説は、信仰の自由に関する宗教問題であった。

「今日焦眉の急務は、先ず宗教上の大問題を解釈し、政府をして他の信仰を重んぜしめ、良心自由の大義を明にし、天下の各宗各派をして各々平等なる待遇を受けしむるにあり、宗教一たび寛裕せらるゝあらば、動乱の根本此処に枯れん」と述べて、政教分離と信仰の自由の確立に努めたが、そのクロムウェルの識見は「千古に透徹」したものと三叉は称賛している。一六二九年の議会解散後、クロムウェルは再び故郷に帰って「純然たる農夫」の生活に戻るが、一六四〇年の短期議会と長期議会にはケンブリッジから議員に選出された。一六四二年八月に清教徒革命が起こると、クロムウェルは小隊を率いて議会軍司令官エセックス伯の下に馳せ参じた。その様子を三叉は、「ハンチングドンの聖僧農夫は遂に一変して聖僧武人に為」れりと形容している。

ところで、この内乱の原因について三叉は、チャールズの失政、つまり人民から良心の自由や言論の自由を奪い、度重なる課税や信仰の自由を侵害し、法令に基づかない逮捕拘束、さらには武器を以て議会に圧力を加えるなど、議会と人民の意思を無視した圧政支配にあると明快に述べている。そして、議会軍決起の動機は、「権利請願」など国王から与えられた既得の権益（法律勅令など）を守らんとしたに過ぎないことを強調する。

内乱の大義名分とは別に、三叉は議会軍と国王軍について、大雑把であるが、両軍の大将、兵士の気風、兵士の出自や社会的階層といった観点から比較分析を行った。「貴族、小作人、国教、大学、其の他教育あり、流行を追ひ、快楽を求むる人々は王党に属し、小地主、商家、貿易家、道徳家の一流は国会軍に属せり。最も著しきは東部諸州が徹頭徹尾、国会軍に属して、敢て更《あらたま》らざりしこと是なり」という記述は、細部の緻密さに欠けるが全体の概観としては興味深い。

武人クロムウェルの戦功　武将としてのクロムウェルの功績の叙述も詳しい。クロムウェルの最初の戦功はエッジ・ヒルの戦い（一六四二年一〇月二三日）であった。国王軍の優勢な戦局が続くなかで、クロムウェルはしきりに議会軍の改革、とりわけ自ら率いる部隊の精神的紀律の強化に努めた。「敬神愛民」の人々からなる自家の軍隊、「聖者の軍隊」と呼ばれる鉄騎兵隊を作って戦列に加わり、やがて「革命軍の脊椎骨」と称される東方同盟（ケンブリッジ、ノーフォーク、サフォーク、エセックス、ハートフォードシャー、ハンティンドン、リンコルンらの地方の大護郷兵からなる）の編制へと進み、クロムウェルは隠然たる首領となった経緯が明らかにされている。さらに、一六四四年七月二日、クロムウェルが東方同盟軍を指揮して、ヨーク郊外のマーストン・ムーアで王党軍を打ち破った戦闘は史上有名な戦績であるが、それは本書の第八章「マーストン荒原の大戦」で、窮地に立つ友軍の救援に向う武人クロムウェルの巧みな戦術と機敏な働きが手に取るように活写されている。

次に、マーストン・ムーアの戦いの後に生じた議会軍内部の対立について触れている。すなわち、マンチェスター伯とクロムウェルの対立の問題である。二人はもともと親友であったが、革命観の違いとそれぞれが代表する社会階級的な違いがもとで深刻な対立に発展していった事情について説明している。マンチェスター伯はプレズビテリアン（長老教会派）の首領で大貴族層を代表し、今回の内乱を以てあまりに深入りしすぎたという実感を抱いていた。ところが、クロムウェルは清教徒中の清教徒ともいうべき独立派（インディペンデント）の首領で、あくまでも徹底した改革の断行をモットーに「農夫小民」を率い、国王を屈服せしめんとした。そこから、講和を求めて国王軍を粉砕すべき時にも戦闘を放棄する、中途半端なマンチェスターの姿勢との間に溝が深まったのである。独立派の勢力が相集って鉄騎兵となり、連戦連勝の勢威を駆って今や革命が独立派の力によって成就せんとする状況のなかで、遂に両者は正面衝突し、同年一一月の軍事会議で公然意見を開陳し、さらに国会で討論百出、その結果、ついにプレズビテリアンの信仰を維持するエセックス、マンチェスターらの武将は軍部都督の権限を奪われ、従来の命令二途に出る弊害を改め、フェアファックスを総大将とする新式軍隊を創設した。

そして、フェアファックスに命令するのがクロムウェルで、「今や彼が率いたる改革者、清教徒の一隊は全軍の中心となり、模型となり、其の全権となる」に至った。

かくして、募兵・義勇兵からなる混合の不規則な軍隊を新式の軍制による常備兵組織に改め、兵士の士気の高揚のため、鉄騎兵の規律模型を押し広げて英国の全軍を改造し、議会軍は一変して鉄騎となったのである。三叉はこの改革の進展を叙述し、背景にあるものは内乱と社会階級的憎悪の問題、すなわち、本来、政治宗教的革命であった清教徒革命が、王家と貴族の利害が一致して結託するに至って、ついに社会的革命の域に発展せざるを得なくなったと解釈している。

このあと、三叉は長老派と独立派の階層的地盤や独立派の軍隊掌握によって、議会軍が王党軍に対して優勢な立場に立ったこと、そしてネイズビーの戦い（一六四五年六月）の後、国王軍は議会軍に連敗、スコットランドの長老派軍隊に身を投じたチャールズの身柄が英国にひきわたされ、ついに国王の幽閉となって第一次内乱が議会軍の勝利に終わったいきさつが叙述されている。そのあとの国王・議会・軍隊の三者鼎立の政治力学は、「三角争闘」（第十章）という標題で詳しく描き出されている。

「三角争闘」——天下三分の大勢

めまぐるしく変転する状況のなかで、国王と議会、そして軍隊はどのような力関係にあったのか。次のように天下の形勢を分析する。

「国会は其の保守的信仰と政権を以て右に立ち、飽くまでもプレズビテリアン教会的の専制を政治の上に行はんとし、軍隊は其の独立派の自由信仰と実力とを以て、右に立ち、良心の自由の実を得んと欲し、チャールズは両者の争いを踏台として其の間に立ち、天下の大勢三分して此に三角争闘を生ずるに至れり」

独立派の首領として、その率いる鉄騎兵がやがて常備軍となり、次いで常備軍の内紛を平定し、長老派が支配する議会の勢力と政権のヘゲモニーを争い、さらに狡猾なチャールズの策略を前に、天下三分の形勢を巧みに生き抜いてきたクロムウェルの「才略特性」に対する世評は毀誉褒貶相半ばするものがあった。竹越はどう見ていたか。

彼はクロムウェルを、ビスマルクやカブールらと同じタイプの保守的革命家として捉えている。クロムウェルは自由信仰と共和政治論者であるが、保守的な英国人の「決して王者なき共和政に堪ゆるものにあらざる」性情を熟知していた。

それゆえ、クロムウェルは「王者と議院とを敵とせるも、また其の如何なる点が国民の性情に投ぜるかを知れり（中略）軍隊を用るも、軍隊政治の弊害を前知せり。此に於てか彼は有力にして、国を愛するの王者を建て、以て政権を統べしめ、無政府を生ぜずして、確固たる責任内閣を建て、一視同仁の良心の自由を定むるを以て、最も国民の希望に適したる者となし、此大目的を遂ぐるを以て其の畢生事業とせり」と述べている。その後、第二次内乱の描写に進み、王党派とスコットランド軍の撃破、そして国王の逮捕、「プライドの追放」（Pride's Purge）（一六四八）による「残余議会」（the Rump、一六四八〜五三）*の成立、一六四九年一月の国王処刑の事態へと進む。

＊「ランプ議会」とは、コモンウェルスへの国制変更に先立つ一六四八年一二月に、チャールズ一世との政治的和解を求めて妥協的な態度をとる長期議会に対して、軍隊が長老派議員を強制的に追放したあとの「残部」議会を指す。軍隊はプライド大佐を派遣して四五名の議員を逮捕し、一八六名の議員の議席を剝奪した。そしてその措置に反発して八六名の議員が自ら辞職した。「ランプ議会」はその後「貴族院廃止令」によって、貴族院を廃止し、貴族（Peer）は今後、議会に選出される資格を持たないことを宣言、さらに「コモンウェルス宣言」で、イングランドは従来の伝統的な国王、貴族院、庶民院の調和のなかにではなく、一院制の議会（パージされた庶民院の「残部」）に最高の統治権力が移ることになった。

チャールズの処刑・共和政体の実現　元来、穏健な立憲君主政体論者のクロムウェルが、なぜ国王処刑のイニシアティヴを採ったのであろうか。

それはチャールズの王権の復権をねらった数々の陰謀、長老派を教唆し、ひそかにスコットランドの兵と結ぶなど、その老獪な政治行動に対する反発が国王の罪を弾劾せしむるに至ったと説明する。チャールズの描写をここに紹介しよう。

「ミルトン詩中の地獄の女門番の如く、半ばは神仙にして、半ば蛇蝎、半ば美人にして、半ば毒刃を含み、その青ざめたる頰、婦人の如き締まりたる口元は、優柔果断なきを示し、近づくべしと雖も、また、多智多算、軽巧柔佞、よく自家の目的を陰蔵して他を欺」く油断も隙もない権謀術数に長けた人物と描き出された。

独立派議員で構成する「ランプ議会」は臨時高等法院を開き、チャールズをウエストミンスター・ホールに召喚、王の罪を裁いた。チャールズ一世は暴君・謀叛人・殺人者および公共の敵という罪名を着せられて、一六四九年一月、ついに断頭台の露と消えた。国民の多数は、王の処刑は神の摂理に反する行為と考えた。国王処刑という、内乱の最大のハイライトについて竹越はどう考えたか。

クロムウェルが処刑を決断したのは「自家の得失」においては失策、その結果、民心を失い、穏健派グループの離反を招くことになったのは否定できない。しかし、「爾来二五〇年、欧州の政論此に一変し、帝王神権の狂論此に倒れて、政、政府より出で責任内閣の実挙り、人民の声、政府の方針となるもの、未だ嘗て清教徒の此一挙に因らずんばあらざるなり」と近代民主政治の端緒を開いた功績を弁護している。人民を欺き、生民を塗炭の苦しみに陥れたチャールズ非難の姿勢が鮮烈で、まさに人民史観ともいうべき民党的政論であるといえよう。

しかし、史上初の共和政体（一六四九〜六〇）は順風満帆ではなかった。内外の不満と反抗に対して、強権支配を実行したクロムウェルは、アイルランドやスコットランド征討を行った。とくにアイルランド遠征は九カ月の長きに及び、ほとんど虐殺、僧侶婦人をも殺戮する戦いで、それはクロムウェルの「一生を汚すの一大黒点」であったと竹越は批難している。かくして、ダンバー（一六五〇年九月）、ウースター（一六五一年九月）の会戦に勝利して一年を要したスコットランドの叛乱を鎮定、王党派が殲滅され、権勢の頂点に達したクロムウェルは凱旋将軍としてロンドンに生還した。

「残部議会」の解散を受けて指名議会が開かれ、そして護民官政治（the Protectorate、一六五三〜五八）へと進展するが、それについて三叉は次のように述べている。

護民官政治はクロムウェルが革命後の理想的な統治制度として構想されたのであるが、確固不動の憲法を制定して、長期議会に代わる立法機関（新国会）と議会とは別個に強力な行政大権を執行する機関の設置、完全な共和制でなく、「王制の原素の劇薬を加えたる自由憲法」、共和制の上に君主制を加えんとするのは、「クロムウェル朝」の創設ではなく、歴代君主の系統（血統）回復を意図したものである。さらに人民の代表機関たる議会と行政上の長が並立する「複権政体」（護民官と参議院の並立）構想があるが、それは米国建国当時の大統領制に似ていると三叉は論評する。要するに、社会の旧制度の破壊者、革命家としてのクロムウェルはまた「守成家、建設家としての技量を揮《ふるわ》」んとしたと見ている。

外交政策の評価　クロムウェルの評価は現代の歴史家の間でもなお一定しないが、未だ国内外の学術交流が不自由な一二〇余年前に、三叉はどのような評価を下していたのであろうか。まず、クロムウェルの外交政策をどう見たか、その点の考察から始めたい。

その内政・外交政策の評価は全般的に高いが、航海条例（一六五一）や第一次オランダ戦争（一六五二〜五四）、イスパニア交戦（一六五六〜五九）によって、オランダの海上権益を奪還、強国スペイン・ポルトガルを屈服せしめて、西はバルチック海から南は地中海まで、「英国の艦船旌旗《せいき》存せざるなきは此時に初まれり、世界をして英国を見ること、近世日耳曼帝国の勃興したるを見るが如きの感あらしめたるものは、オリヴァーなり」と記している。近代英国の帝国主義的発展のパイオニアということか。

最後にミルトンの『失楽園』によりながら、清教徒は剣によって地上に天国を作る業は失敗したが、「流風遺俗は静かに、然れども確かに英国の社交、文学、政治の上に偉大なる感化」をもたらし、「人心の奥城に於て正義の国を建るの業に成功せり」と述べて、王政復古後、再び宮廷官僚が跋扈《ばっこ》し、懐疑、軽薄、腐敗の風潮高まり、国民は「清教徒の高風清節を追憶」する状況になったと指摘する。そして、天がもし彼にあと十六、七年の齢を与えて、オレンジ公ウイリアムと会い見る機会があったならば、第二の革命〔名誉革命〕も起こらず、放縦浮華なるチャールズ二世の時代もなく、平穏に欧州近世の歴史を開きえたかもしれないと結んでいる。

『格朗空』概評

やや詳しく内容を見てきたが、ここで本書の概評を試みたい。

時代と人物の相関関係、とくに史実を重視しながら、しかし、叙述の重点はあくまでもクロムウェルの人物像に置かれた本書は、実証的な政治史の研究書というより、啓蒙的な文学作品としての性格が強い。

「信仰の人」「ピューリタンの戦士」というクロムウェル像は、本書の執筆当時、三叉が熱心なキリスト教徒であり、民友社をやめて伝道活動に入ることを真剣に考えていた姿勢の表れとも取れるであろう。その意味で、政治と宗教の両面で自由と正義の実現を目指して、粉骨砕身するクロムウェルの姿は、若き三叉が理想として思い描く自画像でもあったといえよう。しかし、三叉の思い入れが込められているとはいえ、年代やピューリタン革命の正確な史実の把握、ディテールの事実を押さえた叙述、読むべき参考文献のフォローなど、歴史家としての要件は十分満たしている。論点も大雑把ながら宗教・議会・外交政策上の重要な問題点はよく捉えられている。その意味では、本書はモチーフのはっきりしない、トリヴィアルな「実証主義」的研究にはない、読者に強烈な知的刺激を与える文学的読み物になっているといえよう。

再説を厭わずに言えば、本書は帝国議会の開設を間近にして、理想的な改革政治家像を広汎な読者（とくに「第二の維新」の主体として期待される青年層）に提示したいという、実践的な問題意識が、いい意味でも悪い意味でも本書の性格を規定しているといえよう。

言い換えれば、それは、明治二〇年代初頭の「新日本」の思想課題に応えんとする動機に支えられていた。すなわち、民友社同人は藩閥政府による貴族主義の復活を阻止し、中途半端に終わった明治維新の改革を達成する「第二の維新」を目指して、真の改革政治家の誕生を期待していた。その彼らが、日本政治史上、画期的な意義をもつ大日本帝国憲法の制定、帝国議会の開設を控えて、どのような理想の政治家像をイメージしたのか。『格朗穵』は、まさに前述の設問に対するひとつの回答だったといえるであろう。

2 明治維新論――『新日本史』の刊行

『新日本史』上中二巻（西田毅校注『新日本史』上下全二冊、岩波文庫、二〇〇五年）は、それぞれ明治二四年七月、明治二五年八月に民友社から出版された。はじめは上中下三巻の出版が計画されていたが、下巻はついに発行されずに終わった。その理由は分からない。上巻は、「政変　維新前期」「維新後記」「外交の変遷」の三篇から成り、ペリー来航前後の政治状況に始まり、明治二三年の国会開設までの政治・外交史が描かれている。中巻は始めに「新日本史に題す」という序文があり、「社会、思想の変遷」「宗教」の二篇から成り、ユニークな明治思想史が展開されている。

総合的維新論

このうち「社会、思想の変遷」篇には「財政小史」があり、思想史が中心の中巻に詳細な財政論の記述があるのは、やや奇異な印象を与えるが、「歴史の第一原因は経済的原因」にありと見た『日本経済史』の著者としては、けだし当然の筆法といえるかもしれない。大隈重信の「財政要覧」などの資料や統計グラフを用いて、維新以後の政府の財政政策が論じられている。

また「宗教」篇では、維新直後から中期にかけて神道、仏教、キリスト教の変遷が新政府の宗教政策、とくに条約改正問題との関連で論述されている。明治中期までの思想の変遷を論ずるにあたって、このように宗教史を独立の一篇として取り扱う方法は、当時、三叉が熱心なキリスト教徒であったという個人的な事情のみならず、蘇峰や山路愛山の歴史認識にも共通の特徴を示しており、その意味で、それは広く民友社同人全体の思想に占めるキリスト教の比重の大きさを物語っているといえよう。

上中両巻あいまって幕末・維新期の政治・外交・思想史が総合的に叙述されている。本書の注目すべき論点の一つはその明治維新観にある。三叉は明治維新を「乱世的革命《アナルキカルレボリューション》」として捉え、既成の政治システムのなかにおける政権交代やクーデターではなく、ドラスティックな徳川封建社会の構造の転換（「大革命」）であると見なしている。当時、このような総括的・全体的な明治維新論は他にあまり例がなく、その意味でも本書は先駆的な意義をもつ史論であるといえよう。系譜的には福沢諭吉・田口卯吉らの文明史観に連なり、思想的には国権主義・法権主義・君権主義と鋭く対立する民友社系平民主義思想が史論全体を貫いている。

明治維新は革命かクーデターか

明治維新論についてより詳しく検討してみたい。三叉は「七板新日本史に題す」（一八九三年一月）で本書執筆の動機に触れて次のように語っている。

すなわち、明治維新は「創世の英華」であり、「万世我国民の導行すべき大道を決定せる者」と捉えるが、近年、我国において「維新大革命の血脈に背く」現象が顕著になってきたことを憂慮している。それは具体的には、伊藤博文を頂点とする有司官僚主義的グループの台頭を意味し、彼らはビスマルクの治世を理想とし、「人民を忘れんとす」る「貴族的保守主義」の政策を推進していると強く批判する。そして、近代イタリアの統一期の混乱状態にあって、国家主義、干渉主義的なロビラント派を排除して自由進歩の政策を維持し、積極的に民主的な議会政治を促進したカヴール（Camillo

Benso Cavour, 一八一〇〜六一）やアルフェーリの立場に自らの立場を重ねて、今、改めて「自由平等の大義」と、皇室と人民の近接を図る維新改革の原点を明らかにするために筆を執ったと述べている。カヴールやマッツイーニ（Giuseppe Mazzini, 一八〇五〜七二）、ガリバルディ（Giuseppe Garibaldi, 一八〇七〜八二）らイタリア統一運動のリーダーの活躍に注目し、彼らリソルジメント（一九世紀中葉のイタリア祖国統一と解放運動）を引き合いに出し、それと対比しながら幕末・維新の政治改革を論じるのは、三叉だけでなく蘇峰や民友社の歴史家に共通する特徴であった。

このように、明治維新の意義を人民中心の自由主義的な立場から高く評価する三叉であるが、そうした評価の根底には、もちろん英米流の個人主義と自由主義に立ち、ドイツ流の国家主義、官僚主義に抵抗する平民主義的政治思想があった。

ここで三叉が警戒する貴族主義の復活の一端を見よう。明治政府は明治一七年（一八八四）の華族令の公布（公侯伯子男爵の五等爵を定める）によって、新たな貴族制度を導入したが、それは、彼のみるところ、伊藤が欧州より帰国後、ビスマルクの政策を範として、国民よりも「帝室」に接近することにより、超然内閣の実現を期す姿勢と結びついていた。伊藤は明治一七年三月に制度取調局を宮中に設置して、政治機構の一変を期したが、そのことによって、それまで実際の政治と無縁であった宮廷官僚が政界の実力者と結びつき、宮廷の高官は伊藤と親密な関係をもつ者によって占められる事態になった。維新の変革によって、一旦、四民平等となり、華族は早晩廃せられる運命にあることを人々に予想せしめたにもかかわらず、今また、爵位を設け、新華族を設けて皇室の藩屏となし、「人民と皇室との間を遠ざからしめた」のである（「維新後記」八章）。しかも、新華族に選ばれたその多くが在朝の高官であった。このような自由主義に反する貴族主義の進展に警鐘を打ち鳴らし、「新日本」の起点となった、明治維新の革新的意義を再認識すべき必要を強調してやまなかったのである。

著者自ら述べるように、本書が出版された明治二四、五年頃は、未だ「拠るべき維新史なく、一に余が思考と捜索と質問」の結果完成された、まさに苦心の労作といえるのであるが、通読して幾多のユニークな創見を見出すことができる。

たとえば、本書執筆の動機とも関連するが、「維新革命に関する根本思想及び皇位性質の変遷」（中巻「社会、思想の変遷」一章）を扱った章がそれに該当する。

三叉は、明治維新がもたらしたドラスティックな変動の根本原因（「本原の起因」）を解明するには、まず革命の性質を明らかにしなければならないとして、世界史上に出現した革命の三つの類型について述べている。すなわち、(1)一七世紀英国に発生した「復古的の革命」（夙に王権を制限し、十分な自由、民権を享受し、「政治上の楽園」を過去にもつ英国国民にとって、「革命の希望は、現代の失政を革めて旧政に帰らしめんとする」ことにある）、(2)フランスや米国のごとき「理想的の革命」（過去の「歴史は暴乱圧抑の暗黒を以て掩《おお》はれ…光明は唯だ前途に存ずるの国にありては、革命、理想的の性質を帯」ぶ）、そして(3)「歴史及び既成の制度にも自由快楽の光明なくして、一に圧抑の惨状を以て充たされ国民の胸中にも理想なくして寸前暗夜の如く、後へにも希望なく、前にも光明なきの国に於ける革命は、理想的にもあらず、復古的にもあらず、唯だ現在の痛苦に堪へずして発する」、「漠々茫々の乱世的革命《アナルキカルレボリウーション》」の三種のタイプが挙げられる。そして、わが明治維新こそ第三の類型の「乱世的革命《アナルキカルレボリウーション》」に他ならない。

「乱世的革命」としての明治維新

では、この「乱世的革命《アナルキカルレボリウーション》」が生ずる契機は一体何なのか。それは、徳川封建社会の結合力が弛緩し、封建制度が崩壊に瀕したからである。ここで三叉は、封建社会における「連結の関鎖」としての「威力」の問題に着目する。三叉の見るところ、徳川社会結合の枢要としての「威力」は、M・ヴェーバーのいう被治者の内的同意という支配の正統性に相当するものでなく、幕府の強権支配を意味した。磐石の強みを発揮した幕府支配も、それが、諸藩割拠に基づく一種の連邦制であるゆえに、システムは意外な脆さを内包しており、権力の求心性を持続するために幕府はひたすら武力に依拠して「統一力」を把持しなければならなかった。しかるに、五代将軍綱吉のころから「統一力」がようやく衰えはじめ、ここに幕藩制の土崩瓦解の兆しが見え始める。

享保年間以降、幕府はしばしば士民の奢侈を禁ずる倹約令を出すが、天下泰平が打ち続き、次第に民衆の富が増大するなかにあって、容易に禁奢の令が守られなくなる事態が生ずるや、ようやく「幕朝衰亡の機微」を察知する天下有眼の士が現われ始めた。社会的結合力の弛緩は、支配層たる武士階層と被治者の町人百姓の位置の変化にも現われ、「兵革夷《たいら》ぎて天下治平を楽しむの時に方《あた》ってや、武士の首も、富の前に低からざるを得ず」、「高利貸、出入りの商人、質屋、大資本家の門往々にして士人の出入を来たし、遂に堂々たる一藩の領主にして、江戸、大坂の商人より御用金を借り受くるに至る」という状況になり、徳川中期において、「優者劣者の関係」は逆転しつつあったのである。

それに加えて、綱吉以後、頻繁になった土木事業等、幕府の諸侯に対する「誅求《ちゅうきゅう》」が、諸侯の民に及ぶ。

衆に対する「誅求」をもたらし、諸侯、人民ともにいかにしてこの窮状を免れんとするか、天下漸くして「代朝革命を待つ」機運が高まってきた。このように、三叉は社会経済史的観点から「威力」の衰退を論ずるのであった。さらに徳川期の民権思想の形成とその担い手としての庄屋名主層の役割に

右に見た「士人の誅求に堪へざるの反動力は、町村都邑の庄屋名主中に幾多平和のハムプデン*を出したり」という書き出しで始まる一節で、徳川治世二百余年の歳月は、自ら一種の地方自治制を生み出したこと、そして庄屋名主という地方の名望家層は「小なる代議士と、郡長の如き半官半民の性質を有して、此の自治制を管理」する役割を負っていたことを強調する。彼らはその志操、学問、門閥において武士と比べて何ら遜色なく、「士人の誅求、代官の暴虐」に対して、「牝鶏《ひんけい》の翼もて掩《おお》ふが如く、身を以て之に代りて人民を保護」したと主張する。

＊ジョン・ハムデン（John Hampden, 一五九四〜一六四三）のこと。オックスフォード大学に学び、郷紳（ジェントリー）として一六二一年、下院議員となる。強制公債の発行や船舶税に反対して有罪の判決を言いわたされる。一六四〇年の長期議会においてピムらと共に指導者として活躍。チャールズ一世が彼ら指導者を逮捕しようとして失敗し、清教徒革命の動機となった。一六四三年、オックスフォードシャーでルパート親王の軍と戦い重傷を負い死亡。

ここで三叉は、庄屋名主層の反権力の姿勢に触れ、彼らはむろん、西洋の人類平等の「通義」を知るものではないが、彼らの多くがハムデンのように「公共のために生命財産を擲《なげう》」ち、その所業は

演劇、浄瑠璃などによって讃美され、広く天下に伝えられているとして、まことに、名主庄屋こそ「幕府時代に於て民権の一大城塞」であったと高い評価を下している。彼らは、

「天下は天下にして一人の天下にあらずと云ふ支那的の民主主義、若くは、歴史上の名君良相が、人民の利害は則ち国家の利害なりとなせる嘉言善行によりて、疎末ながらも其政治主義を作りたれば、幕府の時に方りて、最も能く人民に忠実に、公共の利害の為めに己を犠牲とするの精神は、庄屋名主若しくは是等同一門閥の町人百姓の間にのみ存じたりと云ふも不可なかりし也」。

社会革命としての明治維新

同様の論調は蘇峰の史論にもみられるところで、そうした考えはいわば民友社史観に共通の特徴といえるものであった。そこにはまた、三叉の出自である地方名望家層（越後の柿崎、埼玉本庄に縁故をもつ豊かな醸造業兼製糸業の家格）の歴史的役割に対する自負心が働いているとも考えられよう。民権思想の発展に関して、およそ民主的運動はアングロサクソン人種の歴史に特有の現象であって、わが日本に無縁のものとする論者があるが、それは大きな誤りであり、徳川時代においても民主的運動を惹起する「標語」や「譜牃となる格言」に事欠かない。すなわち、西洋人の言う「Vox populi, vox Dei」（「民の声は神の声」〔輿論の尊重〕）は、わが国では「君主は君主の君主にあらず、生民ありて而して後、君主あり」と信ぜられ、また西洋の「万民皆な同等の権を有す」は、「王公将相寧《いずくん》ぞ種あらんや」と解せられている。そして志士的気概をもった改革家も多く

輩出しており、彼は大塩平八郎や山県大弐、藤井右門、佐倉物五郎や京、伏見の文殊九助など西洋のグラッカス、リエンジに優に匹敵する抵抗の人物群を挙げて説明している。

また、三叉はこれらの義民や農民による叛乱、一揆、強訴の多くは、宝暦、明和年間に発生することに注目して、関ヶ原の役から一五〇年にして幕府の統合力が衰えて、人民の反抗が顕著になってきたと述べている。地方の大名と民衆の対立に加えて、幕府と諸侯の反目抗争も著しく、それは、「幕府の政策は事に托し、変によせ天下の諸侯を一洗し、出来得べくんば古来の大族豪種を一掃し、幕府出身の吏人を以て之に更《かえ》んと欲したり」という有様で、したがって、諸侯の失政や人民の苦情は、幕府にとって、諸侯に対する「監督の権」を用いる絶好の機会であった。すなわち、「諸侯領内の町人百姓が、網の目の如き警衛を逃れて、江戸に出で、大老、奉行等に直訴するや（中略）幕府は陽に訴人を逆待して陰に之を好遇し諸侯の封土を減殺しまたは之を改易」した。あたかもそれは、一八世紀初頭、欧州の国王が貴族の特権を奪って、人民の利益を保護して暗に自らの政権拡張を図った態度と似ており、その結果、「最上主権者」（欧州における帝王、我国の幕府）と人民の距離の接近が実現するという「人類歴史の地層」の共通性が語られる。

以上見てきたように、幕藩体制の構造的変化を社会の結合力、統合力の弛緩という視角からトータルに把握した彼は、「封建社会は其末に於て已に其根底より揺しつゝ始まりし也。已に封建社会の動揺と云ふ、然らば則ち封建社会を根基として立てる幕朝は、固より其社会と共に土崩すべき運命ありし也」と、維新の変革を何よりも社会的変動という大きなスケールで捉える結論に到達したのである。

尊王攘夷論は維新変革の指導理念たりえたか

幕末維新期の最大の政治的イデオロギーである尊王攘夷論について、三叉はその役割をどう評価しただろうか。

彼は頼山陽《らいさんよう》や『大日本史』が説く皇室を以て日本正統の主権者なりと唱える勤王の精神が、維新革命をもたらしたとする史論が、いかに皇位の実態と遊離したものであったか、あたかもそれは、「蛍火を認めて星光となす」ものであると一蹴して、「天皇親政は、一種詩歌的の情感」、「微細なる消極的の人情」にすぎないと断言する。むしろ、孟子の易姓革命説や陽明学の知行合一の実践論こそ維新の変革を助けたと述べている。たしかに、高山彦九郎や蒲生君平、林子平ら一群の勤王の慷慨家は存在したが、彼らの歴史上の位置は維新変革の過程における先駆者（「幕朝衰滅の秋を報ずる茅蜩《ひぐらしぜみ》」）であり主導者ではない。人心幕府に服さず、変革を志向する機運が熟するや、「人心を嚮導し社会的革命を発火せしむる一種の警語」が必要となる。そこで、「人心結合の譜牒」として登場し、「革命の気運に譜牒を与へたるの功」を発揮したのが「自由の文字、国家の文字」であった。

幕末における国家の観念は、具体的には国体観念となって結実するが、その経緯はどうであったか。幕府の開国の決断をめぐって国内の紛糾が高まるなか、幕府に対する猜疑心に基因して、皇室を尊重する念が列強に対する国民的自負と合体して「忽卒として」国体論が生まれ、「乱世的革命を醸成する凡べての元素は、『国体』てう大観念の前に溶解し、其活力を注ぎて国体」に集中したと説く。

三叉曰く、ここに注目すべきは皇室観の画期的な転換である。我国の皇位は、はじめ宗教的性質を帯び、続いて実権を喪失し貴族に擁立せられた「選挙王」へと変わるが、さらに武家政権の確立後は、一切の政治権力から離れた「空名」、ほとんど「一家族」の意味をもつ存在となった。しかるに、幕末の激動期を迎えて、「社会革命の原因は其噴出の火口を皇位に求め、外国に対する国民的自負心のために此に皇位の系図を調査し、日本の国家此にありと叫ばるゝや、皇位は忽ち政治的の性質を帯び」（傍点筆者）るにいたった。そして、維新の変革後、「純然たる国家人民の化身」となったのである。要するに、維新「大革命は勤王の為めに成就せられたるにあらずして、皇位の崇高、威厳、美麗こそ、却って大革命の為めに発揮せられたる也、勤王は大革命の原因にあらず、却って国民の活力たる大革命より流出せる結果なる也」（傍点筆者）と結論づけられるのであった。

ここに展開された天皇制成立論は、近代日本における超歴史的・神権的な天皇観と相反する見解であり、帝国憲法制定後の保守的な王政復古論の台頭や自由な言論に対する国体の呪縛が次第に優勢になるなかで、国体の歴史的特性や政治的天皇制形成の時点を明らかにした思想的意義はきわめて大きい。

以上、『新日本史』「社会、思想の変遷」第一章を中心に論旨を紹介したが、三叉は、明治維新が既成の政治制度の枠組みのなかでの単なる政権交代あるいはクーデターではなく、徳川封建社会構造のドラスティックな転換（「大革命」）であるとみた。すなわち、「乱世的《アナルキカル》革命《レボリウーション》」の基本動機が徳川社会の様々な内部矛盾――武士階級と人民の力関係の逆転、幕府と諸侯の根深い猜疑と反目、庄屋名主層の反権力の役割、外圧による幕府の開国策、反幕諸勢力による尊王攘夷運動の展開など――によって生じたいわゆる「封建制度の中心力」の消滅（『二千五百年史』）にあることを力説した。さらにまた、「君臣名分の誼」と「華夷内外の弁」を基軸とする官許公認の歴史学が未だ優勢な時に、国体観念の形成と皇位変遷の過程を総合的に把握している。

3　『二千五百年史』にみられる天皇観

ユニークな日本通史

民友社時代の三叉のもう一つの代表作である『二千五百年史』は、明治二九年五月、警醒社から刊行された。本書は、太古不文の時代から幕末の王政復古（大政奉還）に至る「二千五百年」の日本通史で、その分量は全体で二十六章、七六三頁からなる大著である。幕末維新から明治中期を扱った『新日本史』が当代史（現代史）で、『二千五百年史』がその前史を対象にした歴史書ということになり、二冊あわせて日本の歴史を通観する作品を残したことになる。

『二千五百年史』の特徴は何か。端的にいって、それは「国民の生活思想」を描いた文明史で、『大日本史』や『日本外史』のような国体史観とはまったく無縁な史書である。彼は題辞で次のように述べている。

「国民はいかなる生活をなせしか。いかなる思想を懐《いだ》きしか。いかなる本性を示したるか。しかしていかにして理想に向ってその桎梏を脱せんとしたるか。これ歴史家が最大目的として画《えが》かざるべからざるものなり。わが国古今幾多《いくた》の歴史家、よくこの目的を遂げしもの果たして幾人かある」。

では、歴史記述の方法を何に求めたのか。彼は国史学の伝統に立つ明治初期のアカデミズム史学とは異なる「泰西名流の方式を融化して、これを国史に応用した」と、西洋近代史学の影響を公言している。西洋思想の影響を強く受けた民友社史家としての彼は、マコーリーやフルード、バックル、フリーマンといった人々の歴史記述から大きな示唆を受けた。彼は言う。

「もし一個のマコーレーあらしめば、源平二氏の争闘、北條・足利の興廃も武力の争いに止まらずして、一大根本的思想より来りしものなるを発見せるならん。もし一個のバックルあらしめば、王朝の衰亡、新民の崛起《くっき》を論ずるに区々順逆をもってするのほか、別に物質的原因を発見せしならん。もし一個のフリーマンあらしめば、北方の山水、南方の海浜もまた世変を来す原因たりしを発見せしならん」

と述べて、日本では、わずかに江戸時代の碩儒新井白石がやろうとして果たせなかった、「高等批評を国史に加えん」とする試みを本書で敢行したのである。初版は警醒社から刊行された。後に『世界之日本』を発刊する時に創設した開拓社から発刊、大正五年(一九一六)以降は二酉社から出版、というふうにたびたび版を重ねている。そして諸学校の副読本として参考書にも使用された息の長いロングセラーとなった。太平洋戦争前に復刻の動きがあったが、内容が当局の忌諱に触れ、官憲の圧迫によって再版不能となった本でもある。

近代日本の歴史学には、明治二年（一八六九）、国史編纂局（のち、太政官正院直轄の歴史課となる）の設置に始まる「正史」編纂を目的とする制度としての歴史学と福沢諭吉、田口卯吉らの流れをひく文明開化史観または啓蒙史学、史論史学と呼ばれる在野の歴史研究の二つの系譜があることはよく知られている。本書の歴史叙述が、明治国家の支配層が意図する「君臣名分の誼」や「華夷内外の弁」を基軸としない性格上、「国体」の観念や官許公認の学問と結びつかないことは多弁を要しない。

ここで歴史記述のモデルとして挙げられているJ・A・フルードやT・B・マコーリー、H・T・バックル、E・A・フリーマンらヴィクトリア時代英国の自由主義的歴史家の名前をみると、三叉が官撰の六国史流の「歴史は万世不朽の大典、祖宗の成挙」（修史の御沙汰書）という保守的な官学史家の方法に拠《よ》らぬ「泰西《たいせい》古今名流の方式を融化《ゆうか》して、之を国史に応用」（「二千五百年史に題す」『二千五百年史』上、四頁）せんとしたことは一目瞭然であろう。

『新日本史』もそうであるが、『二千五百年史』は、三叉がまだ三〇歳になるかならない、いわば青年時代の作品である。国民新聞記者としてきわめて多忙な時間を縫って、どのようにして浩瀚な本書を完成させたのか、その力量に驚嘆するが、一つには同僚の蘇峰や愛山、そして日本近世史をまとめるべく当時精力的に史料を集めていた塚越停春らの史論から受けた刺激がまず考えられる。さらに三叉の甥で、幼少期に、自ら歴史家になることを夢みていた中村哲（法政大学総長、政治学・国法学者。一九一二〜二〇〇三）は、これを参考にせよ、といって伯父から直に与えられたのが伴信友《ばんのぶとも》の『史籍年表』であったという証言もある。それは、三叉が『二千五百年史』を執筆するために参考にした文献の出所であった（「解説」中村哲校閲『二千五百年史』下、講談社、一九九〇年、四八七頁）。

伴信友（一七七三〜一八四六）は「天保期の国学四大人」といわれ、古典の考証にすぐれた近世考証学派の泰斗であったが、三叉の日本史に対する総合的判断の根底に、近世考証学の影響があったことをわれわれは見逃してはならないであろう。とかく、民友社史論は「事実の正否に関せず揣摩臆測《しまおくそく》を逞しうして因果を判断する議論家」でその「評論的史家」は「真の史家と称するに足らず」と批判された（「史界の現状」『早稲田文学』四九、一八九三年九月一三日）のであるが、三叉は決して「考証」を疎かにする史家ではなかった。

浩瀚な『二千五百年史』は現在、読みやすい文庫本になっているので、興味ある読者は時代や主題の如何にかかわらず、簡単にアプローチできる。ここでは『新日本史』で触れた尊皇攘夷論や皇位の問題と関連させながら、本書に表われた三叉の天皇認識の問題を取り出して論じてみたい。

日本人種の起源——神話時代の描き方

三叉の神話の描きかたについて、神話時代と古代王朝成立史の叙述をみてみよう。

「第一章　不文の歴史」冒頭の一節は次のような文章で始まる。

「波濤《はとう》の拍《う》つところは文明の起るところなり。なんとなれば文明とは人と人との交通の結果にほかならずして、太古にありては人類は草木の種子の風に散布せられ、鳥獣の身体に附着し、その胃《いの》腑《ふ》に入りて天が下に分配せらるるが如く、多く風と海潮とによりて無意識的に世界に分配せられ、その交通せんとするやまた多くは風と海潮との力に依頼せしが故なり。されば、ギリシア、フェニキアの開化もかくのごとくして進み、シナ大陸の開化も山東江淮《こうわい》の地より起こりしがごとく、日本文明の歴史もまたまず海岸人民の記事によりて開かる」

つまり、彼は日本の開化は世界の例にもれず、海岸より始まったこと、わが祖先の多くは天風と海潮によって送られてきた「海国人種」であることを強調している。

そして、日本人種の南方起源説を採る彼は、日本の文明が、古代ギリシア、フェニキア、中国の開化と等しく、沿海地方より発生したこと、日本人の祖先は「天風と海潮とによりて送られたる海国人種」であるとする。その根拠として彼は、『古事記』『日本書紀』や『古語拾遺』に蒐集せられた古来の伝説の内容を紹介する。すなわち、そこには、「ユーカリ樹の木陰に蹲踞《そんきょ》して鳳梨《ほうり》〔パイナップル〕を食う南洋人の伝説」や「被髪文身、海波を家として蛟龍《こうりょう》〔鱗のある龍〕と争うマレー人種の伝説」、「門前には鳥居を立てて貴族の証とする暹羅《しゃむ》〔タイ国〕人の伝説」そして「青銅の器具、形象の文字、優に文明の域に進みたる支那人種の伝説」「穹廬《きゅうろ》〔弓状になった天幕《テント》の住居〕の内牛馬を殺し、歌謡して日を消す蒙古人種の伝説」や「欵冬《かんとう》〔ふき〕の葉の下に蟄居《ちっきょ》せる小人種の伝説」等、あらゆる地方、人種の異なった伝説から成り立っている。それは異なった「各人種の祖先がその本土の口碑《こうひ》を伝えて新故郷なる日本に及ぼせるもの」と解釈し、その伝説の性質が相互に異なるにもかかわらず、古文献にあらわれた日本の地名の多くは、北海道を除く日本列島の沿海部や佐渡、小豆島、大島などの島嶼である。そしてまた、人事に関する伝承も海の出来事に関する事柄が多いとして日本の海洋人種としての特性を強調している。

このような太古の歴史にあらわれた日本像の規定に基づき、セミチック人種のフェニキア文明とハミチック人種系のインド・アーリアン文明の世界の二大文明が、インド、コーチンシナ〔ベトナム南部〕、そしてフィリピン群島を経て日本に至り、そこで一大化合を始めたと説く。ルジャンドルの『世界人類一系論』に拠りながら、人類文明の潮流や異なる文明の融合を述べる三叉は、また、比較神話学の知識を借りて叙述を展開する。

すなわち、ジョセフィドン『上古における宗教思想の頒布』の影響下に、日本神話とバビロン神話の類似性、つまり、太陽を女性とする考えは古代帝国バビロニアに始まり、やがて蒙古に伝わり、日本の天照大神も女性神にして太陽信仰と結合していること、これはペルシア神学を加味した北方仏教に共通の教えで、天照大神はペルシア人の太陽神ミスラス神 Mithracism〔インドのミトラの変名。二、三世紀ごろ欧州でも尊崇せられた。のち、キリスト教に圧迫されて衰える〕と同一の信仰に基づくと主張している。

このように伝播神話学的思考に立った日欧文明の共通性を指摘し、日本神話を世界の文明から孤立した特殊な神話として捉えるのではなく、逆に、広く世界の文明史のなかに位置づけて、それぞれの神話や伝承に共通する要素を発見しようとする普遍主義的姿勢が明らかである。また、そこには、古代の天皇制を合理化するためのイデオロギーとしての神話の解釈よりも、日本各地の民衆の生活や信仰、民間伝承など採用せられたバラエティに富む神話の素材への注目が目立つ。

日本民族の南方起源説を支持する三叉は、朝鮮、中国、蒙古など北方渡来の「シナ文明」をもたらした人種との激烈な闘争によって生じた文明の高度な発展を指摘している。

本書には、縄文文化から弥生式文化への移行に関連した人種問題という視点はないが、明治の人類学者小金井良精《よしきよ》（一八五九〜一九四四）の学説に従って展開されており、コロポックル（最古の小人種）→アイヌ人種→現在の日本人種という考え方は、縄文石器時代人は日本民族の祖先と別の海外からやってきた先住民族説を意味し、それは、明治時代に根強い縄文弥生人種交替説*の立場に立っているように見受けられる。しかし、「日本人種の区別に関しては説者の論なお一定せず」と彼自身の判断を留保している。

＊神話時代に関する三叉の知識に影響を与えたと思われる、小金井良精や坪井正五郎らの縄文人先住民族説や、縄文時代と弥生時代における人種交替説については、井上光貞『神話から歴史へ』（日本の歴史1）中央公論社、一九六五年、一五三〜一五五頁参照。なお、『世界之日本』第一号（明治二九年七月二五日）には、「日本の先史人類は原人と称す可きか」と題する坪井正五郎の学術評論が掲載されている。ここにも、坪井の三叉に与えた学説上の影響を見ることができる。

古代王朝成立史のスケッチ

次に、出雲朝廷と神武系統の抗争に説き及んだ三叉は、「日本におけるシナ文明の敗北」と題する一節で「国譲り」物語に言及している。

天照大御神が高天原から派遣した建御雷命《たけみかづちのみこと》に出雲朝廷の支配権を返上したいわゆる「国譲り」を、

彼は「シナ文明の敗北」と解釈した。いわば出雲と大和の対立抗争という歴史を媒介にして神話を考察している。彼は大国主神を「蒙古人種にして日本を先有」せる日本最初の君主にして、「出雲に国を建て、朝廷を構え、シナ大陸の文化を応用」する主権者であったと述べている。

そして、天孫建御雷による出雲平定後、「シナ文明の代表たる象形文字をもって、国民的言語とせずして、フェニキア人が貿易によりて世界の民に交通せるより、各国の言語を写さんとして発明せる声音文字の文明に傾きて、自然に『いろは』四十七文字を生じて、国民的言語を成すに至りしをみれば、またもって太古日本の沿岸における人種競争の結果は、シナ人種の勝利とならずして、南島を経由したる人種の勝利となりし遺証というべきか」(『二千五百年史』上「第一章　不文の歴史、第四節　日本におけるシナ文明の敗北」講談社学術文庫、一九九四年、三一〜三二頁)と述べている。

このように、わが太古の歴史は、北方系土着人種と南方系新人種の熾烈な対立抗争を通して、支配層も一般民衆も幾多の人種が混交し、あたかも中国や英国の人種が雑多な人種であるように、現在の日本「人種の脈管には、幾多の雑血充満せり」として、日本民族とその文化が決してホモジニアス(同質的)で閉鎖的なものでないことを力説している。ところで、「第一章　不文の歴史」から「第二章　大和朝廷の成立」へと叙述を進めるにあたって、ここまでは「人種学、考古学の領分にして国民歴史の範囲の外にあり。真個の国民歴史は神武天皇より始まる」という三叉のコメントがある。問題は「真個の国民歴史」という言葉が何を意味するのか、いささか曖昧であるが、天地創造から神武天皇まで、いわば神代からその子孫の人の代に至る直線的な時間の連続の問題を彼自身肯定するしないは別として、この点を意識した上での主張なのか、それとも単純に神武紀元を神話の時代から歴史の時代への画期点として考える意味なのか、しかし、後者の意味で理解したとしても、三叉は、とくに国民歴史と称して、神武の系統や大和朝廷権力の発達にのみ注目するのではなく、より広く「神武時代の国民生活」や宗教思想、奴隷制の発達など、社会構造や本書のモチーフである「国民の生活思想」の描写という視点があるところにわれわれは注目すべきであろう。

古代宗教への視点

たとえば、三叉は当時の宗教思想について次のように述べている。

新旧両人種の宗教思想の違いであるが、神武天皇は戦いに臨んで、ひそかに使者を遣わして天香具山の土でこしらえた天の平瓮《ひらか》八〇、厳瓮《いつへ》八〇を用いて天神を祭り、敵を呪詛《じゅそ》して勝利を得たこと、また八〇の平瓮に水を使わずに飴《あめ》を作ろうとし、その成否如何で勝敗を占った卜筮《ぼくぜい》信仰を指摘して、南方系新人種もこのような天神を祭る宗教を所有していたとする。しかし、このような新人種の宗教は、天を祭る宗教で天神の超自然的勢力を信ずるが、それは所詮、禍福現世に止まる現世利益の信仰で「未来世」なき宗教であった。

それに比較して蒙古人種の宗教には、『古事記』の黄泉国《よみのこく》記述にみられるような死後の霊界像があった（同前、「第十節　神武時代の国民生活」四一～四二頁）。また、開化、崇神朝の頃には、大和朝廷に帰服しない北陸、奥羽、九州等辺境地域の勢力があり、とりわけ九州の地方勢力（「土豪」）は、漢書や後漢書に記載されているように、使者を派遣して漢王朝より国主の印綬を与えられる緊密な関係を保ち、大和朝廷の勢力範囲は狭く大和河内の近傍に止まり、未だ統一政権と呼びうるほどの実力をもたなかった。加えて、南から流れてくる黒潮に乗って、中国の南岸、インド洋、南洋の人種が絶え間なく日本の辺境に押し寄せ、さらに朝鮮南部の高度に発達した文明をもつ三韓勢力が続々と九州沿岸を襲撃し、神武以来、太平の夢をむさぼってきた大和の政権は、未曾有の大規模な流行病の発生とあいまって、ここに「国初以来第一の国状変革」を経験することになる。この「国状変革」との関連で、三叉がまず問題にしたのが宗教心の変化であった。

国初以来、大嘗祭、新嘗祭を中心とする節会の儀式が皇室の最も重要な祭礼であったが、それは、新穀の収穫を神に報告して、その一年の天恩に感謝し、あわせて翌年の祝福を祈願するというシンプルな宗教思想に支配されていた。もし凶事が起これば、自らの所有する一切の財産を供えて罪の穢れを祓う。人あるいは天いずれの罪に関しても、祓いは救済の第一義と信ぜられ、万事、天神の意を受けて執り行う必要上、祭祀は、政治上最大の祭儀で族長が祭祀の主宰者となった。そして、祭礼の道具（剣・玉・鏡など）は、衆俗の最も敬重するところとなった。このような天神地祇の祭祀と国家の政治が一体となった祭政一致が古代社会の神権政治（theocracy）であった。

三叉は、このような古代の祭政一致の宗教的生活は「簡単にして、荒獷《こうこう》（礼儀、風俗などが乱れて粗暴であること）の世、往々にして神怪の事なきにあらざりしも、要は単純なる族長祭、天と祖先崇礼のほかあらざりしなり」（同前、「第十五節　宗教心の激変」四九頁）と批評した。

ところが、崇神朝の変乱に際して、天皇が祭礼の床で天意を乞うたところ、大国主が夢にあらわれて、「疾疫起りて人民多く死するは我の心なり、いふたたねこ（おおたたねこ）をして我を祭らしめば、神気《かみのけ》起らず、国土安平ならむ」との託宣を得た。そこで、神託に従って大国主を祭ることになったが、それは、「祭天の宗教」が「一変して人魂鬼神を祭るの宗教と化した」ことを意味する。また、『日本書紀』にいう天照大神と大国主のいさかいを恐れて、両者を別の場所に安置せしめたり、垂仁天皇の子が長じておしであったのを憂慮した天皇が、我を天皇家と同様に祭らば皇子のおしを治療するであろうという大国主の神託の記述を取り上げて、それらは「前朝の覆滅《ふくめつ》がかえって大和朝廷の恐怖」となったことの証しであると三叉は解釈した。このように、政権争奪の勝利者が、宗教的に土着旧人種の信仰に同化した状況を特筆しているのである。

また、三韓攻略伝説で名高い神功皇后《じんぐうこうごう》（仲哀天皇の后、息長足媛《おきながたらしひめ》）について、その出自が新羅王族天《あめ》日槍《のひぼこ》の子孫で日本の皇室に入った最初の韓国人の血統であると主張、さらに神武の系統にはしばしば土着の大和人種の血脈が混入したことを公言するなど、その神話から歴史への時代描写は、神道、国学流の純血信仰に基づく万世一系、天壌無窮の皇室観と異なる歴史認識に立っている。

次に南北朝史の捉え方に移ろう。

南北朝史の捉え方——名分論的な「正閏論」の否定

国定小学歴史教科書の南北両朝並立説を非難した貴族院議員藤沢元造《ふじさわげんぞう》の質問書（国民をして順逆・正邪を誤らしめ、「皇室の尊厳を傷つけ奉り、教育の根底を破壊する憂」ありという趣旨の意見書）が衆議院に提出され、時の政府、第二次桂太郎内閣を震撼させたのは、明治四四年（一九一一）二月のことであった。世に言う南北朝正閏問題がそれで、同時期に起こった天皇機関説論争や大逆事件と並んで、明治国家と天皇制イデオロギー、とくに「国

桂太郎
（国立国会図書館蔵）

体」をめぐる思想史的事件として特筆されるべき問題である。

ここで、事件の顛末を詳しくみる余裕はないが、山県・桂往復書簡における桂の山県あて書簡（明治四四年二月二六日）を通して彼らが受けた衝撃ぶりを紹介しておこう。

「実に人心の変移は恐ろしきものにて、維新以来、王事に従事仕候輩に於ては、（南朝正統説が）決して一点の疑もなく、又疑ふべき心念も出づべき筈にこれなく候の事件に候の処、今日に至り大義名分を曲解し、是等重大事件を学問的否学者の議論を以て、彼是論議致し候よう相成り候とは、驚き入るの外これなく候。故に、今にして大義名分の根本を確定し置かざれば、不文不決のまゝにては、将来の事、実に案じられ申候」（徳富蘇峰編述『公爵山県有朋伝』下巻、原書房、一九六九年、七七四頁）

大逆事件の時代背景もあって、窮地に陥った桂の苦衷がありありと伝わってくる。

その後、事態は文部省編修官喜田貞吉《きたさだきち》の休職処分、当該教科書の使用禁止、そして威迫と買収による質問の撤回と藤沢の議員辞職へと進む。最終的には、皇室の問題を議会で政治問題として解決すべきではないとして上奏、南朝正統の勅裁が降って一件落着し、漸くにして政府は愁眉を開いたのである。

『二千五百年史』が出版された明治二九年当時は、未だ「逆賊」尊氏論と皇国史観的な大義名分論に基づく北朝抹殺の空気が支配的ではなかった。三叉は、時代の歴史的事実や「時代精神」の動向に十分関心を払いながら、ユニークでリベラルな筆致で南北朝の動乱を描いている。

本書の「第二十章　後醍醐の親政」と「第二十一章　足利氏の治世」の二つの章が建武の中興と南北朝史に関連する箇所である。まず、後醍醐が鎌倉幕府を打倒して京都に還り、諸将への論功行賞の実施、記録所の再興、雑訴決断所、窪所、武者所等を設置して、天皇親政を復活した建武の新政（一三三四年）からわずか二年後に新政府は崩壊し、天皇が吉野に移って南北両朝が分裂し、再び天下が騒乱状態に陥る時代状況を三叉は以下のように描いた。

まず「北條高時の失政驕奢」という一節で、南北朝史の時代背景に注目している。すなわち、これまで、寡欲公平な民政の実施と「質素・武朴」をモットーとする「北人固有の豪健なる精神」が、執権北条高時のころになって、代々京都の公卿皇族が就任する将軍家がもたらす安逸、享楽の気風に染まり、日夜、白拍子、琵琶法師、猿楽、田楽等に打ち興じて政務を顧みない軟弱な風潮が支配する状況を指摘している。そして、社会の進歩が生活の驕奢につながり、本来の寡欲が消え失せて賄賂が横行し、その結果、人民に対する苛斂誅求《かれんちゅうきゅう》となり、政道偏頗となって北条政権の基礎が揺らぎ始めた。

このように鎌倉の北条政権から次第に人心が離反するころ、京都で花園帝に替わって後醍醐が皇位に就く。三叉は後醍醐帝の人となりについて次のように評している。

「後醍醐少にして才気あり、亀山《かめやま》上皇の殊寵《しゅちょう》を受け、長く儲位《ちょい》（太子の位）にありしがため、中外の事情に通じ、かつその読書学問は人に秀づること一等にして、その位に即《つ》くところは、才気自ら用い、古の賢君の治をもって自ら期し、精励治を求め、大津・葛葉《くずは》（大阪府枚方《ひらかた》市楠葉）のほか、みな新関を廃して民に便す。また久旱《きゅうかん》して穀価騰貴《とうき》するや、御膳《ごぜん》を減じ、沽酒《こしゅ》（売物の酒）の法を定め、都下の豪戸、富民に諭して貧民を饒《にぎ》わしむ」（『二千五百年史』下、「第二百三十九節　後醍醐天皇出ず、中宮廉子政治に与《あずか》る」二一六〜二一七頁）。

また、垂水広信《たるみのひろのぶ》の言葉を引用して、「後醍醐、賢君の名ありといえども、驕慢《きょうまん》にして女色に耽《ふけ》り。実義あるなし。もし朝廷のなすがままに一任せんか、世は再び保元・平治の昔に返らんこと照々として明らかなり」とも述べている。たしかに、中宮廉子の寵遇は後宮を傾け、また、その露骨な政治への容喙は、世上、鳥羽上皇の美福門院の故事に比して騒乱の端緒となることを懸念せしめた。さらに、その欠点として「後醍醐、有為《うい》の君といえども、その過失は、驕慢《きょうまん》自ら用ゆると、忌克《きこく》（他人の才能をねたみ、それを妨害し打ち勝たんとすること）、他を排するにありき」（同上、「第二百四十九節　公卿と武士と、南人と北人と、後醍醐と尊氏と、足利と新田と相対抗す」四四頁）と述べている。

さて、史実の経過を瞥見するに、天皇親政を企図した後醍醐の命を受けて、新田義貞が一三三三年、上野で兵を挙げ鎌倉を攻略した。高時以下の武将は自殺して北条氏は滅び、「頼朝以来三将軍、九執権、一六〇年の覇業は一朝にして滅」び去った。もう一人の功労者である足利尊氏は、その祖源義家に遡る武門の名家で、はじめ後醍醐軍討伐に加わったが、北条氏の権威が失墜するのを見て勤王の意を明らかにして朝廷方に寝返り、六波羅を攻め落として、後醍醐から朝敵退治の綸旨《りんじ》を得た。勤王の武士たちの功労により、後醍醐は正慶三年を改めて建武元年となし、念願の君主親政を実現したが、朝廷公卿勢力と武士団の対立、僧侶の跋扈は、あたかも平安末期の藤原一門専横時代の再来を思わせる状態になり、やがて、人心自ずから王政を厭うようになった。

とりわけ後醍醐の驕慢ぶりは甚だしく、側近の諫言を聞き入れず、北条高時の所領は一切天皇の領有地となし、高時の弟泰家の所領は護良《もりよし》親王に、さらに、鎌倉の雄族大仏《おさらぎ》一家の所有地は三位准后《さんみのじゅごう》廉子のものとした。かくして「諸国の武士、悵《ちょう》々然として望を失し、勤王党に与《くみ》したるの大早計なるを憾《うら》み、むしろ武家政府の今一たび立たんことを希う」事態に陥った。

「王朝党・武士党の反目」について、三叉はさらに次のように述べている。すなわち、鎌倉が没落して後醍醐が入洛するも、信貴山弥沙門堂にいた護良親王は、父後醍醐の入洛を歓迎せず、諸国の兵を集めて武備を固めた。それで、親王は速やかに剃髪して山門に帰るべしという後醍醐の伝言を斥けて足利尊氏の専横を敵視し、今にして尊氏を討たねば他日の禍害は避けられないと言い張り、自らを征夷大将軍に任ずるよう訴えたという（同上、「第二百四十八節　王朝党・武士党の反目、人心王政を厭う」四〇頁）。

三叉は、この親王の態度は「南人」の思想、つまり、当時の「貴族公卿及び近畿武士の意見・感情」を最もよく代表するものだという。彼らは、今回の「大変の目的は武門の専権を停《や》めて、朝廷に収め、源平の争乱以来埋没《まいぼつ》せんとする貴族的王朝を復興するにあり」と考えた。そして、新朝が出現して「公卿は源平の争乱以来久しく沈淪《ちんりん》したりしに、今やようやく時めくに至りしかば、あらんかぎりの驕奢《きょうしゃ》を尽くし、あらんかぎりの権勢を張りて、再び武門を犬豚のごとくに見たる藤原氏時代の光景を生ぜんとす」（同上、四一頁）る事態になった。

ところが、「南人」の思想たる貴族的王政の影響は、王朝時代においても、わずかに「近畿の民、在朝の公卿間に懐抱せられたる思想に過ぎず」、すべての国民、武士に感得せられたものではない。諸国の武士が決起して北条氏を打倒したのは、勤王党に与《くみ》する方が自らに利益があると考えたからに他ならない。要するに、「彼らは場合によりては北条氏を倒したるがごとく、新朝を倒すを憚《はばか》るものにあらず。北条氏と新朝と尊卑《そんぴ》の別あるなし。問うところはその我に与うる獲物の大小に存す」と武士団の行動の功利的動機をリアルに観察している。しかるに、「驕慢《きょうまん》なる朝廷これを察せず、天下万民みな貴族的王政を希《ねが》うものとなして、自ら欺《あざむ》き、揚々乎《ようようこ》としてその権勢を弄《ろう》」（同上、四三頁）したところに、後醍醐と尊氏の対立に象徴せられたる公卿と武士、南人王朝派と北人武断派の紛争の根本原因があるとみた。

後醍醐と尊氏

先にみた三叉の後醍醐の人物評の一つに「忌克」なる性格の指摘*があったが、今やこの「忌克」の眼は、ついに宿敵尊氏の上に注がれることになった。

*『二千五百年史』における三叉の後醍醐観に、「忌克」「驕慢」といった表現があるが、後の改訂版、たとえば、筆者が所有する十六版（明治三九年一〇月発行）では、別の言葉に変更されている。すなわち、「二百四十九節　公卿と武士と、南人と北人と、後醍醐と尊氏と、足利と新田と相対抗す」の文中、「後醍

醐、有為の君と雖も、其の過失は、多く自ら用ゆると、敢為、他を排するにありき」（四一五頁）とあり、傍点を付した「多く」と「敢為」は、初版本ではそれぞれ、「驕慢」「忌克（剋）」となっている。また、同頁の「今や後醍醐の眼は、直ちに高氏の上に注がれぬ」や「慧眼にして併かも細心なる後醍醐」というように、「忌克」の文字は傍点のある別の用語に取りかえられるなど周到な配慮が施されている。ここにも、初版本発行当時と日露戦争後の天皇制に関する時代思潮の変化を見ることが可能であろう。

足利尊氏は、新田義貞と並ぶ鎌倉攻めの功労者であるが、後醍醐は天下の人心が次第に尊氏に帰服するのをみて、尊氏を危惧し始め、彼が「第二の北条」となることを恐れた。それまで護良親王に向けられていた猜疑心は、かくして尊氏に向かい、種々巧みに「寵用《ちょうよう》の外貌」を示そうとした。すなわち、後醍醐は自らの名尊治《たかはる》の一字を与えて尊氏《たかうじ》（元の名は高氏と称した）とし、義貞や楠正成に二国を与えるのに対して、尊氏にはその功第一として、武蔵・常陸・下総の三国を与えて表向きは敬重の意を示そうとした。しかし、その実、義貞の一族（実子や実弟等）には、さらに分国を与えてその力を対等にし、また、京に院の武者所《むしゃどころ》（御所警備を任とする禁衛軍の統括機関。一三三四年設置さる）を設けて義貞を頭人の地位に就けて武権の掌握を許し、義貞を尊氏の強力なライバルに押し上げるなど、常に尊氏の勢力を抑えようと思案をめぐらした。三叉は史書『梅松論《ばいしょうろん》』

足利尊氏
（『英雄百人一首』国文学研究資料館蔵，より）

に拠りながらこうした記述を進める。つまり、彼は欄外書き込みで、「従来、多く後醍醐をもって尊氏に迷いてその患いを養えりとなす。これ多く『太平記』の俗説に従うものなり。前後の形勢、後醍醐の識を案じ、『梅松論』によれば、後醍醐は当初より尊氏を除くの意ありしや明らかなり」*と記しているのである。

＊この頭部の欄外注記も、大正五年四月発行（神武天皇二千五百年式年祭記念増訂改版、二酉社刊）の版では、「これ多く『太平記』の俗説に従うもの也」以下の文章、「前後の形勢…後醍醐は当初より尊氏を除くの意ありしや明らかなり」の部分が省略されていることに注意せよ。同前版四〇五頁。

『梅松論』は著者未詳であるが、足利氏旗下の諸将と関係あるもの、あるいは夢窓疎石ゆかりの人物などが筆者に想定されている。それは、足利政権成立の過程を足利氏に好意的な立場で書かれた二巻からなる軍記物語で、『太平記』の成立より早い貞和五年（一三四九）頃の著作といわれている。足利政権を正当化する意図の下に叙述されているため、戦前の国粋主義的な歴史家が用いる本ではなかった。後醍醐と尊氏の対立や人間的葛藤の解釈について太平記の「俗説」を斥けて、あえて『梅松論』の見解と史料的価値を評価したわけであるが、ここにも、皇国史観とは無縁な自由主義的歴史家としての立場をみることができよう。

建武二年七月、高時の遺児北条時行が信濃で反乱を起こし足利軍を一掃して鎌倉に入った。中先代《なかせんだい》の乱の勃発である。執権足利直義敗北の報を知った尊氏は、直ちに、時行討伐の許可を後醍醐に求めたが得られなかった。尊氏が望んだ総追捕使と征夷大将軍に任命されないまま、勅許を待たずに兵を率いて鎌倉に向かった。尊氏の行動を知った後醍醐は、征夷将軍の号を授けてこれを追認した。尊氏は京を出て二十余日にして鎌倉を奪回した。乱の鎮定を知った後醍醐は、勅使を送って武士の恩賞は朝廷自ら綸旨をもって行うこと、争乱を平定した以上、速やかに帰洛すべき旨を伝えた。しかし、尊氏は勅命に従わず、若宮小路の旧鎌倉将軍の邸宅跡に新邸を構えた。尊氏離反の兆候を、「尊氏の眼中すでに朝廷なし。何ぞ勅旨を奉ぜんや。勅使はいたずらに冷笑を買うに過ぎざりき」（『二千五百年史』下、「第二百五十節　後醍醐、尊氏を除かんとし、尊氏鎌倉に自立す」四七頁）と三叉は評している。

しかしこの尊氏の天皇離反は、皇位を奪わんとする謀叛を意味しない。頼朝の故事にならって、「大将軍府」を樹立しようとして後醍醐に認められなかったために、反後醍醐に踏み切ったと三叉は解釈している。すなわち、「今日においてこそ大将軍なるものは、一の軍士に過ぎずといえども、当時にありてはその文字以外、人をして渇仰礼拝《かつぎょうれいはい》せしむべき一の魔力を有し、ほとんど北方の天子というがごとき意義を有し、しかもその実力の強大に至りては、南方正統天子よりも恐るべきものと信ぜられたり。尊氏らしばらく北方天子の実権を執ればすなわち足れりとせるのみ」（同前、「第二百五十一節　大将軍は北方の皇位、義貞、尊氏を征す」四七頁）と記している。

かくして元弘三年、建武新政の成立を決定づけた彼が、今再び後醍醐と対立するに至ったのである。建武二年（一三三五）一一月、後醍醐は尊氏追討のため義貞を大将軍として出陣せしめた。ここに、後醍醐と尊氏直義兄弟との関係は完全に決裂する。

新田義貞は「一生の光栄、得意の頂上」に達するが、天下の人心はすでに王政に厭いて変革を望んでいたこと、建武の新政府が貴族に厚く武士に薄いこと、朝令暮改批判、尊氏に比べて義貞の声望の遙かに低いことなどを挙げて、義貞敗北の必然性を三叉は説いている。義貞は、元弘の乱の最大の功労者であるにもかかわらず、挙兵に加わった四歳の幼い尊氏の第三子義詮に「人心靡然《びぜん》」として向かい、将来、鎌倉の主《あるじ》として頼朝の偉業を回復するのはこの君をおいて他にないと思わしめ、軍勢は自ずから義貞派と義詮派に二分されたという。

尊氏と義貞・頼朝

ここで三叉は、尊氏と義貞の人物を比較して次のように論じている。歴史上の名立たる名将に比して、冷静ななかにも高い評価が尊氏に与えられている。

「義貞は勇武敢為《ゆうぶかんい》においては真乎《しんこ》、坂東武士の典型なりといえども、その識度・胆略においてはとうてい尊氏の敵にあらざるなり。尊氏は後世勤王論の勃興《ぼっこう》したる時代の経典より論ずれば容《ゆる》すべからざるの大罪ありといえども、その人物に至りては、日本の歴史ありて以来、識量最も博く、胆略最も大なるものなりき」（同前、「第二百五十二節　義貞の位地、尊氏の人物」四九～五〇頁）。

また、源頼朝との比較論では、「頼朝は法家的の森厳をもって自ら威望を持し、部下これを畏敬して用をなせしに、彼〔尊氏〕は森厳を用いず、平易寛洪《へいいかんこう》〔ゆるやかに、なさけがあること〕をもって部下に接し、部下に土地を与うること土芥《どかい》のごとくなりしかば、部下これを愛敬《あいぎょう》して用をなせり。頼朝は慎重周密《しんちょうしゅうみつ》、必成《ひっせい》を期せずんば事を起さず、彼は時に形勢を観望するも、概して小説的の冒険家なり。彼は頼朝と同じく武将にあらずして政治家なりき。〔中略〕頼朝の事業は特に狭隘《きょうあい》に失するといえども結尾ありき。彼は頼朝よりも大胆、冒険、博大なりといえども、その弊や結尾なく、秩序なきにあり。頼朝は恐るべき君主なりしも、彼は愛すべき親しむべき首領なりき。頼朝は味方に峻厳《しゅんげん》なるがごとく、敵にも苛急なりき。彼はその部下に大量なりしがごとく、その敵にも寛大なりき」（同上、五〇頁）と両者の長所と短所をそれぞれ冷静に観察している。

要するに、尊氏の本領は、頼朝と同様に強い功名心をもった政治家としての資質に富む人物で、ローマ史におけるジュリアス・シーザーの位置に匹敵し、その心情は「宏博《こうはく》にして寛裕、ほとんど偉大、高尚に近きものあり」と人物評としては最大級の賛辞を惜しまない。

三叉が指摘する胆略、「平易寛洪」、寛大なる性格というのは、尊氏が深く帰依した臨済宗の僧夢窓疎石が挙げた尊氏の三徳とほぼ一致する。*しかし、すぐ後で触れるように、三叉の評価は、人物論の枠組みに限定されず、よりダイナミックな時代精神との関連で捉えられているところにその特徴がある。

＊佐藤進一『南北朝の動乱』（日本の歴史9）中央公論社、一九六五年、一二〇頁。夢窓国師は尊氏の人物について次のように三徳を挙げて称賛している。「仁徳ヲカネ給（タマフ）上ニ、三（ミッツ）ノ大ナル徳マシマス也。第一ニ御心（オンココロ）ヲ強（ガウ）ニシテ、合戦ノ時、御命終に及事（オヨブコト）度々ナリトイへ共、咲（ワラヒ）ヲ含テ畏怖ノ色ナシ。第二ニ慈悲天性ニシテ、人ヲ悪（ニク）ミ給事ナシ。多ノ怨敵ヲ寛宥アル事一子（イッシ）ノ如シ。第三ニ御心広大ニシテ、物惜ノ気ナシ。金銀土石ヲモ平均ニ思食（オボシメシ）テ、武具御馬以下ノ物ヲ人々ニ下給シニ、財ト人トヲ御覧（ゴラン）ジ合セズ、御手ニ任（マカセ）テ取給（トラセタマヒ）シ也」と。

それでは、このような「好男子」が、なぜ古今無比の批難攻撃をあびる「罪悪の事業」を行うはめに陥ったのであろうか。最大の理由として「時代の精神」という問題が強調される。「第二百五十三節北人の政治思想、時代の精神となる」の一節で、近畿、中国地方に影響力を発揮した平安朝の王朝勢力（「貴族的王政」）に対して、関東は「勇武と剛健とを信じ、武力のほかに尊奉すべきもの」のない「武断的民主政の思想」に支配されていたと述べている。頼朝や北条一族もこの思想を後ろ楯《うしろだて》にしており、北条氏が打倒されたのも、「功名を希《ねが》うの武士と朝廷・公卿との無意識的連合運動」の結果であり、北方の武断的政治思想はなお有力であった。そこで、後醍醐の君主親政は武士に対して「苛察《かさつ》」「収斂《しゅうれん》」の度を強め、そのために建武新政に対する武士団の反発は、「武断的民主政の思想」を単なる北方特有の地方的精神から一転して、時代の支配的精神と化し「天下の人心かえって武家の政治を希う」状況が発生した。このような時代思潮の中では、権力の正統性を構成する要件は、何よりも「力征と国民の信服」にあり、天皇といえども現実に天下の実権を掌握した主権者（武士階層）に反抗すればそれは謀叛とみなされた。当時、存在した「天皇御謀叛《ごむほん》」という言葉は、そのことを如実に物語っている。あたかも一七世紀英国のピューリタン革命期に、国王派（「王朝党」）と議会派（「平民党」）が分かれて対立したように、この時期、「王朝党」と「武家党」の二派に分かれて争った。尊氏の位置は、「シーザーの材をもって、直ちにクロムウェルの事業を行」ったところにあり、足利家の執事高師直は、さしずめ「武家党」の代表格であったと述べている。

師直は武将たちに向かって、「汝らの所領にして足らざるか、天子の料を奪うべし。生ける天子は世の費、民の妨げなり。必ず天子を要せんか、木像か銅像にて事足れり」と諭したという（『二千五百年史』下、「第二百五十三節　北人の政治思想、時代の精神となる」五二頁）。三叉は武家党を無学にして無礼、国史を知らず、仮に知るもその道理に従うことを潔《いさぎよ》しとしない群党、大胆にして敢為、規範にしばられない悍馬《かんば》のようなグループと規定しているが、師直のそのような伝統的価値や倫理規範を無視した尊大無礼の風が、動乱期にみなぎる革新的風潮を代弁したのであろう。そして、この「北人の政治思想」が、多数の武士を支配し、いわば国論としての北人思想の大勢に乗じたのが尊氏、少数派の「王朝党」の代表であった義貞は、「時代の精神」に背いた異端者というふうに、二人のライバルの成功と悲運の分岐点を説明している。

南北朝分裂に至る争乱

以下、第二十章は義貞の東征と敗北、尊氏の京都占領、後醍醐の叡山退去、一転して尊氏の九州敗走、院宣の獲得、尊氏の再挙東上、新帝（持明院統光明天皇）擁立、後醍醐の吉野落ちと南北朝分裂に至るめまぐるしい争乱の一年を史実に基づいて叙述している。

そのなかで、三叉は『梅松論』に拠りながら、楠正成の「献策」を取り上げて、その先見の明を評価している。すなわち正成は、一旦九州に敗走した尊氏が、必ず九州を征服し、その勢いに乗じて都を窺うことは必至とみて、尊氏を召喚・帰順せしめるよう後醍醐を説得した。「天下の人心、敗北せる尊氏に嚮《むこ》うて、勝ち誇りたる朝廷に背く、天下の事もって知るべきなり」というのが、「献策」の趣旨であった。

やがて、正成の予見通り、少弐頼尚《しょうによりなお》以下九州の軍勢、足利一門、高家一党、上杉の一類、外様大名らをひきつれ、兵船数千艘に乗じて大宰府を出発して京都に向かった。義貞を助けて正成は兵庫湊川で防戦したが、「雄風堂々」、気鋭の尊氏の軍勢に歯が立たず、ついに敗れて戦死した。後醍醐は、正成の「献策」を「迂愚」とみなして嘲り、兵を動かす方法を知らない公卿たちが、正成の真意を理解できず、ただ、怯懦の言として聴きいれなかったのである。

後醍醐が再び延暦寺に移り、光厳上皇を奉じて入京した尊氏は、叡山の軍と約五カ月にわたって一進一退の戦闘をくりかえすが、勝敗の帰趨が明らかになった八月（建武三年＝延元元年）、尊氏兄弟の要請により光厳による院政の決定、そして、豊仁《ゆたひと》親王が践祚する（光明天皇）。年号は、後醍醐が下した建武の年号を用いた。光明天皇は時に十六歳、世人は将軍が天子の位を与えたといって噂したという。それは、「貴族的王政思想の中心なる京都においてすら、いかに民心の一変し、いかに実権を尊びたるか」のあかしであると三叉はコメントしている。

次に後醍醐と結んだ講和問題について、後醍醐は尊氏からの講和の申し入れを歓迎したこと、年来の忠臣義貞らにも事前に諮らず、独断で交渉を妥結させたために、義貞の部下堀口貞満の声涙ともに下る決死の抗議があったことなどが述べられている。

すなわち、貞満の「図らざりき、陛下、義貞らを捨てて尊氏と和せんとは。知らず、義貞何の罪あり、尊氏、何の功かある（中略）陛下もし尊氏と和せんとせば、まず義貞以下の一族を捕らえて首を刎《は》ねて、しかして後に和すべし」との怒りに満ちた抗議に、後醍醐は「貞満のいうところ理なきにあらずといえども、時務に通じたるものにあらず、しばらく尊氏と和し、時を俟《ま》たんとするのみ」と答え、義貞に皇太子恒良《つねなが》、尊良《たかよし》を奉じて越前に向うよう命じた（同前、「第二百五十七節　京畿の戦、後醍醐、尊氏と和し、義貞北国に逃る」五九〜六〇頁）。

後醍醐のこの叡山下山の一幕について、三叉は万感の思いを込めて次のように語っている。

「昔、平氏西海没落のときは、なお一族徒党を有して天皇を擁しき。今や天皇すでに義貞を捨て、義貞らの一族また頭を屈して尊氏に下る。義貞ら五年の忠戦によりて得たる結果はかくのごとし、その恨《うら》むべく、哀《あわ》れむべく、傷《いた》むべきもの、平氏の末路よりははなはだしかりき」（同前、六〇頁）。

以下、叙述は『太平記』の記事に拠りながら、義貞の北国落ちと越前藤島における敗死へと進むが、ここでは、とくに、敦賀金ヶ崎でくりひろげられた凄惨な死闘の記述に関連してみられる義貞と尊氏の人物比較論に注目したい。

建武二年、非業の最期をとげた護良親王亡きあとの後醍醐の巧みな権謀によって、同じ源氏の血をうけ、鎌倉攻略の殊勲者で武士の棟梁を目指す義貞と尊氏の抗争が、いつしか不倶戴天のライバルにまでエスカレートする経緯は見てきたとおりであるが、この両者の性格の違いを三叉はどのように描いているのであろうか。

義貞は「純乎《じゅんこ》たる武将なり。その眼光は尊氏のごとく大局に注がずといえども、戦闘においては、機敏勇敢、一代これに比するものあらざるなり。彼、尊氏のごとく権変なしといえども、しかもその温厚の胸、誠実の心、よく部下をして安んじて己を信ぜしむ。尊氏の下にありては将士、恩賞の必ず獲べきを知って死戦すといえども、彼の下にありては将士は一片感激の念、意気の投合によりて死戦す。彼、尊氏のごとく識度大ならざるがため、多くの異族を部下に致すあたわざりき。しかれどもその将士はみな精錬せる勇士にして、いわゆる一騎当千の武夫のみなりき。（中略）彼、今や後醍醐に捨てられ、眇乎《びょうこ》たる金ヶ崎の城にあり、尊氏が天下の精兵を尽くしてこれを攻むるも、将士一人これに負《そむ》くものなくしてよく防ぐ。北条氏を亡ぼしたる彼は、天下の大勢に乗じたるものにして、よく彼を示すあたわず。今や天下の大勢に見捨てられたる彼は、真乎《しんこ》の坂東《ばんどう》的武将の本領を示しぬ」（同前、「第二百五十八節　北行京軍の困厄、義貞の人物」六一～六二頁）と代表的な二人の鎌倉武士に対して、情理兼ね備えた人物評を展開している。

とくに、「天下の大勢」との関連で捉えられた新田義貞のイメージは、戦前の軍国主義的忠臣論とは別の文脈で語られているのであるが、カリスマ的な後醍醐のタクチックス（術策）に翻弄されながら、なお一途に忠誠をつくすその純情な人柄、武士の意地が読み手に不思議な感動を与えずにおかない。このくだりの文章は、客観的な歴史叙述というより、まさに一篇の抒情詩を思わせる名調子である。しかし、それはまた、歴史と文学が渾然一体となった民友社史論の特色なのであろう。

さて、講和後の後醍醐は光明に神器を授け、尊氏は建武式目十七ヶ条を制定して政権の基礎を固めた。そして、後醍醐は伊勢の北畠親房、越前の義貞、紀伊の廷臣四条隆資《たかすけ》、河内の中院定平、楠木一族らなお各地に残存する有力な南朝勢力を頼って、軟禁状態にあった花山院を脱出して吉野に向かい吉水院を行在所と定めた。ここに、世にいう「一天両帝、南北京」の実現、五十六年にわたり抗争が続く二つの王朝、南北朝分裂の端緒が開かれたのである。

後醍醐が「玉骨がたとい南山〔吉野〕の苔に埋るとも、魂魄は常に北闕《ほくけつ》〔京都〕の天を望まん」との遺言を残して、左手に法華経五巻をもち、右手に剣を握りしめて亡くなったのは、延元四（一三三九）年八月である。後醍醐の死で南北朝史は一つの節目を迎えるが、三叉は北畠親房や義貞の敗死、後醍醐の死を論じて、後醍醐の敗北の原因を次のように述べている。

後醍醐帝の敗因

この問題を論ずるとき、後醍醐の人柄や見識など、いわば個人的属性に基づく失政と、政治体制としての建武の新政の敗北の相関性が当然考えられるが、三叉の眼はより根本的な社会構造の変化や時代の精神に向けられている。

時の支配層の政治的構想や対立する勢力、リーダー間の相克を、常に大きな南北朝史の動乱の中に位置づけるよう努力してきた三叉の歴史叙述に慣れているわれわれにとって、天皇親政の挫折を個人の資質よりもむしろ時代背景との関連で明らかにする方法はよく理解しやすい。たとえば、次の叙述に注目しよう。

「当時の社会には、二個の相容《い》るべからざる勢いは随所に存したり。北人と南人の衝突なり。王朝時代以来相伝の国司・荘園・郡領の遺《のこ》せる勢力と、守護・地頭《じとう》の遺せる勢力なり。一郷のうち相容《い》れざる二豪族あり。いたるところに尊氏・義貞をして相争闘《そうげき》せしむべき分子は存したるなり。彼左せば、我右せん。彼東せば、我西せん。尊氏にして後醍醐の下にその大望を遂げんか、すなわち天下の大乱は、また義貞によりて起されんとす。ここに至っては後醍醐をして徳政は堯舜《ぎょうしゅん》（堯と舜。中国古代の理想的帝王）のごとく、智勇は唐の太宗《たいそう》のごとくならしむるも、いかんともするあたわざるなり」（同前、「第二百六十二節　後醍醐はなぜに敗れしか」六八～六九頁）。

要するに、「南人」（王朝の最盛期である延喜〈醍醐朝〉・天暦〈村上朝〉政治の復活を志す思想）と「北人」（建武式目にあらわれたような鎌倉幕府の全盛時代の政治を模範とする思想）の二つの政治勢力の対立という枠組みが、反覆提示され、「南人」の貴族的王朝政治思想が、今や全国を風靡するに至った「北人」の「武断的民主思想」に圧倒されるに至った点を強調するのである。

三叉は、もし日本に一人のマコーリーが存在するならば、「源平二氏の争闘、北条・足利の興廃も武力の争いに止まらずして、一大根本的思想より来りしものなるを発見せるならん（前掲「二千五百年史に題す」上）」と記した。T・B・マコーリーの『英国史』をモデルに執筆したと考えられるこの動乱の南北朝史の叙述において、三叉が歴史家の最大の課題と揚言した、活きた国民生活と思想の描写はある程度成功しているといえよう。

概観したような神話の時代や古代王朝の成立史、そして南北朝史の捉え方は、いずれも神権主義的な解釈に立つものではなかった。『古事記』『日本書紀』の記述も皇室を権威づける史料として用いるのではなく、記紀にあらわれた古代日本人の宗教や思想、倫理感、習俗を自由に解釈する姿勢が顕著にみられる。また、未開状態から古代王朝の成立に至る歴史を、文明史論や比較神話学的文脈から把握し、さらに太古の日本文明の起源を中国大陸と南洋の二つの世界文明の出会いと結合というヘテロジーニアスな観点から捉えるなど、いわば世界史に連なる日本史という発想が示されていて、それは興味深い特色といえる。記紀の研究をめぐって発生した津田左右吉事件（一九四〇年）を思い起すにつけ、本書のユニークさを特筆せざるをえない。

南北朝史の捉え方も、すでにコメントしたように、正閏論の観点から立論する姿勢はまったくみられない。[*]それは、水戸学的名分論とも無縁で、忠臣楠公、逆臣尊氏といった思想統制的な政策論的発想もない。むしろ、その積極的な尊氏評価、後醍醐の人間的欠陥の指摘や建武の新政に対する大胆な批判的見解など、天皇機関説事件や中島久万吉商相事件（一九三四年、尊氏讃美の論文を追及されて辞職）を知る者にとって、三叉が「乱臣賊子」礼賛、皇室の尊厳冒瀆といった攻撃にさらされなかったのが不思議に思われる言説であった。

＊その姿勢はその後も一貫して維持せられた。すなわち、第二次大戦後、最晩年の三叉が発表した『新日本歴史』下、東京タイムズ社、一九四八年）において、南北朝正閏問題を次のように論じている。「京都の北朝と吉野の南朝とのいづれが正統であるかといふ問題をめぐって、いはゆる正閏論が明治の末年に論議された――歴史的事実から解釈するもの、神器のあった場所によって解釈するもの（神器の真偽も問題となった）などがあって、問題は一時紛糾したが、これは『主権の存在』といふ点から解釈すべきであり、南北二朝が対立してゐたと解すべきではなかろうか。正閏といふ価値判断をくはえること自体に問題があり、歴史的事実はうごかすことのできない事実とし率直にみとめなければならない」（同書四頁）と。

4　民友社史論の特徴――人物重視・「高等の考証」・想像力

以上、『新日本史』と『二千五百年史』にみられる竹越与三郎の日本歴史論を考察してきたが、そこには、天皇絶対主義や「国体」観念の呪縛から解放された、いわば新しい歴史観に基づく日本通史が展開されている。そして、官許公認の歴史学とは異なる独自のパラダイムや概念装置が提示され、明治維新後の新日本における人権の発達と社会変革を期待している。

H・テーヌの史論

彼は歴史記述に際して、事実の選択や整序の基準として重視したのは、人物の描写、人物の心理的分析、国民固有の気質、時代的特性の析出などを挙げており、テーヌ（H. Taine）の「歴史家は公平ならざるべからず、曰く歴史家の心情は、枯淡木石の如くならざるべからず」という言葉を引いて、史家は「謹厳なる法官」としての客観性、公平性をモットーとするとともに、「英霊、高崇の心胸ある詩人」でなければならないと述べている（「新日本史に題す」『新日本史』下、岩波文庫、一一～一七頁）。

彼はまた歴史研究の特性について「歴史の主題は、人物に御座候。人物の発動する舞台に御座候。制度、法律、文学を伝ふるは、是れ唯だ其中の人物が、如何にして育養せられ、如何なる心性を有するかを見んと欲するがために外ならず候」、「歴史は大なる直覚力、大なる想像力あるものにあらざれば修むべからずと存じ候」と揚言した（「歴史学に関して」『三叉書翰』二酉社、一九一五年、六二頁）。

このような方法論に立つ三叉ら「民間史学」に対して、資料的考証の厳密さを欠くといった批判を加えたのが、官許日本史学界の実証主義派であった。もちろん、このような論難に対して、「民間史学」の側も黙っていない。すなわち、考証自体の意味を「高等の考証」と「下等の考証」に分類し、個別の事実や人物の存在の確認は「下等の考証」に属し、より広大な国民生活の実態や人情、風俗の変遷という事象の詮索が「高等の考証」であり、歴史の研究にとって大事なのは「高等の考証」であると断言したのは山路愛山であった（「歴史の話」岡利郎編『山路愛山集』（二）民友社思想文学叢書2、三一書房、一九八三年、一八〇～一八四頁）。

歴史の方法論

愛山は、「高等の考証」を必要とする歴史家にとって、古文書だけが歴史の材料でないこと、詩歌、小説、紀行文、経書、文集、稗史戯曲の類すべてが歴史研究の素材として有用であることを主張した。そして、歴史の素材とは別に、史才、史眼といった人間観察力の育成、いわゆる人間学に通ずることが、歴史の研究にとってきわめて重要であることを強調するなど、三叉、蘇峰と同じ民友社陣営として、共通の自覚的な歴史の方法論を展開している。

単なる一事、一件の実証ではなく、国民全体がいかに成長し、社会的変遷の原因が何であるのかを究明すること、しかも、歴史研究の根本動機が、よりよい社会の形成と個人の幸福、利益の増大に資することにあった民友社史論は、やはり、明治二〇年代におけるオーソドックスな民党的歴史観の典型であったといえよう。

『新日本史』や『二千五百年史』は、旧幕府と明治新政権の両派いずれの立場に立つ維新論でもないし、また、神道、国学者流の忠君愛国を唱道する名分論的価値観からも自由である。帝国憲法の制定、教育勅語の発布等、天皇制国家の基盤が着々と整備される時代状況にあって、このような明治二〇年代の三叉が代表する民友社史論は、歴史家服部之総の言葉を借りれば、まさに「果敢な実践の（明治）十年代のとばりが夕闇となって拡がる大空を、「史学」としてのミネルバのふくろうが鷲のごとく雄大に舞うている」（「史家としての蘇峰・三叉・愛山」『服部之総全集』7、福村出版、一九七三年、二〇四頁）状況にあったといえよう。

第四章　開拓社創設と『世界之日本』発刊

1　独立言論人として――蘇峰との訣別

民友社の退社

竹越は民友社時代に、これまでみてきたような名著を次々と発表して歴史家としての揺るぎない地歩を確立するのであるが、他方でまた、彼は『国民新聞』の政論記者として精力的に執筆活動を続けた。たとえば、明治二七、八年の日清戦争が勃発するや他のキリスト教徒と一緒に戦争協力の論陣を張り、軍資金や貧困、罹災者を救うための義捐金の募集や赤十字の事業に協力するなどの行動を起こしている。そうした戦争協力を推進するためにキリスト教各派のメンバーが集まって「基督教徒同志会」（のちに「基督教徒協議会」）が結成され、本多庸一、井深梶之助、原田助《はらだたすく》、植村正久、山路愛山らのキリスト者と並んで三叉の名前も挙がっている。

三叉の日清戦争論は『支那論』（明治二七年）などの時論に代表されている。『支那論』は、『国民之友』に五回連載で掲載された朝鮮の内乱や対支那論策が、八月に一冊の単行本にまとめられて上梓されたものである。ちなみに、日露戦争当時、果敢な非戦論者であった内村鑑三も『国民之友』「特別寄書」欄（二百三十三号）に日清戦争肯定論（Justification of the Corean War）を発表している。日清戦争当時、主だったキリスト教徒で反戦の論陣を張った人物は見当たらない。

蘇峰と三叉の日清戦争に関する姿勢は、基本的には同じ朝鮮出兵論の立場であった。その二人の関係が何となくしっくりとゆかなくなったのは何が原因なのだろうか。

結《ゆう》城《き》礼《れい》一郎《いちろう》の「民友社の金襴簿」（昭和六年）には「どういふ訳か知らぬが、竹越さんは何だか蘇峰先生としっくり馬が合って居ないやうだった。今でも矢張り其の気味がある。蘇峰先生に対し兎もすれば芝居道で所謂カブせるといふ態度に出る。『国民新聞』に対して『世界之日本』を起したのは言ふまでもなく、蘇峰先生が松方と大隈の手を握らせて置いて、素知らぬ顔をして欧米へ出かけたかと思ふと、竹越さんは又岡崎邦輔さんと通謀して政友会を目論み、其の組織の議成るを待ち飄然外遊の途に就いた。態々ではあるまいが、何でも彼でも其んな行き方をして居た」という記事がある。*

*結城は明治二九年に山路愛山の紹介で民友社に入社しているので、同僚としての三叉を知らない。しかし、三叉に「容儀を修飾する」趣味のあることを指摘しており、西洋風のお洒落を得意とする彼のハイカラ趣味が、すでに民友社時代の若い三叉にあったことが分かる。世間はハイカラな三叉を「キザ与三」と呼んでからかっていた。『蘇峰先生古稀祝賀　知友新稿』民友社、昭和六年、一一二四～一一二五頁。

俗に「両雄並び立たず」というが、二人の間でライバル意識が働いたのは事実にしても、それがただちに決裂に結び付いたのではない。三叉の書いた記事が原因で、『国民新聞』が発行停止処分を喰ったことがたびたびあり、それが何となく彼の負い目になったことや、記事「最近十五年間思想の変遷」（明治二六年三月）の訂正をめぐって、二人の間に気まずい雰囲気が生まれたことなども考えられよう。しかし、よりはっきりとした亀裂の原因は、蘇峰と三叉がそれぞれ対立する立場の政治家と接触を深めていった結果生じたものであろう。現実政治の認識に微妙なズレが生じていたことに加えて、政治家との関わりでいえば、陸奥・伊藤との接触を深める三叉と松方、大隈の政治的識見を評価し大隈の改進党に接近する蘇峰の政治的選択の違いが大きいであろう。日清戦争後、ますます「対外硬」の姿勢を強める蘇峰が、遼東半島の還付は伊藤内閣の「腰抜け外交の本性を、遺憾なく暴露したるもの」（『蘇峰自伝』三二三頁）と憤慨し、松隈内閣の実現を目指して伊藤陸奥内閣の打倒に奔走したことはよく知られている。一方、三叉であるが、彼は明治二三年の春に鹿鳴館で陸奥宗光に出会って以来、終生変わらぬ知遇を受けるが、この年の終わりに陸奥の大磯の別邸で伊藤博文を紹介されるなど、い

伊藤博文
（国立国会図書館蔵）

陸奥宗光
（国立国会図書館蔵）

よいよ陸奥・伊藤との間に緊密な関係を築いていく。三叉は現実政治へのコミットについて次のように回想している。

「余が政治に奔走するやうになったのは、明治二六、七年頃からで陸奥伯は政党側のことには岡崎邦輔君を任用して、官界のことには余を使用したのである。当時余は代議士でもなければ、官吏でもなかったが、伊藤公及びその系統の政治家が相集まって相談するやうな事のあった時は、余は病中の陸奥伯の代理として之に参加するやうな関係であったことが、自然に余は政治上に於いては伊藤公の陣営に属したのである。従って大隈伯とは敵対関係であった」*

* 『讀畫樓随筆』二六一～二六二頁。大日本雄弁会講談社、昭和一九年。大隈との敵対関係はその後も続き、明治三七、八年ごろ大隈が『開国五十年史』を編纂したとき、「新聞及び言論」の項目執筆を三叉に依頼してきた。その項目はもともと福地源一郎が執筆する予定であったが、福地が執筆の途中で病没したので、未完成に終わった原稿の続きを引き受けてほしいと秘書を通して依頼してきたのである。三叉は福地がいかに天下の文豪といえども、甘んじて他人の「残肴冷盃《ざんこうれいはい》」を嘗むるものにあらずと峻拒した。数日後、秘書が改めて訪ねてきて、今度は、福地の原稿を全く放棄して、初めから新稿を起草して欲しいという大隈の依頼を伝えたが、晩年不遇であった福地の墓土（ぼど）未だ乾かぬうちに、その原稿を捨てて他人を煩わさんとするのは「薄恩冷酷を極めた話」と申し出でを断ったという。大隈と三叉の対立は、第一次大隈内閣の時に起こった尾崎行雄のいわゆる「共和演説」事件に対してとった大隈の姿勢をきびしく批判した評論「侍従内閣の乱憲」（『世界之日本』明治三一年一〇月二九日）、第二次大隈内閣失脚の直接の原因と

なった二個師団増設に対する三叉の議会における反対演説、そして大正四年三月の第十二回総選挙に立候補した三叉の選挙区に、大隈の養嗣子大隈信常を立てて三叉を落選させた事件へとつながるのである。

こうしたいくつかの行き違いが重なって、ついに三叉が民友社と決別することになった。『国民新聞』明治二九年一月三日号に「退社竹越与三郎氏」の短い社報が載った。

民友社を退社した三叉は、明治二九年に西園寺公望（一八四九～一九四〇）や陸奥宗光（一八四四～九七）らの援助を得て開拓社を設立、そこを発行所として雑誌『世界之日本』が創刊された。第一号が発刊されたのは七月二五日である。初めて三叉が雑誌の経営と主筆をつとめることになったのである。

『世界之日本』の発刊

本誌を舞台にした独立言論人としての活躍がスタートしたわけであるが、『世界之日本』が発足する背景を簡単にみておきたい。竹越と西園寺、陸奥の三人の協力で実現した『世界之日本』であるが、発刊の目的は何か、何を意図して三人の接触が始まったのか。

まず、三叉はどのようにして西園寺と知己になったのか。そのあたりから考察したい。そもそも、三叉に西園寺を紹介したのは陸奥であるが、それは明治二八、九年の頃かと思われる。三叉の回想によれば、陸奥は三叉に対して「君の意見を当世に行はんとするには、君が師事すべき先進を得て、之に近づくを可とす。当今の世、君の師事すべき人は西園寺公の他にその人は見当たらぬ、公は実に天下第一等の高人であるといって、予を西園寺に紹介した」（『陶庵公』叢文閣、昭和五年、三頁）と述べている。陸奥は第二次伊藤内閣の外相として、条約改正や日清開戦と下関条約の締結に関わった政治家で、カミソリ大臣、政界の鬼才といわれたが、若い三叉の将来を嘱望していた彼は病弱で余命の長くない自身の運命を察知していたからであろうか、西園寺に託するような気持ちが働いて三叉を紹介したと考えられる。

三叉は陸奥を「明治の奇才」と評し、自ら陸奥の「門下生」と自任していた。「奇才」の文字の解釈であるが、それは秀でた才知のみならず、その「閲歴の奇」にも注目を要する。すなわち、陸奥は幕末に坂本龍馬の海援隊に参加し、維新後は外国事務局御用掛、兵庫・神奈川県知事、大蔵省租税頭、元老院議官など歴任、明治一〇年（一八七七）西南戦争のさなかに、新政府の高官の職に就きながら土佐の立志社の挙兵計画に参加、新政府の転覆を図って免官、国事犯として下獄、五年後の明治一六年一月に特赦で出獄し、伊藤博文や井上馨の支援を受けて欧州に二年間留学、帰国して外務省在勤弁理公使として官職に復帰、その後政界に進出して山県内閣・松方内閣の農商務大臣や第二次伊藤内閣の外務大臣の顕職に就き、「政府党の参謀長」となったが、そうした陸奥の「奇知」や数奇な生涯に注目して「奇才」と名付けたのである。陸奥外交の全貌は『蹇蹇録《けんけんろく》』に詳しいが、日英通商航海条約に調印して領事裁判権の回復や日清の開戦と講和、三国干渉を処理した鋭い才知と辣腕は若い三叉を虜《とりこ》にした感がある。

三叉は明治二五、六年から三二、三年当時の大磯風景を次のように描写している。すなわち、その頃、伊藤博文が大磯の滄浪閣《そうろうかく》に住み、一、二町隔てて陸奥が住居し、さらに西園寺がわずか四室しかない民家に寓居する有様で、政治に関係する者が頻繁に彼らを訪ねてきて大磯はあたかも政局の中心の観があった。三叉は当時、何らの官職もない一介の記者であったが、「陸奥伯の門下生として毎週一回位は大磯に来往する様になった」という。

彼らは集まっていったい何を話していたのか。エピソードの一端を紹介しよう。

ある日の夜、三叉が陸奥を訪ねると伊藤と陸奥が酒杯も挙げずに閑談しており、しきりに将来の国内情勢を憂いている。彼らの心配は「文武の官、一通り目盛りは出来てはいるが、彼等は如何にしてこの国家を担当して行くであらうか」という点にあった。このままでは、死んでも死にきれないという二人に向かって、三叉は「歴史の必然性」をもちだして、「歴史上、傑出した一人若くは数人が死亡した後、誰が押し出すと云ふこともなく之に代る人が自然に出てくるものである」といい、さらに「両先輩が何時までも老牛が小犢《こうし》をねぶるやうな心持をやめて、後事には安心せられよ」と追加したら「二人は激怒」して「君等が先輩に対して左様《さう》云ふ無責任な言語を弄するから、則ち我々の心配する所である」（『讀書樓随筆』一八一～一八三頁）と大いに憤慨したという。若気の至りで礼をわきまえない三叉の言辞は問題だが、一介の新聞記者にそこまで胸襟を開いて心事を語る、伊藤・陸奥両政治家の率直で度量の広い態度も爽快である。

西園寺公望への親炙

明治二九年ころ陸奥から西園寺を紹介されたことはすでに触れたが、三叉はそれ以来四十余年の長きにわたって西園寺に親炙した。西園寺の「性情高朗にして、陰翳がなく、沖淡《ちゅうたん》にして物欲に捉はれず、識見は透徹の上に、その視野が広く、それで頗る気魄が強く、予

西園寺公望

（『西園寺公と政局』第一巻，より）

は屢々陸奥伯の言、われを欺かざりしことを思ひ出す」（『陶庵公』三頁）とその「天下第一等の高人」ぶりを述べている。

その親密なつながりは、世間はかつて三叉を「西園寺の三羽烏」の一人に数え、西園寺を語るに三叉を以てすることは、団十郎に「勧進帳」を演じさせるような極め付けであるとまで評した。『陶庵公』をはじめ「元老・西園寺公望を語る」などの西園寺論でその人物と思想が語られているが、三叉が西園寺から受けた思想の影響として指摘されるべきは、やはりフランス民権派の思想や上流民権説（「貴族的平民主義」）が挙げられる。西園寺はまた文雅に通じ、篆刻《てんこく》、東洋風の文墨など風雅な趣味が豊かであった。

明治三四年に公刊された『人民読本』は、政治思想のレベルにおける両者の協同作業として注目すべき作品である。すなわち、本書は新たな立憲政治の時代にふさわしい政治教育の実施を意図して、西園寺と密接に連携を取りながら完成された。「近世の国家は、其政体の如何を問はず、事実に於て、民衆の議論感情が其国政を左右する一大勢力」（「人民読本題言」『人民読本』開拓社、明治三四年）たることを確信し、広く青少年を対象に国家や政府、天皇、人権、地方自治に関する知識を育成するために出版された。健全な「自由公民」の育成こそ国政運用の基本的要件であるという政治思想の形成に西園寺がどのような影響を与えたのか、『世界之日本』刊行に向けて陸奥とともに西園寺が三叉に緊密な協力を約束した背景を考慮しながら、明治三〇年代前半の日本の言論界に台頭した「世界の日本」主義の実態を検討してみたい。

日刊『世界之日本』の運命

雑誌『世界之日本』は月二回の刊行でスタートしたが、明治三〇年一月五日に別に日刊『世界之日本』が発刊、従来二回発行の雑誌は毎月一回の発行に改められた。第二巻（明治三一年九月一〇日、第一号刊行）以降は週刊で発行されている。しかし、日刊新聞は長く続かず、九カ月後の一〇月一六日に「廃刊の辞」が発表された。それによると、八月に陸奥が亡くなった衝撃が大きく、そのことが廃刊理由の一つになったと考えられる。

「故陸奥伯は我同志の最も多く尊敬し、其力を藉《か》りたること最も多く、三十年間の旧局、積勢必ず此人の力を藉りて変革し得べしと信じたる所の人に御座候、故に小生等は新聞紙を以て同伯と進退を共にせんと約したるものに御座候、今や此人逝て亡し、是れ廃刊の第一理由に御座候」と心情を開陳している。陸奥が物心両面で『世界之日本』を援助したことは事実で、陸奥自身も竜造寺逸翁、孤剣生、大岳翁などのペンネームを使って数編の評論を発表している。

雑誌『世界之日本』は明治二九年七月から、明治三三年三月まで、三年八カ月間発行された。途中、明治三一年一一月から三二年一月まで三カ月間の発行停止期間があるが、全部で五巻五十六号が発行された。日刊紙は通巻二百三十六号刊行されている。雑誌の発行部数は『警視庁統計書』によれば七万二八部（明治二九年）、一一万一八六一部（明治三〇年）、一八万一六部（明治三一年）と推移している。

（福井純子「解題」『雑誌世界之日本』Ⅰ（第一号〜第五号）柏書房、一九九二年、一〜二六頁）新聞の発行部数は創刊号が四万一〇〇〇部刷ったが、その後は一日あたり四〇〇〇部から五二〇〇〜五三〇〇部前後であった。

日刊紙は、西園寺の回想によると、陸奥が創刊した『寸鉄』（明治二四年一一月二一日第一号発刊）の変形としての性格をもつ。「世界之日本」という題名は西園寺の着想であるが、それはまた、主筆の竹越の年来の構想でもあった。

「世界の日本」イズムとは

「世界の日本乎、亜細亜の日本乎」（『国民之友』二五〇号、明治二八年四月一三日）という一文で、彼は次のような「世界の日本」イズムを展開している。

> 世はあげて日清戦争の勝利に酔い痴れて「頻りに世界の日本と号し、地球上の大国民と号し、揚々乎として前後を察せず。然も知らずや、此中、日本を以て亜細亜に繋げ、日本人民を蒙古人種に係け、日本の勝利を以て亜細亜文明勝利の兆となし、之を以て欧西人種に反抗せしめ、之を以て欧西文明を敵視せしめ、所謂る『世界の日本』をして『亜細亜の日本』たらしめんとする者あるを。『世界の日本』と『亜細亜の日本』と、唯だ是れ言語の相違なるが如し。併かも其国民の精神に影響する所に至ては、絶大の相違ある也。『世界の日本』は、亜細亜、欧羅巴の地理的空名の上に超然として、直ちに日本を以て、世界に繋ぐる也。東洋と云ひ、西洋と云ふ歴史的事実に頓着せず、其国民の偉大を養ふ要素を、世界の凡べての部分より吸収せんとするもの也」

このような選択文明論の根底には「日本は、其地勢已に亜細亜大陸を離れて、太平洋心に近きが如く、其文明も蒙古人種の文明にあらず、東西南北の精英《ママ》を集め、咀嚼、鍛練して、別に一個の文明を有す。若し亜細亜旧時の思想によりて、亜細亜総連合を起さんとせば、中心は日本にあらず。最も能く之を代表するものは、即ち支那也。故に亜細亜中心説は即ち支那中心説とならざるを得ず」という思想があった。

「浮薄なる欧州論」や「陰険にして卑屈なる亜細亜中心説」を排して、日本を中心として、直に世界の局面を打算し、世界を相手として飛翔するという「世界主義」は西園寺と共通する思想であった。その基本的な政治哲学に基づいて内外の政治・外交・時事問題を幅広く論じ、さらに文学美術、教育科学の実状や社会現象に注目し、経済法律に論及する総合雑誌を目指したのである。

また、『国民之友』三五〇号（明治二九年七月一八日）に次のような広告が掲載されている。少し長いが発行者の意図がよく説明されているので紹介しておく。

「『世界之日本』は世界万邦の一として日本を観察し、其真価を表明し、其過誤を正し、国民的思想と世界的精神の間に純正なる愛国心を求め、国民的勢力と世界的勢力の間に賢智なる経綸を尋ね、世界を舞台として翱翔《こうしょう》し、万邦の間に適当の位地を有せしめんと欲し、一切の問題皆な此見地より論弁す。

其位置は独立不羈、政府の鼻息を窺《うかが》はざると共に、政党の駆使に応ずる者にあらず。曲学官に媚る洋癖者流に賛同せざるが如く、曲学世に阿《おもね》る俗論党に与みする者にあらず。純粋なる進歩主義を以て其旗幟とす、其聴衆看客とする者は多数の流俗にあらずして、多数を制する賢智なる少数にあるが故に縦横不羈、言はんと欲する所を云ふの自由を有す。

『世界之日本』は政論に偏して能事終れりとするものに非ず。文学美術に忠に、文教の変革を志し、科学の普及を望み、社会的顕象に注目し、経済法律に論及し、有ゆる人事に亘らんと欲す。而かも皆な記者の独断を逞《たくましく》せず、内外専門才人の手を煩はす。此目的に於て我輩を助くる者朝野の名流三十余人也。

網羅の博くして一代思想の博覧会たるに於ては『評論之評論』と云ふべく、識見の精当、品格の尊貴、趣味の豊富に於ては『スペクテートル』たらんことを期し、天下才人の妙品名説を集むるに於ては『コンテムポラリー評論』に擬せんとす、力或は足らざるべし、然れども期する所は此に外ならず。

泰西の識者云ふ、政府の権、議会に移り、議会衰へて、其権新聞雑誌に移ると。『世界之日本』は聊か政府議会に第三級を立てんとする十九世紀的大思想を味ふものなり」

キーワードは、「世界の中の日本」主義の宣布、権力と俗論からの独立不羈、純粋なる進歩主義、多数を導く少数の有識者を対象とする総合雑誌にあり、目指すは欧米の高級評論誌『スペクテーター』や『コンテムポラリー・レビュー』であった。そして、さらに今や第三の権力に発達したメディア（新聞雑誌）の本領を発揮することにあった。『スペクテーター』や『コンテムポラリー・レビュー』はいずれも一九世紀英国の高級評論誌であった。

ちなみに『国民之友』のモデルは、やはり英国の高級評論誌の『エディンバラ・レビュー』であったと三叉は見ているが、ここにも蘇峰と張り合う意識が働いたのかもしれない。

本野一郎

『世界之日本』の陣容

さて、『世界之日本』の主だった陣容は、陸奥、西園寺の他に、外交官で三叉と親密な関係にあった立憲政友会の秋元興朝《あきもとおきとも》や富井政章《とみいまさあきら》、梅謙次郎《うめけんじろう》、本《もと》野《の》一郎《いちろう》、酒井雄三郎らがいた。そして、寄稿者には次のような人たちがいた。竹越を筆頭に、西園寺、陸奥、富井、酒井らいずれも西園寺とつながりの深いフランス流の自由主義派があり、他に内村鑑三、山路愛山、大西祝《おおにしはじめ》、久津見息忠《くつみやすただ》、添田寿一、平田久、小松緑《こまつみどり》、新渡戸稲造、望月小太郎《もちづきこたろう》、島田三郎、松本君平《まつもとくんぺい》、重野安繹《しげのやすつぐ》といった人々、文学作品欄には文芸時評を担当した緒方流水《おがたりゅうすい》（風雨楼主人）をはじめ、尾崎紅葉、田山花袋《たやまかたい》、島崎藤村、広津柳浪《ひろつりゅうろう》、幸田露伴、小栗風葉《おぐりふうよう》、内田魯庵、島村抱月《しまむらほうげつ》、正岡子規、河東碧梧《かわひがしへきご》桐《とう》（彼は叢文閣から刊行された三叉の『陶庵公』の題字を書いている）、後藤宙外《ごとうちゅうがい》、高山樗牛、大町桂月《おおまちけいげつ》、泉鏡花、山田美妙《やまだびみょう》などの小説、評論、俳句、詩がみられる。民友社時代に培った人脈を活かせて起用したものと考えられる。そこには民友社の社友ないし「社外の客員」（田山花袋による分類）といわれる内田魯庵、山田美妙、酒井雄三郎らをはじめ、『国民之友』に頻繁に寄稿していた人物が多数顔を揃えている。『世界之日本』の文学史的位置を明らかにする上で注目すべき判断材料となろう。後年（明治四〇年）、西園寺が主催した文士招待会は三叉が中心になって人選をしたが、それも右のような『世界之日本』寄稿者との親交があればこその実現であったと考えられる。

なお、日刊『世界之日本』第一号（明治三〇年一月五日）の発刊に祝詞を寄せた人物の名前を参考までに挙げておこう。三叉をとりまく支援サークルが一目瞭然である。

伊藤博文・西園寺公望・板垣退助・芳川顕正《よしかわあきまさ》・末松謙澄《すえまつけんちょう》・富井政章・梅謙次郎・酒井雄三郎・森《もり》槐南《かいなん》・小松三省《こまつさんせい》・大町桂月・後藤宙外・田山花袋・塩井雨江《しおいうこう》・河東碧梧桐・鳴雪・正岡子規・陸奥宗光・片岡健吉・小室屈山《こむろくつざん》・加藤勝弥・幸田露伴・戸川残花《とがわざんか》・尾崎紅葉・泉鏡花・松本君平・中村栄助・植村正久・山田美妙・小杉天外《こすぎてんがい》・横井時雄・石河幹明《いしかわみきあき》ら。陸奥・西園寺の関係があってか、政治家の顔ぶれが目立つ。

雑誌『世界之日本』の第一号は、社説二篇（「世界の日本」「支那に対する態度を一変せよ」）、論説五篇（内村鑑三「西洋文明の心髄」、酒井雄三郎「露仏同盟の由来」、添田寿一「信用組合の必要」、梅謙次郎「我が新民法と外国の民法」、無名氏「支那政府権力の在る所並びに有司間の党派」）、その他、学術論文として坪井正五郎「日本の先史人類は原人と称す可きか」、史伝に残花生「幕末の英雄小栗上野介」、文学欄に高山樗牛「宗教と美術」、獺祭書屋主人（正岡子規）「我が俳句」、大町桂月「国語国文の発達一斑」、そして内田魯庵の翻訳デュマ作小説「椿夫人」（椿姫）など掲載されていて、豪華な内容であった。他に「時事」「列国の形勢」で内外の政治、「瀛西評論《えいせい》」で欧州の政治概況を紹介している。

本文一〇四頁で定価は十銭、その頃の『国民之友』は毎号五、六十頁、定価は六銭であった。雑誌に賭けた三叉の熱意が伝わってくる体裁であるが、企画、編集、営業の仕事や煩瑣な資金繰り、社内の人事といった問題に、彼はどこまで忍耐強く取組み得たか。

福沢諭吉の忠告

民友社退社後、旧師の福沢諭吉を訪ねた三叉はしばらく時事新報社に籍を置いたが、やがて『世界之日本』発刊の企画を打ち明けたところ、福沢が強く思いとどまるように説得したという。『時事新報』経営の経験をもつ福沢は、自らの実体験をふまえて新聞雑誌経営のむつかしさを懇々と説いて聞かせたのであろう。三叉は次のように語っている。

「余胸中に理想の雑誌ありて、之を刊行せんと欲するが為め、久しからずして、渠《かれ》を辞し去らんとするや渠、余が必敗を期し、苦諫《くかん》最も勉む、然ども余遂に其の諭教を奉ぜざるや、即ち余に教へて曰く、暫らく実業社会に入りて財を作り、而して後ち他人を役して自家の機関雑誌を作るも、また晩《おそ》からずと、余を以て某会社の社員に擬《ぎ》す、然ども余已に友人と約して、万般の準備あるを云ふや、渠案《つくえ》を打って大に怒る、然ども遂に其気を平《たいら》にして曰く、足下、失敗せんこと必せり、失敗せば必らず余が許《もと》に帰り来れと、余渠が余を親愛するの深きに感激し、失敗せば必らず帰らんことを約して去る」（「福沢先生」『萍聚絮散記』開拓社、明治三五年、四六頁）。

福沢の忠告はまさに的中した。しかし、わずか三年半で廃刊の憂き目を見ることになったのは、福沢が心配した経営資金の問題よりもむしろ他の理由も重なったように思われる。以下、その顚末を考察してみよう。

『世界之日本』廃刊

『世界之日本』第五十六号（明治三三年三月二日発行）に「休刊」の公告が出された。三叉のヨーロッパ外遊がその理由である。廃刊の文字は見えないが、再び公刊されることはなかった。したがって、それは事実上の終刊宣言であった。日刊『世界之日本』の「廃刊の辞」は、先述のように陸奥の死（明治三〇年八月二四日）を廃刊の「第一理由」に挙げていた。

勅任参事官に就任

次いで三叉の運命を大きく変えたのは、翌年（明治三一年一月）の第三次伊藤内閣の成立と西園寺文相の誕生、そしてそれに伴う三叉の勅任参事官兼文相秘書に就任といった出来事である。勅任参事官就任の事情について、三叉は『陶庵公』で次のように述べている。

「三十一年の一月十二日には新内閣が成立するといふので、本野一郎や、梅謙次郎や、酒井雄三郎等数人は（西園寺公の）別邸へ集合し余もまた後に参加した所が、公はすでにお召があって参内したといふので公の入閣だけは確であると思うたがその他の顔触が分らぬので我々は勝手な下馬評をしてをった」。やがて西園寺が帰宅して「別室で大礼服を脱して我々のゐる座敷へ帰って来て、余に対して勅任参事官として文部省に入るやうにとの話があった。そこで一同は大賛成であるから遣れとすゝめてくれた。ただし前内閣〔松方内閣〕で作った勅任参事官の官制は残ってをっても予算がないので俸給の出場がないから、秘書官を兼ね、その俸給を受け取ることとなった」（『陶庵公』叢文閣、昭和五年、一六〇～一六一頁）。

三叉は先の松方内閣の勅任参事官に就任した蘇峰に対する「変節」批難を意識したわけでもないと思われるが、『世界之日本』二四号（明治三一年二月一日）に「辱知諸君に」と題する一文で就任の理由を次のように弁明している。

文部省勅任参事官任官
（竹越家提供）

「小生も平生の壮語に似ず遂に秘書兼勅参と申す俗吏と相成り申候。（中略）勅参及局長は前内閣時代より何か尤もらしきもの丶様言ひ囃《はや》し候へ共、畢竟《ひっきょう》一の俗吏に外ならず候。去れば天下に声言して国家の大機に参すとか、政権の分配に与かるなど丶云ふは、以ての外の言分に候。（中略）唯々小生は衣食の道を官省に求めたるものには無之、唯々在上知己の意気に感激して、一片相報ひんと欲するの心より此に至りしものに有之候へば、一個磨滅すべからざる初心は依然として存じ候。区々の心事幸に御諒察を乞ふ」。

勅参が俗吏であること、衣食の道を官に求めたものでないこと、言論人としての初心は忘れていないと公言している。弁解めいた印象を与えなくもないが、幸か不幸か蘇峰に対するような世間の激しい非難は起こらなかった。ただ、『世界之日本』の記者としての仕事は、任官と同時に辞め、社中の業務は一切他の同人に委ねることになったと述べている。

西園寺は三叉の任官に当たって、保守派がしきりに西園寺の「世界主義」に反感を示し、暗殺の教唆をしていること、森有礼のような不慮の災難の例もあり、いついかなる危険が生ずるか予断を許さないので、お互いに覚悟が必要であると警告している（『陶庵公』）。三叉も職務を引き受けたからには、『世界之日本』のスポンサーでもある西園寺の「世界主義」に殉ずる覚悟はできていた。

ところが同年四月に西園寺はフランスで病んだ盲腸が再発して文相を辞任、後任に外山正一が選ばれることになった。そこで、三叉も西園寺の辞任と同時に退官、わずか四カ月の任期であった。

このとき、西園寺は密かに新時代にふさわしい道徳教育の構築を考えていた。それは、従来の道徳教育が新しい社会の発展に適合しなくなってきていることの自覚を意味する。

すなわち、「従来の道徳は、社会が上下の両階級より組織せられたる時代の産物であるので、仰いで見るの心得と伏して見るの心得のみから成立ってゐる。然るに今や社会の状態は一変して、上下、左右の社会となりて、社会の横幅が広くなって来た。道徳の本旨は古今によって変わりはないが、道徳の形式は時代によりて変化せねばならぬから、新社会に処すべき新道徳を起こさねばならぬ。殊に産業が盛んになって、社会が一大工場、若くは市場ともいふべきものとなったとき、上下道徳ばかりでゆくものでないから、人民がすべて、平等の関係において、自他互に尊敬し、自から生存すると共に、他人を生存せしむることを教へねばならぬと言ふのであった」と西園寺の考えを解説している（同前、一六二〜一六三頁）。

西園寺は明治天皇に趣旨を奏聞したところ、公に新たに勅語を下し、趣旨を起草することを命じたという（同前、一六三、一六八頁）。しかし、この構想は西園寺の辞任のため進展することなく終わった。

西園寺と竹越らが関係したこの教育構想は、「まぼろしの『新教育勅語』」（武田清子「まぼろしの『新教育勅語』」『竹越三叉集』民友社思想文学叢書第4巻、「月報6」三一書房、昭和六〇年）として一部研究者の間で注目されているが、明治三四年に公刊された竹越の『人民読本』がその「新教育勅語」に盛り込まれる具体的な構想の中身であったと思われる。なお、『人民読本』については後述する。

伊藤博文と政党勢力

明治三一年六月二四日に伊藤首相が辞表を提出し、後任に大隈内閣（隈板内閣）が成立した。日本最初の政党内閣である。当時、超然内閣か政党内閣かという争点をめぐって政局は大きく揺れ動いていた。伊藤は元来超然内閣論者であったが、山県と違って政党を嫌悪する者でなく、政党に関係することを以て卑しむべき態度とも考えていなかった。

伊藤は明治二九年の秋に内閣を投げ出した後、自ら政党を組織する決心をして芝山内の末松謙澄の家に政友を招集したとき、三叉は陸奥の代理としてその場に出席している。

その時の状況であるが、平生、伊藤の門によく出入りする者の三分の一位しか出席しなかったという。初めての政党組織の立ち上げに出席する以上、抜き差しならぬ事態に陥るのを恐れ、さらに山県ら長老の反発を危惧したことによるものらしい。とにかく、当時の政客や官吏の気持ちはこのように「臆病、軟弱、迎合的」であったと三叉は語っている（『陶庵公』一六三～一六四頁）。

失望した伊藤は自ら進んで政党を組織することは断念して、「自家の声望と閲歴と、公平無私の心持で進まば、政党なくとも自から局面を打開するの道があるであらうといふ、極めて善人的なやうな、その実自己陶酔的な心持ちで超然内閣を組織した」（同前、一六四頁）。それが第三次伊藤内閣（明治三一年一月一二日～六月二四日）であった。

板垣（退助）率いる自由党がすでに閣僚の一席を獲得し、大隈が松方と連立内閣（第二次松方内閣）を作った経験をもつ彼等「政権の血を一度なりとも嘗めたことのある猛獣」に対して、「公平無私」の国利民福を強調して、服従を強いようとする伊藤は「生物の心性を解し得ぬ没分暁漢《わからずや》」と三叉は酷評している。伊藤は明治三一年二月、板垣、林有造、片岡健吉、松田正久ら自由党の領袖と会談して提携を進めた。早速、自由党は板垣入閣を求めたが、井上馨らの反対で要求をしりぞけると自由党本部は伊藤内閣との提携を断絶する決定を下した。藩閥政権に反対する政党勢力は勢力の結集に向け協議を重ねるが、自由・進歩両党の交渉委員は会合して合同の方針を定め、六月二二日に両党は合同して憲政党を結成した。そして、それを受けた形で伊藤は元老会議で、民党合同に対応するための方策として、⑴首相在職のまま政府党を組織する、⑵下野して政党を組織する、⑶憲政党に内閣を渡す、のいずれかの選択肢を示したが、山県の強い反対に遭って辞表を提出、後継首相候補に大隈重信・板垣退助を推した。

第三次伊藤内閣は外交問題でまたもや窮地に立たされた。それは、一宣教師が殺害された報復として、ドイツが清国と九九年間膠州湾を租借する条約を締結（明治三一年三月）、さらにロシアが旅順、大連の両港を二五年間租借することと南満鉄道敷設権を獲得する（明治三一年三月）など、欧州諸国の清国分割が露骨な展開を示すようになり、日本の独力では如何ともしがたい中国の半植民地化の展開に対する憤慨が、「三国干渉」に続く伊藤内閣の軟弱外交批判となって噴出した。

それに加えて、五月開会の臨時議会における自由党と進歩党の連合による反対で地租増徴案が否決され、六月一〇日、政府はのっぴきならぬ事態に追い込まれ、議会が解散になった。

憲政党の誕生によって超然内閣の立つべき余地がなくなったわけであるが、もともと犬猿の仲の自由・進歩両党は一時の政治的危機に対処する合同であって、誰か巧妙な策士が計略を練るならば分解し得るというのが政界の消息通の観測であった。敏捷な伊藤がこれを見逃すはずがなく、自ら政党組織を企てるべく官邸を足場に関係者に渡りをつけたという。伊藤の読みではそれを以て民党の連合を阻止して総選挙に臨めば、民党の分断に勝算ありと考えたが、総理大臣が在官のまゝ政党を組織するのは穏当でないという議論が山県から唱えられ、そうした見解が官界で非常に歓迎された。維新政府三十年の間に官界には一個の因習的、伝統的の空気が生じ、「官僚万能の信仰」が蔓延し、この「信仰」に違反する者は、たとい、それが伊藤であっても「異端者として排斥」せらるゝことが免れなかったと三叉は述べている（同前、一六六頁）。

伊藤は明治政府の第一人者であったが、数年来、政党に接近し、あるいは政党の首領と妥協したり、政党員を政府に引き入れたりしたことは官僚の憤怒を買うこと一通りでなかった。その彼が今度は「官邸を策源地として政党を組織せんとするに至りては、官場から見れば、天魔《てんま》破旬《はじゅん》の如き一大異端者」（同前、一六六頁）で、到底許さるべき所業ではなかった。

山県はこの機会を利用して伊藤を排斥せんと非難したが、伊藤はむなしく退却しなかった。すなわち、山県が官僚の輿論を代表するならば自分は国民の輿論に従うべしと、明治三一年六月二五日、総理を辞するとともに時勢ここに至った以上、政党をして内閣を組織せしむるのほかなしと大隈、板垣の二人を奏上し、大命二人に下って憲政党内閣が成立した。

軍・官界に巨大な派閥を作り、政界に絶大の勢力をふるった「非政党主義の大本山」の山県は、政党勢力に傾斜する伊藤を追及するあまり、かえって真の政党勢力に政権を引き渡すことになった。それはあたかも「虎紋のある豹を嫌って、これを追い出した後へ、真の虎が入ってきたようなもの」と三叉は形容している。

一方、老獪な伊藤がなぜ大隈・板垣を後継首班に推薦したのか、その政治的意図をめぐって様々な憶測が乱れ飛んだが、いずれ政党に政権を渡さねばならないのならば、今から国務を担当せしめ、彼らに政治運営の艱苦を嘗めて経験を積ましめんとの一念であったのだろうと素直な解釈をしている（同前、一六七頁）。それは、伊藤・陸奥ラインの政治指導者との長年の接触で得た伊藤の人物識見に対する理解の深まりの表われであろう。

三叉の伊藤観は変化したようである。はじめは伊藤を嫌っており、明治二五、六年の頃に一小冊子の人物評で伊藤のことを「観兵式の大将軍」と書いた。陸奥から伊藤に面会を勧められてもなかなかその気になれず、「伊藤公と余と多くの点において議論を異にして、殊に憲法運用の一事に於て然り、偶ま面会するも、彼老憲法論を講釈せば、予も黙聴する能はざるべし。此の如くんば喧嘩せんがために面会するものにして、無用の極ならん」と断ったという。ところが、ある日、大磯の陸奥別邸より急に呼び出しの電報があり、行くと枕頭に一人の老人が居て彼に紹介された。その老人こそ誰あろう伊藤公であった。このようにして伊藤との出会いを経験したが、「其相解するまでは月日を要した」と書いている。*

＊「陸奥伯の逸事」『倦鳥休林集』岡倉書房、昭和一〇年、一〇四頁。なお、晩年の伊藤を論じたものに、『太陽』臨時増刊（一五巻一五号、明治四二年一一月一〇日）に掲載した、「余は初め公を嫌ひ後信服せり並陸奥伯と伊藤公との関係」がある。

政治活動の活発化

文相秘書を辞任した三叉は『世界之日本』の経営に戻るが、それより政党再編運動により積極的な関心を示すようになった。明治三一年八月、大隈内閣の文相尾崎行雄が帝国教育会で演説し、拝金主義を排して共和政治に言及したが、それが「共和演説事件」に発展、非難の声が高まり尾崎は一〇月二四日に辞表を提出した。後任の文相選任をめぐって閣議が紛糾したが、大隈は独断で犬養毅を奏請、それに対して板垣内相、松田蔵相、林逓相ら旧自由党系の閣僚が辞表を提出、一〇月三一日には大隈首相、大石農商務省、犬養文相ら旧進歩党系の閣僚も辞表提出し、ここに大隈内閣は崩壊した。さらに一〇月二九日に憲政党旧自由党派は大会を開いて憲政党の解散と新憲政党の結成を議決した。そして一一月三日には憲政党の旧進歩派が集まって憲政本党を結成した。自由・進歩両党の合同はわずか四カ月半で分裂した。

三叉は「侍従内閣の乱憲」（社説）を『世界之日本』（明治三一年一〇月二九日）に発表、尾崎文相の「共和演説」事件に対してとった大隈内閣の政治的決断は、「天皇輔弼の大義」、つまり「天皇を忠諫するの権利」を放棄した非立憲の政治であると厳しく批判した。そのために三カ月間の発行停止処分を受けた。こうした政党再編状況のなかで、三叉は徐々に実際政治への関わりを強めていく。すなわち、一〇月三一日、憲政党（旧自由党系）に入党、政党活動を開始したのである。彼は「政党加入の理由」（『三叉書翰』開拓社、明治三六年、八五〜九〇頁）で政党政治の意義と改革について次のように所信を述べている。

「今日の政党は、唐の柳子厚[*1]が、封建を論じたるが如く、理にあらずして、勢なりと申すべきか、政党を滅絶せしめ、若しくは興起せしむるの自由あらば、また自ら別論あるべしと存候へ共、政党は既成の事実に候へば、アカデミカルに其利害得失を論ずるは、識者の事にあらず。苟くも経世済民の志あるものは、如何に之を利導して、善をなさしむべきかを講ずること、何よりの急務と存候」と改善の急務を述べて自らを大江広元[*2]に擬し、西行のように高踏的に政治を嫌悪するのではなく、広元を範として敢えて「東夷に投ずる」覚悟を示した。

＊1　柳宗元。唐代の詩人。山西河東の出身。王叔文の党に坐して永州、のち柳州に左遷された。挫折の憂いを山水に晴らし、優れた自然詩を残した。王維・孟浩然・韋応物と並び称されている。著に「柳河東集」あり。七七三～八一九。

＊2　平安時代の下級貴族で、のち源頼朝に招かれ鎌倉に下向、頼朝の側近として家政をよく統括し、武家政権の樹立に貢献。鎌倉幕府の初代政所別当。

そして「経世済民の志あり、興国震代の策ありと雖も、政党なかつせば、其志望政策を行はんこと、今日に於ては全く望なき事に御座候」、政党の「横流」、専恣を抑制し、政党機能の改善に向けて指導する必要があると主張している。そこには、三叉一流の理由づけがみられるが、現実主義的理想主義者としての姿勢がはっきりと表れている。

三叉の政党活動であるが、大隈内閣崩壊後の一一月二四日に憲政党代議士会に出席し、党の調査会理事に選ばれた。明けて明治三二年一月一日に『日刊人民』の社員に推挙される。『日刊人民』は、憲政党の機関新聞であった『東京新聞』が改称された新聞で、三叉は前年から『東京新聞』の編集に参与していた。彼の新聞記者としての筆力が重宝がられたのであろう。

さて、二月四日、『世界之日本』が復刊し、「『世界之日本』の復活」を掲載した。そこで、彼は現下「時局の変遷、急流に棹《さお》さすが如きものあり」、「幾多の意外の事」、「心外の事ありと雖も、然かも我輩は遂に失望せず、猶ほ皎々《こうこう》たる一道の光明を認む、何ぞや此等の急変の間に於ても、猶ほ内に於ては人民の存在は、愈よ確然と識認せられ、外に於ては世界的思想は、益す明白に看取せられつゝ、あればや、陳竜川（陳亮、南宋の学者。浙江省の人、竜川と号す）曰く、一世の智雄を推倒して、万古の心胸を開拓すと、一代智雄の推倒は、我輩の期する所にあらずと雖も、一代の心胸を開拓するに至りては、即ち期する所なきにあらず」と述べ、言論人としての決然たる心境を語っている。

また、このころ松本君平*が「東京政治学校の組織」を『憲政党報』（第一巻第七号）に発表。その趣旨は「政治学を研鑽し、政治的智識を鼓吹し、政治的修練を奨励せん」がために設立することを述べ、米国フィラデルフィア大学のスクール・オブ・ファイナンス・エンド・ポリチカルエコノミー（「財政経済学校」）、英国のミドル・テンプル（「中法院」）、仏国パリのエコール・リーベル・ド・シアンス・ポリティーク（政治学校）をモデルとする学校にしたいと言明している。三叉は、朝比奈知泉、志賀重昂、有賀長雄、福地源一郎、末松謙澄、片山潜、島田三郎、田口卯吉、浮田和民、金子堅太郎《かねこけんたろう》、星亨《ほしとおる》、織田純一郎らと一緒に講師陣に名前を連ねていた。市民の政治教育と政治家育成に対する三叉の情熱が看取できる。

*松本君平（一八七〇～一九四四）静岡県出身のジャーナリスト、衆議院議員（立憲政友会所属）。米国ペンシルベニア大学に留学して経済財政学を専攻する。一時期、『ニューヨーク・トリビューン』の記者であった。帰国して『東京日日新聞』記者、『東京新聞』主筆。政治雑誌『大日本』を創刊。一九〇四年第九回衆議院議員総選挙に立候補して当選。一九〇八年清国に渡り、一九〇八年天津で英字新聞『チャイ

ナ・タイムス』、週刊『チャイナ・トリビューン』を発刊。

三叉は『世界之日本』を舞台に時論を活発に発表する傍ら、六月八日には京都祇園座で開催された憲政党の関西地方大会で、片岡健吉、板垣退助、星亨ら党の幹部らとともに演説をしている。当日、会場は六、七千の聴衆が詰めかけて立錐の余地もない状態であったという。場内割れるような喝采に沸いた星の演説内容について、三叉は冷めた態度で批評している。すなわち、星は「毎時もの如く、言中には進歩党を罵りて国賊となし、諸君は力を尽くして国賊を関西より追ひ払へよ、彼等若し東に来らば、余は独力にて、国外に追ひ払はんなど、申す俗受けのする事を申候故、今夕会合の節、余り馬鹿々々しからずやと中候処、同氏打笑ひて、君の如き経綸談や理屈話は議会でしても高尚に過ぐ、国賊談位の処が喝采を博する秘法なりと申候。星の星たるところ長短共に箇中にありと申すべきか」と星の大衆向けアジ演説を皮肉っぽく伝えている。

各地での演説

一方、三叉の演説内容はどのような調子であったのか。「現今の政治事情（新潟に於ける演説筆記）」が『世界之日本』（第三巻第一九号、明治三一年六月一〇日）に掲載されている。郷里新潟における演説であるが、自由党と進歩党が合同する直前の明治三一年四月に行われた。内容は三叉が対立する進歩党、とくに大隈（重信）を攻撃対象にした論旨である。

会場の雰囲気をよく読み、具体的な話題を中心に、聴衆の共感を巧みに引き出しながら論敵の進歩党を攻撃している。増税と軍備拡張の積極政策の推進を訴えているが、「三国干渉」がドイツの発起であること、それはもしドイツが宿敵フランスと開戦になれば、フランスの同盟国ロシアが横腹からドイツに押しかけてくることを恐れているからであると説く。常にドイツに向けられているロシアの砲門をどうにかして外へ向けたい、との挙句に日本を思い付いた。「日本と云ふ小国が、東洋の一隅から飛び出して、支那と云ふ大国に制令せんとしたから、独逸は是れ幸と、日本の勃興は露国の不利なりと号して、露西亜を誘ひ、日本を手球《てまり》として、露西亜の手中に弄せしめようとしたのが、即ち三国干渉」という解釈である。

このように、ドイツやヨーロッパの都合から起こった「三国干渉」であるから、事情如何では将来、「三国干渉」は再び起こらないという保証はない。対策として日英同盟論があるが、三叉はそれに反対を唱えている。すなわち、英、米、独の三国と同盟を結んでロシアに対するというのは、「書生の空論」であって、そんな夢物語を語っているうちに英国はロシアとさっさと協商を結んで「支那分割」の縄張りを決めて自らの勢力範囲を確保したではないか、という。

英露は決して支那において一戦を交えない。「戦はんとする様な風で、日本を誘ふ者があっても、日本を尻馬に乗せようとする丈」、こうした判断の根底には、日英双方の力の差、とりわけ兵力の差を挙げている。たとえば、現状では、英国の軍艦の力で助けを借りた代わりにインドに十万の兵を出すことなど到底できない。双方互角の力量に欠ける二つの国が、条約を締結して五分五分の利益を享受できない以上、日英同盟は「以ての外の空論」と言ってのけた。その日英同盟が明治三五年(一九〇二)一月にロンドンで調印されたのである。

三叉はどのような思いであっただろうか。彼の外交交渉に対する見通しの甘さを指摘できるが、三叉の考えの背景には、多分に、日英同盟より日露協定を結ぶのが先決とする伊藤（博文）の判断の影響があったのではなかろうか。すなわち、明治三四年秋に伊藤は日露協定交渉の目的をもって、欧米に出発、同年一二月にはロシア外相と交渉を開始していた。そして朝鮮に関する日露協定案の覚書を露外相に提出、同時に桂首相に日英同盟締結の延期を勧告したが、政府は聞き入れず、伊藤はロシア政府に日露協定の交渉打ち切りを通告したという経緯がある。桂首相・小村外相らは日英同盟の締結に向けて、伊藤の動きと並行して、英国政府と交渉を進めていたわけである。ただ、憲政党員として政治活動はしていたが、まだ代議士でない三叉に、日英同盟や日露協定の交渉に関する詳しい情報の取得や政府の機密に通ずることは難しかったはずである。

ここでは、同盟を結んで強国の力に頼るのではなく、「独力外敵に対する覚悟」で軍備拡張に努めるべきで、日英同盟を当てにして軍備縮小を主張するは「短見卑劣の極」と言い切る。彼は内政外交ともに積極策を吹聴したのである。

ところで、この演説では基本的な政治論策、政治を論評する基準（「目安」）が明らかにされている。その一つが平民主義と自由帝国主義の提唱であった。「内は平民主義を取りて、権利も負担も多数人民に分つと共に外に向かっては帝国主義を取って、文明国の社団中に於て、最上なる勢力の一となさねばならぬ」という主張がそれであった。この「自由帝国主義」の主張は当時、三叉が積極的に提唱していた主張であった。その定義と採択の意義について論旨を簡単に紹介しよう。

三叉の唱えた自由帝国主義

自由帝国主義とは何か。端的に言ってそれは、一九世紀英国自由党の領袖、アーチボルド・プリムローズ・ローズベリー卿（Archibald Primrose Rosebery, 一八四七～一九二九）らが唱えた政治綱領である。ローズベリーはグラッドストーン政権で閣僚を経験し、グラッドストーンが引退した後、一八九四年三月、政権に就いた。強力な国防、帝国主義、国内の社会改革の推進、頑固な反社会主義の姿勢で知られるが、そのリベラル・インペリアリズム（Liberal Imperial-ism）は、わが国の明治二〇、三〇年代の民党勢力、つまり自由・改進、そしてその後の憲政・進歩の両党に思想的影響を与えている。

三叉は明治日本の民党は、もともと「英国のリベラル、若しくはホイグを祖述したるものにして、等しく同根生たり」と述べている。「両党共に国家の名によれる政府の権力が、無限絶対なるを信ぜず、王室の権を以て神権なりとする守旧論を是とせず、或階級が政権を世襲にする、貴族擅制《せんせい》を可とせず、民衆の権力を政治上に発揮せざるべからざるを信じたるもの也。此点に於て、両党は英国のコンセルバチーブ（保守）に反抗したるリベラル（自由）に倣《なら》ふたりと云はんよりは、寧ろトーリー（王党）に、反抗したるホイグ（民党）に倣ふたる者なりと云ふを可とせん。夫れ已にホイグたり、民党たり、其求むる所は勢、王権の名を戴く所の有司専制に反抗して、民衆の勢力を発揮するを以て、其政綱の主題とせざるべからず」と説明するが、三叉の政治的スタンスもこうしたホイッグ史観にあったことは繰り返すまでもない。

ところで、自由帝国主義の対外政策とはどのようなものであったか。

「内外（マヽ）に向っては軍備を拡張して、其基礎を堅固ならしめんとし、之がためにはコブデン、ブライト流の平和家の歓心を失ふをも辞せざると共に、内に向っては、着々として民衆の勢力を政治上に発揮して、有司専制、藩閥擅制、族党組織の政治を改めて、国民の基礎の上に、政府を立たしめんとす」。

要するに、憲政党が唱える帝国主義は、「国家に対する個人の自由、治者に対する人民権利を犠牲としたる国家万能主義にはあらず、内に於ては自由を唱へて、民衆の勢力を発揮し、外に向っては、此国民の栄誉と利益とを増進せんとするもの」で、それは決して単一の国権論やショーヴィニズム、ジンゴイズム、「武権万能論」ではない。適切な名称を与えるとすれば、それは「英国のローズベリー卿が云へるが如く、自由帝国主義とこそ云ふべきもの」と日英両国の民党の共通性を強調する。なお、それは同時代の浮田和民（一八五九～一九四六）の唱えた「倫理的帝国主義」や一九世紀英国の「社会帝国主義」に近い思想傾向といえよう（『世界之日本』第五巻第四八号、明治三三年一月六日。なお、自由帝国主義と三叉の政治思想については、西田毅「『平民主義』から『自由帝国主義』へ――竹越三叉の政治思想」『年報政治学一九八二　近代日本の国家像』岩波書店、昭和五八年九月、参照）。

三叉はローズベリーの識見、人格を高く評価し、自らを彼に擬する所があった。すなわち、「識見卓絶、弁説雄麗、趣味豊富、品格高貴、翩々《へんぺん》たる濁世の佳公子にして其進退、議論、最も人の注意を惹く」と激賞を惜しまなかった。そして、彼はわが国にとって宿願であった条約改正交渉の最難関の相手国である英国の首相として、日本政府の提議を容れて改正談判を開始した。彼こそヨーロッパで「我文明の政治と我国権とを識認したる最初にして、自余の国は、竹を破るが如くに進行したるもの、実に英国の承諾したるが為なりき」とわが国に対する同情の持ち主であったことを強調する。さらに、日清戦争が勃発するや、北京駐在の英国公使オコンネルらが英露両国の艦隊を東京湾に派遣して、二、三発、威嚇砲をぶっ放して日本国民を震恐せしめて戦争を止めさせるべしと本国政府に建白したところ、ローズベリーは建議をしりぞけて曰く、「寧ろ新興の文明国民をして、其為さんと欲する所を為《なさ》しむるに如かず」と決断し、英露の共同干渉を抑えこんだ。他年、英国が「国歩艱難」の際に日本の好意を失わず、東方における利益圏内に敵国が侵入するのを防ぎ得たのも、ローズベリーの親日政策の賜に外ならず、この点から見ても彼の「識見の精透なるを、歎美せざる能はず」と述べている（「ローズベレー卿」（『二六新報』明治三五年一月一二、一三日）『竹越三叉集』民友社思想文学叢書第4巻、一九八五年七月、三八二〜三八四頁）。

ただ、名門貴族でイートンからクライスト・チャーチ（オックスフォード大学）に進んだ彼は、「英人の首領たらんには余りに美麗に過ぎ、政党の先達としては、其識見、余りに卓出す」、「其品格、文雅は、自由党の多くと相適はず、其夙達は自由党の宿老と相容れず、加ふるに識見あるが為め議論政策往々、自由党伝来の主義政策の外に逸出し、而して識見に富む者の通弊として、其識見を固執し、或は之に誇り、清濁呑吐、賢愚同済の手段を欠くが為め、遂に自由党を捨て、彗星となり、孤行独往せざるべからざるに至る。所謂彼を知るものは識見にして彼を罪するものまた識見なるものか」と政界で衆望を担うことができなかった事実とその理由に言及している。そして、ローズベリーのように優れた「才弁、識見、同情、品格」が、なぜ衆望の獲得に結び付かないのか、古今東西を問わず、識見ある政治家が政界で身を処することの難しさを嘆いている。

ただ、ローズベリー内閣が一年三カ月の短命に終わったことの具体的な検証は試みていない。また、彼の南ア戦争肯定やアイルランド自治法反対をめぐって生じた自由党多数派との対立問題について、立ち入った分析もない。現代の歴史家は、閣内不一致と上院の保守派の反対でみるべき実績を残さなかったローズベリーの失政を批判する。彼はグラッドストーン内閣とソールズベリー内閣の間にあって、注目度の低い、影の薄い存在に終わっている。

本書との関連でいえば、ローズベリーの自由帝国主義が英国自由党においてどのような思想的スタンスを占めるのか、三叉が考えるより、もっと保守的な意味合いが強いように思われるが、いかがであろうか。ローズベリーは晩年、政治的情熱を失って、伝記作家として活躍している。そうしたスタイルは三叉の文筆意欲と共通していて、貴族的な趣味も相俟って親近感を抱いたのであろうか。

憲政党への提言

各地で開かれた憲政党主催の演説活動への三叉の参加はその後も続くが、明治三三年に入って伊藤博文の新政党組織に向けての活動に参加していることは注目に値する。すなわち、それまで山県内閣との提携を進めてきた憲政党が、次期内閣の首班候補に伊藤博文を擁立せんとする動きのあることに言及して、三叉は伊藤の「胸中には、一個理想的政党あり、而して此志望、理想たるや決して既成の政党に加入して達し得べきものにあらざるなり」と伊藤の憲政党入りをはっきりと否定している。三叉のこうした判断の正しさは、この年の六月一日に憲政党幹部が伊藤と会見して、党首就任を懇請したとき、伊藤がその申し入れを断って、新党組織を示唆した事実によって証明されている。この頃の憲政党について、三叉は「憲政党の進退」（無署名）と題する社説を『世界之日本』に発表している。

憲政党は山県内閣（第二次）と提携しながら、政治の変革を望んで、伊藤を迎えて新しい局面の打開を模索している状態にあったが、三叉はそうした憲政党領袖の態度が「両心徘頭の謀」をなすものであると厳しく批判した。すなわち、憲政党が山県内閣を信任するのであれば、永く助けて新局面の実現を企てるべきでなく、現内閣に対する信任の情が薄れたというのであれば、ただちに提携をやめよと提言している。三叉は昨夏以来、憲政党の山県内閣に対する信任の念慮が希薄になり、もはや提携当初の熱意は無くなったとみていた。そこで、憲政党は決然と「両頭蛇」の一個を斬り捨てて、目標に向って邁進すること、これこそが党のため、ひいては「一般政治社会の進歩」につながる選択肢であると説いた。言い換えれば、誰とともに新内閣を組織するかという企画に先立って、まず山県内閣と絶縁して自由に行動する方針を定めなければならない。「新局面を開かんとして、開き得ずんば、また提携を継続せんとするが如きは、政治家として容るすべからざる破廉恥の行為」、「憲政党は断じて破廉恥党」と断言した（『世界之日本』第五巻第五〇号、明治三三年一月二〇日）。

伊藤は明治三二年から三三年にかけて新しい政党の実現に向けて各地を遊説するが、三叉も岡崎邦輔らと結んで新党結成のために奔走した。その努力は明治三三年九月一五日、立憲政友会の結成とな

政友会結成（『太陽』臨時増刊，より）

岡崎邦輔
（国立国会図書館蔵）

って結実した。総裁に伊藤博文が就任、そして機関誌『政友』の創刊が決まった。なお、二日前の九月一三日に憲政党は臨時大会を開いて政友会に参加することを決定し解党を宣言した。しかし、三叉は新党の結成を実際に見ることなく、初めてのヨーロッパ旅行に出発していた。

幸徳秋水は立憲政友会が結成されると、「自由党を祭る文」という一文を草して『万朝報』（明治三三年八月三〇日）に発表した。

「嗚呼、自由党死す矣、而して其光栄ある歴史は全く抹殺されぬ」、「今や諸君は退去令〔明治二〇年、危険人物の皇居三里以外への退去を命じた保安条例のこと〕発布の総理伊藤侯、退去令発布の内相山県侯の忠実なる政友として、汝自由党の死を視る路人の如く、而して吾人独り一枝の筆、三寸の舌のみあって、尚ほ自由平等文明進歩の為めに奮闘しつゝあることを、汝自由党の死を弔し霊を祭る」と民党と藩閥勢力の結託を嘆き悲しんだ。

2 『世界之日本』休刊と洋行

やむなく休刊

雑誌『世界之日本』は明治二九年七月に創刊後、月二回の刊行から月刊へ、そして一時は日刊紙を発行するなど積極的な営業活動が展開されたが、経営費用が嵩み、編集と経理の両面で優秀なスタッフを確保することの困難さも加わって、次第に発行の継続が難しくなってきた。資金は陸奥や西園寺の支援があったものの、明治二十九年九月以降の収支決算表では予算内に収まったのは十二月のみとなっている。新聞発刊後は収支も増大し、広告料収入も他社の妨害もあって思うように伸びず、支出が膨張し月々数百円から数千円に及ぶ赤字が出たという。発刊所は開拓社、編集人や発行兼印刷人は頻繁に変わっている。創刊時は、編輯は中島元次郎、発行兼印刷人は隅谷巳三郎、そして印刷所が秀英舎のスタッフでスタートした。

ちなみに、日刊新聞の方は編集長が河崎巳之太郎、事務長に三叉の実弟清野耕平が就任、会計責任者が隅谷巳三郎、取材記者に慶應、明治法律学校、同志社、早稲田出身者を採用している。親族、民友社や母校関係者、私学出身者たちで、組織されていたといえよう。また、紙面に掲載される辛辣な政府攻撃が原因で、たびたび発行停止処分を喰った。強力な支援者の陸奥の死も大きな打撃であった。それに加えて主筆三叉の憲政党入党など実際政治への関心の高まりもあって、もはや政府から独立した新聞としての言論活動を持続できなくなったことも休刊に繋がったと思われる。明治三三年三月二日、三叉のヨーロッパ外遊を理由に「『世界之日本』の休刊」が発表された。帰国後は必ず再刊すると約束しながら、遂に再刊されなかった（『世界之日本』第五巻第五六号）。『世界之日本』は第五巻第五六号、通巻九四号を以て終刊となったのである。

洋行へ

三叉は八月一一日、神奈川丸に乗船して一路欧州に向かった。当時の日本人にとって、海外、とくに西洋先進国への渡航は、どのようなイメージで捉えられたのであろうか。「洋行」という日本語のもつ特殊な意味合いは、現代のようにジェット機で簡単に往来できるわれわれの時代の想像を大きく超えた、異郷への旅立ちであったことを想像する必要がありそうである。ところで、三叉は彼自身の外遊の目的を次のように述べている。

「余が何が故に国外に遊ぶかを知らず、即ち自から知らずと雖も、中心悶々自から禁ずべからざるものありて、暗に古の竄逐《ざんちく》の徒の志を憐みて、自から其一人なるが心地す、即ち起って欄角に寄りてギルフヲムの竄逐者の歌を吟じ、黯然《あんぜん》として自から哀しむ。嗚呼、此情此境涯誰と共にか語ら

ん」（「欧洲行の枝折」『萍聚絮散記』開拓社、明治三五年、七一頁）。

いささかペダンティックで感傷的な旅人の心情を吐露しているが、そもそも、若き日の三叉には「浪漫的《ロマンチック》アイロニー」*の気風があった。彼のキリスト教信仰や哲学にもその心性が濃厚に表れている。

外遊の船上にて（竹越家提供）

＊夏目漱石の「三四郎」に、ドイツロマン派の文芸批評家F・シュレーゲルの用語「浪漫的（ロマンチック）アイロニー」という言葉が使われている。

神奈川丸は一万四〇〇〇トン以上もある欧州航路の豪華客船で動揺も少なく、三叉の客室は上甲板の右方にある最上のステーツルームに位置し、スコットランド人船長から特別の優遇を受ける豪勢な船旅であった。祖国に不満があっての外遊ではなく、蘇東坡のように、陥れられて官位を剝奪されて僻地に遷されるわけでもない。はたまた、自ら「朝廷の臣僚にあらずして、独立不羈なる山沢の鄙人」を自認する彼は、明治年間の才子のように「西土の文物典章」を知るための洋行でもない。すでに東京で『タイムス』、『スタンダード』、『デーリーニュース』を読み、外国雑誌に不自由しない三叉にとって、飄然たる旅人が、外国でこれらの新聞雑誌で知りうる以上の深い知見を日本で獲得し得ることを信じて疑わなかった。

　それでは、『世界之日本』の経営を放り出し、伊藤の新党結成を目前にして突如、外遊を決意する真意は何なのか、右記の発言は些か要領のえないものと言わざるをえない。外交使節や学者の留学と違って、当時の新聞記者、文人らが洋行に求めた意義は世界遊覧であり、旅行によって新たな世界認識を手にし、視圏を拡大することにあったと思われる。今と違って、情報メディアの未発達による異文化接触の困難さとカルチャー・ショックの大きさも特筆に値する。三叉の外遊もこうした狙いで決断されたのであろう。

ランガムホテル（ロンドン）

　かつての民友社同人の蘇峰が、明治二九年五月から明治三〇年七月にかけて欧米諸国漫遊に出かけたことも刺激になったかもしれない。旅費は西園寺の斡旋で伊藤の援助があったという。旅行ははじめ一年間の予定であったが、計画を短縮して約七カ月後の明治三四年三月に帰国した。どうやら、旅費の不足が原因のようである。

ロンドンでの日々

　横浜を出て六〇日の長い船旅を終えて、秋深い一〇月一一日にロンドンに到着した三叉は、市内の中心部ポートランドプレースのランガムホテルに投宿した。欧州旅行中の見聞や感想は、「瞥見したる巴里」「英京の逍遙」「アルマタデマの画」「女皇座に於けるシーザル劇」「英人気質」「日曜日の宗教論」などの文章に記されている（ここに挙げられた評論はすべて『萍聚絮散記』明治三五年、に収録されている）。

ところで、夏目漱石もちょうど同じ時にロンドンに到着している。明治三三年四月に文部省から英語研究のため二年間の英国留学を命ぜられて、同年一〇月に芳賀矢一や藤代禎輔と同じ船に乗った。もちろん、現地で両人が交遊した記録はないが、偶然にせよ、同じ時に二人がロンドンで生活し、英国の文物を実見したという事実は興味深い。

以下、「英京の逍遙」に描かれたヴィクトリア朝末期のロンドンの点景を瞥見しよう。

彼は毎日、午前中は新聞雑誌に眼を通し、昼前から夕方にかけて数時間、ロンドン市内を日課のように散策した。市内の中心部はくまなく歩いたようだが、彼はオックスフォード街からホルボーンヴィヤダクトを中心に、北はリージェント・パークに至り、南はグリーン・パークに及ぶ範囲、つまりロンドン市内の最も繁華なウエスト・エンド一帯の逍遙を楽しんだようだ。現在もなおその一帯は官庁・高級商店・劇場・高級住宅が建ち並び、そして多くの大きな公園が市民の憩いの場となって拡がる地域で、英国内外の観光客の群がる場所である。このような「繁華熱閙《ねっとう》」の西部に対して、東部のシティは金融・商業の中心地で、当時は大英帝国の時代であるから、そこのわずか一マイル四方の金融街が世界の金融市場を支配していたことをよく説明している。

そしてW・バジョットの書名にもなった「ロンバード街」について、そこは「二六時中数千の馬車来往するを常とし、其十字街に至るや、四方より数百の馬車一時に沓至して途を塞ぎ、彼此相妨げて一歩も進む能はざるに至る」雑踏にもかかわらず、「流石《さすが》は律法国の習とて、一の馬丁も、一の馬車も、他人の馬車を抜け駆けせんとするものなく、其馬もまた整々粛々として嘶《いななき》も発せず、道の開くを待つ」、と文明国の交通マナーの良さに感心している。

繁華街には多くの警察官が交通整理に立ち、手袋をつけた警官が合図して車馬の整理に当たり、進行の自由をうながし秩序正しい交通の整備につとめている。それはイングランド銀行の所在地をはじめ東部ロンドン一般にみられる現象であるといい、今やロンドン警察の唯一の職務が馬車の取り締まりにあるといって過言でないとみる。

警官出動の背景にはロンドンが繁華であるだけではなく、市内の古びた狭い道路、屈曲した町並みがもはや今日の生活に不適応であることを物語っている。地下鉄もこうした近代都市としての機能不全の解消策として建設されたとみた。地下鉄については、「其快適、其簡易、其巧緻、其迅速、物の比すべきなし」と絶賛するが、このような歴史的な大事業である地下鉄工事が英人の力によらず、米人の資本と技術によって達成されたのは意外の感ありと述べ、「欧州人が黄人熱を恐るゝの心已みて、ヤンキー熱を恐るゝに至りしもの、偶然にあらずと云ふべきか」と皮肉っている。

次に三叉は英国人と平民主義にふれて、英人は平民主義を信仰するが、この平民主義は凡民主義ではない、と主張する。英雄豪傑を崇拝し、その功績を記念する一事において、我日本国民の及ぶところではないという。市内至る所に立つ英国史を飾った偉人英雄の銅像石像がそれを証明するとして、セントステフェン堂やウェストミンスター宮の英雄殿、トラファルガー広場のネルソン提督像、ハイドパークのウエリントン公や詩人バイロンの像、古宮殿の庭にある獅子王リチャード一世やピール、パーマーストーン、ディスレーリらの像を挙げている。そして、これらはみな一私人の義捐金か、議会の補助金と私人の義捐とあわせて製作された。東京には神武帝や徳川家康の像はなく、源頼朝や太田道灌の像もない。東京の市民を以て誰か英雄崇拝国の市民と言えようか、と訴えている。

ハイドパークで行われる上流階級の社交の風景にも触れている。毎日、夕方五時ころからロンドン西部の贅を尽くした貴顕淑女たちが集まり、さながら東京の観桜の宴を髣髴させるような情景がくりひろげられた。「近世文明の病患たる見んことと見られんことの為めに生活する様を、最も露骨に示めし、彼処に走る馬車の内なる美人の繋げし真珠の首飾りは、夜会の人々に示めして、猶ほ足れりとせざるものにやあらん、此処に停りて語る貴族の馬は、競馬会にて第二とは下らぬ者にやあらん、青緑に塗られたる馬車の後面は、紅黄なる夕照に反射して、得も云はれぬ光を発し、晏子の御*の如くに得意なる従御のパネル（法被）は人をして薔薇戦争の様を思ひ出さしむ」とブルジョアの虚栄と俗物根性（スノッブ）を皮肉たっぷりに描いている。

＊「晏子の御」　春秋時代の宰相晏嬰（晏子）の御者がその地位におごっていたのを、妻がいさめて行いを慎んだという故事から、他人の権威に寄りかかって得意になることをいう。史記（晏平仲伝）より。

三叉はハイドパークよりリージェントパークの「幽静にして、沈み勝なる」風情を愛した。公園の周囲に建ち並ぶ大廈高楼や別荘、私邸が独特の雰囲気を作り、「我等は英国史中に逍遙しつゝあるを感ずるを禁ずる能はず」と述べている。四五〇ヘクタールの広い公園の道路は曲線状に作られ、「道を掩《おお》ふ老樹巨木より落ち来る、枯葉軽絮《けいじょ》を干して行けば、身はレーノルヅ、若しくはミレーズの油画中の人たるを覚ふ、実《げ》に此公園こそ余がロンドンに於ける慰藉の一にして、其樹影、草色は今猶ほ幻の如く余が眼中に在り、嗚呼！森の神よ、草花の神よ」とロマン主義的な筆致で賛美している。

ロンドンではまたシェークスピアの観劇も楽しんだ。「女皇座に於けるシーザル劇」は三叉の演劇通をよく伝えている。ウエスト・エンドは多くの有名な劇場が建ち並ぶ劇場街であるが、ヘイマーケット通りに面したハー・マジェスティーズ劇場（女皇座）は歴史劇の上演でよく知られた劇場であった。そこは一七〇五年以来の伝統ある劇場で、六年前の一八九七年に新築され、柿落《こけらおとし》が行われた。二一世紀の今現在も、同じ場所の同じ建物で興行が催されている。

三叉は、一夜、座長で支配人の名優ツリー（Sir Herbert Beerbohm Tree, 一八五二～一九一七）がアントニー役を演ずるローマ史劇ジュリアス・シーザーを見に行った。三叉によれば、ツリーの芸は巧緻にして絢爛、菊五郎（尾上）に比すべき役者で、近い将来貴族に列せられる名優であった。魅せられた三叉は結局、三度、劇場に足を運んだと述懐している。登場人物や筋書きの詳しい説明、そしてシーザーやブルータス評価の歴史的変遷を述べて「シーザル党興廃の歴史は、高利貸と貧寒者の戦也、政権と黄金の戦也、富家と平民の戦也、若しそれシーザルが帝王専権の野心ありしは掩《おお》ふべからずと雖も、政権の外に黄金の欲望ある三百人の専制者あるよりは、一人の専制者を有するは、寧ろ羅馬人の幸なりしこと疑ふべくもあらず」と結んでいる（「女皇座に於けるシーザル劇」『萍聚絮散記』開拓社、明治三五年、一六〇～一八一頁）。

ちなみに、漱石もメトロポール劇場やケニントン劇場、ハー・マジェスティーズ劇場に同宿の田中孝太郎と一緒にたびたび観劇に出かけている。ハー・マジェスティーズ劇場ではツリーが演ずるシェクスピアの「十二夜」を見ている（「日記」明治三四年二月二三日）。

ロンドンに着いて間もなく病気になった三叉は、リッチモンドに住む英国人の知人の家で静養した。その知人は三叉の友人の紹介で初めて知った人物であるが、親愛の情を尽して看護治療に当たったという。改めて、「外は冷淡なれど、内実に重厚なる英人気質」を知ったと述べている。

英人気質を知る

ところで、その知人夫婦は、三叉にロンドンに来て最も珍しいと思ったものは何か、と尋ねた。一つとして珍しいものはない、『タイムス』は世界の驚異であるが、東京でも『デーリーニュース』『スタンダード』などとともに毎日読んでいたから珍しくはない。英国の政治家もその議論、風采、性癖は以前から承知しており、こちらでその人に直に会っても一つとして珍しく思わない、説教者、市街の壮麗さ、家屋の巨大さ皆然り、よほどの田舎者（「傖父《そうふ》」）でないかぎり驚く者はいない、七、八年ぶりにロンドンにやってきて少し変わったところがある程度のものだ、と肩ひじ張ったもの言いをしたところ、夫人が質問を改めて言うには、あなたの言うことは分かった、ところで、ロンドンのいいところ、好ましいという感覚を抱いたものはあるであろう、それを知らせてほしいと言った。

そこで三叉が答えたのは、牛乳の新鮮、濃厚、芳香さ、コーヒーの芳烈な味、バター、パンの甘美さ、これらは日本にないものであると称賛、しかし、同時にロンドンの暗い霧、午後二時には電燈をつけなければならない陰鬱な気候に耐えがたいと付け加えた。主人は答えて曰く、その通り、しかし、ロンドンの死亡率は欧州中、最も低い都市であること、濃霧陰天も慣れると不快ではないと答えた。それに関連して三叉はロンドンの文明社会の基礎設備に言及して、全市の道路はことごとく舗装されて、公園や庭園を除いて自然の土を露出したところなく、雨水はすべて道路の暗渠に流れ、動物の糞尿、その他の汚物は絶えず清掃人に引き取られている。下水も地下に浸入するのではなく、暗渠を伝わって郊外に放出される仕組みになっていると、明治日本のインフラ整備と格段の差のあることに驚嘆している。

このような優れた都市環境衛生の整備と疾病の予防意識の向上は、「天然と憤闘して、勝たずんば已まざる英人の本色を発揮した」ものと評価している。一般の市民生活にも注目し、主婦は堅実で合理的な家庭経営に専念し、金銭の使い方も節約と散財のバランスをよく心得ている。三叉は、英国人には「表裏二面の生活あり、積むの一面には、散ずる一面あり、散ずるの一面には、積むの一面あり、何事も何人も、一として事務的経済的の思想を離るるものあらず、かゝる事は毎時人の言ふ所なれども、金銭に富まずして、金銭を濫用するの癖ある余はかゝる英人の生活を目撃して、少なからぬ教訓を得たるは感謝すべき事ども也」と言っている。

また、主人の家に一三歳になる子供あり、彼に将来の希望を尋ねたところ、海に行きたいと答えた。それは海軍大将や船長になることではなく、ただ海の生活に興味をもつ意味であるが、それは独り知人の息子のみならず、すべての児童みな同じ夢を語る点に三叉は注意して、「英人が保守にして時世に後れ、剛慢にして人に疎外せられつゝ、猶ほ世界に雄飛するものは、実に其脈管中に海賊の血液あり、児童たるもの、海に行くの雄々しき理想あるを以ての故にあらずや」と述べている。

次に三叉は、英国人と宗教の問題に注目している。現代の英国に宗教衰微の兆しを指摘し、あるいは宗教の仮面を被りつつ、内に非宗教的の不品行の多いことを以て彼らを偽君子と呼ぶ意見に対して、それは偏狭な見方であると斥けている。すなわち、元来、英国人は北方の強靫な肉体と心性をそなえた人種であるが、その「獣性に富みたる人種にして、（中略）宗教なかりせば、彼等は残忍猛烈、至らざる所なからんとす、彼等をして然らざらしむるものは、宗教馴致《じゅんち》の力也」と、今なお英国人に宗教の力が大きな効能を果たしていることを強調している。また、宗教に陶冶せられた英国人のいくつかの長所を挙げている。

宗教によって抑制された英国人の心性は、たとえば「熱湯の熱沸したるを、暫らく抑ゆるが如し、彼処に湧沸せずんば、此に湧沸せんとす」る状態で、ここに、彼らが帝王を業とし、大発明を企て、巨富をつくりだし、大文学を生み出す理由がある。しかし彼らの血管にはなお獣性があって、一面には「崇高光明なる徳行」ありながら、一面には人として許すべからざる残虐な挙動が現れる所以である。「気候清明、食物淡白」な日本は歴史上、残酷な争いが少なく、「崇高なる理想」のためにする戦争も少ない、また「志高志美の聖徒」も少ない代わりに残酷猛烈な悪人も少ない。これは英国と対照的であり、「英国の道徳は、真摯にして、兇徳は猛悪なり、英人の標準より見れば、我国の道徳家は滑稽じみて、兇漢も凡人のみ」といったところである。

英国人の自尊心

ロンドンは当時すでに国際都市であった。世界の冠たるロンドンには世界中の人々が集まってきた。インド人、エチオピア人、日本人、ドイツ人が街を歩き、世界の中心のロンドンに異人種が集まるのは当然のことで、それを「圜視《かんし》」するのは、ロンドンっ子らしからぬ振る舞いとみなして好奇心を抑制するのである。三叉は、それはロンドンっ子としての矜持とみた。彼らは常に傲然として立ち、彼らが買い物をしても市民は珍しげにじろじろ凝視しない。世界の中心のロンドンに異人種が集まるのは当然のことで、

汽車の中、汽船の甲板上で他国人と会っても、決して自分から話しかけたり、自ら名乗らず、他人が向こうから挨拶に来るのを待つという。三叉がロンドンに滞在中、ホテルの給仕人が大勢集会するのを見た。彼らは議長を選び、書記を選挙して議事を開いた。その議題は何かといえば、ホテルの支配人が給仕人の鬚《あごひげ》を剃ることを規則に定めるのは、給仕人の体面と権利を侵すゆえに、鬚を養うの自由を回復せんと決議した。これを稚気じみた滑稽話と見てはならない。むしろ、このような些細なことに対しても争うのは、自尊心なくしてなしえないと言わざるを得ない、と述べている。

英国人の保守的で鈍重な国民性、「迂僻《うへき》にして、釘付の如き人種」の欠点をあげつらう三叉であるが、同時に彼は、「かゝる人種は却って牛の歩みの遅きながらも、遂には千里を致すものなるを忘るべからず」とその良さを評価することも忘れない。ナポレオンが英国を商家の小僧が組織した国、そろばん上の利害の外に思慮なしと罵った故事を挙げて、これほど誤った英国認識がないことを強調、「英人はスパルタ的心事を以て、カルセージの事を行ふものにして、大臣、大将、提督も、未だ曾て経済的推歩を忘却せざると共に、番頭小僧も、未だ曾て帝王を業とするの心を忘却せず、其浮華淫蕩

の習俗に堕ちつゝありと称せらるゝ貴族等も、また未だ曾てヘステング（ウォーレン・ヘースティング、インド総督）、クライブ（ロバート・クライヴ、英領インドの基礎を築いた軍人、政治家）、セシルローズの大業を冀《こいねが》はざるはなし」、「それ生平に於ては何事も算数を離れず、事あるや、即ち算数を超越して健闘す、是れ英国が第二の荷蘭たらざる所以也」と結んだ（「英人気質」『萍聚絮散記』二〇二〜二〇四頁）。

これまで見てきた英国滞在記から受ける印象は、三叉は世間でいうところの西洋かぶれ、アングロマニア（英国心酔）では決してないということである。

三叉はまた、近年欧州に遊ぶ者の通弊として、一部専門領域の事に注目して、そこから全体を「妄断」せんとする傾向があることを慨嘆している。大事なことは、「全局に着目して、今日の如き国家は、如何なる勢力より開展し来りたるものかを観察し、欧州近世文明の骨髄に論到し得る観察者の来らんこと、（中略）技師的、書記的の観察者に、近世文明を妄断せられては、たまったものに無之候」（「倫敦より本国に」『三叉書翰』開拓社、明治三六年、三四〜三九頁）と忠告している。

実は、漱石もよく似た感想を述べている。二人はちょうど同じようなことをロンドンで考えていたのである。少し引用しておきたい。

「妄《みだ》りに洋行生の話を信ずべからず、彼等は己の聞きたること、見たることを universal case として人に話す、豈計らん其多くは皆 particular case なり、又多き中には法螺《ほら》を吹きて厭に西洋通がる連中多し、彼等は洋服の嗜好流行も分らぬ癖に己れの服が他の服より高き故時好に投じて品質最も良好なりと思へり、洋服屋にだまされたりとは嘗て思はず、斯の如き者を着て得々として他の日本人を冷笑しつゝあり、愚なること夥《おびただ》し」（「日記」明治三四年一月五日、原文はカタカナ）。

三叉は単調であったが、「閑遊閑ならず、却って忙なる」外遊生活を過ごした。毎朝、午前七時の起床から朝食の時間まで、平均二通位の書簡を日本に宛てて書き、八時半ころ朝食を済ませたあと九時から一一時ころまで新聞雑誌に眼を通した。そのあと、市中散策に出かけた。一時か二時にはレストランに入って昼食、二時半か三時には料理店を出て古書店やストランドあたり（東京でいえば神田小川町に相当する場所）を逍遙して五時すぎには宿に帰るという毎日の生活スタイルであった。そして、時折の友人知人による晩餐の招待や観劇は、夕方から夜にかけて計画されるのが習いであった。こうした生活の繰り返しのゆえに、ストランドやホルボルンの本屋に立ち寄ると、親しくなった店員から新刊本のニュースを聞くことがあったという。静かにじっくりと英国の政治や外交だけでなく、都市のインフラ整備の実態や市民の家庭生活、宗教や信仰といった領域まで注意しながら英国と英国人の生活文化の理解に努めている姿が伝わってくる。

四年前に欧米旅行した徳富蘇峰の場合、ロンドンでは加藤高明公使に会見を求め、大隈（重信）の紹介で在東京英国公使のサトウ（Ernest Mason Satow）の添書をもらって、『タイムス』の有力な記者たちと接触を試みている。それは、英国は輿論の国であり、日英同盟締結に向けて輿論を動かし、「英国と協同して露ニ対スルノ大策」を打ち立てる覚悟をもって英国の輿論工作に当たらんとしたゆえであるが（杉井六郎「蘇峰の欧米旅行」『徳富蘇峰の研究』法政大学出版局、一九七七年、二八八頁）、三叉は蘇峰と違って、そうした政治的な動きはしていない。むしろ、先述のように書店めぐりや観劇、新聞雑誌の閲読や自由気ままな読書、そして知人友人との閑談に時間を費やすなど、めまぐるしかった日本での生活から解放された一種の知的な充電期間を楽しんだ観があった。

三叉は予定を早めて明治三四年三月、帰国した。外遊中の最大の出来事といえば、やはり彼にとって「人生の師」ともいうべき福沢諭吉の永眠であろう。既述のように、三叉は同人社から慶應義塾に移り、福沢の薫陶を受けるが、福沢山脈に連なる他の多くの門弟たちと比べて福沢に対して必ずしも終始一貫して忠実なフォロワーであったとはいえない。

福沢との永別

福沢の実学尊重・功利主義・実業重視の姿勢に違和感をおぼえた彼は、とくに、福沢が熱心に提唱していた官民調和論に強く反発して師のもとを離れる決断をした。慶応在学は三年に満たない期間であった。慶應義塾を中退したあと、しばらく福沢と疎遠になるが、民友社退社の前後から旧師との接触が復活する。福沢との接触は、したがって明治一四年（一八八一）の慶應義塾入学から明治三四年（一九〇一）二月の福沢の永眠までの二〇年間、そのうち彼が身近に福沢と接したのは、在学中の三年有余と先に述べた明治二八年から二九年の頃を措いて特定できない（福沢晩年の朝鮮改革と独立擁護に対する強い関心と亡命志士の保護支援に関わる三叉の協力については、拙稿「竹越三叉と福沢諭吉――順逆のドラマ」『福沢諭吉年鑑』25、一九九八年、参照）。

二人が最後に会ったのは、三叉が洋行に出かける直前の明治三三年夏であった。

「明治三十三年八月、余欧州に旅行せんとして先生を訪ふて別を告ぐるや、渠《かれ》、余に政治を談ずる勿れと言《いい》つゝ、自から政治を談ずるもの三四十分、起って筆墨を携へて来り余の為めに『公平論出不平人』の七字を書き、且つ其写真を贈らる、是れ余が乞はざるの賜なりき、計《はか》らざりき、数日の後、先生再び病みて遂に起たず、此日の面会遂に永別にならんとは」（「福沢先生」『萍聚絮散記』）。

三叉は福沢思想の特徴を「人民主義」とみたが、幕末維新期に果たしたその役割を次のように述べている。

「匹夫匹婦《ひっぷひっぷ》も猶ほ能く之を言ひ、縉紳《しんしん》先生〔官位ある身分の高い人〕も往々之を行ふを難《はゞ》かり、卒然として之を聞けば、俗談平話、何の異なきが如く、冥想すれば崇高遠大、古今の奇を極む、是れ人欲に率《したが》ひ、人情に基き、之を至理に合せしめんとする人民主義なるものにして、福沢先生の如きは実に之を一身に行ひ、之を一家に行ひ、之を朋友郷党の間に行ひ、之を一国に行はんとしたるものにして、人民主義は渠に於て、其権現《ペルゾニフィケーション》を見たりと云ふべきか」（同前）。

そして、福沢のこの「人民主義」は、維新の変革（「明治の革命」）において優勢であった「和魂漢才なる折衷主義」流の開国論に対して、大胆な抵抗を行い、「根本より泰西文明を吸収するにあらずんば、国家を経営するに足らざるを道破して、稍々《やや》回顧的の革命に新色彩を施し新理想を賦与したるもの」であったとその歴史的役割を強調している。

ここで三叉がいう「人民主義」とは、彼自身が信奉する平民主義、ポピュリズムあるいは民本主義の類語として用いられている。

三叉の福沢論は主著の『新日本史』をはじめ、五編の短編を数える。いずれも創見に富む小品であるが、評伝の得意な三叉であるにもかかわらず、ついに彼の手で福沢の伝記は書かれなかった。三叉は「独立自尊」や「人民主義」思想を福沢から学ぶとともに、福沢の「気力」「意気地」と独立の精神の結合の意義を学び取った。「瘠せ我慢の説」は福沢における伝統的な武士道倫理の評価の書としてすでに定評があるが、三叉もこの論説に注目した。明治新政府に出仕せず、「意気地を立て通し、勉強奮励して、新政府の誘惑を退けた」ことに触れて、福沢は三叉に次のように語ったという。「江戸城に会議して王師を邀撃《ようげき》するにあらずんば士道を如何せんと論じたる学者、武人、相率ひて、新政府に仕へたれども、余のみは仕へざりき」と。

この福沢の意地を「忠臣二君に仕へずと云ふが如き信条の奴隷」とみるのは誤りで、「勝海舟が一戦せずして王師に下りしを自ら誇揚するが如きは、渠《かれ》が最も不快とする所」なのである。この一定の軌道をふみはずして人に屈するは男児の恥とする「其意気地の強よき、一徹心の盛なる」心事の働きこそ、福沢が生涯説いて倦まなかった「常識」哲学が、凡俗に陥らなかったゆえんであると論じている。また、竹越はこのような「瘠せ我慢」の精神を「欧州の文明に洗礼せられたる武士の意気地」をもった日本人であると評している。

「上流欧化主義」を自認し、英国紳士然とした挙措が、一部で反感を買い、「キザ紳士」「ハイカラ議員」と揶揄《やゆ》された三叉が、福沢の「脈管に縦横する日本武士の血脈」に自主独立の精神の気脈を見出したのは、いささか奇異な印象を与えるかもしれない。しかし、三叉に「碧天千里孤鶴飛」の書あり、福沢に「衆鴻〔多くの白鳥〕は徒《いたずら》に相従うも孤鶴は独り高く飛ぶ」の漢詩あるを思うとき、福沢と竹越という明治思想史上二人の逸材に共通する精神のかたちを思わざるを得ない。

『人民読本』の出版

欧州から帰国した三叉は、明治三四年四月に市内の麻布富士見町の住まいから閑静な郊外の豊多摩郡東大久保に移転している。そこは「家を環《めぐ》りて巨木欝生し、門を出づれば皆疎林に有之、林を隔てゝ、遙かに富岳を望むの故を以て、書斎を名けて望岳楼と申し候」と文人墨客が住むにふさわしい環境であった。転居の理由について、「迂生の行路を一転せんと期したる次第にして、暫らく人事応酬の煩累を避け、年来の志望たる支那歴史述作の業を遂げんと欲するに不外候」と東洋（中国）史編述の意欲を語っている。しかし、この計画は遂に実現しなかった。現在、立命館大学図書館に『竹越文庫図書書名目録』がある。筆者は目録を実見したが、それは、関東大震災で「四谷東大久保」のモダンな煉瓦つくりの洋館居宅が損壊し、中野沼袋に新宅を建築する資金調達のために処分した数千冊の蔵書である。惜しいことに目録記載の書籍は散逸して所在不明であるが、目録中の圧巻は何といっても中国史執筆のために精力的に蒐集された二十一史（宋・元・明三朝）全六十四冊や明代の史書（明史）百十二冊、遼史（大本二帙）、旧五代氏（大本）十六冊をはじめとする膨大な史籍類であろう。三叉がいかに本格的な中国歴史の執筆に執心していたかが偲ばれる。もし彼が政治の世界に入らずに「支那学」執筆に専念したならば、あるいは、内藤湖南ら中国学者の仕事に匹敵するユニークな述作が生み出されたかもしれない。

帰国後最初の出版物が、開拓社から刊行された『人民読本』*である。新しい立憲政治の時代にふさわしい人民の政治教育を目指して出版された。それは英国のシティズンリーダー（「公民読本」）やフランスのアンストリュクション、シヴィック（「法制教育」）をモデルにして執筆されており、読者の対象は主として「第二の人民」たる小学生徒や「夜学生」を念頭におきながら、さらに「家庭読本」としても広く利用されるのを期待して書かれている。西園寺公望の校閲題辞（「之を知らしむべく、之に由らしむべからず」）があり、尾崎行雄、富井政章、梅謙次郎、横井時雄、松本君平、末松謙澄の序文、岩溪裳川の題詩、塚越芳太郎の跋がついている。

＊『人民読本』は明治版（明治三四年本）と大正版（大正二年本）の二種類がある。明治版は好評で出版七カ月後には六版を数えている。翌年には増刷をみたが、多数の新聞雑誌に掲載された書評の評判も手伝ってのことと思われる。増補版では初版に三章が付加されて、全篇二九章の構成となった。大正版は明治版と書名が同じで、出版の目的も内容も旧版とよく似ているところから明治版の再版とみなされる恐れがあるが、明治版とは体裁、内容ともに独立した作品として東京の冨山房から発行された。章の構成は全部で四三章あり、明治版の二九章より大幅に増えている。大正版も好評で、一〇月の刊行後、三カ月経った大正三年一月には第九版が発行されている。本書の立ち入った思想的特徴や書物の社会的背景の考察は、明治・大正両版が収められた西田毅編・解説『人民読本』近代日本研究資料（2）、慶應義塾福沢研究セン

ター、一九八八年）を参照。

本書に展開されている「自由公民」育成論は、西園寺の教育論ときわめて近い内容をもっていた。実際に制度化するには至らなかったが、西園寺が文相（第二次）に就任するや、彼は従来の上下の道徳一点ばりではなく、「人民がすべて、平等の関係において、自他互いに尊敬し、自ら生存すると共に、他人を生存せしむることを教」える「新社会に処すべき新道徳」の確立の必要を主張した（『陶庵公』一六二～一六三頁）

そしてこのような立憲政体にみあった国民道徳の必要が奏上されたのであるが、奏聞が聞き入れられて、明治天皇から新たに教育に関する勅語を渙発すること、並びに勅語の要旨を起草することとの伝達があった。そこで、西園寺は天皇の意思に応えるべく鋭意奉答案の起草に努めた。三叉もその起案に特別の関わりをもっており、もし、西園寺の文相辞任がなく予定どおり奉答案が完成していたとすれば、この『人民読本』がその国民道徳の具体的な中身に適うものであったことは容易に想像しうるところである。竹越は奉答草案について、第三次伊藤内閣の西園寺文相の時に成案ができていたことを明言している。*

＊「竹越与三郎氏談話筆記」第一回、一九三九年一月二二日、『憲政史編纂会収集文書』国立国会図書館憲政史料室蔵。第二の「教育勅語」発布と西園寺について、西園寺は「わたしが文部大臣になった時（明治二七年九月第二次伊藤内閣）第二の勅語を下すことの必要を感じた。実はわたしもまだ成案はなかったが、あの教育勅語一本だけでは物足らない。もっとリベラルの方へむけて教育の方針を立つべきものだと思っ

た。そのことはあらかじめ申し上げてお許しを得ていたが、まだ成案という程までには行っていなかった。成案と思ううちに内閣が辞職したから実現するに至らなかった」(『西園寺公望自伝』)と述べている。しかし後年、立命館大学が『西園寺公望伝』編纂のために西園寺家から提供を受けた文書の中から、西園寺自筆の「教育勅語案」が発見されたことを日本史家の岩井忠熊は明らかにしている(岩井忠熊『西園寺公望』岩波新書、二〇〇三年、八四頁)。

『人民読本』は、『福音新報』『信濃毎日新聞』『護教』『万朝報』『東京日日新聞』『大阪毎日』『大阪朝日新聞』『読売新聞』『慶應義塾学報』などの代表紙誌の書評、そして山路愛山、塚越停春、幸徳秋水、茅原崋山ら有力な言論人の署名入りの書評で歓迎された。

民友社時代以来の親友であった山路愛山は、政治教育は「謀叛人製造の手伝いをする」と恐れる世間の一部の風潮を批判しながら、むしろ国難を解決する力をもつのは、「平生謀叛人気質ありし人のみ」と力説し、要は玉磨かざれば光なし、「謀叛人も之を教育せざれば壮士浪人に終りなん」として、謀叛人気質を積極的に鍛練薫陶して立派な日本国民を作ることに『人民読本』執筆の意図があると読みこんだ。そして、憲法政治のもと、立派に国事を担いうる国民を育成するには、国家と制度、経済の仕組みなど国政に関する知識を涵養する国民教育が必要で、本書はまさにその目的に適った書物であると「満腔の同情を以て」歓迎した。

幸徳秋水は、「全篇欧州文明の新思想を以て一貫し、在来教科書に横流せる専制時代の固陋なる思想の如きは、絶て痕跡を見ざるは我教育界の為め貢献する所尠《すくな》からざる可し」と評している。

『万朝報』はまた、「当今の新聞記者」という連載コラムで「竹越与三郎先生」（明治三四年一一月二〇日）の一文を掲載し、三叉の人と文章を次のように紹介している。

「先生の文、例へば軽舟に棹して長江を下るが如し、両岸の風光応接に暇なからんとす。麗なり、綺なり、而して其人も亦意気なる高襟《はいから》なり。謹厳にして酒に荒まず、荘重にして悪声を遠く。先生の如きは幇間的バチルス散布的高襟《はいから》にあらずして、紳士的ストイック的高襟《はいから》の第一人と云ふべし」。

三叉の言論界におけるイメージをみてきたが、『世界之日本』を廃刊し、欧州外遊から帰国した当時の彼自身の心境は一体どのようなものであったのか。

明治三四年後半から翌三五年前半の頃は長い三叉の生涯において、言論人から職業政治家としての政治的実践活動に移行せんとする過渡期に相当する。彼は「実を申せば、政治に就きては、往々荒唐に近き夢を画かざるにもあらざれども、翻って修史の快楽を想像する時は此夢も甚だ価なきものと見え申候」（『三叉書翰』開拓社、明治三六年、一二一頁）と、政治を断念して「年来の宿志たる」修史事業（支那史の完成）に専念するか、それとも政治の世界に入らんとするか、その選択をめぐって心は微妙にゆれ動いていた。

第五章　批評家から実践家へ

1　「職業としての政治家」時代

衆議院議員に立候補

三叉は明治三五年八月一〇日、第七回総選挙（衆議院）に新潟県郡部旧七大区より立候補して初当選を果たした。所属は立憲政友会であった。定員十二名中、第三位の当選で一九五九票獲得した。ちなみに順位は、久須美秀三郎（憲政本党）二二五〇票、坂口仁一郎（憲政本党）二〇一四票、竹越与三郎（立憲政友会）一九五九票の順であった（『柿崎町史』九一四頁）。

山路愛山は政界に打って出る三叉の「公共的神経」の鋭さ、「殉公的精神」の強さを讃えて次のような声援を送っている。すなわち、竹越はすでに文人として成功し、『二千五百年史』など発売数万余を数える著書をもつ三叉が、あえて「身を挺して政治界に進撃せんとするものは何ぞや」とその気負いを密かに危ぶみながら、「文人と政治の関係」を論じている。

彼一身の利害より言えば、転身は「計の甚だ拙なるもの」と断言する。しかし、三叉の強い「殉公的精神」を以て現代の政治の世界を見れば、その腐敗堕落の実態を無視できず、文人としての成功をなげうって戦闘を政界に開かんと決意したとみた。そして、筆をなげうって政界に乗り出した、ミルトン（John Milton）やレッシング（Gotthold Ephraim Lessing）の故事を挙げてその壮挙を讃えている。

愛山曰く、啓蒙活動には宗教家や詩人、著述家のように「世間と離れて世間を教ふる」方法と「身を世間の濁流に投じ世間と共に歩みて而して世間を教ふる」政治家の二つの種類がある。政治家は時にその名声を汚し、その手の白きを汚すことを厭わない。彼は必ずしもその言動の高潔さを誇ることなく、「一片済世の念甘んじて俗名を取って悔ひ」ない。社会はカーライルのように、「椽大《てんだい》の筆」をふるって俗世界を叱咤する哲人と、生涯を党派的な争いの世界に身を投じたグラッドストーンのような人物の両者を必要とする。

それでは、三叉のような見識ある文人が政界に何を寄与するのか。それは日本の政界に学問と知性の導入をもたらすとみた。愛山によれば、日本の政界には「学問ある僚属と無学なる衆議院議員との暗中格闘」という「不思議なる現象」がある。政治家の多くは、現代を理解する知識の鍵をもたない。すなわち、日本が文明列国とともに歩むべき政治家的識見に欠けること、「一言にして言えば彼等は『ステーツマン、シップ』なきもの也」と手厳しい。

また愛山は、真の政党が不在である現状を指摘する。昔の政党は「青年の政党」で、進歩的で個々の政治家の才知を尊び、俊足を伸ばす空気に満ちた組織であった。しかし、今は違う。今は「先輩の圧制極めて強くして、往々新時代の起って之に代るを許さざる」状態に変わった。政党は時間とともに歴史的な惰性が生じて、「寄生虫」が発生し、「政党は偏に旧き党人を愛して時世を教へ、時世の前に進むべき新時代の子を排斥せんとす」るようになった。今はまさに、立憲時代の政治にふさわしい政党がないという状態である。そこで、竹越のように「新時代に教育せられ、新時代を解釈し得る好個の読書生たる君が其成功ある文人たる位置より進んで危険なる議員戦争に赴かんとする首途《かどで》に対しては、余は多大の希望と無限の感情とを以て之を餞《じん》せざるを得ず」と結んだ（山路愛山「濁世論」『信濃毎日新聞』明治三五年七月一六、一七、一九日、岡利郎編『山路愛山集』（二）民友社思想文学叢書第三巻、三一書房、一九八五年、二九七〜三〇〇頁）。

さて、三叉の衆議院議員生活は第一回目の選挙で当選した明治三五年八月から、第六回目の大正四年三月の選挙で敗れるまで、十二年余続いた。以下に、立候補した選挙の年月と選挙区を挙げておく。

第一回目　明治三五年八月一〇日（第七回総選挙、第一次桂内閣）新潟県郡部、当選。
第二回目　明治三六年三月一日（第八回総選挙、第一次桂内閣）、新潟県郡部、当選。
第三回目　明治三七年三月一日（第九回総選挙、第一次桂内閣）、新潟県郡部、当選。
第四回目　明治四一年五月一五日（第十回総選挙、第一次西園寺内閣）、新潟県郡部、当選。
第五回目　明治四五年五月一五日（第十一回総選挙、第二次西園寺内閣）群馬県前橋市、当選。
第六回目　大正四年三月二五日（第十二回総選挙、第二次大隈内閣）群馬県前橋市、落選。

桂園時代、桂・山県勢力を警戒する三叉

三叉が衆議院議員として活躍した時代は、桂園《けいえん》時代と呼ばれる桂と西園寺が交代で組閣する時代であった。「修史の快楽」をなげうって、政治の世界で「荒唐に近き夢」を画かんと政界に打って出た三叉の政界浄化の具体的目標は何か。彼が矯正しようとした政界の欠陥は何なのか。政友会の結成に尽力し、政友会と緊密な連絡を取りながら政党活動を続けてきた三叉にとって、桂・山県に代表される藩閥・軍閥勢力の支配は明治憲法が保障する議会政治を否定する政治勢力とみなされた。三叉は第一次桂内閣誕生当時における山県・桂の動きに警戒心を高めていた。すなわち、明治三四年五月、伊藤内閣が閣内不一致のために辞表を提出、西園寺が臨時総理大臣となって伊藤に代わり、次の内閣組織に向けて相談に入った。伊藤や政友会は西園寺が臨時総理から正式の総理に就任することを望んだが、西園寺は引き受けなかった。そこで、山県や松方（正義）が相談して、大磯に退去していた伊藤の同意を得たうえで、井上馨に組閣を命ぜられんことを天皇に願った。

ところが閣僚の選任で行き詰まり、ついに大命を拝辞した。その背景には、桂太郎が陰に陽に誕生を阻止して歩いたからだと三叉はみた。つまり、桂は井上内閣が流産すれば、お鉢が自分の処へ回ってくるとみたから、あらゆる手段を弄して妨害したのである。しかも桂の背景には山県の存在がある。当時、伊藤、山県、井上、西郷、松方の五人の元老が万事の切り盛りをしていたが、日清戦争後は松方が全く山県と連合して伊藤に当たっていたので、伊藤が発言しない時の元老会議は山県の意思通りに決定せられるのが常であったという。山県は伊藤のライバルであり、井上が総理になることに不満

はないが、井上の他に人を求めるとなればなるべく伊藤系統でないものがいいというわけで、いろいろと物色した結果、桂に着目したというのである。

桂は第三次伊藤内閣で初めて陸軍大臣になったが、続いて隈板内閣、第二次山県内閣、そして第四次伊藤内閣にも陸軍大臣を経験するなど経歴に富んでいるが、彼は「尋常一様の陸軍大臣でなく、政治も好物であり、中々策略にも富み、殊に山県の大好物の非政党論者である一点は、山県の後継として最も適当な役者であると見られた」と三叉は述べている（「桂内閣の現出」『陶庵公』一九一～一九五頁）。

ところで、桂の人物を熟知していた伊藤は、なかなか山県の推挙に同意しなかった。そこで山県は、松方、井上、西郷らを集めて元老一致して桂を推し、伊藤をしていやいやながらも承知せしめんと、ここに正式に桂を推薦することを議定して奏上、ついに桂に大命が降下した。

しかし、なおも伊藤が賛意を表明しないので桂が西園寺と相談して直に伊藤を訪ねて大命降下のことを告げたが、伊藤はこれを聞き流すだけであった。悄然として帰った桂は、伊藤に再起の野心があると吹聴して回ったという。この一件でいかに伊藤が桂を信用しなかったかが分かると三叉は述べている。しかし、新内閣の組閣があまり長引くのは政治が停滞してよろしくないという西園寺の意見に従って、ついに伊藤・西園寺・桂の三人が宮中の一室で会合し、協議がまとまるや伊藤から奏上して正式に大命を拝することになったという。

議院内の活動・選挙運動　衆議院議員としての活躍は、党人事の役職、議会演説、あるいは時局講演などを通して知ることができる。また筆まめな彼は、『三叉演説集』『三叉文存』『三叉書翰』

などに演説や講演を収録している。初めての議会演説は「予算と内閣の不一致に就て」と題するものであった（『三叉演説集』二二九頁）。翌年の明治三六年一月には、「総理大臣」を『太陽』に発表、同じく同月に「教育方針一変の必要」を『教育時論』に発表している。

「総理大臣」は明治憲法上、各国務大臣に関する規定はあるが、内閣の規定がないことを取り上げて、内閣を統括する総理大臣の制度上の地位、役割が曖昧であることを論じている。三叉によれば総理大臣は「各大臣を統率し、督励し、指導し、制令し一定の改革を行はんが為に各大臣の上に位する」もので、伊藤博文が明治一八年に太政官制を廃して内閣制度を創設した意図に思いを馳せている。総理大臣が指導する内閣制度は立憲政体が産み出した自然の産物であって、総理大臣を以て各大臣と同一の権力をもつ一人の内閣議長とみるのは間違いであると主張する。そして、「至大なる権力と責任とを有する」総理大臣は、優れた才知、識見、勇気、そして人物としても「云ふべからざる色沢」と「香芬《こうふん》」（香気）が備わっていなければならないと説く。すなわち、彼には単なる立法家、行政官、策士を超えた器量、「宰相の風」が求められるのである。一文の根底にあるのは時の宰相桂と桂内閣に対する批判であった。

明治三六年三月一日に第八回総選挙が行われ、前回と同じく新潟県から再出馬し当選。三叉は第四位、二〇一九票を獲得した。今回の選挙は、桂（太郎）首相の海軍拡張案とその財源として地租増徴継続をめぐって政友会・憲政本党との会談が成功せず、衆議院解散となったのである。

雪国での選挙運動

三叉はこの時の選挙運動の一端を「雪国撰挙の模様」（『三叉書翰』所収）で伝えている。

すなわち、彼は選挙区の雪深い越後の西頸城郡にある能生谷という辺鄙な山村まで、直江津から約九里の道のりを馬車と橇《そり》を使ってはるばる演説に出向いた。そして夜遅く演説を終えて能生谷から約二里離れた能生町まで帰る時の様子を次のように記している。

「此時は風雪にて燈火用を為さず。唯だ雪の白きを頼みに、橇を走らすこと故、或は小河に落ち、或は畑に倒れ、或は堤上に覆りなどして、殆どナポレオンのモスコウ帰りとも云ふべき様にて、能生町に着し候時は十時と相成、手足皆痛み候。小子雪国の産なれども、斯かる経験は空前に候。また絶後ならんことを祈り候」（『三叉書翰』二一五頁）。

雪国の厳しい気候条件の中で戦われた選挙戦を、歴史的比喩を用いていきいきと表現している。

教科書疑獄

再選された三叉は明治三六年五月に党の政務調査部部長になった。五月八日に特別議会が招集され、衆議院で教科書疑獄問題が審議された。教科書疑獄事件とは、明治三五年（一九〇二）、小学校の教科書採用をめぐって発覚した教科書会社と教科書採用担当者の間に発生した増収賄事件である。関係した県知事や文部省の担当者、府県の採択担当者、師範学校校長や小学校長、教科書会社など四十道府県の二百人以上が摘発される大規模な疑獄であった。

この事件に対して、憲政本党の高田早苗らが提出した大臣問責の議案が可決された。三叉は教科書事件及び取引所問題に関して、所管大臣の責任を問う議会演説「文部農商両大臣弾劾案に就て」を行った。高田と藤沢幾之輔がそれぞれ教科書事件、取引所事件について演説した後、演壇に立った彼は「問題の裏面より説く」方法をとったところ、予期せぬ好評を得た。

すなわち、演説を終えて「廊下に出でんとするや、両党の首領、親友、三、四十人、小生を擁せんばかりにして、或は小生の成功を祝し、或は小生の骨折を謝し申候。昔し小ピットが初めて演説したる時、フォックスは無限の快感禁ずべからず、暗涙を催ほして、其手を握りしと云ふことあり。爾来新議員の処女演説を歓迎するは、英国議会の流風にして、マコーレーが其最初の大演説に成功したるも、亦斯かる事情に基くと云はれ申候。我議会も追々かかる風に傾き来りしものかと被思、無限の感興を生じ申候」と歴史的回顧を交えながらその場の感激を伝えている。

『中外商業新報』記者は、「驟雨荷葉《かよう》を走るが如き雄弁」と三叉の演説を評した。とにかく、事案は大多数の賛成によって可決された。「日本国民良心の声、猶ほ滅すべからざるものあるを卜すべ」しと、三叉は満足している（「議院演説の始末を報ず」『三叉書翰』一七三〜一七六頁）。

時の文相菊池大麓は責任を取って辞任した。なお、この事件の後、それまで検定制であった小学校教科書が国定化され、それが第二次大戦敗戦時まで続いたのである。

三条実万の絵巻物

明治三六年七月であったが、三叉は西園寺から三条実万《さんじょうさねつむ》絵巻のことで相談を受けた。三条実万（一八〇二〜五九）は江戸時代末期の公卿で太政大臣三条実美の父であるが、彼は光格、仁孝、孝明天皇に仕えた功臣で、幕末期に皇権の伸張に尽力して明治天皇の信任も厚かった。西園寺は明治天皇から、その伝記を絵巻物にしたいという勅命を受け、三叉を呼んで誰に書かせるべきか相談した。通常このような場合、宮内省か政府の老吏に書かせるのが習わしであったが、西園寺はこれを機会に民間の文学を宮中に入れる端緒を開きたいという考えを漏らした。三叉は初め福地源一郎を執筆者の候補に考えたが、結局西園寺の思い付きで尾崎紅葉に決まり、三叉が紅葉を訪ねて依頼したところ、彼は欣然として引き受けた。そこで宮内省から提供してきた資料を紅葉に送り、西園寺も彼を引見して執筆の参考になる話をした。ところが、紅葉は胃癌のために執筆不能となり、辞退したいと言って資料を送り返してきた。

そういう事情で三叉が執筆することになり、西園寺が添削して、宮内省の絵師が画を書き十二巻の絵巻物が出来上がった。その第一巻を献上したところ、天皇は「この絵巻物を見よ、西園寺は必ず世界の大勢から書き出すであらうと想像したが、果してさうであった」と大笑したという。それは、西園寺が天皇に拝謁する時、「日本は如何なる場合にも、世界の大勢に後れてはなりませぬ」と論奏するので、絵巻物にもその議論を応用するのでは、と考えていたところ予想が的中したといって喜んだという（「三条実万の絵巻物」『陶庵公』二三九～二四二頁）。

旧三条邸は現在、京都御所東側の梨木《なしのき》神社になっている。元別格官幣社で萩の花で有名な神社で、祭神は三条実万・実美である。筆者は絵巻物の現物を見たことはない。完成した時には、実万・実美親子は逝去していたので、絵巻物は梨木神社ではなく宮内省に保管されているのであろうか。ともあれ、西園寺と三叉の共同執筆ともいえる絵巻物に「世界の日本」イズムが展開されているのは興味深い。

2　三叉と植民政策論

台湾視察と『台湾統治志』

三叉は院内の活動としては、法律案委員長として土地収用法改正法案、鉄道国有法案や郡制廃止法案などについて議会で報告演説を行い、また請願委員長として多くの請願事項を処理した。しかし、三叉の真面目《しんめんぼく》が発揮されたのは、党務や議院内外の政務、政党活動よりも執筆活動であり、政治家時代にも多くの新聞雑誌への寄稿や注目すべき単著が発表されている。

この時期に三叉が関係した新聞は、『二六新聞』『読売新聞』『日本新聞』『東京毎夕新聞』の四社で、雑誌に掲載された評論は『中央公論』『太陽』『文章世界』などに多く見られる。その数は新聞雑誌合わせて、判明しているものだけでも数百編に及ぶといわれるほどの旺盛な筆硯活動であった。

また、衆議院議員時代に刊行された著書は次の通りである。『萍聚絮散記』（明治三五年）、『三叉書翰』（明治三六年）、『台湾統治志』（明治三八年）、『比較殖民制度』（明治三九年）、『南国記』（明治四三年）、『惜春雑話』（明治四五年）、『讀書樓閒話』（大正二年）、『人民読本』（大正版、大正二年）、『三叉文存』（大正三年）など。

ここでは、『台湾統治志』と植民政策論について言及しておきたい。

『台湾統治志』は明治三八年九月、三叉が台湾総督府（児玉源太郎総督、後藤新平民政長官）の提供する資料に拠りながら、そしてまた彼自身の現地踏査を踏まえて執筆し、東京の博文館から出版された。本書は全体で二十一章、附録を入れて五三〇頁を超える大著である。民政長官の後藤新平が序文を書き、児玉源太郎の写真が掲載されている。

三叉は題言で「昔し、歴史家フラウドが西印度諸島に遊びて『西印度英人殖民志』を著はすや、一世少年の志、靡然として殖民地に向ふ。識者其書を以てチェムバレーン、ローヅの帝国拡大政策と功を同うすとなす。余豈に敢て自から之に擬するものならんや、唯此書、台湾の現状を知り、殖民地の何ものたるかを解するの筌諦《せんてい》たるを得ば、余の願や足れり矣」と述べている。

後藤も「台湾統治は是れ帝国殖民史巻頭の幾頁なり、其成敗得失は後面多般の神采に関す、今台湾は聖朝の寵霊と国家の支持とに由りて列国殖民史上寡濤《かとう》の好果を収むることを得たり、是れ国民の語るを楽しむ所、世界の聞くを楽しむ所なり」と台湾統治の成果を自賛し、定評ある竹越の文章で描かれた統治の実状を、日本国民の自信の培養に繋げたいという思いを語っている。

児玉源太郎
（国立国会図書館蔵）

三叉が台湾視察のために初めて台湾に入ったのは、明治三七年六月であった。翌年にも再度、台湾を訪問している。このときの滞在をもとに刊行されたのが『台湾統治志』である。なお、この書物はのちに英訳（*Japanese Rule in Formosa*）されてロンドンのマクミラン社から刊行されている。

　本書の内容であるが、植民の意義から説き起こして、日本の台湾統治の実状、とりわけ児玉総督の民政統治の称賛、台湾の歴史、自然、人種、財政政策、アヘン専売、食塩専売、樟脳専売、司法監獄制度、生蕃の状態および蕃地開拓政策、交通、郵便および船舶、外国貿易、通貨、衛生、教育、宗教、慈善といった広汎で網羅的なテーマの設定がなされている。

　三叉はそもそも近代国家と植民地経営の関係をどのように考えていたのか。彼は国家が強国であることの重要な条件の一つが、植民地経営にあると見た。すなわち、いずれの国にも「成長の順序」があるとして、まず、自国の保存、次いで自国の権利を主張する段階へと進み、そしてさらに近隣に対して権力を及ぼさんとする時代に発展していくと「国是発達の三段階」説を主張している。これを日本に当てはめていえば、国の独立を保ちたいというのが明治の初年であり、政治家も国民もすべて一切の努力をそのために傾注した。次いで何とか独立が達成されると、今度は国の権利を保持したいという思い、つまり、幕末の不平等条約の改正運動が活発になった。具体的には、治外法権の撤廃や関税自主権獲得のための闘いがそれである。そして、それと同時に生まれたのが隣国、中国や朝鮮への勢力の伸長である。このように国力の充実発展と並行して、自国の勢力を海外に伸張せんとするのが植民に他ならないという捉え方をする。

　そしてまた本書では、日本が明治二八年に初めて台湾を植民地として経営するようになり、植民地経営の経験豊かなヨーロッパの識者が日本の台湾統治を危ぶんだのを意識して、日本人が立派に他の民族を統治する能力を持っていると揚言する。その根拠として、三叉は以下のように述べている。

台湾の領有は確かに日本にとって歴史上初めての植民地である。しかし、過去においても日本人は決して植民の活力のない民族ではない。すなわち、古くは倭寇八幡船から豊臣秀吉の遠征、徳川時代の「逸民」の新日本を開拓しようとした動きや、遠くアフリカのザンジバル、オーストラリアのクイーンズランドやシベリア、南北アメリカなどに散在する一二、三万の移民に至るまで、日本人の海外遠征の大きな気魄を示す証拠は多数ある。しかし、これらの気魄が存在するにもかかわらず、これまで植民経営の実績が全くなかった。

台湾領有が日本にとってもつ意味は何か。それは、「独り我武力文明が世界列国に認識せられたるのみならず、また我国民が始めて殖民的勢力の社団に加わる最初の事業にして、海波を支配する真の海国人民となりて、異人種に制令する優等国民たる歴史の第一頁を染むるもの」であると強調する。この植民地経営によって、「日本国民の血脈が熱し、自敬自信の心之が為に昂騰、台湾は南極星の如く、日本国民を指導して前進せしめ、国民が海潮を支配せんとする想像心は之が為に燃ゆるが如くに熱す」と述べる。

元来、竹越は海洋国家（「海上の国」）論者であり、太平洋上の要衝の地にある日本の発展のために、青年たちに「海外雄飛の心」を説き、南進論を主張していた。それは日本国民の活力を刺激し、精神気風を高揚するためにも他国との交通を活発自在にし、外から絶えず新たな刺激を受けなければならないという持論と結びついており、植民地経営という困難な事業に関わることによって知見を広め、勇気や胆力を鍛えることができると考えていた。

軍政から民政統治へ

わが国の台湾領有以来わずか十年にして、竹越が台湾に見たものは何であったか。児玉総督は従来の総督が続けていた軍政を民政統治に改め、土匪《どひ》の討伐に成功して鄭成《ていせい》功《こう》（明末の旧臣鄭芝竜の長子、母は日本人で肥前平戸の人、田川氏。国姓爺と称す。一六二四〜六二）以来一貫して平和と治安の確保が実現しなかった台湾に平和の回復をもたらしたことを称賛している。そしてこの民政統治によって、軍隊の専制を排除し、土匪殲滅を実施して以来、全力を一般行政に注ぐことが可能となり、警察に対する土民信服の心が初めて生じ、政府の根底が全く確立せられたと民政移管が台湾統治史上一大壮挙であることを高く評価している。

次いで台湾製糖会社をはじめとする産業の発展、鉄道敷設の進展、電信電話網の整備拡大、港湾の改修、台湾の日本からの財政独立、そして台湾に施政上の自由を与えたことなどを理由に、日本国民が「殖民国としての最初の試験に及第」したと論評した。

本書には、明治末年の「自由帝国主義」論者竹越が唱えた植民経営論の一端がよくあらわれている。

児玉総督と民政統治

台湾総督は初代が樺山資紀で、以後桂太郎、乃木希典と続き、児玉は四代目の総督に当たる。前任者の三人がいずれも一年前後の短い任期であったのに対して、児玉は明治三一年二月に就任して、後任の佐久間左馬太に代るまで八年以上の長い任期を全うした。彼は陸軍長州閥の一人で、山県の傘下にあり「大木の下に艸を生ぜざる」の喩え通り、名声を博するに時間を要した。日清戦役では陸軍次官を務め苦労したわりには、世間と隔絶する立場にあったため、その横溢した才知や不断の勤勉、気魄の鋭さは広く外部に知られることがなかった。しかし、台湾総督に任命される頃には、彼はすでに陸軍全体を指揮しうる首脳陣に属していたという。第一次桂内閣の内相と文相をそれぞれ三カ月と二カ月、そして陸相（第四次伊藤内閣と第一次桂内閣）を務めた。そして、日露開戦前夜と戦後に山県参謀総長のもとで参謀本部次長を務めた。

三叉は児玉の参謀本部次長の就任について、適材適所の原則から言えば、次長の椅子ではなく参謀本部長であるべきはずなのに、そうならなかったのは「三十年来の藩閥政治が醸生し来りたる情弊」と評している。三叉は、後藤民政長官の案内で宮殿のように絢爛豪華な総督官邸の多くの客室房楼を案内されて、児玉が質素を愛する人となりであることを知ったと述べている。つまり、児玉は階上に作られた豪華な自家用の居室を好まず、かえって民政長官のために作られた小規模の居室を占有し、そのために民政長官は秘書官室を利用せざるを得なくなったことを知ったのである。台湾滞在中、三叉は後藤と自転車で郊外をよく散策したが、ある日、総督の別荘に案内された。それは「数畝の田園中に一茅屋あるのみ」という質素な佇まいであった。その値が三百八十円という廉価なものであることを知って、意外の感に打たれたという。児玉はその別荘「南菜園」に台湾の文子を集めて、詩歌を唱和し、「南菜園」詩集を編するのを見て、「其の為す所、士人心中の琴線に触るゝものあるを想像せざる能はざりき」と記している（「台湾統治の法制上の観察」『台湾統治志』四五〜四七頁）。

そして三叉は、スタンダード社記者マクスウェルの次のような児玉評を紹介している。児玉は「明智」と判断力、不屈の執着心と無限の忍耐によって総督としての責任と艱難に対処したが、彼はまた強固な品性と一種の名状すべからざる「個人的磁石力」をもっていた。ミケランジェロが天才と命名するところの「痛苦を忍ぶの力」を無限に抱擁する人物、そしてその門は常に友人や有益な未知の人々に開かれていて、「真に人をして依頼せしむるに足る」人物であったと。

ところで、軍服を着けた政治家の児玉が、どのようにして台湾の軍政組織の変革に着手したのだろうか。台湾は明治二八年四月締結の日清講和条約により、澎湖列島とともに中国から日本に割譲された。そして同年五月には総督府仮条例が発布せられ、総督府の構成が民政局、陸軍局、海軍局の三局から成り、陸海軍以外の政務は民政局に属すことが定められた。しかし、実際には民政局の権限は狭小にして、軍人が裁決に関与することが多かった。軍政の弊害を説く識者もあり、たびたび行政改革が試みられたが、軍人の専権はやまず、拓殖務省（明治二九年四月〜三〇年九月）と内閣の台湾事務局が主体となって支配が行われ、多くの行政実務は台湾においてなされない状態が続いた。世人はこのような政務不統一の状態を「拓殖時代」と呼んだ。児玉がその任に就くや総督府は官房、民政部、陸軍幕僚、海軍幕僚から成る機構に改め、陸海軍幕僚は民政部の要求なくして断じて兵力を用いてはならないという規定を厳守せしめた。台湾総督府評議会が設置されたが、それは、高等官及び学識経験者四十名以内から成る諮問機関であり、会長は総督、副会長は総務長官、会員はすべて総督の任命で解任権は総督が握った。

総督には植民地における特殊法の制定が委任されており、「法律の効力を有する命令」の発布は総督府評議会の議決を要した（明治二九年法律第六三号）。また、評議会において陸海軍幕僚は軍事に関する事項のほかは発言しないことになり、民政部は行政府の首脳となったのである。このような改革は軍人にして政治家である総督にして初めて可能であり、幾多の統治上の成績はこの改革から生じたと三叉は論じている。

三叉と植民政策研究

竹越は日本が日清戦争後、台湾を獲得したことによって、真剣に植民地経営について考えるようになった。明治四三年四月に新渡戸稲造や江木翼らとともに「殖民学会」を創設し、本格的な植民政策の研究に従事している。彼の植民政策に関する知見は『台湾統治志』や『比較植民制度』に詳しく展開されているが、台湾統治の方法を研究するうえで参考にされた英国の植民政策を次のように整理分類している。

英国の植民統治の方法は五種の植民制度から成り立っている。

(1)王領植民地（crown colony）　その国の「政府の力に依って取った所の国」、「王権に依って取った植民地」のこと。総督を以て副王とし、総督以下の行政官や立法事務は、すべて本国政府の指揮監督を受ける。立法事務については総督自ら法律を制定することもあり、総督の行政事務の諮問に応ずる評議会や立法事務の諮問に応ずる立法議会を設置することがある。

(2)半自治植民地　総督の下に、代議制度がある植民地。王権が及ぶ範囲は、総督およびその配下の官吏が行う行政事務のみで、立法事務は人民代表者の手中にある。国王はただ不認可権を有するのみである。そして、この人民代表者を選挙する権限は少数の英国人に限定される。責任政府のない植民地。

(3)自治植民地　政府も立法部も完全な代議制度のもとに存在し、国王はただ総督を任命する他に、立法事務について不認可権を所有するのみである。行政事務も何ら本国から干与されない。宰相も立法部に対して責任を負う責任内閣制が認められている。オーストラリア、カナダ、ニューファンドランド、喜望峰などがそれである。

(4)特許会社による管轄植民地　政府と無関係の私人が、土地の以前の所有者からそれの統治の権利を譲り受け、合資会社を組織して開拓せんとするもの。本国政府は特許状を与えて、二〇年ないし三〇年を限って会社がその植民地に政権を実施し、法律の公布や税金を徴収する権限を与える。特許状を得た会社の社長は、副王もしくは総督にあたり、会計主任は大蔵大臣、会社の番人は警視総監にあたる。植民会社は一定の年期が来れば、王領植民地になるか保護領になる。ボルネオ、ビシュナランド等。

(5)保護領（protectorate）　その国状がまだ王領として適当な発展を遂げていない土地で、暫時、駐在官を派遣して政務に当らしめるもの。その国の「蛮王」が存在しても外交と経済は英国政府が統轄するケースが多い。

以上のように、複雑でバラエティに富む英国の植民制度であるが、そこには以下の一定の通則があった。すなわち、第一に英本国はその憲法をそのままには植民地に適用しないこと、第二に英本国は植民地に課税しないこと、第三に本国の議会は植民地のために直接に法律を制定し改廃しないことの三原則を堅持した。それは英国が北米合衆国を独立で失って以来、長年の植民地経営で経験した数々の失敗と成功から学んだ結論であると述べている。A・V・ダイシーやルイスなどの憲法学者や植民学者の学説に依りながら三叉はそのように結論づけたのである。

それでは、台湾は以上の五種のいずれの植民地に該当するのであろうか。

まず、当時、台湾総督府高等法院長（控訴院長）高野孟矩《たかのたけのり》（一八五四〜一九一九）の免職事件（明治二九年五月、初代高等法院長に就任、明治三〇年一月、政府の都合で一方的に院長の職務を免ぜられたのを不満として総督と政府を訴えた。政府は処分を撤回しなかったが、台湾の司法官は憲法上の保障があることを認めた）を契機に、台湾は内地の一府県と見るべきか、植民地とみなすべきかという議論が突如として湧出したことに触れて、三叉は植民地に本国の憲法を適用すべきでないとする英国の植民制度を援用しながら、高野控訴院長の解任を肯定している。すなわち、控訴院長は大日本帝国憲法によって終身官としての身分の保障を受けたものであるから、行政官のために本人の意思に反して免官され、放逐されるのは憲法蹂躙とする高野の主張を斥けたのである。

三叉は法理上の見地から、台湾に憲法の保障はないという政府の立場（のちに政府の立場は変更する）に与したのであるが、「自由の本国なる英国」においても、自治植民地のほか、植民地の裁判官はすべて母国政府によって任命され、すべての植民地を通じて裁判官は母国政府、もしくは総督や植民地議会の決議で免職さるべきものという実例を示して、政府の決定が不当でないことを公言した。

台湾は日本政府の威力で獲得したもの、しかも歴史、風俗、人種、風土のまったく違う土地に三百万人の異人種が住むところに日本人が侵入して権勢を樹立したのであるから、まぎれもない植民地であると言い、それは第一種の王領植民地にあてはまると三叉は主張する。「自由と憲法の享受に関しては猶ほ小学校生徒たる日本が、新附の台湾に、直に憲法を行はんとするは無謀の極」（同上、七一頁）といい、憲法とはそれが発布せられた当時の状況下における「領土と人民とその子孫の間に行はる約束」であり、「彼等の間に於ける一の特権」、「共有財産」ととらえる三叉は、台湾のように憲法発布以後、新たに日本国民の籍に入った領土の人民が、この憲法上の徳澤を享受できないのは「政治上の通義」であるという。もし「日本帝国」がこの道理に背いて憲法を台湾に適用すればどういうことになるか。その結果は「一の紛乱」状態が発生するであろうと予言する。すなわち、「民権を保護せんと欲する」政府の意図に反して、その結果は「母国人の権利は保護せられずして、土民権の保護に終らんことを恐る」と「生蕃人」（戸籍、法律がなく我が政令が及んでいない一〇余万人）や「支那土人」（「客家」（広東人）と福老（福建人）人種、約三〇〇万人）に対する裁判を経ずして行われる殺傷や移動、居住の自由の制限を課す統治の根拠が危うくなることを懸念する。

なぜそのような発言がなされるのか。三叉は、彼らが母国人と違って日本に対する祖国観念をもたないこと、日本国の法令に服従する経験が浅く、日本への忠誠心のない人種に憲法上の権利を保障すれば、「叛乱を教ゆると同じ」とみなす。要するに、彼は「憲法は祖国の愛、自主の心と相待ちて用を為す」という信念に基づいていたのである。

このような観点から、彼は政府が法律六十三号（台湾に憲法が適用されるという原則に立って、暫定的に総督に対して立法、行政上の特別の権力を与えるという規定）*を議院に提出した問題を取り上げ、それは

「憲法有無の間に彷徨して、一時を瞞着せんとする塗抹的法律」、「何ぞ台湾に憲法なしと云ふの、明白公平なるに如かんや」と憲法適用の問題に関する政府の姿勢のブレと中途半端さを批判している。そして、台湾が内地の府県と同じでなく、おのずから別個の性質をもつ植民地であることを皆承知しながら、当局が明白に植民地として、日本帝国の範疇内に特別の地位を占居せしむる「勇気と法策」に欠くがために、憲法は台湾に行わるると号して糊塗するに過ぎない政策に結び付いたと手厳しい。

＊大日本帝国憲法には植民地に関する規定がなかったため、植民地の統治方法をめぐって様々な議論があった。当初は内地延長主義の官僚行政を採用して、原住民の生活慣習や従来の行政組織を無視する一方で、住民の人権保障と政治への参加を本国とは別個にするため、憲法を植民地に適用することを制限せざるを得なかった。その矛盾の解消策としてとられたのが、植民地における特殊法の制定であった。明治二九年三月法律六三号「台湾ニ施行スベキ法令ニ関スル法律」の公布がそれに相当する。以下の内容から成る。

第一条　台湾総督ハ其ノ管轄区域内ニ法律ノ効力ヲ有スル命令ヲ発スルコトヲ得

第二条　前条ノ命令ハ台湾総督府評議会ノ議決を取リ、拓殖務大臣ヲ経テ勅裁ヲ請フベシ

台湾総督府評議会は諮問機関で、高等官および学識経験者四〇名以内から構成された。会長は総督、副会長は総務長官、会員はすべて総督の任命で任期（二年）中でも総督はこれを解任できた。法律六三号は行政機関である総督に絶大な立法権を委任した点で憲法違反ではないかという疑義が議会の野党から出た。美濃部達吉、穂積八束らの憲法学者も違憲説を唱えた。明治三九年、六三号に代わって法律三一号が議会を通過、第一条で「法律ヲ要スル事項」と「主務大臣ノ勅裁ヲ請ウ」の文言を入れて、総督の発令する事項は、形式的効力において、法律や勅裁の下におかれることになり、違憲説を緩和することになった。遠山茂樹・安達淑子『近代日本政治史必携』岩波書店、一九六一年、一〇一頁、参照。

三叉は台湾統治のモデルとして英国の植民統治政策を範としていることは、これまでの叙述で明らかになったと思われるが、ここで植民地経営の先輩である西欧の帝国主義諸国の比較論を瞥見しておこう。

英国型とフランス型
——比較植民制度考

『比較殖民制度』（読売新聞社、明治三九年）に、各国の植民政策について詳しい叙述があるが、英国とフランスの例を比較した論考を紹介しよう。

三叉は英仏両国の植民政策について、英国が上首尾に終わったのに対してフランスが成功しなかったのは、フランス国民がもともと「法制を重んじ、理論を尊び、英国の如く事物自然の発達に一任せざるが故なり」と両国人民の歴史意識や政治文化の違いに注目する。フランス革命以前の王朝時代にあっては、大貴族と王室の激しい対立抗争やキリスト教の新旧両教の対立も加わって、植民地を獲得したあとは自然に国内の争闘が影響を及ぼし、反王権的な貴族やユグノーの反乱を抑えたリシュリュー（Armand Jean du Plessis, Duc de Richelieu, 一五八五〜一六四二）ですら、反対派が植民地に移住して新天地を開こうとするのを禁ずるほどであったという。しかし、革命以前の植民政策は、植民地を特別制度の下に支配し、中央政府が干渉せず、旧俗習慣を踏襲したが、自由・平等・博愛の思想によって人類解放を叫ぶ革命の達成後は、植民政策も急変し、「南蛮西戎をも開化して佛人と同じく文明の域に達せしめんと欲し、一切の殖民地に、佛国と同一の制度法令を布かんとの主張を生ず」と「同化画一主義」（システム、ド、ラッタシュマン）の導入に至ったことを説明している（「佛国殖民制度の分類」『比較殖民制度』四五頁）。

フランスにおいても、中央政府によって任命される太守（総督）が統治の権限を握る、英国の王領植民地のような植民地があったが、革命後はフランス内地と同一の制度を植民地に施行する方針が固められた。そして、植民地人民に国民議会に出席する代議員、元老院の議員を選出する権利を与え、かつまた、有力な植民地議会を組織する権限を与えた。その結果、英国の自治植民地よりも強大な権利を獲得することによって、「容易ならぬ政治上の変態」が生ずることになったのである。

すなわち、植民地は国民議会に発言の機会を得たがために、痛苦が針小棒大に呼号され、国民議会と中央政府が植民地の政務に対して自然に関与する端緒を開くことになった。太守以下の官吏は議会の攻撃と中央の干渉を恐れて、政務は曠廃を極めたという。次に植民地議員の勢力が増大し、次第に中央政府に容喙《ようかい》して政治上の隠然たる勢力になった。一八七五年の共和政体樹立（七月一六日、共和国憲法の採択）や、一八八二年のド＝フレシネ（Charles de Freycinet）内閣の崩壊（七月二九日）など、植民地議員の賛同を得て実現した。彼らの勢力が増大するにつれてその言論は重視され、聞き容れられるようになった。そして、植民地における行政権が萎靡沈滞する。

一七九五年の憲法はすべての植民地を同化して州県化したが、九九年の「執政官憲法」はこの同化制度を廃棄して、すべての植民地を特別制度の下におき、かつ植民地の代表者を国民議会に出席参加することを禁止した。一八二七年には勅令で植民地に太守の指名による評議会を設け、一八三三年の七月王政ではこの評議会を民選議会に変えた。選挙資格は三万フランの動産所有、三百フランの直税支払を条件に与えられた。そして、この民選議会は二人の代理をパリに送って植民地と母国の事情の疎通に当たらせた。ところが、一八四八年の革命政府は、再び同化画一主義を採用して特別制度を廃止し、植民地の選挙制度を改めて、成年男子の普通選挙の実施と代議士を国民議会に送り、黒人にもこの権利を与えた。

しかし、一八五二年にまた特別制度を採択し、五四年には元老院令により、各植民地にフランスの県会と同一の議会を設置した。この地方議会はその権力を増大し、一八六六年には一切の租税、海関税、海市税（オクトロアドメール）をすら議決する権限を得たが、一八七一年になって、第三共和政府は再び、植民地に普通選挙を実施して元老院、代議院議員を選び、彼らを国民議会に列席せしめた。

このように、フランスは帝政・王政時代の政府は特別制度によって植民地を経営し、共和制の時代は、常に同化画一主義を主張して、本国から干渉せんとしたが、この両主義は絶えず入れ替わり、どちらも一長一短があって、甲乙付けがたい状態であったが、最近は共和派の政治家も漸く、同化画一制度がうまく機能せず、強いてこれを行えば、その結果は失敗に終わることを認識し、特別制度の長所を認めるようになったと述べている。

フランスの植民制度の変遷を説明した三叉は、フランス人民の植民地に対する思想が変化したことに言及する。すなわち、同化画一主義と特別制度主義が互いに争っている時は、彼らは植民地の同化に熱中していたが、チュニジア領有前後から、ようやくアルジェリアにおける同化主義の失敗の教訓を悟るようになった、と近時の植民思想の変化に触れている。

そして、フランスの植民地の現状は、

(1)郡県植民地　フランス本国の郡県と同じ扱いを受け、内務大臣の監督のもとに総督が当該植民地の財政委員会と高等参議会を統轄、総督の諮詢に応ずる諮問機関を設けている。全植民地を三県に分ち、各県に一人の元老院議員と二人の代議院議員を選挙する。管轄主体は本国の植民省ではなく、内務省が当たり、中央官僚の干渉を受けること甚だしいものがあった。アルジェリアの例。

(2)保護国　植民地の政治組織は原型をそのままに維持して、本国は何ら改革を加えず、ただ外交権を総攬する。本国の勢力を内政に加える場合もただ、旧来の組織内にその勢力を注入するに過ぎない。国体はそのまま維持するも、内閣大臣の九人中、七人はフランス人が就任する。チュニジアの場合。

(3)総督独裁植民地　近時に獲得された植民地に見られるケース。伝統的な同化主義政策を取らず、総督が文武両権を握り、近隣諸国に対する宣戦講和や特赦の権をもつ。太守であれば、武権のほか一切の権をもち、副王の如くふるまい、その一身は神聖にして植民地人から犯すべからざる地位にあり、進退を決めるのはただ本国政府あるのみといった支配形態をいう。インドシナ（ベトナム・ラオス・カンボジア三国）やマダガスカルなど。

以上、英仏両国植民制度の比較論を見てきたが、三叉は大要次のようにその特徴をまとめている。すなわち、フランスの植民制度は英国のようにその仕組みが複雑ではなく、むしろ簡略な制度といえる。そして、注目すべき特徴として彼が特筆するのが、フランスには英国の自治植民地に見られるような植民地に議会を置き、議会の向背によって進退を決する責任内閣制を実施する植民地が、一つとして存在しないことである。さらに、陸海軍の駐屯費や軍の関連する諸経費など植民地に対する補助金、中央政府の干渉によって生ずる冗費が多額に上ることを挙げて、「同化画一主義」が適用されて百年、未だに植民地の財政上の独立が実現していないことから生ずる本国への財政圧迫の実態を指摘する。加えて、参政権を与えた結果、政務を混乱せしめ、土人を同化しようとして旧俗に反する政治を行って民心が離反し、本国政府が派遣する官僚による統治が「冗費冗官」を増大せしめたのは自然の道理であった。

それに反して、かつてグラッドストーンがインド政庁に干渉しない理由を聞かれて、英国政府はただ、インドを統治する大体の主義を副王に勧告するに止まり、実際の方策は副王に一任するのが良策であると答えたのは、植民地支配のエッセンスを把握したものと評価する。また、熱心な自由主義者のJ・S・ミルが、その『代議政体論』で王領植民地の太守が独裁権を行使することが最も適切な統治方法であるという主張を行っていることを引用しながら、三叉は一貫して「同化画一主義」を批判している。

三叉は英仏両国の他にもオランダ・ドイツの植民制度を研究し、上記『比較殖民制度』に章を設けて叙述している。明治四二年七月には南洋視察旅行に出かけた。それは「蘭領印度より仏領印度に入り（中国）雲南省に一歩を踏み入れる」実に「水陸の道程一万余里」に及ぶ大旅行であった。このときの見聞をもとに、翌年『南国記』を出版（明治四三年四月）、「南進論」を説いて大きな反響を得た。また、同時期に前述の「殖民学会」を創設するなど、積極的に植民政策を論じている。

植民政策と言えば、日露戦争後のわが国と韓国の関係も彼の大きな関心事であったことは言うまでもない。議会での演説はもとより、新聞雑誌や出版を通じて、朝鮮統治の方法について多くの文章を発表している。ここでは、「自由帝国主義者」としての三叉がどのような主張を展開したのか検討してみたい。

朝鮮統治論

日露戦争中から戦後の韓国併合まで、日本は日韓協約を三次にわたって締結し、韓国支配を強化していった。第一次協約は明治三七年（一九〇四）八月に調印し、韓国は財政・外交顧問は日本政府が推薦する人物を任用すること、外国との条約締結や特権譲与については事前に日本政府と協議することなどが定められた。そして、同年一〇月には大蔵省主計局長の目賀田種太郎が財政顧問に、駐米日本公使館顧問ダラム・ホワイト・スチーブンス（Stevens）が外交顧問に就任することが決まった。第二次協約は明治三八年（一九〇五）一一月、韓国の対外関係の取り決めはすべて日本の外務省が行い、京城に日本政府代表部として統監府を置くことが決められた。韓国から外交権を奪い、韓国を保護国と化したのである。一二月には統監府・理事庁官制が公布され、京城に統監府、地方の各道に理事庁を置き、統監は天皇に直隷と定められた。そして、枢密院議長の伊藤博文が初代の統監に就任した。

第三次協約は明治四〇年（一九〇七）七月に調印され、韓国の内政が統監の指導下におかれ、法令の制定や高等官の任免、日本人を官吏に任命する場合は統監の承認を要することが決まった。同時に結ばれた秘密覚書は、大審院長・検事総長・各部長官などに日本人を採用、そして韓国軍隊の解散が規定されていた。

また、明治四〇年一一月、第三次協約に基づいて在韓日本人警察官吏はすべて韓国警察官に任命され、軍隊のみならず警察権も日本政府に掌握された。日本の植民地支配に対する民衆の反日運動は次第に激しくなり、朝鮮各地、とくに忠清・慶尚・全羅の地方で両班《ヤンバン》・儒生を中心に暴動が起こった。そうした状況を背景に明治四二年一〇月、伊藤はハルビン駅頭で愛国青年の安重根《アン・ジュングン》に射殺された。このような過程を経て、明治四三年（一九一〇）八月、韓国併合がなされたのである。同時に、日本政府は韓国王室を皇族待遇にする詔書を下し、韓国の国号を朝鮮とし、統監府にかわって朝鮮総督府をおく勅令が公布された。そして、初代の朝鮮総督には統監の陸軍大臣寺内正毅が任命された。

三叉はこのような韓国への勢力伸張をどのように見ていたのだろうか。日本と韓国の関係、韓国統治のあり方についてその所論を検討してみたい。

第二次日韓協約が締結される直前に発表した評論「『妹邦』か『勝国』か」（明治三八年一一月二日『読売新聞』掲載。のち『比較殖民制度』附録に採録）で次のような主張を展開している。すなわち、極東の国際的環境の中で日本がどのような役割を果たすかという問題について列強諸国は、日露戦争の前後を通じて一貫して厚い関心を寄せていた。とりわけ日本の韓国に対する対応について、日英同盟や日露講和条約は、日本が朝鮮に対して保護国としての役割、宗主国としての地位をもつことを諒とする意向が明示されている。すなわち、日英同盟（一九〇二年）にある「日本国は韓国に於て、政事上、軍事上及び経済上の卓絶なる利益を有するを以て、大ブリテン国（英国）は日本国が該利益を擁護増進せむが為め、正当且必要と認むる指導、監理及び保護の措置を韓国に於て執るの権利を承認す」（第三条）とする文言がそれで、日露講和条約（一九〇五年）の第二条にも同じ趣旨の規定があると三叉は述べている。すなわち、同条約ではロシアは韓国に対する日本の権利を認めて、日本政府が必要とする指導、保護及び監理の措置を執るに際しては、これを妨げ干渉しないことを約束している。そこで三叉は、二つの条約に現れた「保護」という文字は、漠然としているが、朝鮮に対する日本が執るべき政策が暗示されているので、対韓政策は朝鮮を保護国とすることに帰着したといって差し支えないと公言する。

このように、極東における熾烈な列強相互の利害対立といったリアルな現状認識から、朝鮮を保護国とする選択肢を割り出した。三叉は植民地放棄論や「小日本主義」、大陸への膨張を否定する立場ではない。むしろ、反対に日本人が困難の多い植民地経営能力を練磨することは、「大国民」としての成長にとって大事な課題であると主張する。

そうした前提に立って、彼は韓国統治に関しては朝鮮を保護国として取り扱うのがベターな方策だという。日清・日露の戦役で清国やロシアと戦い、多くの人命を失い、多大の負担を国家に与えた。とりわけ、日露戦争は二年間の戦争、数十億の戦費、二七万人の死傷者を出し、それに加えて、日英同盟の結果としてわが国がアフガニスタンに出兵する義務まで引き受けて、ようやく英国に朝鮮における日本の保護権を承認させたのである。アフガニスタン出兵と朝鮮の保護権の獲得は、いわば交換条件であった。このような「不廉なる代価」を支払って得た日英同盟第三条であったと、その高価な犠牲を強調する三叉であった。その他、ドイツに対する「不廉なる代価」に言及して、ドイツが「欺瞞、権変に依って得た」山東省の権益を承認した事例を挙げている。そこには、韓国の利益をめぐる列強の熾烈なせめぎ合いを冷徹に観察する眼がある。

日本が朝鮮において保護権を獲得した結果、英・米・独・露・仏らの列強諸国はみな公使を京城から引き上げるであろう。列強が日本の朝鮮に対する保護権を認めた後は、今後、日本がいかなる種類の保護国として、朝鮮統治を行うかという問題がクローズアップされよう。

ところが朝鮮に対する保護権の行使の仕方について、朝野の意見は区々に分かれて未だ一致した見解がないのが現状である。その理由は何か。彼がいうには、日本国民は「窮措大〔貧乏な書生・学者の謂〕が一夜に巨万の富を得た」如く、この保護権をいかに活用すべきか、保護国に関する理解は小学生程度の知識であり、何らの経験知もない状態なので、保護という言葉の意味は千種万様に解釈されている。三叉の見るところ、大臣や有力な軍人、各政党の領袖のなかにも「保護」の用語について誤解がある。たとえば、「保護」と聞いてただちにこれを同化すること、すべての政治の根本的変革を意味することと解する人が多いという。

そこで、三叉は「保護」とは決して同化政策を意味するのではなく、保護権行使の前提として、朝鮮が「妹邦」か「勝国」かという問題を提起して議論を深めようとしている。

朝鮮が日本にとっての「妹邦」とは何を意味するのか。それは一つの国家を形成しているが、主要な権利はわが国が手中に収めて管轄し、わが国の利害に直接、関係しない事柄については干渉しないこと、すなわち宗主国として、内政は彼らの自由に任せて日本はもっぱら外交決定権と経済利益の維持に努めることを意味する。すなわち、五百余年続いた李氏朝鮮の社稷《しゃしょく》はそのまま保持して、日本はその風俗習慣に一切干渉せず、民衆の風俗改善、教育改革や兵隊の増減、宮中の改革などはすべて彼らに一任すべきだという考え方に立つのである。

しかるに現状は「六、七十の老婆が十六、七の娘に向って、衣服の色合いから、髪の形、歩き方から、言葉の遣い方、箸の持ち方に至るまで、一々朝より夕に至るまで、諄々として小言を列《なら》べるが如き遣り方である」。そしてこれを名づけて同化という。こうした「笑うべき極」ともいうべき朝鮮同化策は、彼らをしてますます日本への反発心を強めるだけである。

大体、一つの国家が他の国家を同化することは以ての外であり、たとえば教育を施して同化するという考えを主張する者があるが、朝鮮が祖宗以来の伝統をもつ歴史であることを教えたならば、いよいよ彼らが独立心を高めるに違いない。また、朝鮮人にわが国の神武東征以来の歴史を学ばせ、日本への帰属心を養わんとする考えもあるが、彼らが日本歴史の中身に感動して同化すべき理由は何もない。

まさに煩労多くして自ら失策する方途であり、朝鮮を同化せんとして「老婆親切」を施そうとするは沙汰の限りと断言する。ここで台湾統治を例に出して、その成功の秘訣は「同化病」を病まぬからと云い、台湾統治で政府が意図するのは衛生の徹底や文明の政治は行うが、辮髪を許し、固有の文人学士に相当の敬意を払い、台湾の風俗習慣を尊重して別に民法を制定するなど、台湾がわが領土でありながら「同化主義の病的政策」を行わないのが台湾をよく治めうる原因であることを強調している。

三叉は、朝鮮と台湾の違いに触れて、朝鮮が主権をもたぬ純然たる属領、コロニーではなく、それを「掌の中に入った」かの如くに誤認し、「妹国にすぎざる朝鮮」を以て「勝国なるかの如く思ひこみ、保護国であるにもかかわらず、事実上、わが州県の一部のような統治をしている。それは、あたかもフランスが植民地に対して採用した「病的同化政策」の轍を踏む行為に他ならない。三叉は朝鮮が日本の保護国であるという原則を再認識して、外交権と経済上の権限を確保し、内政はいっさい彼らに一任して「燕雀の君臣、春祀、秋穫を楽しみて、自ら其為さむと欲するところを為さしめるといふ大度量」がなければ、朝鮮の統治は何十年経っても、今日のような動揺、疑惑、混乱の繰り返しを免れないであろうと警告している。ここには、韓国に対する冷徹で優越感に裏打ちされた植民統治論が貫かれている。

次に朝鮮統治の困難さについて、三叉が語るその原因論を紹介しよう。

朝鮮統治の困難さは、一体、何に由来するのか。為政者が揚言するような軍事力の不足に根差すものではない。すでに朝鮮の八道を制覇したわが兵力は、ロシアをすら震撼せしめている。朝鮮の要地を占領しているわが兵力に対して、朝鮮人の反抗はもはや不可能な状態にある。したがって、軍事的威力の不足に原因があるのではなく、問題はむしろわが日本の官民の不和にある。つまり、日本の文武官僚の折り合いの悪さが原因であることを指摘し、それは公使館中にすら議論が区々に分かれ、感情が背反する実態に触れている。

三叉は、公使館と領事館を廃止すれば朝鮮を得て治むべしと放言したある駐在武官の話や、武官のある者を攻撃して大山師と云った官吏のエピソードを紹介して、このような文武官民の感情的乖離があっては、幾十万の軍備を京城に置くも鎮圧できぬと嘆いている。さらに、大言壮語をもって朝鮮の官吏を誘惑して、金銭上の利益を得ようと暗躍する民間の冒険家もいて、このような有様では、到底、わが国は朝鮮に威信を樹立できないと嘆いている。

要するに、三叉は駐在官をもって朝鮮政府の外務大臣たらしむるか、あるいは朝鮮の外交は日本政府が直接当たるかの二者択一にすること、内政は彼らに一任して、その間に我文武官僚の一致協力を実現すること、そして「物理学の原則」に反する同化政治をやめること、いわば「保護殖民地統治の要訣」に立ち返ることを力説して止まないのである。

「朝鮮併合」と「倫理的帝国主義」

このように「保護せられたる独立国」、「半主権国」にして妹邦たる朝鮮の実現を望んだ三叉であるが、そのような立場からすれば明治四三年（一九一〇）八月の「日韓併合」の意義はどのように理解せられるのだろうか。

彼は「朝鮮よりもドレッドノート艦を要す」（『中央公論』明治四三年五月）で朝鮮併呑は日本の国益に反し、「一人の功名（「桂侯は素より功名に急なる人で、己の手によりて朝鮮を併呑したりと云ふが如きことを天下に宣言したいのは政治家としてあり勝なる弱点」）の為に天下其禍を受くると云ふもの」と朝鮮併呑に反対し、保護国制度＝統監制度の植民政策上の利点を強調している。この時期、彼は「殖民地略奪の愚策」、「朝鮮併有の方法を評す」（いずれも『中央公論』誌上に発表）などこの問題について積極的に発言している。

朝鮮を保護国として統治することを推奨する三叉であるが、その観点から朝鮮の併合反対論を次のように主張する。

「余は我が政府が朝鮮を保護国とすることを賀すると言った。併ながら保護国とすると云ふ事と、此の保護制度を実際に運用すると云ふ事は、又自ら別物である。我が政府は既に紛々たる世論に惑はず、朝鮮を併呑するの愚策を避けて、之を保護国とするに満足したと云ふのは賀すべき事ではあるが、併ながら我が政府は果して保護国に対する政術を解して居るや否やは疑問である。凡そ保護国の妙用は其内政は多く従来の儘にして、又制度も官吏も甚しき変革を加へずして、而して其の国の宗主権のみを取ると云ふ事に存するのである」(「如何にして妹邦を治めん乎」(明治三九年一一月)『比較殖民制度』二〇七〜二〇八頁)

保護国制度を発見したのはフランスである。すなわち、同化主義を植民地に採用するのが間違いであることを悟ったフランス政府が案出した非干渉主義はチュニジアに対して初めて適用した制度で、ガンベッタ(Le'on Gambetta, 一八三八〜一八八二)、フェーリー(Jules Ferry, 一八三二〜一八九三)らの智慧才覚から生まれた新案である。思想的には帝政もしくは王政派の考え方で、彼らは、植民地を特別な制度の下に置き、本国より干渉せず、同化せしめず、本国の如き自由制度を適用せず、その固有のままにして、本国はただこれを治めて発達せしむるという考え方であった。しかるに、自由派および革命派はフランス革命の理念である人類平等の原則を満天下に行わんとし、たとえ植民地であってもフランス本国と同様の権利義務を植民地の人民に付与せんとした。そこで本国と同一の制度施設を導入し、同化主義、画一主義を実施することを主張してきたのである。

ところが、ガンベッタ時代になって、さすがの自由派も同化主義の欠陥が分かったが、自由主義の旗幟を掲げてきた以上、伝来の植民政策の間違いを公言できず、チュニジアを新たに植民地とするには、従来の同化、画一主義を実施しなければならず、行えば失敗することは必至で、ディレンマに陥った彼らがその解決策として打ち出したのが、すなわち保護制度であったという。保護制度を適用する以上、その国は半独立国であり、所轄の官庁は内務省でなく、外務省ということになる。外務省の管轄になれば、本国の議会や内務省の「刀筆連」〔下っ端役人〕のこむずかしい干渉や同化制度に向けた屁理屈を避けることができる。そのような配慮から考え出されたのが、この保護制度であったと解説している。

言い換えれば、フランスがこれまで行ってきた同化主義、画一主義が誤っていたことの告白が保護国制度であった。三叉はさらにコメントを続けて言うには、この保護国制度を発見したのはフランスであるが、実は、この制度に含まれる非干渉主義を実地に行ったのは英国である。彼らはすでに久しい間、なるべく現地の旧慣を尊重し、土着の旧吏を排斥することなく、そして統治に要する経費を縮小する努力を行ってきた。そして、非干渉主義を守りながら、植民統治の大綱は厳重に保持するのが英国式やり方であった。実はオランダの東洋政略も同じやり方であった。米国が同化教育の名のもとに、フィリピンで莫大な費用を投じて、失敗しつつある実態、すなわち、フィリピンの人民が文字を知った結果、様々な矛盾を知った彼らの心痛が増大し、現在の境遇に不平不満を抱くようになったこと、そして労働を賤しむ人民を作ることになったのは大きな失敗であり、日本はそのような轍を踏んではならないと力説している。要するに、「現在固有の材料を、成るべく使用して、現在眼前の地面に建築するのが、殖民政策の原則」という、リアリスティックな主張を繰り返し強調したのである。

さて、わが国の朝鮮統治に立ち戻って考察するに、保護国としての朝鮮の政務を取り扱う官庁は外務省であるが、そのことのメリットは何か。外務省の管轄に属するということは、予算の審議、質問を除いて議会の干渉を避け得るという点にある。議会の職分から言って、植民地統治の政務に対する干渉はできない。政務は外務省に一任しなければならない。ところが、三叉が心配するのは、議会の掣肘よりもより面倒な外務省内の官僚たちによる干渉であった。植民地行政に対する官僚支配を懸念する三叉は、日本の中央政府はなるべく統監に全権を委ねて自由に手腕を振るわせ、「外務省の窓から細い首を出して小むづかしき干渉を試みぬやうにせねばならぬ」と忠告している。

彼はまた、内政に関してはきわめて自由主義者であるにもかかわらず、こと植民地のことになると本国政府や議会の干渉を断じて認めぬのは、いつもの態度に似合わぬ主張とみられるかもしれぬが、総督に全権を委任する考えは『自由論』で名高いミルも同じであると持論を弁護している。

官僚の繁文縟礼《はんぶんじょくれい》を嫌う三叉はまた、統監の選定についても一家言ある人であった。すなわち、政府は藩閥か民間党かといった狭い料簡を超えて、日本を代表し得る有為な人材を選んで植民地に派遣しなければならないと述べる。保護国に駐在して政務統轄の全権が一任される以上、そうした配慮は一国の大事を左右するという認識が必要なのである。

次に、三叉は植民地朝鮮における司法権の問題を論じている。

列国の人民が朝鮮においていかなる法の適用を受けるかという問題、本国の領事裁判を認めるか否かについて、彼はきっぱりと日本政府の裁判権に服すべきであると主張する。キリスト教国では、第三国において他の国民の上に権利を振うことを認めずという原則があり、この原則がしばしば濫用せられて物議を醸しているが、これを保護国において応用すべきでないと言い、治外法権を否定している。そこで日本政府は、欧州諸国の国民にして朝鮮に在留する者には、猶予なく日本の裁判権に服すべきことを通告しなければならないと主張する。それに関連して、韓国がすでに他国との間に締結した条約のなかにある治外法権の条項は廃棄すべしと説く。ある国が保護国に転じた以上、国際法上は滅亡した国家である。したがって、旧条約は廃滅するという論理に立っている。

さらに日本は朝鮮の保護者として、他の国民と保護国の間に立って外交政策の責務を負うこと、他の国民が韓国において何らかの危害を被る場合、これを保護する義務があるとともにこの国民が他に対して加害者となる場合、日本政府は犯人を処罰する権限を有することについてベルリン条約（一八八五年）の通則三十四条を挙げて論じている。*

＊ベルリン条約は、コンゴの植民地化をめぐる列強間の対立の収拾のために、一八八四年一一月から八五年二月にかけてドイツ帝国の首都ベルリンで開催された会議で締結された。全七章三八条から成る。コンゴ

盆地の自由貿易と中立化、コンゴ川の航行の自由に関する協定、アフリカ大陸沿岸部での新規の領土併合に関する規約など合意された。英仏独をはじめベルギー、ポルトガル、スペイン、イタリアら一四カ国が会議に参加、この条約でアフリカ分割の原則が定められ、その後アフリカ大陸の植民地分割が一気に進行した。

その際、列国の国民が朝鮮の法律に服従すべきか、それともわが特別法廷の裁判に服従せしむべきかといった問題が生ずるが、これはまた別個の問題であろうと述べている。

最後に、朝鮮人民に教育を施して同化に努める方策について、彼は次のように述べている。

そもそも、朝鮮国民の日本への同化を推進するという考え方に根本から疑問を呈する三叉は、「如何なる国民も、之を同化して本国同様な人民としやうと云ふが如きことは、教育上の迷信」と言ってのけた。むしろ、人は文字を知る前に食物を必要とするのであり、教育によって理屈を唱え、現在の境遇に不満を起こさせる前に、産業を起こして生活水準を高め、生命財産の保全を実現しなければならない。朝鮮は商工業の植民地ではなく、わが国に農産物を提供する農産植民地である。それゆえ、朝鮮はわが国の田畑として開発する必要がある。

入植移民のすゝめ

したがって、その人民に教育を実施するとしても、それは、よりプラクティカルな農業的、工業的教育ということになろう。要するに農業植民地しての位置づけであるが、朝鮮の現状は人口が少ないので、人口不足を補うために本土から積極的に人々を移住させなければならない。それも貧困層でなく、ある程度の田畑を購入できる経済力のある農民の移住を勧めている。

移住の形態も、一人二人の移住ではなく、まとまった人数の団体移住が望ましい。つまり、その中には小学校の教員もあり、農家もあり、洗濯屋や駄菓子屋、床屋、大工なども居る集団を形作り、その仲間が一定の地域を買い占めて、そこに村落を作るという構想を以て移住せしむるのが最も得策だと説く。そのために、朝鮮政府に対して土地を売却しようとする人民があれば、それを公に斡旋し報道するように勧奨する必要がある。たとえば、各地の鉄道の近傍に数百町歩の未開墾地があって、その売却を考えている所有主があれば、政府に通告せしめて、政府が官報で公告し、一定の期日までその価格の吊り上げを認めないというような規制を設けることを勧めている。具体的には、満州にいる兵隊がすべて凱旋すれば、その数は七〇万以上になり、そのうち一〇万人が失業するという予測がある。

この七〇万人の兵士は一時賜金や年金を受け取るであろうから、その賜金でまとまった田畑を購入することができる。朝鮮の当時の地価は、一反歩六円で購入可能なので、兵卒一人が六、七十円の賜金を得るとして、約十余反歩の田地を入手することができる計算になる。失業兵士がむなしく内地で彷徨するのではなく、彼らが団体を組織して朝鮮でまとまった田畑を購い、生業に励む方法を講ずるようにと説いている。

また、三叉は植民地における人口増加に苦慮する列強に言及して、植民地開拓と婦人の力に言及する。フランスは貧窮の婦人を集めて国が嫁入り資金を与えて現地に派遣し、やがて兵隊上りの若者を送りこんで結婚させたが、男は貧女の資金を使い果たした挙句、本国に逃げ帰って失敗した事例を紹介、そして、英国は植民大臣を経験したチェンバレン自ら英国婦人移住協会の運営に力を貸して、中流以下の婦人に必要経費や渡航費を支出して移住させる努力をしたことなど、各国の事例を紹介している。日本は「殖民地があって殖民がない」フランスの方式ではなく、「殖民地と殖民とを併せ有する」英国方式を見習って植民地の繁栄政策を樹立すべきことを力説している。

「殖民地は女性なくして発達するものではないと云ふことは、何れの国の殖民史も証明する所」という確信に基づいて、国は単に崇高な理念を掲げるだけでなく、経済的支援を含めた細部の問題に着目してキメ細かな対策を練ることが必要であると強調している。

「保護国」朝鮮と教育問題

保護国としての朝鮮をいかに統治し誘導すべきかという問題は、当時、わが国の為政者や識者にとって重大な関心事であった。そのなかで朝鮮同化策との関連で学校教育を盛んにすべしという議論があったが、三叉はそれを「迷謬の意見」と断定して強く否定したことはすでに触れた。

しかし、もし朝鮮をわが国と同等の国と見なして、将来、自治制を布き、代議士選挙権を与え、わが国民の不法行為について裁判権を与えるなどの決心があれば、朝鮮に教育を施すことは「朝鮮誘導の第一義」で反対すべき筋合いはない。しかし、朝鮮を以て植民地の一種と考えるのであれば、学校を整備し教育を充実することは「非常なる謬見」であると強調している。

三叉の反対論は「風俗習慣を異にし、殊に厳然たる政府もあり、社会組織もあり、且つ国民観念もある国民に向って、教育に依って自国通りに同化仕様といふ事はこれ到底出来ない事」という確信に基づいていた(「韓人教育に就いての謬見」『教育時論』明治三九年一月、『比較殖民制度』に収録)。

要するに、教育による朝鮮同化策は「旧式の殖民論」であると一蹴するが、その論拠は次の点にあった。「国民的気質、天然の感化、人種的本能及び歴史的勢力の相異なった国民に向って、之を同化して其本国と同種のものたらしめんと欲し、又其本国と同一の制度を適用しやうとするのは、これ社会学の原則に反いたもので、人間の空想を以て天然の理法を超えんとする無智の所業」（同上、二二七頁）であるとして、参考例に英仏両国の植民政策の比較を再説する。

そこでは、英国流の「放任主義」の利点を説いて、フランスにおける保護主義の案出は英国流の放任政策の適応に他ならないことを強調、教育を施すことが韓国経営の第一義的課題と唱えるのは、知らず知らずのうちにフランスの同化主義の弊を学び、同化病に感染している証しであると主張した。

それでは、英国は植民地にどのような教育を実施しているのか。英国は植民地に住む本国人に対しては教育を実施するが、「土人」（ネイティブという意味で、とくに現地人に対する軽蔑の意味はない。新渡戸稲造も「土人」の用語を使ったが、弟子の矢内原忠雄は新渡戸の講義録『植民政策講義及論文集』の編者として、それを「土着人」「原住民」に改めている）を教育することは宗教家に自由に一任しているという。英領ギアナの太守は土民に教育しようとする者は放逐するという法令を出したことを例に出し、この地では宣教師が土民の心性を開発することは許可するが、文字や理屈を教えることを厳禁したという。

インドも東インド会社の支配下にあった頃は、土着人に英国流の教育を施すことを禁じていたこと、歴史家のマコーリーらがインドに行くようになって、土民の上流階級に教育を施す端緒を開いたことを述べている。インドシナを支配するフランスも、現在では土民にフランス流の教育を施す準備はないという。要するに、土着人の感化事業は宗教家に任されているのが、英仏共通の実状なのである。

それでは、なぜ、植民地現地の土民に教育を与えないのか。三叉は二つの理由を挙げている。第一は文明の水準と教育の関係を挙げて、その社会が幼稚で人文の程度が低い場合、高度の文明国の教育を施すことは有害無益であるという。つまり「人生字を知るは憂患の始め」で、文字を知って自らの境遇に不平を抱き、肉体労働を忌避し頭ばかり発達して手足の発達しない人間になる。具体例として、フィリピンを領有した米国が、フィリピンの村落に地方自治を布き投票で村長を選び、全島の歳入の五分の一を教育費に投じて英語教育を盛んにして土民の米国化を図ったが、その結果はどうであったか。文字を知った民衆は、かえって米国の統治に不満を抱き、肉体労働の提供を減少せしめるようになったという。

韓国に教育の必要を説く論者は、これを以て「他山の石」とすべきであろうと述べている。

さらに朝鮮人の特徴について触れ、朝鮮人は「元来空文を尊み、浮華を競ふの民」であるから、こういう民衆に学校教育を施せば、いよいよ労働を賤しみ、人生の実務を軽んずるようになると警告する。こうした朝鮮人観は、当時の識者の間で広くみられる特徴であったかもしれないが、現代の基準でいえば偏見と独断に満ちた詭弁（fallacy）と言わざるを得ない。三叉もやはり時代の子で、日清戦争後のアジア周辺国に対する蔑視観を免れなかったのであろうか。

第二の理由として挙げるのは、本国に対する反抗心を育成する点にある。一国が他国を併呑するということは、「人生悲惨の極み」であって、併呑者は数年かけて「美政良法を施して、其国民をして併呑者の恩に感ぜしめる」ことが必要である。その「美政良法」の実が挙がらぬうちに学校教育を実施すれば、彼らにこの悲惨な事実の実態を覚らせて、徒に憤慨の念慮を激化させることになる。英国のインド統治の実態がそれで、英国の統治には功績著しいものがあるにもかかわらず、教育が普及するとともに土民の間で不平の声が高まり、独立の思想が充満している。

第二次日韓協約（明治三八年）で外交権を奪われた韓国は、もはや「国際法上の主題としては滅亡した」と解釈する三叉であるが、日本が韓国に対してこのような高圧的手段を取った理由を説明し、それを正当化する方法として、長い時間をかけて朝鮮に「善政良法」を実施するほかない、徒に学校を設立し、教育を施すのは「自殺的挙動」という。それでは、朝鮮にとって教育は絶対に不要なのかという問いに対して、彼はまず朝鮮を如何なる植民地として位置づけるか、それを決めることが先決問題であると述べて、以下のように説明する。

植民地としての朝鮮の法的区分は別として、経済的観点から見て、

(イ)資本を卸すところの工業植民地
(ロ)本国の製造品を販売する市場としての商業植民地
(ハ)本国の食糧確保のために、資本と労力を投入して田畑を開拓する農業植民地

の三種があるが、朝鮮は農業植民地に該当するという。土地は広いが人口は少なく、人民の購買力は低い。生活程度も低く、多年の「虐政」の結果、かつての豊穣な土地も荒蕪地と名付けて放棄されている。しかし、大陸性気候であるから綿花の栽培に適していて、牛羊の繁殖にも向いている。古来、

朝鮮牛はわが国で有名であった。このように、農業や牧畜に適した植民地として考えられているのであるが、三叉はそれにふさわしい教育を施す意義はあると強調している。すなわち、農業牧畜の教育を彼らに施行し、勤労利益のあることを教えて農業に関する学問的利益を享受せしめるべきだという意見である。農業が開けて、農業手工にともなう簡易な教育によって、禿山が解消され、牛羊は至る所で草を食み、民の生活レベルが豊かになって、初めて学校教育の必要が生ずるのである。

要するに、教育は朝鮮を開発する原因ではなく朝鮮を開発した農業によって、人々の生活、人文がある程度豊かになって初めて、教育、教養といった文化的充実が求められると説く。したがって、それまで朝鮮にとって必要なものは、社会秩序の回復と生命財産の安全、そして農作業の奨励である。国家経営と朝鮮人民の幸福実現のために、三叉は輿論に逆らって以上の見解を公表したのである。

「韓国併合」に反対

朝鮮はわが国の領土にあらず、保護国であるという主張を繰り返した三叉は、また韓国同化政策に強く反対したことはすでに見た。その彼は日韓併合をどのように論評したか。「朝鮮よりもドレッドノート艦を要す」(『中央公論』明治四三年五月)を材料に所論をより詳しく検討してみたい。この論文は韓国併合直前に書かれたが、朝野挙って朝鮮併合に賛成する輿論の真っ只中で、三叉ひとり異論を唱えた文章である。

まず当時の熱狂的な「併呑」論に対する彼の批判を紹介しよう。

朝鮮はすでにその兵権、司法権、財政権、外交権、警察権を失い、余すところはただ王室各大臣の名目(「燕雀の君臣自ら大なりとする、所謂朝廷の衣冠文礼」)あるのみである。このような朝鮮を併呑することは「小児の腕を捻《ねじ》るが如きもの」で、日本国民挙って論ずるまでもない。朝鮮はちょうど熟しかけた果実のようなもので、それを今敢えて決行せねばならぬと息巻く光景は冷笑せざるを得ないと批判している。それよりも三叉が重視するのは、財政上の問題であった。功名を挙げることに逸《はや》る桂（太郎）に、なぜ朝野の聡慧なる識者が堂々と警告する勇気をもたないのかと嘆く。政府の反対党の政友会からも批判が出ない。前の大臣たる林董の如きは、反対どころか最も熱心な併呑論者である。

三叉は桂の名声欲に加えて、朝鮮統治の制度と統治技術の問題に及んでいる。すなわち、朝鮮の叛乱を以て統監制度の罪という意見があるが、統監政治にしてこの叛乱を抑えることができないならば、朝鮮を滅ぼして新たに総督政治に制度を変えても叛乱はますます増えるだけである。要するに、原因は「制度に非ずして、此の制度を運用する政術の得失如何」にある。「併呑」の結果生ずるであろう王室の廃止や国命の変化によって、叛乱は四方に拡散し、わが国は今後数年間、奔命に疲れることであろうと予言する。ここで三叉は、叛乱の増加に加えて、日本が被る財政上の負担増を憂慮している。

現在の統監府支配下の朝鮮で必要とする経費は毎年一三〇〇～一四〇〇万円であるが、朝鮮政府を廃して、総督自ら直接政治を行う場合、約三〇〇〇万円増額して四五〇〇万円程度の出費が見込まれる。それを台湾統治に要する経営と比較しながら、当時の人口二〇〇〇万人の朝鮮に直接政治を実施しようとすれば、四五〇〇万円の経費を一〇年間、合計約四億から五億円を注入する必要があろうと予見する。ちなみに、彼は人口三〇〇万の台湾統治に約一〇年の間に前後三〇〇〇万円を投じて、ようやく財政の独立を達成した経緯と比較している。総督政治という「虚名」を得るために、日本が大きな財政負担を強いられることの不合理さを強調してやまない三叉であるが、今、喫緊の課題は何かといえば、朝鮮をいかにして経営し、いかにして経済的に発達せしむべきかという問題にあると主張する。

ここでフランスの保護国制度採択の経緯を持ち出して、それが最も経済的な制度であることを繰返している。長い伝統ある歴史と風俗習慣があり、国家の歴史もある朝鮮の統治は、王室や旧社会の組織を保持しつつ、それを利用するのが最も平穏かつ経済的な方法であるという。フランスはインドシナ統治に際して、安南、東京を滅ぼすことなく、保護国として安南王を存在せしめ、フランス共和第何十年といわずに、安南王維新何年の名を用いて政令を出したという。土人の頭を斬り、さらし首に処することもみな国王の命で行った。しかるに、なぜ日本は朝鮮の旧社会を変更し、王室の独立を奪い（韓国宮内府を廃して日本宮内省の一部局の「李王職」とした）、その政府を転覆する必要があるのか、また、なぜ朝鮮をそこまで強圧して「併呑」する必要があるのか、納得いく説明が欲しいと述べている。

先に、三叉は朝鮮で人民の叛乱が跡を絶たないのは、制度より実際の統治に携わる人の問題であることを指摘したが、その点に関してもう少し具体的に紹介してみよう。

統監制度を運用する人々は、現地でどういう振る舞いをしていたのか。三叉は朝鮮に在留する日本人の朝鮮人に対する態度が横柄で、民衆に様々な「暴虐」を加える状況を非難している。そして、官吏が朝鮮語を理解せず、土民の事情を知らず、ただ法令と威圧に基づいて支配をしようとする点を問題視する。その国に歴史があれば即ち習慣があり、習慣があればそれに応じた社会組織が出来上がっている。したがって、為政者がいかに「強圧力」を用いて、強権支配を試みてもその社会組織を変革できない。しかも、支配層の官吏のなかに現実に朝鮮語を理解し朝鮮の社会組織に内在する土着の勢力をうまく利用できる人間が果たして何人いるのか、すべての禍はここに胚胎すると見た。

ここで、彼はとくに朝鮮における両班《ヤンバン》の存在について注意を喚起している。両班は朝鮮の士族ともいうべき存在で、両班対策を考えずに朝鮮を治めんとするのは、あたかも明治維新後のわが国において、士族という階級を眼中に置かずに政治を行うようなものだという。両班の階級的属性については様々な見解があるが、それは、高麗・李朝の朝鮮で東班（文官）・西班（武官）として特権的支配層を形成した階層で、彼らが有力な社会的勢力として国家の政策に影響を与える勢力であったことは間違いないという。

彼はかつてオランダ政府がジャワ（現・インドネシア共和国の一部）の統治にあたって、両班に相当する現地の勢力を巧みに利用（全国を二五、六の政治区画に分け、各区域に「士族の親分」を置き、オランダの官吏はこれらの首領を監督して政治を行ったと三叉は説明している）しながら統治したという。そして、オランダ人の官吏が首領を下僚といわずに「我が弟」という家族的な呼称を用いた。それは、マレー半島では兄弟の交わりが良好な人間関係を育むというパターナリズムの感情が生きていたからである。この親愛の情によって首領と結び毎年一万二千ギルダーの給金を与え、さらに首領の下にいる各町村や郷単位のサブリーダー（「士族の小親分」）にそれぞれ統治を依頼してやはり身分不相応の給金を与えているという。三叉はこの扱いをわが国の士族に与えた公債証書に喩えている。

ところが、日本政府は両班階級を一切用いようとせず、彼らに対する生活上の保障も顧慮しない。わずかの兵隊があればこれを解散せしめ、不満を抱く彼らは武器をもって蜂起する。

そして、政治家は朝鮮の根本的変革を唱えて、津々浦々に日本の官吏を配置して直接統治を行わんとしている。なぜ朝鮮人に一村一郷の支配を委任して、日本の官吏はこれを監督するという寛大な態度を取れないのであろうか。三叉は朝鮮を統治する関係者の植民政策上の無知を慨嘆してやまない。とにかく、両班の生活保障をし、彼らに「燕雀の君臣をして自から其夜郎自大の心を満足せしむる」(小吏が虚名を誇示すること)鷹揚さを求めている。そしてこの間に道路を建設し、産業を興し「士族授産」を行って安心して日本の「附庸国」(従属国の謂)たらしむることが肝要であると主張している。

朝鮮併呑という空名のために、四、五億の巨費を朝鮮に投ずるより、むしろ「十艘十五艘のドレッドノート型の大軍艦*」を購入すべしと揚言する。三叉は「巨艦、巨砲、多砲主義」の海軍政策を説く立場にいたが、ここでも海軍の強化策、大艦隊の建造を謳っている。その背景には日露戦争後、軍艦の老朽化と補充の遅れに加えて、米国をはじめ世界の強国が海軍を強化して、太平洋を舞台に鎬《しのぎ》を削らんとする状況が出現してきたという切迫した危機感があった。時の首相の功名心や朝鮮併呑の空名にとらわれず、限られた財政力の中でより合理的な国益の擁護と国防方針の案出を主張したのである。

*ドレッドノート艦は一九〇六年、英国海軍が建造した大型戦艦の名前。日本語で弩級艦と訳された。全長一六〇m、全幅二五m、最大速度二一ノット、吃水八m。以後、大型軍艦の総称となる。その後、超弩級艦が作られ世界の海軍は巨艦建造競争時代に入った。

浮田和民の日韓併合論

「内に立憲主義、外に帝国主義」の「倫理的帝国主義」思想で知られる早稲田大学政治学教授の浮田和民（一八五九〜一九四六）は、朝鮮併合をどう見たか。彼は明治四二年から大正八年まで雑誌『太陽』の主幹を兼務した。その雑誌『太陽』明治四三年一〇月号に「韓国併合の効果如何」という評論を発表している。

彼は韓国併合条約の公布によって朝鮮問題が国際問題としては解決を見、国際平和のために慶賀すべきことであるという。しかし国際的争点としては問題が解消したが、朝鮮問題全体がこれで解決したわけではない。彼がいう国際問題としての朝鮮問題とは何を意味するのか。朝鮮問題は、従来、東洋における外交上の重大な係争の種であり、その処遇をめぐって列強の利害が入り乱れ、ややもすれば東洋の平和を攪乱する火種となった。とりわけ日本にとってその影響が大きく、「朝鮮の利害は屢々我が国家の生存を危殆ならしめ、我が国民の発展を阻害するの禍機」となる形勢であった。日清・日露の戦争も朝鮮問題が絡んで勃発した。その意味で、世界の平和を破る危険を除去した日韓併合条約が列国政府に承認されたことは、大きな意義があると捉えるのである。

このように、国際問題としての朝鮮問題の解決を以て、日韓併合の効果と見なすが、さらに彼は韓国内外の政治を挙げてわが国の管轄に置く以上は、韓国人民の幸福の増進に役立てなければならないと言う。しかし、第二の併合の効果をあげるには、今後、予想される内政上の幾多のトラブルにも十分対処できるような準備が必要であるとして、英国とアイルランド、ドイツとボーゼン、アルザス、ロートリンゲン、ロシアとポーランドおよびフィンランドの例を挙げながら併合の難しさを思い起こさせる。朝鮮はこれらの国々と違って、人種・宗教・風俗習慣を異にし、独立心旺盛な異民族間の合併と同日に論じ得ないと主張する。

すなわち、浮田はここで「日韓人民は古来同種同文の一民族」説を主張、両国民は「親密なる関係を有し、民族史上より観察すれば日韓同化の容易なる可きは固より疑を容れざる所」で、将来的には「イングランドとスコットランドとの合同の如く永久平和にして自他の幸福を増進せんことを希望して止まざるなり」と述べるのである。

浮田は「極東諸国の独立を維持し、其の革新をうながしその結果として東西両洋の文明を融合せしめ」、「国際法上の合意に基き欧米諸国に向って十分自国人民の権利を拡張し、又たアジア諸国の独立を扶植し、その独立を扶植せんが為めアジア諸国の改革を誘導促進せしむる」といった思想もあるが(『帝国主義と教育』明治四三)、ここにはそうした積極的な主張は後景に退いている。

ただ、「個人としての理想は、今日韓国を併合することを為さず従来の保護関係を継続し、将来韓国人民の輿論を発揮し、恰かも英蘭と蘇格蘭との随意的合同を為したる時の如く、其結果、永久日韓の関係をして円満なる状態を見るに至らしめんこと」といった考えもある。

そもそも日本の朝鮮支配の目的は何か。それは日本がアジア大陸において覇権を握ることにあるのではなく、日本海の制海権の確保にあると浮田は言う。韓国が日本の利益を無視し、もしくは他の強国に与することがあれば、日本海の制海権は失われて、日本の独立に甚大な危害を与えることは日露戦争の経験に照らして明白である。それゆえ、韓国がその独立を維持せんと欲すれば、「永久日本と同盟を結ぶか、若しくは時期を待って随意合同を為すの外なかりしなり」という。さらに、彼は日韓合併を契機に両国の「民心融和」を図って真の合併の実を挙げることを説き、それを以て朝鮮問題の終局の解決とすると主張している。

朝鮮人の同化について、浮田はどう考えたか。朝鮮人を将来「忠実なる日本帝国の臣民」たらしむるには同化よりも同情が必要であるという。同情とは何か。「互いに他の権利、自由、および名誉を尊重してその人格を蔑視せざらんこと」、そして「内地人も半島人も共に日本人として相互に尊敬し毫も其間懸隔なきに至らんこと」を希望している。具体的には、日本人民全体の国民教育の徹底、朝鮮人に参政権を与え、帝国議会にその代表を選出せしめること、もしくは朝鮮に特別議会を設置して、朝鮮の内地に関係する立法の「協賛」せしむることなどを提言している。浮田には憲法上、帝国臣民の享有すべきすべての権利を朝鮮人に与えるべしという考えがあった。

同じリベラルの思想家であっても、竹越の植民論と比べていくつか相違点も見られる。同化論や憲法上の権利付与において両者は鋭く対立するが、併合よりも保護国関係の継続、官僚主義的な強権支配の批判という点では共通する。ただ、三叉には日韓両国民の「同種同文」説や東西文明の融合といった発想はない。そして何よりも両者の主張の違いを際立てるのは、植民地経営における財政的負担の軽減や効果的な現地統治の方策（たとえば両班対策など）、殖産興業を盛んにして、植民地人民の生活向上を図るといったリアリスティックで合理主義的な視点の有無であろう。また、両者ともに韓国の独立や民族自決への理解はない。あくまでも日本主導型の東アジア圏の秩序形成という観点が優先されている。
そして、浮田や三叉には韓国台湾の人々に対する温かいヒューマンな眼はあるが、現地の民衆の自治能力や統治能力を育成しようとしない。そして原住民の利益を重んじ、人間としての価値は認めるが、彼らに主権を与えることに同意しない姿勢は、新渡戸稲造の原住民政策と共通の思考方法に立つものといえよう。

北守南進論——『南国記』

三叉は明治四三年四月、『南国記』（二酉社刊）を出版した。本書は昭和一七年に日本評論社からシリーズ「明治文化叢書」の一冊として再刊されたが、その「昭和版の南国記に題す」のなかで、初版当時を回想して次のように述べている。明治四三年当時の本書に対する反響の大きさを知る意味で参考になる。

「総理大臣桂公が、余を招くので彼を官邸に訪問した」ら、彼が言うには「オランダ政府が予〔竹越〕の南進論に於て大に恐怖を感じ、英国政府とドイツ政府から、交《こもご》も日本帝国に対して、通牒を送り、蘭領印度に対する日本政府の政策の説明を求めて来た、因って日本政府は、蘭領印度に対して何等考慮して居らぬことを明言して置いた。足下は責任の地に在らざるも、衆議院に議席を有し、且つ文壇指導の地位に立つことを顧みて、縦論横議は慎んで貰ひたい」との注意を受けた。

この点について、昭和版南国記の解題を書いた木村荘五は、「その一家の見識と暢達流麗の文章とは江湖の紙価を高め、其の踏査による主張は、我国人に南方への眼を開かせ、畏くも　明治天皇乙夜の覧を賜ふたのみならず、海外に於ては仏蘭西新聞その要点を翻訳し、当時のシャム皇帝は之を全訳せしめて、播読し、和蘭は、英、独両国を動かして、時の内閣総理に、ジャヴァ、スマトラに対する我国の政策を問はしめた」と記している。*

＊竹越与三郎『南国記』解題篇、日本評論社、昭和一七年一月、二一〜二三頁。本書は朝鮮統治の批判の個所をはじめ、ところどころ伏字や省略がある。発刊がちょうどパール・ハーバーの直後であり、検閲も一段と厳しくなった時勢を反映しているのであろう。竹越が昭和版に序文を寄稿しているが、検閲による削除の事実を彼が事前に知っていたかどうか不明である。

本書の刊行目的は、国民の南国に対する関心を喚起せしむることにあり、「蘭領東インド諸島より、仏領インドシナを巡遊し、一歩、支那雲南省に入りて、南国の一端を見る。水陸の道程一万余里、船を更ゆること十三回、驕陽《きょうよう》に苦しみ、巨濤《きょとう》と戦ひ、行く時、白衣を着けて、帰る時、冬着を着く」という大掛かりな実地踏査によって出来上がった紀行文である。三叉の関心対象は、風景、自然環境、男女の人情、政治の組織など広範囲に及び、政治経済的関心に限られていない。その意味で本書は漫然とした紀行文ではなく、主張あり、風物描写あり、この著者にして初めて試みられ、成功した旅行記という大方の評価は正しい。

山路愛山は『南国記』を紹介して、本書は「曾て二千五百年史を著し、所謂史家の文体を破壊したる君は、此巡遊記に於て、所謂地理書の文体を破壊し」たといい、「其全般の観察は政治、経済、宗教、実業、人情、風俗等あらゆる方面からして居る」こと、「地理書としては真に生命あるもの、紀行書としては活動せる経世家の紀行書」（『独立評論』明治四三年第六号）と評価した。

また、本書は南進論に関する実証的論文であると同時に、興味深い紀行文でもあり、両者が巧みに融合された明治文学史上の一異彩という編者木村荘五の評価も納得いくものである。しかし、木村の解題は太平洋戦争勃発直後の戦争ムードの高揚のなかで書かれたことも手伝ってか、本書の意義を論ずるに際して、あまりに大東亜共栄圏構想に引き寄せすぎた感があることも否めない。たとえば、「北方生命線を確保しつゝ、更に南方生命線を確立確保しなければならぬ日本、支那事変の処理と南方共栄圏の樹立が今や不可分の絶対的必要となり、南方共栄圏の地域は日本の自衛地帯」といった問題意識に立って、「『南国記』は南進論の一古典としての価値のみならず、南方共栄圏の問題と合わせ考えるとき、その意義の大きさは切なるものあり」といった表現にその考えが現れている。

明治以後わが国の南方経綸策は榎本武揚にはじまり、三宅雄二郎、依岡省三、田口卯吉、志賀重昂、菅沼貞風ら様々なヴァリエーションをもった主張が展開されてきた。南進論のピークは明治二〇年代といわれるが、南洋におけるヨーロッパ人種の勢力の増大、欧米諸国の植民政策や列強の覇権争いに注目し、わが日本の東亜における盟主としての地位の確保といった「新日本の図南の夢」が基本目標であることは間違いないであろう。

三叉の『南国記』が発表された明治四〇年代の南進論と植民政策学の関係は、独立の論稿を必要とする大きなテーマであるが、三叉はそのような日露戦争後の植民政策論の趨勢とどのような関わりをもっていたのだろうか。台湾総督府の政策研究がわが国の本格的な植民政策学の嚆矢といわれるが、高等教育の場では、それより早く明治二四年に札幌農学校が「植民学講座」を設置、日露戦争前後からその他の大学に植民政策学の講座が設置されるようになった。すなわち、明治四二年、東京帝国大学に講座が開設、新渡戸稲造が初代の担当者に就任、大正九年に国際連盟事務局事務次長に就任するまで担任した。*

＊大正五〜六年度の講義を聴いた矢内原忠雄はその講義案を編集して、『新渡戸稲造植民政策講義及論文集』と題して昭和一八年に岩波書店から出版した。

ちなみに、京都帝国大学では、山本美越乃《やまもとみおの》が明治四五年（一九一二）から講座を担当している。そして三叉は大学アカデミズムとは無関係に、明治四三年に創設された「殖民学会」のメンバーとして活躍、彼は実践的な政治の場で、あるいは民間在野の研究者として著述や講演活動によって南進論を説いた。関係書目に『台湾統治志』『比較殖民制度』『南国記』が挙げられる。

戸水寛人の反論

南進論に対する世間の反応は、賛否両論二つに分かれた。反論の例としては、南洋諸島の豊かな資源の開発は結構であるが、北方より南方の経営が容易であるという理由で、北進を断念するのは「国民を種族的退化」に導く恐れを感ずるといい、日本人種の北東に向って進行するは、「的正なる移動本能に依って刺激された」「種族の天才」であるとして、朝鮮半島の放棄や満鉄の米国への売却を拒否した『ジャパン・タイムス』（前掲『南国記』木村荘五解題、五七頁）の反響を挙げることができよう。他に戸水寛人《とみずひろんど》の「北守南進論を駁す」（『中央公論』明治四三年一一月）がある。

戸水は「北守南進論」は学術的根拠がないことを脳髄の形から割り出して論じている。すなわち、短頭型の蒙古人種と長頭型のヨーロッパ・アフリカ系人種に分類し、その中間にあるマレー人種と蒙古人種の混血種たる日本人の脳髄の形状は、朝鮮人程、短頭ではないが、ヨーロッパ人に比べるとはるかに短頭である。そして、日本人が冬の寒さにも夏の暑さにも耐えうる、「寒暑両住の人種」であることを蒙古人種とマレー人種の混血を根拠に説いている。そこから日本人の北進不可説が謬論であると主張し、日本の国権拡張の為めに北進は何ら問題ではないという。否、必要とあらば南進も差支えないと主張、東西侵攻して可成らざる処なしと露骨な侵略説を展開する。

さらに、彼は北進を可とする歴史的根拠も挙げている。それは、明治維新から日清日露戦役、そして日韓合併に至る日本の朝鮮への勢力拡大の歴史的事実を以てそれを説明する。また、今後予測される満州をめぐる日本と支那、ロシアとの対立や緊張の激化、関東州の権益保持の必要からいっても、将来の北進は忽《ゆるが》せにできないと力説、その点からも南進論は愚説であると一蹴している。

要するに、「我が日本帝国は、北進南進東進西進を実行せねばならぬと思ふ。国は伸び得べき時に於て、伸び得る所に向て、伸びるより外に伸びるの道がない」と手放しの膨張論を揚言する。それは明治三六年、「七博士事件」の筆頭として対露開戦を唱え、「バイカル博士」の異名をとった戸水の面目躍如たる北進断行説である。

南進論の要点

三叉はなぜ南方マレー人種の国々を知る必要を説くのであろうか。以下、若干の論点を紹介してみよう。

明治維新後、わが国は近代国家の仲間入りをして四〇年が経過したが、範を欧米に取り、国力が興隆すると、隣国中国の面積広大にして人口過多、物資や資源の豊かさが、わが国民の耳目を眩惑し、朝野競って力を支那に用いるべく、彼らの関心が「西方欧米人若しくは北方蒙古人の国」に集中した。それに比べると、南方の国々を知る者の数は寥々として少なく、まったく等閑にする傾向さえある。しかし、南洋の国々は地理的には「大日本帝国の南端と相望むの地に在りて、其血液の幾分は我南方臣民の脈管中に混入せるに係らず、我国人が之を措て彼に就き、マレー人を領解するもの少なく、徒に欧米支那のみを語るもの多きは、これ豈に高遠に求めて卑近に失するものにあらずや」と、地理的に近接した南方を忘却する日本国民に警鐘を鳴らしている。

南国の地理的条件に加えて、面積は中国本土より広く、人口は約一億を数える巨大な「政治的商業的の一大要素」であること、さらに南洋が資源に富む熱帯の気候帯に属すること、そこから「熱帯植民地を制令するものは、即ち世界の市場を制令するの力あり」との確信に基づいて、歴史的にオランダやスペイン、ポルトガルが世界の覇者としての地位を確保し、今、英国が世界の雄として富裕を手にしたのも熱帯植民地の貿易を専有したからに他ならないと説く。しかも今日なお、英仏をはじめ列強が、熱帯に植民地を得ようとして鎬を削っている状況を前に安閑としてはいられないという危機感を吐露している。

「我国家勃興の隆運に当り、才能、労力、資本、外に向って漲溢せんと欲するに際し、マレー人の国、豈に等閑に看過すべけんや」という文章に、彼の切迫した思いが十分に込められているといえよう。

次の論点は日本人「南人」説である。「南人の北進は不自然也」という命題のもと、人類が形成する国家も生物学の原則に支配せられると主張、「胡馬《こば》北風に嘶《いなな》き、越鳥《えっちょう》南枝に巣くう」と生物はみなその本能に制せられる喩えを引いて、わが国の将来は南にあり、大陸に非ずして海にあること、島国が大陸に力を用いることの愚策を説き、「太平洋を以て我湖沼とするの大業」に注目すべしと唱えたのである。そしてその南進論は、「椰子樹の酒を生ずる処、芭蕉の子の累々として実る処、エメラルドの如き海水の淀む処、極楽鳥の舞ふ処、日本国民の偉大なる運命は、封じて此中に在り矣」といったロマン主義的な筆致で展開されたのである。

三叉は日本人の起源、風俗、風習がマレー人種のそれに近いことを主張する。それは南洋マレー人の血液が多分に日本人に入っていることに由来するというのであるが、南国視察の旅で親しくそのことを実見したと報告している。たとえば、『古事記』に典拠がある「マナシカタマ」(無目堅間)と呼ばれる竹籠で作った舟は、安南、ジャヴァ、スマトラの海浜でたびたび見たこと、わが国古代の貴族が、男女の相思相愛の感情を和歌の掛け合いを通じて伝達したが、それによく似た風習がスマトラに存続するのを見た。その他、ジャヴァ島でみた蛇形の古代剣からスサノオノミコトの八束の剣を連想し、さらにまた、土人が檳榔樹《びんろうじゅ》を噛むため歯が黒くなるのを見て日本のお歯黒を想起し、南洋の人々がこの温帯にやって来て噛むべき檳榔樹がないため、歯を染めて祖宗の風習を維持したのではないかと想像している。

我国で厠は「カワヤ」と訓ずるが、マレー人の国では河上に設けられて、河水自ずから糞便を洗い去る仕組みになっている。昔の日本も河上に厠を作っていたのが、「カワヤ」と訓読みする原因であろうと想像する。その他、スマトラ、ジャヴァの社会組織が母系組織で婦人の節操が厳重で、苟も婦人の節操に関する問題が起るや男子は身命を賭して争うというが、それらは上代日本の社会組織と風俗に類似した現象であると指摘している。

今日のマレーの風習とわが国上代の風俗と類似した点を挙げる三叉であるが、同時に、両者の現代の文明上の落差についても言及している。今や「世界大国の伍伴に列し居る」日本と「半ばは奴隷の状態に在って、憫《あわ》れなる生活を送りつゝある」マレー人の落差の原因は一体何か。

彼はそれを熱帯と温帯の差、「個人的本能」（食欲性欲の本能）に生きるか、「社会的本能」（ここでは個人の本能を進歩、向上せしむる思想の力によって大義を実現する力という意味）に生きるかの違いに起因するものと説明する。すなわち、個人の本能は「盲目的傾向」で、「人の飲食男女の欲」は、あたかも、ぶどうの蔓が竹を求めるようにはたらく衝動であるが、この本能的衝動に一種の意思や方向、目的を与え、勢力を与えて有意義な活動をなさしむるものが、「思想の力」であり、この思想を人々に伝えるのが「文学の力」であることを強調している。このように思想と文学の意義を説く三叉であるが、熱帯地方は天産豊穣にして、衣食に窮することなく、風雪の害がないために簡易の住居で事足りるという状況、しかし一方では酷暑の気候は人々の思考能力を奪い、懶惰《らんだ》の気風を醸成する。そこから自ずと本能のみによって動く生活態度が生まれると判断した。「盲目なる傾向」に過ぎぬ本能に理性と思想の力を与えて、動物的本能を発達せしめ、向上せしむるには、人文の発達がなければならないが、南洋地方においては、「自然が思想を生まず、思想が文学を生まざるため」に「文学なきがため、亡国の状態に安んずるもの」と断言して憚らない。このように、思想と文学があたかも「縄を綯《な》うが如く表裏反復しつゝ繰返す」有様を縷々《るる》述べている。

こうした本能を衝動と捉えて消極的評価を下し、理性、思想が個人の「盲目的傾向」を導いて「社会的本能」を満足せしめるという論理の根底には、一種の禁欲的な主知主義的発想があるといえよう。また、高等人種と劣等人種の区別を設ける発想もある。しかし、彼の本意は、人間は自然が与える恩恵に甘えるだけでなく、自然環境の艱難に耐える努力を通して知力を研磨することにあった。「最も麗はしき葡萄は、噴火山の上に於て熟す。斯の如く活動、努力、溢るゝが如き力の備ったる国民の間にあらずんば、思想は生るゝことはない」というヤコブの言葉を引用して、努力し困難と闘う国民、そして思慮ある国民にして初めて思想が生まれることを説いた。「思想は文学を刺戟し、思想と文学とは、更に人の生活を刺戟し、以て益々個人としても、人種としても、進歩する」、わが国の今日あるのは、この文学思想の力によって国民が向上し「大国民」となった。逆に南洋が、「亡国の状態」にあるのは文学なきがためであると断じている。

しかも、三叉が文学の力に期待するところは、もっと高遠な理想の実現にあった。すなわち、ますます文学を盛んにして、今日のような黄金崇拝や権力・武力崇拝をなくし、文権の伸長を図ることにあった。なぜ文権を主張する必要があるのか。そこには、三叉の「大国民」たる日本国民が抱える様々な矛盾の洞察があった。

日本人は今や世界を横行闊歩し得る「快楽」を手にしたが、同時に多くの苦痛も経験せざるを得ない状況にある。その苦痛とは何か。日露戦争後の財政規模の膨張、生存競争の激化にともなう「家族組織、隣保団結の気風」の希薄化、生産力の増大、「製造方法の発達」、租税負担の増大、会社やその他の組織の肥大化とともに社会が機械的になり社会全体の空気が重圧的になってきた。いいかえれば、社会の個人に対する圧力がきわめて強大になり、世間の雰囲気も重苦しく人情もぎすぎすして荒んできた。こうした欧米先進国と共通する運命を日本も辿らざるを得なくなったと断定するのであるが、では彼はその解決策を何に見出したのであろうか。そこで登場するのが文学の力であった。

宗教、科学、法律に救済を期待できないとして、文学の役割を説く。すなわち、文学が今日の国家に負う使命は「Light and sweetness」、社会に光明を与え甘美なるものを与えることにある。文学があってこそ、この暗黒社会のうちに一条の光明を見出し、厳しい世間の人情の中から一筋の甘美の流れを見出すことができる。文学はそれを謡い上げ、教えて、人々に満足を与えるのである。そのような意味において、文学は「経国の大業、不朽の盛事」と捉えられたのであった。結びの言葉は、明治後期の自然主義文学批判で締め括られる。かつて民友社文学の一翼を担った三叉だけに傾聴に値する文学論であるが、小節の主題から外れるのでその部分の紹介は割愛したい。ことほどさように、『南国記』が単なる政治的献策の書でなく、南進論に関する明治時代の文芸批評の古典としても評価さるべき性格の書物であることを付記しておきたい。

3　文人三叉

文士懇話会――「雨声会」のこと

明治末の三叉の文学に対する関心を知る上で、明治四〇年六月一七日に開催された第一回「雨声会《うせいかい》」は見落とすことのできない出来事であろう。まず、「雨声会」の事実経過から説明しよう。

「雨声会」は当時首相であった西園寺公望の私邸で開かれた文士との懇話会であるが、その人選や会の設定など中心になって世話役を引き受けたのが三叉であった。竹越は『陶庵公』でそのことに触れている（「公の文藻と趣味」『陶庵公』叢文閣、昭和五年二月、三一九〜三二〇頁）。

「公は柳川春葉、田山花袋、川上眉山、小栗風葉、小杉天外、森鷗外、泉鏡花、後藤宙外、徳田秋声、巌谷《いわや》小波《さざなみ》、塚原渋柿園、島崎藤村、大町桂月、内田不知庵等の文士を駿河台の私邸に招待して、一夕の宴を張った。余は初め誰々を招待すべきかについて、公から調査を託せられたるをもって、これを近松秋江《ちかまつしゅうこう》に嘱して、略々以上の如き名簿を作った」。

その日は主人側からは横井時雄と三叉が列席した。その場の雰囲気について、文豪も座談に慣れない人もあり、なるべく寛がせるために西園寺自ら献酬、談笑、何時にない懇ろな接待に努めたので、会は打ち解けた雰囲気になり、面白い談論が飛び出す一幕もあったという。大町桂月は酒客で心安さを通り越したが、公は笑って応接していた。宴は三晩続いたという。

会の名前「雨声会」は梅雨にちなんで西園寺が付けた。西園寺はこの会は別に目的あっての集会ではなく、単に文士と閑談を楽しむだけと人に説明していたが、三叉は偶然の催しではなく、民間文学の一種の活用策と見ている。かつて、勅命による三条実万の伝記執筆を尾崎紅葉に依頼しようとした時にも、西園寺のそうした思惑は感じられたと回想している。

巌谷小波の記憶によると、結城か何かの渋い着物を着た西園寺は上等のブドウ酒をチビリチビリやりながら「さあどうか皆さんお楽に…」と勧め、「すばらしい料理に、一流の芸妓と一流の余興が添へられ、酒のまはるにつれて無遠慮な連中からは座興が出る、笑声が爆発する、大町桂月氏の如きは、真先に勇猛な詩吟で一座を圧倒した」が、公は相変わらず膝を崩さずニコニコ献酬していたという。

「雨声会」はその後五、六回開かれたが、初回の趣旨は生かされ、「あくまで無意味で、風流を楽しむ集まりとして徹底していた」と述べている（白柳秀湖『西園寺公望伝』日本評論社、昭和四年六月、六二一～六二六頁）。招待された文士たちは、同年一〇月一九日に、芝の紅葉館で首相を招待して晩餐会を開いて返礼している。なお、二葉亭四迷と夏目漱石、坪内逍遥の三人は辞退の返事を出している。漱石の返事には「杜鵑《ほととぎす》厠半ばに出かねたり」の一句が添えられていた。巌谷は漱石の欠席について、「夏目さんは多分学位辞退と同じ心持」から「行く必要がないからと頭からの不承知で出られなかった」と書いているが、朝日新聞に入社して最初の新聞小説「虞美人草」の連載がちょうど六月二三日から始まっており、雨声会の集まりは十七日なので日程の上からも余裕がなかったのではないか。とにかく、文壇の重鎮が欠席したこともあって、世間は欠席者の見識を評価して尊敬し、反対に出席者の「文士根性の卑しさ」が悪口の対象になったとこぼしている。

かつて三叉は、「文学界の欠点」と題する一文で、文士における人民観念の欠落を指摘した(『国民新聞』明治二四年八月六日、『竹越三叉集』二九〇~二九一頁)。すなわち、文学者はその作品で「一世の潮流を書かざるべからず。一世の潮流たる固より一二に止まらざるべし。然れども先ず踏み込むべきは『人民』てふ大運動にぞある也」と主張する。しかるに、「人或は悟り顔を為し、社会の変、政治の推移の如きは、文学者の関係すべきにあらずとなすものあり。是れ未だ文学の真意を解せざるの言ならん。夫れ一人一個の変遷を詠懐すること詩文の本色とせば、広大なる国民の推移を詠懐するも亦た其の本色にあらずして何ぞや。吾人は速に此かる妄見を文学界より排して、人民てふ観念の入らんことを切望す。然らずんば文学なるものは社会の実状に触れざる空文学とならんとす」と述べた。

文学者の社会的関心の大切さ、硬文学の意義を説く三叉は、私小説よりも歴史や政治一般と文学的営為の内面的関係を重視する立場であった。また、政治と文学の関係について次のような発言も見られる。

「若し政治が人民に衣食を与へ、実務を行ふのみのものであるならば少しも文学の必要はないが、群集心理を司配すると云ふことが政治であるとすれば、戦陣に大砲の必要なるが如くに政治に文学は必要である。然るに今日我が国の政治に於て果して文学が政治上何程の力を占めて居るかと云ふに、総ての政治家は新聞を利用することは知って居るが、著述を利用すること知らぬ、演説の必要なことは知って居るが、文章の必要なることを知らぬ」(「政治の要素としての文学」『三叉文鈔』正午出版社、大正七年二月、二七八〜二七九頁)

といい、政治に文章の力がいかに必要であるかを説明している。

このような三叉の文学観を考えると文士懇話会の開催について西園寺と竹越のどちらがより熱心であったのか、当時の事情に詳しい人の証言を参考にしたい。

正宗白鳥の回想

作家で辛辣率直な批評活動でよく知られた正宗白鳥《まさむねはくちょう》(一八七九〜一九六二)は「雨声会」について、それは「日本文壇史に特筆すべき」事件であったと評している。当時、読売新聞の主筆であった三叉は編集室で「西園寺侯を文学者に会わせて見たい」と言い「うまく侯爵を説付けたらしく、その会に招待すべき文学者の人選を社内で相談した」と書いている(正宗白鳥『文壇的自叙伝』中央公論社、昭和一三年一二月、四六〜四七頁)。そして、企画者から相談を受けた近松秋江が「適当な文学者の名前を何人か書付けて竹越氏に提出した」と言う。三叉はそれを基礎に他の人にも相談して、新聞関係者や評論家を二、三人入れてリストを作った。秋江案は多少変更されたが、大体は秋江の選択に従ったと見ている。招かれて喜んだ人も招かれずに恨んだ人たちも、誰もみなその選択が秋江の手になることを知らなかったと言っている。ところで、秋江はその頃読売新聞に勤めてわずか二、三カ月しか経っていなかったが、三叉はそういう人に具体的な人選を依頼したのである。

ちなみに、正宗は明治三六年から四三年まで読売新聞の社員であった。そして三叉は読売新聞の経営立て直しのために足立北鷗の後任としてやってきたと見られていた。正宗の三叉評であるが、彼は『国民之友』や『国民新聞』そして民友社時代から三叉の史論をよく読んでおり、竹越は世界の新思想に通じている紳士で、話も面白かったと語っている。

また、竹越は「有名なハイカラで、身だしなみも行き届いていて、編集室のごみごみした空気の中に身を置くには不似合なやうに、傍目にも見られたが、食物にしても、わざわざ天金のテンプラなんかを取寄せたりしていた」。そして「社員用のお茶なんかには口を触れないで、食後にはステッキを持って、ウーロン茶喫茶店へ出掛けていた。当時の銀座では、高級の茶店は此処一軒であった」と貴族的なハイカラ趣味に言及している。

漱石の朝日新聞入りは明治四〇年四月であるが、実はその前に漱石を読売専属の寄稿者として獲得するため、竹越が漱石と交渉していたことを正宗は書いている。また、正宗白鳥は三叉の命で原稿依頼に出かけて、この「新文豪と一時間ばかり差向ひでぼそぼそ不景気な話を取りかはした」と打ち明けている。漱石の読売入社の話は不首尾に終わり、文学評論を一篇寄稿しただけであったという。漱石の招聘辞退の理由は、安心して身を託すことができないということにあったらしい。それについて三叉は、社の所有者の本野一郎とは親友であるから、たとい自分が読売を辞めるようなことがあっても、漱石の身分に累の及ぶことはしないと保証していたが、漱石はそれを信頼しなかったということも書いている。そして漱石も、その程度の「世間智」はもっていたと彼は評している。

この正宗白鳥の証言は主筆時代の三叉を至近距離で観察した記録であり、ある程度説得力があるが、それにしても自然主義文学を評価しない三叉がなぜ秋江に人選を依頼するのか、文士懇話会を単なる宰相と文士との閑談の場として設定したのか、それとも文士、知識人を集めた政治や文芸を語る知的なサロンの形成に結び付けようとする意図があったのか、その辺ははっきりしない。ともあれ、三叉の主筆時代は長く続かず、新聞経営上の抱負も実現されず、執着心の強くなさそうな彼は嫌気がさして投げ出したのであろうと想像している。しかし、正宗にとっては、三叉が「一生のうちに出会った知人の中の、『優秀型の一人物』として思い出」に残る人物と好印象を記している。

第六章　大正政変と三叉

1　憲政擁護運動への関わり

明治末から大正初めの三叉の思想と行動で注目すべき点は、憲政擁護運動と中国辛亥革命前後の清末政治改革との関わりであろう。憲政擁護運動は第二次大戦後の歴史学界で大正デモクラシーと命名されるようになったが、戦前は民主主義やデモクラシーの名称の使用はご法度であった。旧藩閥や軍閥の支配から立憲政治を擁護する運動は、日露講和をめぐる民衆の蜂起に始まるといわれるが、桂と西園寺が交互に政権を担当する「桂園時代」の第二次西園寺内閣が、大正元年一二月、朝鮮における二個師団増設の要求に端を発して、陸相上原勇作の辞任と後任難で内閣が総辞職した。その後一二月一九日に第一回憲政擁護大会が開かれ、「閥族《ばつぞく》政治を根絶し以て憲政を擁護せんこと」の決議文が採択された。

西園寺内閣（第二次）の崩壊

西園寺内閣の崩壊の背景には、長州軍閥の巨魁《きょかい》山県有朋を中心とする軍閥や宮廷陰謀家の圧力があると見た輿論の勢いもあって、憲政の破壊に対する憤懣が澎湃《ほうはい》として湧き起こってきたのである。ここに、第一次憲政擁護運動の幕が切って落とされた。この時期の憲政擁護運動のイニシアティヴを取ったのは、政友会、国民党の代議士、交詢社《こうじゅんしゃ》グループ、そして独立の学者、新聞記者たちであったが、竹越与三郎もその一員となって官僚藩閥勢力との「政戦」に挺身した。

憲政擁護の演説活動

現職の衆議院議員で政友会のメンバーであった三叉の活動は、政党主催の演説会や新聞雑誌に発表された評論にその思想が現れている。彼は、西園寺内閣の倒壊は「桂や山県派が軍人を教唆して、騒動を引き起こし、いはゆる、軍閥跋扈の正体を遺憾なく暴露したことと、桂が宮中にあって、陰謀を逞しうして、内閣を毒殺した」と見て、「驕慢な武人や、狡猾な宮臣が、政治を玩弄するやうでは、憲政崩壊の危機」であり、これはもはや一党一派の利害問題ではないという憂慮の声が上がったと述べている（竹越与三郎『陶庵公』二八七～二八八頁）。

まず、二個師団増設反対論から見よう。

彼は「二師団論」を『大阪毎日新聞』（大正元年一二月）に発表したが、そこで次のように論じている。輿論（国論）はあげて増師論に反対している様子を紹介した後、それが単に財政上の得失から問題が論じられていることに難色を示している。つまり、もっと国防、兵略の観点から議論する必要を強調するのである。曰く、もし国防上必要とあらば、財政上の得失は第二義であり、二師団の増設は決行しなければならない。増加は必要であるが、財政の余裕がないから増加せぬというのは議論として薄弱であるとする。三叉は戦略の観点から見て今は二師団はなくとも国防は維持することができるゆえに、単に財政上の理由のみならず、戦略的にも不必要であると説いた。ある軍人が三叉に向かって反論するには、戦略を専門とする最高軍事会議において、すでに陸軍が二十六師団を要すること、海軍においては五〇万トンを要することを決定したうえはこの方針は動かすことができないと断じたという。

それに対して、国会議員の「協賛権」を論拠に、軍人会議で決めた方針を変えることは、議員の権能の範囲であるとやり返した。さらに、軍の増師決定の時期が日露戦争直後であることを知った三叉は、日露戦争当時はロシアが日本に対して「禍心」を抱き、海上防衛についても多大の不安があったから決定に一理があるとしても、戦後の「四囲の形勢」の変化を考慮せずに、敵として之に備えるのは許すべからざる判断と批判した。

兵略上の観点からも批判を加えている。日露戦争においてわが軍は「奉天の会戦」(一九〇五年二～三月)や鴨緑江の戦い、遼陽、旅順の戦場においても敵方の軍勢より大量の兵士を投入したことを指摘し、「衆を以て寡を討つ」策を取ったことの非を攻撃している。二師団の増設は、やはり、今後も同じ戦略を踏襲する意図があると見た彼は、人海戦術の愚策を挙げて「戦法一変」(「国境に於て之を防ぎ、吾が逸を以て彼の労を待つ、我地物を利用し、山岳を利用し、河川を利用し、而して敵兵を疲らして夫に乗じて之を破る」)の必要を主張する。

三叉が主張する「戦法一変」論の根底には、日露戦争後のロシアの政策変化への注目があった。すなわち、ロシアは東洋よりも欧州に重点を置き、「欧州に於て大国の威信を恢復し、外交上の資源を作りたい」という方針の転換を行ったことをバルカン半島の政情不安定やシベリヤ駐屯兵の削減などを例示して指摘している。

ここで三叉は、「小日本主義」者や陸軍排斥論者でないことを断り、軍隊の増員よりもむしろ騎兵や大砲の改良、軍器の進歩改良を訴えている。

さて、大正元年一二月二一日に第三次桂内閣が成立するが、その直後に築地精養軒で第一回護憲連合懇親会が開かれ、三叉は犬養毅、花井卓蔵、斯波貞吉らと一緒に演説を行っている。

この前後、東京をはじめ全国各地で憲政擁護大会が開かれるが、明けて大正二年（一九一三）一月には国民党大会が開かれ、閥族打破、憲政擁護の宣言と桂内閣弾劾の決議案を採択している。首相桂が新党組織計画を発表したのは、その翌日の一月二〇日であった。この桂の新党「立憲同志会」の設立に徳富蘇峰が参謀格となり、国民新聞社が一時、新政党組織の事実上の本部になったことはよく知られている。新政党の設立趣意書を執筆した蘇峰であったが、政敵となる政友会はもちろん、寺内正毅、野田大塊らも反対で桂の新政党は不人気であったと述べている（『蘇峰自伝』中央公論社、昭和一〇年九月、四二九〜四三〇頁）。

憲政擁護、閥族打破の声が、政友会や国民党の策士による煽動ではなく、あたかも「天の一角より叫ばれて旧来の政治地図及び政治兵法を悉く打ち破ってしまった」こと、「疾雷耳を掩《おお》うに遑《いとま》なく、策士も策を施すの術なく、遂に今日の如き状態になった」と見る三叉であるが、発端は交詢社に集まる若い実業家などの不満にあったという指摘は興味深い。

普段は政党や政治に無関心な連中が、事態の成り行きを憂慮して、若い代議士らを刺戟して次第に運動の輪が広がったと分析している。三叉自身、各地の憲政擁護の演説会場をまわって、一般市民の熱気と「天下の勢」に接して幕末の尊王攘夷のモットーと同じ状態であることを感じ取っている。議会で多数を制する者が内閣を形成するという輿論が、まさに「天に口無し、人をして言はしむ」事態になったのである（「天に口無し、人をして言はしむ」『中央公論』大正二年二月）。

もう少し運動への関与に触れておこう。大正二年一月には大阪まで演説に出かけている。一二日は尾崎行雄、小川平吉らとともに憲政擁護の演説を打っている。一三日に土佐堀の青年会館で開かれた演説会は、聴衆が殺到して会場に入りきらない盛況ぶりであった。三叉はここで、尾崎、犬養、本多精一らと演壇に上がった。大阪土佐堀は中之島に近く、若き日の三叉が竹代と新婚時代を過ごした思い出深い土地でもある。その翌日は静岡に移動し、憲政擁護県民大会に参加、関直彦、江原素六らと一緒に演説、さらに一五日は前橋、一六日は埼玉県熊谷市の憲政擁護県民大会で演説している。そして十八日には第二回護憲連合懇親会が開かれて三叉は登壇し、懇親会に招待された新聞記者に対して、言論の府に占める新聞の役割の大きさを説き、新聞記者は、日本国民の憲法を愛する精神の涵養のために、その職責を果たすべきであると力説した。このように、三叉は主として、立憲政友会と立憲国民党の両党が各地で開催する憲政擁護大会に、席の温まる暇もないほど、頻繁に出席して桂軍閥内閣を批判攻撃した。一月二四日には憲政擁護第二回連合大会が東京の新富座で開催され、三千余名の聴衆が集まった。その時の三叉の演説は、大会直後の『中央公論』に掲載された「天に口無し、人をして言はしむ」と同趣旨の内容であろう。

二月一〇日に政府は三度目の議会停会命令を出すが、激昂した民衆は警察や御用新聞、桂支持の代議士邸を襲い首都に軍隊が出動した。騒動は京阪神にも及んだ。蘇峰が経営する国民新聞社は明治三八年九月のポーツマス講和条約反対の時に続いて、二度目の焼打ちに遭った。

桂の退陣と山本内閣の誕生

桂内閣はこうした民衆の蜂起に堪えかねて、二月一一日総辞職した。総辞職を受けて政友会有志は築地の精養軒に集まって後継内閣の問題を協議し、元老会議が後継首班に決めた山本権兵衛と政友会の協調の条件について「総理大臣、陸海軍大臣を除く他の七大臣は総て現に政党に在籍せる者を以て任ずること」などの申し合わせ事項を決めた。三叉は、尾崎、岡崎、小泉策太郎、小山完吾らと一緒にこの有志の会合に参加している。二月一九日、政友会議員総会が開かれ、原敬が内相に、松田正久が法相に就任し、首相、外相、陸海両大臣を除く他の全閣僚は政友会員となる条件で山本内閣を支持する方針が決定された。二月二〇日に山本内閣が成立したが、山本内閣は政党内閣の趣旨に反するとして、国民党が政友会との提携を絶つ声明を発した。

たしかに、山本は薩摩出身の海軍大将であり、これまで山県や桂内閣の閣僚経験もあり、長州閥の桂を倒してまた、薩閥の巨頭とされた山本を首相に迎えるというのは、閥族打破の政治姿勢からすれば筋の通らない話である。

政友会分裂——政友倶楽部の結成

ここに、政友会が山本内閣の政権与党となることに反旗を翻す硬派議員が現れた。すなわち、二月二三日、三叉を含む政友会の議員二四名が山本内閣との提携に反対して脱退届を出したのである。そして、彼ら脱党派は翌二四日に政友倶楽部（院内小会派）を結成した。

脱党派のメンバーは、三叉の他に尾崎行雄、岡崎邦輔、菊地武徳、林毅睦、田中善立、福沢桃助《ふくざわももすけ》、小山完吾らがいた。三叉が起草した宣言書には、次のような趣意書が書き込まれている。「閥族内閣である桂内閣を打倒し、是より政党内閣が現出しようとして居る際に、政友会は過って再び閥族と握手した事は天下の義憤を招くもの」、「依って有志は政友会を脱し、新団体を結成して、憲政擁護、閥族打破の大義を全うせんとするもの」といい、後年、三叉は、山本内閣は「変形の政友会内閣といへばいへぬでもないが、長州の軍閥を退治して、薩摩の軍閥を迎へたとあっては、憲政擁護運動の主旨からいえば、到底、容認の出来ぬものであるので、二十余人の代議士は相率いて脱党」したと述べている（『陶庵公』二九八頁）。

なお、山本が政友会本部に出向いて来て、伊藤が政友会を創立した当時の主義方針を守ること、西園寺内閣の方針に忠実に従って行政整理を実施することを誓い、そして二個師団増設も沙汰やみになったが、それを可能にしたのは「護憲運動のために水火の洗礼を受けた」軍部が沈黙に徹して抵抗しなかったからであると見ている。

軍部の動きと言えば、山本が軍部大臣現役武官制を長州閥の陸軍と自らの出身基盤である海軍の両

大阪市中央公会堂（大阪市北区中之島１丁目）

者を抑えて改正にこぎつけたのも事実であった。政友会との連合政権に成功した山本の「公約」の履行であったといえようか。

さて、政友倶楽部の活動を簡単に見ておこう。二月二八日、林毅陸が政友倶楽部を代表して、内閣の政綱に関する質問書を提出、三月八日には、政友倶楽部、国民党、新聞記者らが集まって、憲政擁護運動を継続することを確認し、憲政擁護会を改組することを決めている。三叉は犬養毅、岡崎邦輔らとともに会の評議員に選ばれている。三月一一日、山本首相は先の林の議会質問に答えて、軍部大臣現役制、文官任用令の改正の必要を認める答弁をしている。三叉は首相の答弁に対して、陸海軍大臣の任命と天皇大権の関連について質問した。三月一二日、三叉は東京神田の青年会館で開かれた憲政作振演説会で山本内閣批判をやってのけた。そして、三月一六日には、民党各派が主催する関西連合憲政擁護会が大阪中之島公会堂で開かれ、三叉、尾崎、犬養、林らが演説。聴衆は一万人と称されている。三月二四日、新富座で政友倶楽部の政談演説会が開かれ、三叉も弁士として参加している。このように、三叉は憲政擁護の演説活動で東奔西走しているのである。政治家としての議院内の日常活動の他に、演説や新聞雑誌への投稿など、三叉の憲政擁護の活動は院内外での活動が目立つ。得意の言論活動を通じて民衆に直接、政党政治や憲法擁護の意義を訴え、広く人心教導に努め、輿論を導く言論人的役割を率先して果たしていたことが分かる。しかし、旧藩閥や軍閥、官僚連との巧みな裏工作や、与野党間の妥協、駆け引きといった政治工作は不得手な三叉であった。

その後の動きであるが、四月に入って岡崎邦輔（一八五四〜一九三六）が政友倶楽部から脱会する意思を表明、六月に岡崎は政友会に復党した。岡崎と行動をともにする議員もいたが、このときは三叉は彼らに同調しなかったが、のちに彼も政友会に復帰している。いささか腰砕けの観もあるが、どういう経緯で内紛が収まったのか、詳細は不明である。

岡崎と三叉は同じ陸奥門下として古い知己であり、かつて伊藤の新党（政友会）組織化に協力して、ともに奔走した間柄であった。しかし、両者の気質や性向は違っている。三叉は冷静に観察していて、距離をおいて交際していた様子が見て取れる。

「岡崎邦輔氏」という一文を紹介しよう。* 本文は大正政変から遡ること十余年前の評論であるが、陸奥宗光の従弟にして配下、政界の策士として活躍した岡崎の風貌をよく捉えた文章である。

＊「余が見し人」『世界之日本』二巻二号、明治三一年九月一七日、『竹越三叉集』三六三〜三六四頁。なお、明治三五年に刊行された『萍聚絮散記』（開拓社）に、「岡崎邦輔氏」が修正されて収録されている。

「陸奥伯の門弟子を数ふるに、多智多算の一事に於ては、彼は確かに陸奥伯の衣鉢を伝ふる者と云ふべく、何の時にありても一の算を有せざるなく、何等の事をも必要なれば一の目的に利用せざるなく、何等の事を企つるも、必らず成功に近き手段を発見せざるなし」、「読書嫌いの彼は果してマキアベリの権数を学びしや否やを知らずと雖も、彼は確かにマキアベリの門弟子と云ふべし」

また、彼は政党員としてあまりに智慧多く、画策過剰であること、それは彼が根っからの政治好きで、政治を「衣食の道」とせず、政治を以て「娯楽遊戯とする」政治的人間の属性に由来すると見た。しかし、彼は通俗的な意味での策士と異なるところも、三叉はよく洞察していた。すなわち、秋の東京郊外の自然を愛する二人はよく連れだって散策したが、道すがら、木がまばらな林の中に六、七羽のカラスの止まる光景や此処彼処の稲城に伏す犬の姿、小川が見え隠れしつつ流れる光景、桔梗、萱の垣根に交じって咲きこぼれる風情に見惚れて、岡崎は「天若し許さば此間に老いん」と感嘆したというエピソードを挙げて、彼の風流を解し、「独楽の志」、「一個勝敗以外の天地」を慰藉の対象とする心境に、政治を以て衣食以外の遊戯となしうる根拠を見出したと述べている。

2　自由公民論――『人民読本』（大正版）に見る政治教育論

本書出版の意図

大正政変の最中、憲政擁護運動で多忙な日々を過ごしていた大正二年一〇月に『人民読本』が冨山房から出版された。本書は先に見た明治三四年に刊行された『人民読本』の再版ではなく、旧著の内容を大幅に修正し、新刊本として出版された。三叉四八歳の壮年期を代表する著作である。明治版『人民読本』と同じく、西園寺との緊密な連携協力の下に出来上がった書物である（本書の明治版と大正版の違いや刊行の経緯、内容の詳しい紹介は慶應義塾福沢研究センターの「近代日本研究資料（2）」『人民読本』（竹越与三郎著）の「解説」（西田毅）一九八八年一月、参照）。

本書出版の狙いであるが、明治版『人民読本』が幻の「新教育勅語」との絡みで「新社会に処すべき新道徳」を確立する狙いがあったのに対して、本書は憲政擁護運動という実践活動を潜り抜けて獲得された、より先鋭化された政治意識があった。すなわち、立憲政治の時代にふさわしい国民の政治教育を行うという意図があった。言いかえれば、本書によって立憲君主政体にふさわしい「立憲国民」を作り出すという狙いがそれである。

近代の民主政治と政治教育の関わりについて、彼は次のように述べている。近代国家においては、政体の如何を問わず、民衆の輿論（「議論感情」）が国政に決定的な影響を与えるが、わが国民は今日、立憲政体を有しながら、その運用に必要な政治知識が欠乏している実状を指摘しつつ、イタリア建国の父カブールの言葉を援用して、「日本国は已に立てり、是より日本人民を作らざるべからず」と政治教育の必要を強調している。ここには、恩師の福沢諭吉が『文明論之概略』で、「日本には政府ありて国民（ネーション）なし」と言う立言で、権力の偏重と日本人民の国事にコミットしない気風を嘆じた姿勢と相通ずる発想がある。

明治版『人民読本』に序文を寄せた松本君平も、かつて福沢諭吉の『学問のすゝめ』によって啓発された日本国民は、今や「此の『人民読本』に依りて新しき文明の福音を得たり」と本書の意義を鋭く見抜いていた。

明治版と大正版の違い

明治版に比べて大正版は章の数が二十九章から四十三章に大幅に増えている。両版に共通する章は「何故に国家を愛するか」「帝国議会」「議会は万能にあらず」「投票」「歳計予算と租税」「戦争は何の為ぞ」「国民の経済」「地方政治の一斑」「日本国民の理想」の十章である。大正版で新しく付加された章は次の通りである（ただし、そのいくつかは明治版と異なったタイトルで叙述されているため、論旨が部分的に重なる点に注意が必要）。

「大日本帝国」「日本の現状」「国家の興廃と個人の存亡」「愛国心の努力」「国家と天皇」「立憲君主国の開幕」「愛国即ち忠義」「憲法とは何ぞ」「憲法上に於ける天皇と人民」「大臣の任免」「政党」「外交の変遷」「国家と宗教」「教育」「国民の経済（下）」「政治の主義及び政策」「時世に順応する処世の途」「政治と生活との関係」「寛容の精神」「宗主国の地位」「海外雄飛の心」「婦人」「新聞紙と講説」の以上である。

愛国心の捉え方

本書の中身の詳細な説明は省くが、ここでは若干の章を取り上げてその主張を検討してみよう。まず、明治・大正両版で取り上げられた「愛国心」の問題であるが、当時の忠君愛国と比較して彼の捉え方がいかに違っているか、その国体論との関連で確認しておきたい。

三叉は国を愛することの意義を国民個々人の自愛心から説き起こしている。つまり「人、己を愛するが故に、己の物を愛し、従って己の国家を愛するは、人情の自然」（明治版第二章）、「愛国心は自愛心の結実にして、また自然の人情」（大正版第三章）として、自分一個の「安楽」の実現から己の家族朋友の「安楽」へ、そしてさらに民族や国家の進歩発展を願う心へと自愛心が同心円的に拡大されるべしと主張する。こうした考え方の根底には「国家は即ち家族の大なるもの」という家族国家観があった。一大家族である日本国を家族の一員であり、かつまた民族の一員でもある日本国民は一家親族を愛すると同様に、国家（「政府によりて統轄せらる、民族」）を愛する「念慮」をもたなければならないと言う。そこには、自ら日本国の運命を担う主体としての日本人民という発想があって、「日本は一の大なる家族にして、我等は皆この家を嗣ぐ主人たり」（明治版第二章）という自覚を国民に植え付けんとする姿勢があった。

祖先から受け継ぎ、そして子孫に伝えるこの長い伝統ある日本国と三叉が言う場合、過去の祖先の働きは、ひとり天皇のみならず、歴史上の英雄、豪傑、君子、学者そして無名の人民（たとえば、国家外患の際の将校兵士〈軍士〉の勇敢な働きが例示されている）を含む広汎な国民各層の国家愛護の精神を含めて述べている。

愛国心の発揮の仕方について、三叉は戦時の外敵の侵略から国を守ることの他に、平時において国民が科学工芸上の発明をして産業の発展に資すること、学問や美術の名品、傑作を生み出して文運の進展に貢献すること、また選挙権の行使に当たっては、有能な選良を選出すること、子弟を通学させて日本人民として必要な教育を受けさせることのすべてが「愛国の所業」であると愛国心の概念を広く解釈している。また戦時下といえども、敵国の政府と人民を区別して対応しなければならないことを説いて、非戦闘民やわが国に在留する敵国人民の生命財産を決して侵してはならないと「文明国の通義」を強調する（明治版第一四章）。

また、彼は「虚偽の愛国心」という章（明治版）で「道理」という普遍的価値を基準に事柄の是非善悪を判断すべしとして、「何事も己の国民の為したる事のみを是とする虚偽の愛国心」は一国の「信用と威望」を落とす行為であると厳しく斥けている。彼は、世界の文明国の行動準則に適合しない利己的愛国心は、健全なナショナリズムと全く無縁なものという考えを抱いていた。さらに大正版『人民読本』では、政府が「個人の生存と進歩」を増進する国家本来の職分から外れた政治支配を行った場合、国民は国家（政府）の過失を追及しなければならない。「国民の利益と、面目とに於て許すべからざること」を批判し、「匡正」するのは「愛国の所業」であるとして「国家の政治を批評すべき聡明」と相伴う愛国心こそ、真実の愛国心であると言い、勇気、節操、聡明の美徳を発揮するよう主張している（大正版第九章）。

明治版でより抽象的に正義と道理が述べられていたのが、こうした国民の秕政《ひせい》に対する批判や抵抗権の主張、個人の生存権を国家存立の基本原理として揚言するのは、三叉が積極的にコミットした憲政擁護運動の思想的反映といえるであろう。

このような理性的な愛国心の捉え方は、偏狭な国家主義者や封建的な忠君愛国論者のそれと鋭く対立した。そしてまた当時、文部省が中心になって編纂が進められていた国定教科書・小学日本歴史（明治三六年一〇月発行、翌三七年四月に全国の学校で一斉に使用された）の内容とも相容れない開明的進歩的な思想であった。

憲法上の天皇と国民

たとえば、憲法上の天皇と国民の関係について、彼は国民の天皇への忠勤を説くが、それは神権的天皇論に基づくのではなく、人民も「天皇治国の業を分担する」君民同治の政治的権利をもつ主体であるとの考え方であった。つまり、近代日本の天皇は国家を統治する「大権」を所有するが、無制限に「何事も其意志に任かせ為す」権限は与えられていない。天皇が「大権」を行使する準拠となるものが、大日本帝国憲法に他ならない（明治版第五章・第六章）。すなわち、天皇と人民の双方が等しく遵守しなければならない「規則」が憲法であり、その意味で、明治二二年に制定された大日本帝国憲法と翌年の帝国議会の開設は、実に「二千五百年の国体」を大転換せしめて立憲君主政体の「元則」を確立（「神武創業以来、最大の変動」）し、わが国はここに、画期的な「新国体」を手にしたのである。かくして従来、租税を納める他に何の権利ももたない奴隷に等しい存在であった日本国民は、新しく樹立された立憲民主政治の下では、その地位も権利体系も一変した。今や「天皇に対しては臣子」なるも「国家に対しては人民」という位置を獲得し、天皇と国家の双方に対して、それまでとは質的に異なる責任義務を履行する主体となったと説く。

憲法が定める立憲君主制

次に立憲君主制下の天皇と国民の法的位置づけについては、大正版の『人民読本』の方がはるかに精細で筋道立っている。明治憲法下の天皇は統治権を有するが、それは「無限絶対」の権力（統治権）ではなく、いわば「君主と人民と共に此の権力を共有」する政治システム、すなわち、天皇は「権力を使用するには、憲法上の規定ありて、之を超越する能はず。必ず帝国議会の協賛と国務大臣の輔弼とによりて、其の権力を行はざるべからざるを原則とす」る性格のものである。そして、この基本認識に立って、帝国憲法第三条と第五十五条の法意を次のように解釈している（大正版第十一章）。

まず、第三条「天皇は神聖にして侵すべからず」の天皇の神聖不可侵性について。その「神聖」の意義は、天皇が法的にも政治的にも自らの政治行為に責任を負わないとする法意で、それは第五十五条に定める国務大臣の輔弼と副署の規定と相俟って、近代立憲君主制の原則たる「君主は君臨すれども統治せず」の原理を体したものであると解する。それでは、天皇に代わって誰が国政の責任を負うかといえば、それは輔弼の責任ある国務大臣ということになる。大臣は自ら奏請した事柄だけでなく、己の関知しない国務についても天皇の一切の言行に関して責任を負わなければならない。ここで、大臣は一体、誰に対して輔弼の責任を負うべきかという問題が発生するが、三叉は、唯一天皇に対する責任論や議会に対する責任論を排して、国家、すなわち、天皇と人民の両者に対する連帯責任を強調している。この点大臣は君主に対して直接責任を負い、人民に対しては間接に責任を負うとして、各大臣の連帯責任を認めなかった伊藤博文の考え方との違いは明らかであろう（伊藤博文『憲法義解』（宮沢俊義校注）岩波文庫、一九六二年三月、八七頁）。

天皇は国務大臣を任免する権限をもつが、国政は一に大臣の「奏請」「奉承」に基づくゆえに、大臣の地位はきわめて重要であるとして、第五十五条の詔勅に関する国務大臣の副署の法意を説いている。このような国務大臣の政治責任を重視する三叉の言動は、かつて一八九八年（明治三一）、大隈内閣の時に起こった尾崎（行雄）文相の帝国教育会における「共和演説」が一大事件に発展して尾崎が辞表を提出してその後任をめぐって閣議が紛糾したとき、大隈内閣の「共和演説」事件に対してとった態度は、「天皇輔弼の大義」つまり、「天皇を忠諫するの権利」を放棄した非立憲の政治的行為であると論法鋭く迫った姿勢につながる見解であることが容易に思い起こされよう（「侍従内閣の乱憲」『世界の之日本』社説、一八九八年一〇月二九日。なお、この評論を発表したために、官権によって『世界之日本』は三カ月の発行停止処分を受けた）。

要するに、三叉が解する天皇と大臣の関係は、彼が内閣及び大臣が君主の信任に基づいて組織されるとする考え方に立つ以上、形式的には帝室内閣あるいは大権内閣論といえるであろう。しかし、天皇は実際には「衆議院の多数を制する党派の首領を宮中に召して新内閣の組織を命ずる」。それは、議院の多数派でなければ、「天皇の政策を遂行するの能力を缺く」と見なされるからである。そしてまた国政に過誤あるときは、帝国議会において内閣の信任と不信任について議論することができるし、内閣が議会の攻撃にあって信任を失った場合には、もはや「天皇の政策を遂行するの能力を缺く」と見なされて辞職しなければならないと主張する。なぜならば、帝国議会は人民によって組織される国民の議会であり、立法府であると同時に政府の監督機関であり、「内閣の政治の方針をも動かす」「重大なる権力を有する」機関であると解されるからである。

このような考え方は、内閣の進退は人民を代表する議会の信任に基づくべしとする英国の政党内閣制が前提になっていることは明白である（大正版第十二章）。当時、英国流の実質的な政党内閣制の導入に強い異論があったことは事実で、三叉もその点に触れている。しかし、輿論も次第に「英国流の習慣」を形成する方向に傾斜しており、わが国の憲法が欧州伝来の近代政治思想に立脚して制定せられた以上、その憲法の運用にあたって政治上の習慣も欧州風に従わなければならないとして、この習慣を名づけて「憲法的習慣」と三叉は呼んだのであった（大正版第十二章）。明治版でもそうであるが、大正版においてより鮮明に国家の定義、立憲君主制の運用、憲法の解釈、とくに天皇と人民の関係の把握が西洋近代の政治思想の影響下になされており、「東洋流の旧思想」に立った憲政の解釈を極力排除せんと努めていることが分かる。

法の下の平等や君主及び政府による権力発動の制限といった、近代的な政治原則が明治憲法に取り入れられたのは、「外は世界の大勢、滔々として何れの国家をも革新せずんば已まざらんとし、内は人民の智見、実力、大いに増進したるがため」と看破し、外なる「世界の大勢」と内なる「人民の智見、実力」を挙げて革新論を展開するあたり、いかにもかつての『世界之日本』主筆としての面目が躍如たるものがあるといえよう。

とにかく、帝国憲法の制定によって日本は「純然たる近世国家」となり、「人民は政治的聾唖《ろうあ》にあらずんば即ち奴隷たるの境遇を脱して、権利あり、希望ある自由人民」となった、と封建的な臣民像とちがう人民像を提示した。そして、今後日本国民は皇室に対する一層の「親愛」と皇位に対する「尊敬」の念を厚くするとともに、憲法が保障する権利を擁護して「一歩も退かざる」決意、言い換えれば「燃ゆるが如き熱心を以て」憲法を「愛護する熱情」をもたなければならないと憲法の尊重擁護の義務を訴えたのである。天壌無窮の「神勅」思想や皇国史観といかに無縁の思想であるか、もはや贅言を要しないであろう。

日本国民の理想

本書は明治大正両版ともに、最後の章が「日本国民の理想」になっている。この章の意図は何か。そこにはかつて「東洋の偏隅」の鎖国であった日本が、日清・日露の戦争を経てようやく開国以来の宿願であった欧米列強に雁行しうる地位に立った今こそさらに「大なる日本」に飛躍せんとする絶好の機会であり、そのために「大国民」としての日本国民の器量をいかにして形成すべきか、という深謀遠慮が働いていた。ある意味でこの章は本書全体のコーダ（終結部）に当たるといえよう。

日本国民の理想像を「聳然《しょうぜん》として、世界に秀出する大国民」と捉えた三叉は、「大国民」の中身について以下のように定義している。

「大国民とは其の文明が、崇高にして慕ふべく、其の国力雄大にして畏敬すべく、世界列国をして、謹んで其の発言に聴従せしめ、世界人民の心をして、向日葵の日に向ふが如くに之に嚮はしむるものあるの謂」と規定し、実際に国がこうした実力と文明の威望を発揮するには、交通機関の発達、社会の安定、国民の生活内容の充実、風俗が善美で人民の気象が高尚かつ礼節に富み、正大にして勇気あり、沈着勤勉な態度をもち、自然科学の発達による様々な「背理迷妄」の消滅、さらに政治的には、内における人民の権利義務の遵守、外に対する主権の確立といった課題がそれぞれ達成されていなければならない、と言う。

さらに彼は、「大国民」たらんとせば、教育、「工芸」、「労作」の重視、自然科学の推進、文学美術の尊重、善美な習慣、清潔な風俗、国民の権利義務の尊重、貿易の促進、軍備の充実、道理に殉じ不公正と闘う勇気、公徳（「社会公衆に対する道徳」）心の育成の必要を列挙している。とくに公徳の意義を説いて、立憲国家を作り上げた日本人民は、立憲人民として公徳心の大切さに触れ、家族や友人など狭い私的なサークルのなかで機能する私徳のみならず、社会的団結や国家の進展にも力を尽さなければならないと言う。

私徳と公徳の関係について、彼は両者を対立するものと捉えたり、私徳が公徳の犠牲となる公徳優位論を説くものではない。公徳の具体的な中身は何か。公衆の教育の推進、公益扶助の観念、政治的には優れた民衆代表の選出、政治的実践における節義、体面、主義の尊重、反対派に対する寛容の精神、選良として府県町村会や帝国議会に選ばれた場合、正義に忠実な政治活動を行うこと、政治的社会的な「不義不道」に対する闘争、立憲政体の擁護などが挙げられている。

そして、こうした公徳を実践しうる「自主自由の民」に成長することが、立憲国家にふさわしい「大国民」の実像であり、一身一家、朋友、国家に対する愛情をさらに世界人類に拡大することを説いている。ではいかにして世界を愛するか。その方途は「我が国の文明を進めて之を世界に及ぼし、人類の進歩を助くるにあるのみ」と結語している。

明治後半から大正初期の近代日本が、世は挙げて「帝国」の形成に邁進しつつあった時期に、三叉は内にあっては立憲国民にふさわしい近代的な実践道徳の涵養に努め、外に対しては、まさに「世界の中の日本」に恥じない普遍的な道義に立つ人類愛を説いたのである。彼が強調する公徳、国家愛というのは「大君の辺（へ）にこそ死なめ」式の天皇に対する無条件の献身と服従の道徳と異なり、その日本文明の世界への伸張は同時代の田中智学《たなかちがく》流の八紘一宇《はっこういちう》の精神（ちなみに「八紘一宇」は、明治三六年、田中の造語に成るものといわれる）とも無縁のものであった。

三叉の時論の根底には、偏狭な「日本人の日本」や「東洋の日本」を脱して、「世界の日本」を自覚し、「世界の舞台に上り、世界的見地より経綸を案出し、世界的胸宇を以て列国の間に周旋せざる可らず」とするコスモポリタンな考え方があって、それを実現するには、世界各国との積極的なコミュニケーションを通して、世界の文明の取捨選択、その宜しきを得て「世界通有の文明」に接近しなければならぬとする世界認識が一貫していた（「世界の日本」一八九六年七月二五日）。

ただし、国家や民族を超越して個人が他の個人と直接結び付く世界市民の発想は希薄であったように思われる。ともあれ、このような開かれた国際主義的精神が、排外自尊、神権的な国体論者に反発するリベラルな知識人や国民の間に、じわじわと地下水脈のように浸透しつつあったのである。

3　三叉と中国政治

明治末年から大正初期にかけて竹越の関心を惹いたもう一つの大きな問題は、隣国中国における政治変動であった。彼は明治四〇年秋と明治四四年冬の辛亥革命渦中に、視察旅行に出かけている。その時の記録を基に三叉の中国認識を検討してみよう。

三叉は北京の蘇州胡同《フートン》にあった朝日新聞社の社宅を借りて三カ月生活した。使用人兼料理人として、中国人を一人雇い、北京市内の見物、散策を楽しんだという。さらにまた、宦官について知りたいと思った彼は、数十年間、西太后の宮中に仕えたという人物を面接して傭っている。そして、その人物から宦官について聞き知ったことを書き記した一文がある（「北京で宦官を傭うた話」『讀畫樓随筆』大日本雄弁会講談社、昭和一九年一月、二四〇頁）。

袁世凱・張之洞と会見

注意すべきは袁世凱（一八五九～一九一六）と張之洞（一八三七～一九〇九）の会見記であろう。まず袁世凱であるが、三叉が袁に会ったのは明治四〇年一一月三日、北京滞在中のことである。当時、袁は清朝西太后の下で外務大臣職にあり、日露戦争後の満州支配をめぐる日清両国の懸案処理に当たっていた。その一つが間島問題であった。日本は間島を朝鮮の領土であると主張し、清国は満州の一部と主張して譲らず、交渉は捗らなかったという。袁との会見でもその間島帰属の問題が協議対象の一つであった。

三叉は一介の衆議院議員で何ら責任ある掌にはなかったが、支那の要人たちと重要な政治問題を話し合い、いわば民間外交的な役割を果たしたのである。駐清代理公使の阿部守太郎は清国の王大臣らを公使館に招いた席上で、三叉は初めて袁世凱に接したのであった。阿部が公使館員でもない三叉を「主人側の一人として列席せしめたるは、余を王大臣等に紹介すると共に余が後に王大臣等の間に遊説する所あるべき為めに、公使館より無形の信任状を発行した」という見方をしており（「袁世凱との会見」『倦鳥求林集』岡倉書房、昭和一〇年六月、七七頁）、その時の印象を次のように語っている。

「気力全身に充満し、所謂精悍の気、眉宇の間に現るとも云ふべきものありて、眼光は殊に精彩あり、其容貌は故児玉将軍と、曾我将軍に類すと云はんよりは寧ろ、此二人を等分に搗《つ》き雑《ま》ぜて二分したらば袁を作り出すを得べきもの、如し」とその特徴を言い現わしている。

満州問題で二人は意見を交換したが、袁は中国の主権尊重の一点から主張を力説して止まぬので、三叉は日中両国がそれぞれの道理を説いて譲る所なければその結果如何と迫った。三叉に法家の言の厳しさを指摘された袁は、逆に日本の公使館員や満州駐屯の軍人らが理屈を作って迫りくる非道さを持ち出したので、三叉はここぞとばかりある提言をした。

すなわち、袁外相自ら勇断して西園寺首相と直接、会談して両国の難問の解決に当たることを勧めたのである。袁が決断すれば、日本政府はその努力と誠意を評価し、十分に譲歩する所あるはずで、さすれば、袁は面目と国利の二つを併せもって帰国することができる。さらに三叉は西園寺と桂を比べて「西園寺公、局に当り眷々として平和を維持せんと欲するも、此後に来るものは武断内閣なるべし」と桂の登場が両国の問題解決を一層難しくすることを仄めかしている。

要するに、三叉は危局の打開は「眼前の事に没頭して、大局を顧るの暇」なき在外使臣の力では不可能であり、「大人英雄」のみよくこれを為し得ると言う考えをもっていた。しかし、袁は北京を離れると「内政動揺、収拾すべからず」として動かなかった。三叉は、いかにも「支那人にして、一身の安危存亡の身を顧慮」する袁の態度に失望したと回想している。

次に張之洞であるが、一八三七年生まれの張は、その時すでに七十歳の老練政治家であった。彼は洋務派の官僚として、曽国藩、李鴻章、左宗棠と並ぶ「四大名臣」の一人であった。武漢を拠点に富国強兵、殖産興業に努めた彼は一八九三年、自強学堂（武漢大学）の創立に関わった人物で教育者・学者でもあった。その思想は「中体西用」論者で、急進的改革に反対、明治三一年（一八九八）に起こった戊戌の変法と政変前後に中国を訪問した伊藤博文と漢口で会談するなど、日本人政客との関わりも深かった。伊藤の漸進主義を重視する張は三叉が伊藤の「幕中」であることを知っていたこともあって、会見が実現したと思われる。

初対面の挨拶が終わるや、張は三叉に儀礼的に最近の中国の政情の感想を聞いた。三叉は「余は一個の旅客である。僅かに足跡を支那に印した旅客が、支那の内政に就いて云ふべき時でない。昔韓退之は、今の憂は、士君子、好んで人の師たらんとするにありと云ったが、これ殆んど今日の士君子のために言ふが如し、余は求めて人の顰《ひそみ》に似すべきでないと云った」ところ、この返答が大いに張のご機嫌に適ったという。当時、張は湖北省から北京の内閣に入り、鋭意、新政を布かんとしていたころで、三叉が衆議院議員として憲政運用の衝に当たっていたことを承知していたので、彼に対してぜひ中国の憲法制度について助言して欲しいと持ち掛けてきた。張の質問の眼目は、憲法制定の方法、つまり朝廷自ら欽定憲法を制定すべきか、それとも輿論に問うて民約憲法を作るべきか、朝廷の意向が未定であることを告げて真意を打ち明けてきた。

そこで竹越は、「憲法制度は、なほ樹上にある菓物の如し、或る人は之を取って大いに酸味を感じ、或る人は之を取って、その甘味を感ずる。その土地、その気候によりて甘酸、味を斉しくせぬ。何れの国民も皆な必ず、憲法政治を行はねばならぬものと、宿命的に覚悟すべきものではない」と断ったうえで、彼は欽定憲法を制定すべきことを推薦している。

その理由は何か。広く民間の意見を聞いて民約憲法を作らんとすれば、激しい争論が巻起こって収拾がつかなくなるであろう。欽定憲法を制定するにしても一日も速やかに実行しなければならないと説いた。逡巡し、躊躇すれば、民間の勢力が容喙して、民約憲法と同じ混乱状況が生じることを心配し、「機を知るそれ神か」とはこの謂であると進言した。また、別離の際に、支那は医学を盛んにして人間の生命を大切にせねばならぬと言ったのに対して張は反論し、医は術にして学に非ず、しかるに医を学と称して経学と同一の地に立たしめるのはいけないと否定したという（「張之洞との会見」『讀畫樓随筆』一六一頁）。

三叉は、医は術であるか学であるか、自分にとって妥協の余地はあるが、張は医術を経学と同一視することは、絶対に同意できなかったのであろうと、このやり取りを振り返っている。張曰く、日本の政治家はみな胸中に学問がなく議論が浅薄に流れるのを免れぬが、竹越の議論はさすがに堂々として聴聞に値する。ただ、医術を学というに至っては、この人にしてこの言ありと嘆息したそうだと後日談を語っている。

なお、このエピソードに関連して、清末の中国における「新学」の勃興に触れた次のような記述がある（「変化せんとする清国」（明治四一年一月二〇日高等商業学校に於て）『三叉演説集』二酉社、明治四三年、二九二〜三三三頁)。中国は、明治維新後の目覚ましい日本の台頭に対する恐怖心も手伝って、日本式モデルを採択して兵制や学校制度の改革を試み、学問も頻りに日本学や日新の学問を取り入れているが、過去に高度に発達した文明をもつ中国人の自尊心の強さが災いして、何事も自己弁護の気風が目立つという。たとえば、立憲政体を紹介すれば、素直に受け取らずに、堯舜三代を持ち出してその時の何れに当たるのかといった議論をやる。

要するに、彼らは新学問に接しても「支那流に解釈」するため、容易に正しい理解が進まない。ただ、北京の在朝在野みな立憲政体論で充満し彼らが立憲政体で支那の復活を願っていることを紹介している。

そこで三叉が張之洞に会って、立憲政治について聞かれたとき「貴国を救ふには立憲政体のみでない、又理化学と医学を盛んにしなければならぬと云ふたら其大臣(張のこと)は、我国医を以て学と為さずして術となす」と回答し、医学は学問でなく術であることを強調して反論したというのである。そこから、中国は新学問(西洋の学問)を盛大にしてはたして政治・経済・法律の近代化に成功するかどうか、清朝復活の可能性について彼は悲観的な見解を示している。その根拠として三叉は中国の社会構造や皇帝政治のあり方に言及している。

中国の社会構造と皇帝政治

すなわち、仮に憲法を制定し議会を開設した場合、スムーズに立憲政治が実現するかどうか保証はないという。日本では皇室が政治の機軸をなしていて、各党派の政治的対立の潤滑油になる。たとえば、民間の政党が互いに争うように政府内部においても伊藤、山県といった党派の対立がある。しかし、「陛下の朝廷は各党派の中心」であり、「官僚派の中の各党派の争の中心」である。このような不偏不党の皇室をもつ日本に対して、満州族に端を発する清帝国の皇室は「満州党」に基盤を置いていることを指摘する。さらに中国の政府は、日本のように国民全体に基盤をもたない。それに関連して日本と中国における社会構造の違いに触れて、中等階級は日本に存在するが、中国には不在であることに言及している。

いわば国のバックボーンとして機能する「中等民族」であるが、中国には「一番上に役人、若くは金持ちと云ふ級があって、其下は商人、農民、苦力《クーリー》」で、これが日本と違ふところで、現在の中国には「野に遺賢なし」、「金持ちにして役人ならざる者はない」、「金持ちは役人、役人は即ち金持ち」といった状態になっていると述べている。

そして、富裕層が官職を買って役人になるのがそこでは常套的なやり方になっている。「野に遺賢なく、中等階級が存在しないから、政府はその根拠を貧民や苦力らの階層に置いている。日本の政治は中等階級の利害を重視し、中国は「小民の意嚮」を察しなければならないという違いがある。さて、清国では立憲政体が行われて議会が開設されても政策について議論する者がなく、支那政治の伝統的な習わしで政策よりも忠奸論一点張りで、心根が正しいとか正しくないとか、君子、小人論が横行し、小異を捨てて大同につくといった政治的妥協を探る努力もされず、総じて政治上の議論が殺伐で、「彼我を殺さずんば、我彼を殺すと云ふやうなことで、政治上の議論が窮屈」である。日本のように議場で論争してもロビーで握手するというようなことはできない。また、日本の皇室は一片の勅令で両党を和解させることが可能であるが、清国ではそうはいかない。このような事情を並べて、日本に比べて議会の運営が余程難しいことを三叉は予想している。さらにいえば、立憲政体の実現がかえって支那の動乱を惹き起こす基になるのではないかと危惧する。広い中国各地には多数の「秘密結社」もあり、議会が解散されて、地方の総督の推薦で議員になった連中が、地方に帰って勝手気ままに政権批判をやってのけ火に油を注ぐ結果、燃え口を発見する不平分子もいるであろう。

清朝末期の流動的で予測のつかない政治状況を概観したうえで、三叉は今後の展望として「此六、七年内に内乱にあらずんば、外患で、非常な変体を生ずるだらう」と予見した。

三叉が北京で接触した政治家は、袁世凱、張之洞、そして慶親王はじめ何人かの宮廷官僚たちであって、孫文や興中会、中国同盟会ら反満革命を唱える政治結社のグループではない。したがって、ここでいう内乱、外患が清朝の打倒、民主主義革命を目指して決起した一九一一年の辛亥革命の可能性を指して述べているのではないであろう。漠然とした社会不安と列強の圧力が、今後、清朝の政治システムに大きな変動をもたらす危機感を表明したに過ぎない。ちなみに、彼が国内外の中国革命派の運動家と直に接触したという痕跡は寡聞にして知らない。

好意的な辛亥革命観

彼は明治四四年一二月に約一カ月、辛亥革命渦中の支那視察旅行に出かけている。明治四〇年に続いて二回目の視察旅行であった。今回は上海・南京一帯の長江地方の視察であったが、それを旅行記風の見聞録二編にまとめて発表している（「秦を亡ぼす者は楚ならん」『日本新聞』明治四五年一月六日、「紅顔の美少年国事に奔走す」『学生』大正元年一二月所載。ともに『三叉文存』

に収録)。

まず、彼が革命政府に対して好意的な見方を示していることが分かる。

「大江の南北、革命共和の気勢、充満して区々、北朝の兵力を以て之を夷平《いへい》せんなどとは、精衛《せいえい》が海を埋めんとするの企てにて、到底望なきことと被存候《ぞんぜられそうろう》。武昌或は落つべく、南京或は取るべし。さりながら南方民心の中に城《きづ》かれたる武昌南京は、決して陥落し得べきにあらず」

江南地方の民心は、もはや完全に南方の革命勢力の影響下にあることを観察している。変革運動のリーダーについて「盛名天下を掩ふ大人物の出でて之を統一するにあらずんば、其業或は遂げ難からん」という批判に対して、それは「官爵、閲歴の桎梏を脱する能はざる日本人の見解のみ」と一蹴して、中国歴史に現れた「下剋上」の伝統を例に出して論駁している。

「支那人は、草澤《そうたく》、英雄起りて、戎衣《じゅうい》〔甲冑、軍服の類〕天下を取りたる事は数々遭遇したれば、一介の書生と雖も、大相撲に勝てば、則ちそを認めて大関とするに、些の躊躇なく、孫逸仙、黄興、黎元洪の名は、殆ど半神的に伝誦せられ、曾て軍機にありしとか、総督たりしとか、申す人々の盛名は全然蝕し去られ候。況して北京に於て過《あやまっ》て雄材の名を得たる巧官の如きは、時人之を見ること、枯葉の如くに過ぎず候」

中国社会における出自の如何を問わぬ実力主義の風潮を正しく指摘している。

そこで将来の見通しであるが、彼は共和政府が実現しても当分は武断政治が続くと見ていた。しかし、社会情勢が安定し各州の議会が立法権を回復すれば、純粋の共和政治が成立すると判断している。中国人に共和政治が適しないという人があるが、ある程度の文化水準に達した国では、ある政体が特定の人種に適せずといった主張は「村学究の迷信」に過ぎないと取り合わない。ちょうどそれは、三十年前、黄色人に立憲政治は適さないとして、わが国の立憲政治が嘲笑されたのと同じだという。ただ「大乱の後、節制弛緩《せっせいしかん》したる所少からざれば、多少の騒動は免れざるべしと雖も、小生は、共和政府が、能く物情を鎮静して、以て新支那を起すの力あるを信じて疑はず候」と、東洋に初めて誕生した共和政体に対して楽観的な見方を示している。

「紅顔の美少年国事に奔走す」（大正元年一二月）は上海から南京まで、船で揚子江を遊覧する一幅の絵のように美しい紀行文であるが、そこにも「革命軍」の様子が書き込まれている。たとえば、上海について、上海は「革命軍」の第二の根拠地であり、至る所に革命の気風が漲っている。「革命軍」に属する者は、争ってあの長い辮髪を切って断髪にし、得々として「断髪即文明」を気取っている有様を、ちょうど明治維新当時の日本人が、何でもかんでも西洋をありがたがって騒いだのと変わりがないと云って面白がっている。

痛ましい光景も取り上げている。それは「革命軍」に投じている幾多の青年の運命である。前途多望の青年たちが、常にピストルや銃を手にして戦闘に参加していること、彼らの多くが真剣に国事に奔走している姿を見るにつけ、激しい内戦で一命を落とす悲劇を思い、心からいじらしく、不憫に思えてくると述べている。そこで、彼は改めて「人心の変化、思想の覚醒」がもたらす力の恐ろしさを感じている。すなわち、「支那全国の知識ある階級――即ち外国へ留学したものや、平常新聞雑誌等を読んでいるものは、此際尽く革命的思想を有っていると思はれる。否北京の官人中にも、革命的思想を有っている者が随分ある」といい、今回の騒動は、「支那の地層が引っくり返ったもの」、「上中下と順序良く重り合っていた支那国民といふ大なる地層が、根柢から引っくり返って、一番下の地層が一番上の地層にならうとして居る」と、単なる政変やクーデターではなく、社会構造の根本的変革と捉えている。

「共和政府」や「革命軍」という用語はあるが、「革命軍」の具体的な陣容や戦略戦術に関する論及はない。また、辛亥革命に関する具体的な分析は管見のかぎりでは他に知らない。しかし、ここに紹介した二つの短編は、簡単ながら中国南方派の革命運動が歴史的なパースペクティブのなかで正しく捉えられているといえよう。

第七章　衆院選落選と「日本経済史編纂会」の発足

1　第十二回衆議院議員選挙に出馬

選挙区を変更する

大正四年一月、大隈内閣は農商務大臣大浦兼武《おおうらかねたけ》を内務大臣に任命した。それは大隈の次期総選挙に備えての起用であった。三月二五日、第十二回総選挙が行われ、三叉は群馬県前橋市から立候補した。三叉の選挙区は、最初（明治三五年、第七回総選挙）は新潟県郡部旧七大区であったが、その後、第十一回総選挙から前橋に選挙区を変えている。その理由は前橋がかつて、三叉が青年時代に活躍した場所であり、多くの旧友や知人もいて、彼らの支持を得て選挙運動ができることと、それまで過去四回の越後における選挙運動で、三叉の選挙参謀役を務めた高田日報社長の丸山豊次郎の希望を容れて、選挙地盤を彼に譲渡したからであるといわれている。

第十二回総選挙は大隈の政友会切崩しの選挙大干渉に遭い苦戦した。三叉の選挙区には大隈の養嗣子大隈信常《おおくまのぶつね》が対抗馬に立てられ、三叉追い落としのために万策が講じられたのである。なぜ、三叉が攻撃の標的にされたのか。

三叉と大隈の因縁

大隈と竹越の軋轢は古く、明治二〇年代の陸奥外相時代に遡る。明治一四年の政変後、伊藤と大隈の関係が、「政変」前の薩長の争い、「文治派武権派の争い」に代わって両者の政治的対抗の時代に突入した。折しも明治二五年八月、陸奥宗光が伊藤内閣の外務大臣に就任、陸奥の知己を得た三叉が明治二六、七年頃から政治に奔走しはじめ、岡崎邦輔とともに陸奥の麾下として働くようになって、伊藤陣営に属することが明らかになった。

伊藤内閣にあって陸奥はほとんど「時局の中心」勢力だったので、伊藤、大隈の対抗は、事実上は陸奥と大隈の抗争であったと三叉は評している（「大隈公と余」『讀畫樓随筆』二五八～二六三頁）。三叉は、当時まだ政治家でも官吏でもなかったが、病気の陸奥に代わってよく伊藤派の政治家の会合に出席したので自然に大隈とは敵対関係になったという。

また、明治三七、八年頃に大隈は『開国五十年史』を編纂したが、その時「新聞及び言論」の項目執筆の依頼が三叉にあった。福地源一郎がその項目の執筆者に予定されていたが、途中で病没したため、未完の一半を完成させてほしいと大隈が秘書を通して申し出てきたのである。最初は婉曲に断ったがあまりにしつこいので、とうとう「余は甘んじて他人の残肴冷盃《ざんこうれいはい》を嘗むるものでない」と本音を吐いた。数日後、また秘書がやってきて大隈侯は福地の原稿は全く放棄して新たに三叉に起稿をお願いしたいと言ってきた。福地は晩年不遇であったが、その彼の墓土未だ乾かざるに、その原稿を捨てて他人を煩わさんとするその「薄恩冷酷」を咎めて再度断ったという。その頃のことであるが、たまたま早稲田付近を散策中の大隈が、女子大学に通う三叉の娘（北見）を見つけて、近寄ってきて「貴娘《あなた》は竹越さんでせう。お父様は相変らず、私の悪口を言っているのでせうが、余り悪口を言はぬやうに言って下さい、と伝言した」というエピソードを紹介している（「大隈公と余」）。

三叉の大隈批判は民友社時代から一貫して続いていたが、とくに第一次大隈内閣（一八九八年の憲政党内閣、いわゆる隈板内閣）の時に起こった尾崎行雄の「共和演説」事件に対して取った大隈の姿勢をきびしく衝いた論説「侍従内閣の乱憲」（明治三一年一〇月二九日）は大隈をいたく刺激し、『世界之日本』は発行停止処分を喰った。大隈内閣がわずか四カ月余りの短命政権に終わったのはこの事件であったがゆえに、三叉の言動に対する大隈の関心はただならぬものがあった。それに加えて、今回の第二次大隈内閣（一九一四年四月一六日～一六年一〇月九日）失脚の直接の原因となった、二個師団増設に対する三叉の議会における反対演説である。

かつての盟友徳富蘇峰と大隈の場合、政見の対立がこのような個人的軋轢に転化していない。宿敵とみられた伊藤と大隈の関係も第三次伊藤内閣後の隈板内閣誕生の際には、元老山県らの強い反対を押し切って、憲政党を率いる大隈を後継首相候補に推している。

二人の政見の違いも基本的な政治思想の違いというより、むしろ時々の政治的争点の処理をめぐる対立が大きかったのではないか。その意味で、三叉と大隈の不和は、気質や状況判断の食い違いが基になって生じたように思われる。反藩閥、政党政治、条約改正そして教育問題など基本的には両者ともに民党派論客なのである。

第十二回総選挙の結果は大隈与党の大勝利に終わった。与党の立憲同志会は一五三、野党の政友会は一〇八で第三十五議会解散時の立憲同志会九五、政友会の一八四に比べて両党の増減の大きさが分かるであろう。ちなみに、前回総選挙（第十一回）のときは政友会二一一、国民党九五であった。

選挙干渉を受ける

さて、三叉が立候補した群馬県第一区の選挙戦はどうであったか。三叉側の選挙陣営に対する官権の総力をあげての弾圧、有権者である地元の有力な蚕糸業者の大隈陣営への利権誘導や三叉引退説の流布など猛烈な選挙干渉が加えられた結果、初めの予想に反して三叉は大隈信常に敗れ去ったのである。得票数は大隈常信が七三七票、竹越が三六七票であった。前橋選挙区は金沢（中橋対横山）、山口（大岡対佐々木）と並ぶ三大激戦地と呼ばれた。政友会の中橋徳五郎は選挙無効訴訟を名古屋控訴院に提起、県知事の熊谷喜一郎は石川県下の選挙干渉事件のため辞職している。

ところで、大隈信常（一八七一〜一九四七）とはどのような人物なのか。彼の実父は平戸藩主の松浦詮といい、東京帝国大学出身で大隈首相の秘書官であったが、大隈伯後援会の一員として立候補した。大正一一年（一九二二）、養父大隈の死に伴い爵位を継承して貴族院議員になり、翌年、早稲田大学名誉総長に就任。また、昭和九年（一九三四）にはプロ野球球団大日本東京野球団倶楽部の代表取締役会長になったが、政界ではとくにこれといった活躍をした人物ではない。上州地方とは特別な地縁もなく、三叉を落とすために立てられた典型的な落下傘候補（「輸入」候補）であろう。

三叉の門人で実際、運動員として選挙戦に参加した弘田直衛が、選挙戦の記録を一冊の本にまとめて上梓した（竹越三叉先生題文・弘田直衛著『三叉政戦録』五載堂書房、大正四年八月）。凄まじい選挙干渉と、地方都市を舞台に繰りひろげられた金権選挙の実態が、本書を通してありありと伝わってくる。『三叉政戦録』によれば、三叉と大隈信常の一騎打ちを新聞各社は次のように報道した。「三叉学人と小隈伯の大勝負」（読売新聞）、「小大隈と三叉の取組」（東京朝日新聞）、「前橋逐鹿《ちくろく》偉観、現状は大隈六分、竹越派は四分」（時事新報）といった見出しを掲げて、全国でも有数の激戦地の選挙戦を報じている。論調はスポーツ観戦記のような記事内容で、たとえば、読売の記事は次のような調子である。

「今は時めく、早稲田の老宰相の養嗣子にて早大教授、早中校長、内閣総理大臣秘書官と云ふ、素的《すてき》な長い肩書を持って居る大隈信常氏と、「二千五百年史」や「南国記」の著者として、将た又た天下の大政党政友会の花武者として、天晴《あっぱれ》男振り一段と麗はしい、三叉竹越与三郎氏とが、長脇差《ながわきざし》の本場、上州は前橋で、三尺の秋水、ズラリと抜き放ち、ヤッと気合い諸共、阿吽《あうん》の呼吸を計って居る状は真に、竜虎相搏ち、風雲暗澹《あんたん》の光景として、全国の逐鹿界をして、多大の興味を以て、其の前途を観望せしめて居る」（『三叉政戦録』二一頁）。

明治四五年五月の第十一回総選挙では、前橋の商業会議所会頭や前橋商業銀行頭取、群馬県蚕糸業組合連合会長、利根発電株式会社の重役らがこぞって竹越候補を支持し、市内の青年実業団（青年実業倶楽部）が中堅となって運動を展開した。前橋市は元来政友会の地盤ではなく、政友会の系統に属する人物も少ないところであった。三叉は、「単に一個の竹越三叉として、候補に立ち、之を推薦するものも亦た、単に前橋市の有志てふ名義」で応援した。しかし、形勢不利と判断した今回は、群馬県政友会支部は、急遽、竹越公認の決議をした。参謀格の青年実業団は討議を重ねた末、再び三叉を応援することを決議したが、商業会議所や銀行、蚕糸業界は大隈派に寝返った。元来、生糸・絹織物の産地として知られる前橋の蚕糸業界と横浜の斯業との関わりは深い。政府は蚕糸業救済案を議会に出して、横浜の豪商原富太郎、茂木保平らの窮状を救い、その手を借りて群馬県の蚕糸業者に圧迫を加える策に出た。平生、横浜の豪商と商業上の取引があり、原や茂木らの資力の庇護のもとにある群馬の業者は、ただ唯々として金権に屈服せざるを得ない状況にあった。しかし、もちろん地元前橋の蚕糸、製糸、繭糸業者の事大主義、権威主義的態度が大隈擁立を推進したことも疑えない。その結果、前橋市における竹越派の団結が破壊されたのである。

弘田は竹越対大隈の政戦を次のように図式化する。すなわち、大隈派の事大主義、金権万能主義、権威主義、前橋の「上流階級の人士及び上流に阿附せんとする無智識階級の人物」に対して、竹越派の独立主義、人物万能主義、平民主義、「中流以下の人士及び智識階級に属する人物」の闘争であると。そして、選挙戦の駆引きに大きな影響を与える地元新聞紙の動向は、前橋の新聞は「悉く事大主義の奴隷にして、金権主義の崇拝者」と決めつけ、『上毛新聞』『上野日々新聞』等、いずれも大隈派というべく、ただ独り『群馬新聞』だけは政友会派で竹越候補支持、東京の新聞紙で前橋に支局をもつ新聞は朝日、日々、国民、時事、中外新聞などは比較的公平な態度を持したが、報知、世界、やまと等の新聞は口を極めて竹越を罵詈したという。「新聞紙が事大主義に囚《とら》へられ、新聞記者が、金権主義に追従《ついしょう》するは是れ時勢の数なり」と、一般紙の水準の低さを嘆いている。

三叉と大隈の弁論の中身であるが、「議会四百の頭顱《とうろ》中、克《よ》く新知識を抱懐して、立論に言議に、常に万丈の気焔を揚ぐる」、「政論檀上の雄」たる三叉に、大隈は言論戦では到底太刀打ちできなかったという。

「前橋市民に訴ふ」と題する選挙演説（大正四年三月二日、於柳座）で話した三叉の弁舌を見てみよう（「挑戦大演説会の盛況」『三叉政戦録』八二〜九七頁）。

当日は政友会本部から応援弁士として床次竹次郎《とこなみたけじろう》と水野練太郎《みずのれんたろう》らを迎えて、政見発表が行われた。三叉は満員の聴衆を前に演説を始め、「荘重の弁、激越の辞、三千の聴衆為めに酔へるが如く、幾度か竹越君万歳の声に圧せられて、屢《しばら》く辞を続くるを得ざる程なりき」と、熱気と興奮に包まれたその時の場内の空気を伝えている。三叉は、衆議院解散後の年末年始の自らの心境から語り始めた。

年が明けて選挙区に入ったところ、三叉が杖柱と頼んだ前橋の実業家はすっかり、東京、横浜の実業家を通して政府の権力が浸透し、幹部は誰も相談相手になってくれないという状況であった。悄《しょう》然《ぜん》として帰京すると、彼が最も尊敬する実業界のある老人が、あわてて三叉を呼んでいうには、大隈総理は東京実業界の有力者を「官命」で招き、養嗣子信常が前橋から選挙に出ることを伝えて支持応援を頼んだという。老実業家は、前橋は友人の竹越が立たんとする所で応援できないと断ったら、それならば中立を守れ、決して竹越を助けることはするなと命令したという。また和田豊治《わだとよじ》は、総理大臣がその権力と豊かな財力を以て一代議士と争うことの不都合を述べて反論したというが、他の参集者はことごとく権力に屈したと伝え早く対策を練るように忠告した。対策を練るにも、三叉の周辺は官権の圧力で身動きが取れず、前橋の実業家連もすでに中央の実業界の圧力で自由を失っている状態、誰に相談していいかわからない状態で全く途方に暮れたという。

その時、前橋の熱心な青年諸君の激励に接したという。「斯くの如き圧迫に屈する事であるならば、神聖なる議員選挙は其の精神を没却するのではないか、如何なる権力の圧迫が来やうとも断じてやれ、敗るゝとも権力に屈してはならぬ」との激励の言葉をもらって、彼は奮然蹶起《けっき》、強敵に立ち向かう覚悟が出来たと述べている。純粋な青年たちの若い力と理想に敬意と感謝の気持ちを表し、「人生意気に感ず、功名還《ま》た誰か論ぜん」と言い放って、会場に万歳の歓声が沸き起こった。

大隈からの恨み

次になぜ彼が大隈の恨みを買ったのか、その理由に触れて、議会で二個師団増設問題をめぐって論戦したことを挙げている。三叉は師団増設の不必要とそれが増税の引き金となることを理由に反対したのであるが、それに加えて、増師問題はそもそも西園寺内閣を倒した原因になった争点であり、その時「一年たりとも忽《ゆるが》せにすべからず」と公言した勢力が、その後桂内閣や山本内閣に至っても音なしの構えでこの問題は出なかった。二年も三年も出さずに済んだこの問題をなぜ西園寺内閣の時に提出したのか。不要不急の問題を政争の具に使う卑劣な態度を批判する彼であるが、同時にまた師団増設はロシアとの戦闘に備えるためという理由づけで主張されたが、ロシアは現在四百万の兵を使ってドイツと闘っている最中であり、厳しい欧州の戦局で大きな被害を蒙りつゝあるロシアに日本と闘う余力はない。おそらく、ロシアがその国力の回復に一五年を要すると考える三叉は、財政窮迫の日本の現状を思えば二個師団の増設を行う必要がどこにあるかと力説する。

それは帝政ロシアの崩壊とロシア革命（一九一七年）を見据えた展望ではないが、小手先の才知をこらした大隈内閣の政策批判としては説得力があるといえるであろう。最後に彼は、金権政治に真っ向から抵抗する頼もしい前橋の青年たちの「意気地」と真心を讃えて降壇した。

それに対して大隈派はどうかといえば、三月七日に大演説会を行ったが、候補者信常の政権演説はわずかに一五分、来援の石川安次郎らの演説も竹越派の充実ぶりに比すべくもなかったと記している。翌日、信常は依頼状を有権者に送ったが、その内容は「一家の見識を有せず、纔《わずか》に父重信に依って立つの薜蘿《せつら》〔よもぎ草やった〕の如く、又た父重信を杖《たす》けて、廟廊《びょうろう》に歩趨《ほすう》するの洋杖《ステッキ》候補たるに、悖《もと》らざる底の面目を発揮せり」と弘田は酷評している。

要するに、個人の力量からいえば大隈は「名実共に竹越の敵にあらず」という大方の評価であったが、竹越は権力の後援なく、潤沢な資金にも恵まれなかった。ただ、人物の優劣によって大隈派に対抗し、金権両力において負けるところを市民の同情に訴えて勝利を期したのである。

とかく、ハイカラで英国紳士風の風貌が、貴族的で庶民性に欠けるといった相手陣営の悪態につながったが、一方、味方の陣営の中にも、三叉の頭脳明敏にして識見高邁、そして言論文章また「天下の偉観」という評価と並んで、「惜むらくは才人の情緒、時に堅志猛行を欠くを憾《うら》みとす」という見方もあった。しかし、ここに紹介した出馬演説は、そうした風評を吹き飛ばす力強い意志と情熱に満ち溢れたものであった。

既述のように、かつて明治一八年から二〇年にかけて、若き日の三叉は前橋英学校や高崎英和学校の開設にコミットし、自ら英学校教師として当地の青年に英語や歴史、政治を教えた経緯がある。そしてまた、上毛青年会や前橋青年談話会を組織して廃娼運動や社会風俗改良運動にも積極的に取り組んだ。その時に蒔いた「一粒の麦」が繁茂して、今、四十代に成長した現地の中堅実業家層や若者たちを動かしたのであろうか。そういえば、後援者名簿に山路愛山や交詢社のメンバーと並んで、前橋英学校、上毛青年会以来の旧友高津仲次郎の名前も見られた。

選挙の運動員は参謀長の平田健太郎（当時、前橋商業銀行頭取で商業会議所副会頭、第十三回衆議院総選挙に立候補した人物）を中心に、約二〇〇名が数十日間、家事を擲って熱心に「犠牲的精神」を発揮したという。運動員の中には生糸商を営み、のち前橋市の第八代市長になった竹内勝蔵（彼は熱誠を込めて蹶起を促す寄書「竹越先生に与ふるの書」を書いた人物）もいた。また、竹越は運動中に候補者として一度も形勢を平田に訊ねたことはなかったという。それは、候補者も運動員もともに赤心を人の腹中におく信頼関係が形成されていたからで、「義戦を戦ひ勝敗を度外に措いて、公明正大に活動をした」からであった。このように、候補者と運動員が同士として選挙戦を戦ったことを名誉に思うと弘田は回想している。

2 「日本経済史編纂会」の発足

総選挙で落選した後、三叉はまた次期の衆議院議員選挙に打って出る予定であったが、後述する『日本経済史』執筆などの事情が重なって、再び選挙に出る機会を失ってしまった。

大正四年六月、朝吹英二らの熱心な働きで「日本経済史編纂会」が発足したが、編纂会が組織せられた模様について、三叉は次のように語っている。

「大正四年の総選挙に際し、余が前橋に於て候補たるや、時の執政に中《あ》てられて敗北す。朝吹君、乃ち余に勧むるに暫らく雌伏して筆硯に親しみ、日本経済史を著さんことを以てし、之がため一会を起さんことを企て、大正四年六月二〇日、池田成彬《いけだしげあき》、今村繁三、林民雄、和田豊治、各務鎌吉《かがみけんきち》、成瀬成恭、武藤山治《むとうさんじ》、串田万蔵、郷男爵、森村開作《もりむらかいさく》の諸君と交詢社に会せしが、衆即ち朝吹君を委員長に推し、池田君に会計監督を託して日本経済史編纂会なるものを発起」した（「日本経済史の巻首に題す」『日本経済史』第一巻、平凡社、一～一四頁）。

朝吹英二
（国立国会図書館蔵）

武藤山治
（国立国会図書館蔵）

「編纂会」の陣容

発起人名簿を見ると、委員長の朝吹英二（一八四九～一九一八）をはじめ七五人の名前が列挙されている。いずれも錚々たる財界の名士で、池田成彬、武藤山治、久原房之助《くはらふさのすけ》、藤原銀次郎、和田豊治、森村開作ら慶應義塾の卒業者が中心になって結成された組織であった。

その年の秋一一月に京橋山下町の鉄道工業会社内に編纂局を開き、前後四年の歳月をかけて『日本経済史』の編纂執筆が進められた。三叉は母校の慶應義塾の先輩後輩らが巨資を支出して、この「大事業」を完遂せしめた恩義に対して深い謝辞を述べている。そして、三叉はその恩義に最善の努力を以て答えた。すなわち、「編纂局を開きし以来、一切の世事を謝して、書局に蟄居し、新聞雑誌記者の来訪をすら謝絶し、総選挙に際して候補者たることに断念し、最も問題多き欧州大戦の間、全然沈黙し、政友にも疎遠を重ね、欧州の平和会議を見るの機会を逸したり。余は毎朝八時半には書局にあり、夜間、枕頭に開く所のものまた史料、古文書にして、之がため余の視力は急速に衰弱したり」と書いている。

木村荘五が五年間助手役を務め、徳川幕府時代の経済制度を分担執筆した。大部な本なので、他に弘田直衛ら数人が執筆を援けている。本書の執筆にあたって資料は既刊の書物に頼らず、第一次史料に遡らんとして古文書や史料の蒐集に苦労したことを述べている。一九世紀に入ってヨーロッパ諸国において史料文書の研究や公刊が進み、その影響を受けてわが国においても古文書の研究公刊が進展したが、従来、公刊せられた古文書の多くは政治的文書で、経済史料として使用に堪えるものが甚だ少ないことを打ち明けている。それは、当時の古文書の研究者に経済史の素養が少ないことに起因することを原因として挙げている。時には、専門学者の聞き取りや、地方の役場史料の探索など、史料収集は広範囲に及んでいる。

このように四年間、本書執筆に没頭した彼であったが、最大の痛恨事は本書が完成する前に朝吹英二が急逝したことである。朝吹は「余が同門の長老にして一世の暁人たり」と三叉が敬意を表する人物であり、本書執筆のきっかけを作った人でもあった。歴史に強い関心を抱く朝吹は、石田三成が徳川時代の学者によって不当に貶められていたことを嘆いて、公平で客観的な三成像を目指して、学者に三成伝を編集せしめたほどの人であった。

そして、従来の日本史の記述が「戦闘と陰謀の記事」に終始していたのを改めて、「経済上の発達より観察したる歴史なかるべからず」と強調して三叉に修史を奨励したことを特筆している。また、知友本野一郎（外交官、駐仏公使、駐ロ大使）はパリで群集心理の研究で名高い社会心理学者のル・ボン（ギュスターヴ）と会談したとき、日本近世の興隆を彗星の運命に喩えて、「進化の法則」に合致せぬ発展を遂げた日本は、やがて彗星のように忽然として地平線の彼方に没入するのではないかという疑念を呈したことを三叉に語り、「日本進歩の道程を論じて一書を著作せんこと」を勧めたという。このように、朝吹、本野の二人の奨励がこの仕事に取り組むきっかけを作ったというエピソードを語っている。

『日本経済史』の刊行

『日本経済史』の内容上の特徴に入る前に、その体裁と反響について簡単に見ておきたい。

『日本経済史』は大正八年一一月一五日に第一巻を出版、翌年の大正九年一〇月に初版全八巻が完成した。「日本経済史編纂会」が出版元で、最初一〇〇〇部印刷されたが、のちに三〇〇部増刷され三〇〇部は出資者や知人に寄贈された。三叉の記憶では東京で約八〇〇部捌《は》けたそうであるが、関東大震災で被害に遭ってその一半が焼失したこともあって大正一四年に第三版を刊行、そして昭和三年に平凡社から第四版が出た。第四版（全六冊）は「増刷に増刷を重ね」、前の初版から第三版を併せた数よりも多く発行したと述べているが、さらに廉価版として第五版の大衆普及版が昭和九年一二月に出ている。なおまた、昭和五年四月には英訳版がロンドンのジョージ・アレン・アンド・アンウィン社（George Allen and Unwin）から出版された。英文タイトルは *The Economic Aspects of the Civilization of Japan, 3 vols.* である。

この書物の英訳に着手されたのは、初版が刊行された直後であったが、三年を費やして翻訳が出来た後、メッドレー教授に修正を託したところ、途中で関東大震災に遭いメッドレーが住んでいた霊南坂の家が大火に巻き込まれた。彼は靴を穿《は》く間もなく靴足袋のまま外に飛び出したが、しっかりと経済史の原稿を小脇に抱えて出ることを忘れなかったという。三叉はその義務を重んずる崇高な精神に感動して、暫らくは言葉を発することができなかったと回想している（「日本経済史改訂普及版に題す」『日本経済史』第一巻、三頁）。

本書の評価は、総じて外国の方が高かった。英米の新聞雑誌の書評を紹介すると、『オブザーヴァー』紙にスコット（J. W. Robertson Scott）が好意的な批評を書いた。この書はムルドック（マードック）、モールス、モンローの著作に次ぐ日本に関する知識を提供する名著と評したうえで、彼は「此書は、陣太鼓やラッパの歴史ではない。人民の生活の状態を経済的に思考したものである。殊に日本が中世以後、欧州、殊にイギリスと極めて類似の過程を経たることを示すに於て頗る興味がある。此書は日本とアメリカとの関係の説明し易からざるものを解くに於て、有功である。竹越君がもっぱら日本の立場から書いたことは、その功績である」と言い、『エコノミスト』誌は「日本は果して彗星か、或は遊星か」と題して論評し、竹越が本書で「近世日本勃興の歴史」の原因を分析したが、それはフランスのル・ボンが発した日本は彗星かという疑問に対して書かれたもので、結論として、日本は彗星でなく、遊星であることを解明した「異常なる歴史」であると推薦した。また『タイムス』は「著者がその机上に積みし原料的資材を前にして、直視して惑はず、寸毫も狼狽せず、然も、革命的な日本の経済的変化を明白に、秩序正しく現示した手腕は驚くべし」と、著者の「驚異的な事業」を祝賀し、「此書は曾て現はれた日本に関する著述の中で最も完全で、最も憑據《ひょうきょ》的な経済史」と絶賛している。『ニューヨーク・タイムズ』は「バックルやレッキーが、その国の歴史を書きしが如くして竹越氏によりて書かれたるものであって、日本をして今日の如くに発達せしめたる多くの原因を説明したるもので、ほとんどエンサイクロペディアである。そして之が日本の学者が、日本について真摯なる著述をしたる最初であって、世界の学者が合理的に多年の間希望したものを満足せしめた」と論評した。

セリグマン（C. C. Seligman）は『スペクテーター』紙に寄稿している。彼は本書全体の構成と各時代の特徴に注目し、とくに神社仏閣が「国家の内に於る国家」の役割をなした点を詳細に引用しながら、スペイン、ポルトガルの貿易に僧侶が関与したると同じく、京都の僧侶が、支那貿易に貢献した点を原文を引用して説明していること、著者が日本の度量衡を外国の読者によく理解せしむるために欧州の度量衡に換算しなかったこと、各時代ごとにまずその概略を説明して細目に入らなかったことなどの批判もした。その他、『ニューヨーク・ヘラルド・トリビューン』や大学の紀要などの学術雑誌や多くの代表的な新聞雑誌が批評を掲載した。とにかく、「外国の学者が如何に親切丁寧に他人の著述を取り扱ふかについて深く感動した」と三叉は述べている。

感動と言えば、英訳版出版元のジョージ・アレン・アンド・アンウィン社から、出版後一年経った昭和六年に感謝状が送られてきたことを記している。それは、英国では学者の研究的著述は、五〇〇部か、一〇〇〇部を刊行し、それを五、六年の間に売り切れば幸せと考えられているが、『日本経済史』は外国人が執筆し、多くのハンディキャップがあるにもかかわらず、一年間に一五〇〇部ほど売りつくしたのは「近世稀有」であるという。この書簡を読み終わって、彼は「唯だ一生の照耀《しょうよう》を筆端に附するもののみが味わい得る」快感と喜んだ（「日本経済史大衆普及版発行に就て」昭和九年一二月二八日、『日本の自画像』白揚社、昭和一三年、五一四〜五二一頁）。

それに引き比べて日本国内の評判はどうであったか。浩瀚で廉価でないこと、それに発行部数が少量に抑えられたため、一般読者の反響は大きくなかったようである。

震災後、木村荘五らがこの書の再刊を企てて予約を募集したところ、経済学者で当時、慶應義塾大学教授であった滝本誠一が『東京日日新聞』に本書を批評する一文を寄稿した。

それは、言辞、嘲罵に充ち、「恰も村学究が眉を揚げ、口を張り、額上に無数の青筋を出して反対者を漫罵するが如くにして、之に答ふべきほどの条理と論点とを示さざるを以て、之に答ふる方法なきに苦しむ」といった態のものであったという。なぜ、滝本がそのような感情的で知的誠実さを欠く態度を示したのか。その「学者論評の態度なきのみならず、殆ど恩仇の念に出ずるが如きものあるを惜まざるを得ず」と述べているが、木村は早速、『東京日日』に滝本の「讒誣的漫罵《ざんぶてきまんば》」に対して学者の良心を問う趣旨の反論を掲載したという（「第三版小序」大正一四年一月一〇日、『日本経済史』第一巻）。

経済上の観点から見た日本史

本書は全六巻からなる大著（平凡社版、昭和三〜四年）である。詳細な内容の紹介は紙面の制約もあって省略するが、一巻から五巻までが本文で、第六巻は経済編年史、物価史、索引と総目次が収録されている。目次の概略を紹介すれば、以下の通りである。

第一巻は国初の生活状態から始まって大化改新、唐と戦って敗れ朝鮮から敗退した天智時代の日本、大宝令前後の田制、奴隷経済時代、奈良の七朝、国家の中に国家を立てし寺院、平安朝の初世、荘園制度の時代、延喜時代の産業状態、藤原氏権勢の衰退、源平二氏の興亡、源氏北条氏の守護制度、源氏北条氏の地頭制度、北条時代、足利時代の概観、足利時代における幕府寺院大侯商民連合の外国貿易、足利時代の国内的ハンザ同盟、物質の進歩及び経済上より見たる足利時代。

第二巻はポルトガル人の来航、ポルトガル文明が九州中国に与えた影響、足利氏の滅亡、大諸侯の現出、倭寇全盛期、新宗教起りて旧宗教衰ふ、信長とキリシタン宗、信長と仏教、堺及び博多等の海港、足利末期の自由都府、自由港の現出及び自由商業の発生、織田時代の金銀貨幣、秀吉の一統、豊臣時代の土地の分配、太閤検地、天主教の迫害、朝鮮征伐、海外における日本人の進出、徳川氏の創業、江戸時代の開始、徳川氏の初世などが叙述される。

第三巻と第四巻はもっぱら徳川時代の記述で、徳川氏財政の基礎、徳川三代将軍、徳川幕府貨幣の統一、奴隷経済より賃銀経済へ、元禄の金銀悪鋳より正徳の改革、天主教に対する迫害、島原の叛乱、海外貿易の発展と長崎の港、家綱時代、元禄時代、京都・大阪の経済力と政権の嫉妬、上方人種の経済的才能、家宣白石時代より吉宗時代、幕府財政の収支状態（以上、第三巻）、徳川時代の田制と税法、徳川時代の民政、将軍吉宗の時代、海外貿易と金銀の輸出入、徳川時代の金銀両本位、元文の金銀改鋳、武力的封建制度の中における経済的封建制度、徳川時代の座制、問屋の発生、問屋仲間及び同業組合の誕生、十組問屋の衰亡問屋制度の破壊、新潟港における商業制度、海運、東国における下田港の位置（以上、第四巻）。

そして第五巻は、徳川時代の職人組合、旗本の金融機関、札差、諸侯の御用達としての蔵元、大津における蔵屋敷、豊後における掛屋、両替屋より銀行に至る徳川時代の名目金、農民反抗時代、明和安永時代における貨幣制度の大変革、白川樂翁時代、家斉時代、英露軍艦の出没、長崎貿易の末期、文化文政以後貨幣の濫鋳、天保の改革、ペリー来航以後幕府の衰運、開港以後の貨幣問題、公武合体より征長の師、徳川幕府の滅亡と明治政府の誕生まで取り扱っている。

時代的には三、四、五巻の全部と二巻の一部で徳川時代が取り扱われていて、徳川期日本の叙述が圧倒的な比重を占めている。

本書の内容上の特徴は、歴史における経済的利害の貫徹、経済問題がいかに歴史の進展に関わっているかという問題意識に立つ日本史の叙述である。しかし、それは現在の大学の経済学部や社会科学分野で教えられる経済史講座のスタイルと違って、社会の変遷や英雄偉人の個性が果たす歴史的役割、宗教と国家の関係といった文化史、文明史的な広がりのなかで経済的要因が歴史の進展にどのような影響を与えるかという問題が注目されている。また、支配層の動向のみならず、民衆（農工商三民）の生活史に対する関心も強い。

ここで、三叉が言うところの歴史における経済的契機の意義を整理すると以下のようになる。

上代より近世まで日本史を一貫して経済的に説明した本書は、パイオニア的意義があると自負する三叉であるが、経済史の学問的ジャンルの形成はそれほど古くはないと言う。

すなわち、「バックル〔Henry Thomas Buckle〕が、文明史を書いた時、パンの価の高下が、政治家や武将の進退よりも、世変を来すに重大なる原因を作《さく》するものであったといふ様な見解を持ったことは、確かに経済史の先駆をなしたものに相違ないが、近年、社会主義的の議論が著しく勢力を得るに至って、始めて専ら経済的に史実を考察しようとする一道の潮流が強く漲るに至ったので、其こと極めて新しきがために、経済史の形態方式は、未だ一定して居らぬ」と述べている（前掲「改訂普及版に題す」）。

彼はバックルの文明史と社会主義の登場を挙げているが、経済史的な歴史叙述がまだ新しくて定式化した歴史記述の方法がないこと、それゆえに学者が才力を揮って著述の意匠を凝らすことができるにもかかわらず、欧米のスタイルを模倣している現状を批判する。そして、税制、貨幣制度、田制らの経済的要因を個別に記述するだけでなく、それが国民の生活や思想、政治にいかなる影響を与えたかという問題を総合的に議論する工夫がないのはきわめて遺憾であるともいう。三叉が本書で試みたのは、まさに歴史における経済的契機の総合的判断であり、一つの理論モデルを提示したといえよう。

思想的背景　歴史における経済的要因の機能といった発想を彼はどこから得たのか。彼はその点について明言していないが、まず考えられるのがバックルの『イギリス文明史』を下敷きに『文明論之概略』を書いた恩師福沢の影響であろう。同時に、本書で多くの統計資料が用いられている点や社会の構造認識への関心、社会と歴史の法則的な把握の試みなどにバックルの直接的な影響が見られる。さらに系譜的には、経済学者で文明史家でもあった田口卯吉（一八五五〜一九〇五）の『日本開化小史』の影響など考えられないであろうか。

ここで参考までに、幕府滅亡の遠因を論じた本書の一節を引き、その徳川社会分析の一端を見てみよう。彼は徳川時代における町人の勢力の増大と同業組合（ギルド）の発展を取り上げて、幕府滅亡の経済的原因を論じている。すなわち、武士が作り上げた武力的封建制度のなかに、化政期には江戸中の商人を悉く組合のなかに入れてしまって、江戸の問屋を十組に分けて、やや類似したものを一組として、その十組問屋の下にすべての商人の組合を拵《こしら》えさせた。そしてこの組合に加入しない者は商売をさせず、新たな開業も許さず、開業を希望するならば仲間に入って加入金を出させる。大坂にも同様の二十四組合があって、その二十四組問屋と連合して、大坂と江戸の船をその組合に入れ品物を交換したという。

このギルドはさらに勢力を大きくして、仙台から大坂に米を送る際には江戸の沖を通過する時、十組問屋の勢力範囲を通るのだから、仙台の商人は通過料を払わなければならないというふうに縄張りを強化してしまったのである。こうして、商人は武力的封建制度の中に、資本的封建制度の壁を作り上げてしまったのである。

かくして、封建制度を作った幕府は、経済力を付けた商人に頭を下げざるを得なくなった。札差（ブローカー）勢力の肥大化、元禄以降の江戸の御家人の窮乏化、武士と町人の力関係の逆転現象に注目して、武力的封建制度の中に資本的封建制度を作り上げた商人（コンマーシャル・ミッドル・クラス）

の勢力こそ徳川社会を下から顚倒せしめた資本制度であるといった説明をしている（「近世日本の発達に働いた経済的要因」（昭和一〇年六月　東京帝国大学経友会における講演）『日本の自画像』所収）。

この幕府滅亡の原因となった町人勢力の台頭という長期的な展望を論ずるにあたって、三叉は『日本経済史』第四巻第九章で、徳川時代における「株」とその成立の由来について説明している。「株」は足利時代の「座」及び座衆の勢力が復活したもので、「座」の名前は単に、金座、銀座、秤座といった官務に属すべき事業に残留したが、「座」の本質は、問屋、株、組合などの上に移譲された。そして、問屋も組合も、商業株がその骨子であるゆえに、足利時代の「座」は、徳川時代の「株」においてその継承者を見出したと説いている。また、この商業上の「株」は、武士制度における譜代と同じく、その存在根拠は由緒や歴史にあって、他者との競争を認めない点にその本質がある。しかるに、徳川時代も商業上の「株」が樹立せられる頃には、武士の譜代権もまた、一種の売買物となり、これを名付けて「株」と称するようになって、譜代制度、世襲制度の骨髄は、武家においても、商家においても「株」と同じような状態になった。それゆえ、徳川時代の政治、経済の本質を知らんと欲せば、「株」の変遷歴史を知るに如くはないと強調して、「株」の売買と社会変動に言及する。

徳川社会は「世襲譜代の社会」であるが、幕府は一切の職業生活を世襲にすることによって、急激な社会変化や競争を抑制しようとした。武家や商家は、この世襲法によって他者に対して自らの利益を擁護し、一時の安全無事を維持したが、そこには、単調な社会が生み出す沈滞と衰退、窒息状態が社会矛盾となって立ち現れた。しかし、この「株」の制度に一種の変態が生じて、「株」が売買の目的となり、貨幣価値で評価せられるようになって、幾分、変化と競争の余地が生まれ、単調な空気が打ち破られるようになった。いわば「株」の売買は、世襲制度の社会を窒息から救う安全弁の役割を果したといえる。

かくして、「株」を購入し得る富裕層は、峻厳な階級制の網をくぐり、煩瑣な制限から逃れて、適才を適所に発揮することが可能となった。すなわち、三叉は株式売買の実現は時勢がようやくこの峻厳なる階級制を突破せる第一歩と見ることが可能であり、また、貨幣によって標章される資本が、漸く支配力を生じ財力がテコになって社会、経済上の現象を動かすに至ったと解釈している。

「平人が、錙銖《しじゅ》の利〔僅少の利益〕を積みて、作りし資本勢力が、武力的封建制度を浸蝕すること、恰も水の地をくぐり、石を穿つが如く、徐かに、然れども堅く、緩かに、然れども鋭かりしを見るべし」と三叉は形容するが、幕府の手足となるべき旗本・御家人の「株」が公然と売買されるようになったのは、関ヶ原の役後わずかに六十年の寛文年間のことであった。その頃は、なお「株」といわず、婿養子を平人より迎えると称して実際は多額の持参金を受け取って御家人の嗣子たる権利を売ったのである。寛永七年、寛文三年の武家法度や正徳三年の法令などに規制、戒飾の規定がある。その風潮は元禄頃より盛んになり、荻生徂徠も『政談』のなかで、その弊害について論じていた。

3　臨時帝室編修官長就任と『明治天皇紀』編纂

臨時帝室編修官長に就任

『日本経済史』全八巻が完成し、初版が刊行された翌年の大正一〇年一月、三叉は西園寺の推薦により宮内省内の臨時帝室編修官長に就任した。臨時編集局が宮内省に設置されたのは大正三年一二月であったが、大正五年一一月に臨時帝室編修局と改称され、明治天皇の事績編集作業は以後約一八年の歳月を費やして昭和八年九月にようやく完成した。

三叉は、明治天皇紀編纂の基本方針の策定に取り組む仕事の白羽の矢が立てられたのである。彼の就任当時は田中光顕《たなかみつあき》死去の後を承けて金子堅太郎が総裁職を代行していた。そして三叉は官僚出身の漢学者股野琢に代わって編集官長になったのである。しかし、金子と竹越のコンビはどうもしっくりいかなかったようで、渡辺幾次郎編集官の回想によると金子の拘束が強く、世界史的立場から明治天皇を描かんとした三叉の抱負を十分理解せず煩瑣な束縛を加えたという（「越後が生んだ才人竹越与三郎」『夕刊北越新聞』一九五〇年二月一八～二〇日）。

天皇紀の編修方針であるが、明治天皇の言行録を編纂するのか、明治時代を叙述する国史とするべきかという問題をめぐって、金子と股野の間に見解の対立があったが、大正九年に制定された編纂綱領は、金子の主張が受け入れられて、明治天皇の言行を中心に明治時代の国史として編修する方針が確立した。

叙述は嘉永五年九月二二日の天皇の誕生から明治四五年七月三〇日の逝去に至る六一年間の公私の動静を中心に、当時の政治・経済・軍事・外交・教育等の全般にわたる重要事項が含まれている。なお、本書は『明治天皇紀』と題して、明治百年記念事業の一つとして、昭和四三年宮内庁書陵部から十二冊、索引一冊を副えて公刊された。ここに収められた明治天皇紀の原本は、本文二百六十巻で、摘要目次十巻・索引十四巻と絵画一帙《ちつ》は割愛されている。

三叉の『明治天皇紀』稿本

竹越の分担執筆範囲は嘉永五年から明治四年までであったが、実際に彼が執筆したのは元治元年七月二四日で終わっている。現存する稿本は、「明治天皇紀　第一巻　緒論」、「明治天皇紀　第二巻　明治前紀甲」、「明治天皇紀　第三巻　明治前紀乙」、「明治天皇紀　第四巻　明治前紀丙」、「明治天皇紀　第五巻　明治前紀丁」の五巻である。*

*堀和孝「竹越与三郎と『明治天皇紀』編修事業——稿本「明治天皇紀」の分析」『同志社法学』五九巻二号　二〇〇七年七月。著者は刊本『明治天皇紀』の本文と竹越稿本の対応関係の詳細な分析を行い、他の編修官の回想記を資料に用いて、三叉の編修官長辞任の経緯を考察している。

筆者は、竹越の稿本に関してかつて「第一巻　緒論」を中村哲氏から借用して一通り通読したことがある。「臨時帝室編修局」の名前が入った赤線の罫紙にタイプで印字した糸閉じ本であったと記憶する。そして、稿本には頁はなく目次もない。ただ、欄外に小見出しがあってそれが章節の役割を果たしていた。

附録二編があり、Ⅰは文化元年から安政六年に至る本朝暦と西暦、中国清朝暦の対照表と応仁以後、文化以前の年号で本文中に記述が散見するものは、該当年号の元年のみが記載されて大要の年代を見る便を図っている。附録Ⅱは外国固有名称対照表が掲載され、それぞれカタカナ表記と外国文字で表記されている。

「明治天皇紀　第一巻緒論」の特徴

三叉が執筆した「第一巻緒論」は公刊された宮内庁編『明治天皇紀』には載録されていない。昭和八年九月に昭和天皇に完成した『明治天皇紀』が奉呈されたが、その時の様子について原田熊雄《はらだくまお》が『西園寺公と政局』において語る一節を引いておこう。

金子が『明治天皇紀』の内容について天皇に上奏した時、日清日露戦争の戦役が始まる前は、明治天皇が開戦にあまり賛成でなく平和裡に解決したいという意向が強かったことを伝えた。しかし、「かういふことを今日御年代記に書くことは面白くございませんから、また別の場合にしたら…」と言って省く意思を表明したという。ところが、昭和天皇はその後に侍従長を呼び、「金子が来てかくかくのことを言ったが、自分は金子が今日省かうと言ってゐる、明治天皇が戦争になることをお好みにならず平和裡に解決したいといふ思召こそ、天皇の平和愛好の御精神が現はれてゐて、これこそ後世に伝ふべきであり、寧ろ御年代記の中に特に書き入れた方がいゝんじゃないかと思ふが、どうか」と洩らした話を木戸（幸一）の談話として紹介している（原田熊雄述『西園寺公と政局』第三巻、岩波書店、昭和二六年、一三六頁）。

金子のこのような歴史編修の姿勢は、竹越の眼にどのように映じたであろうか。竹越の明治天皇観と天皇紀叙述のスタイルを考察しながら、両者の編修方針の違いを検討してみよう。

明治天皇に対する三叉の尊崇の念は強く、それは他の明治人に比しても人後に落ちないものがあった。しかし、それは守旧固陋な復古主義的尊王論に基づくものではなく、明治天皇の四五年の治世において、「東洋の波心に酔生夢死の生を送りたる小国民をして、世界の大国民たらしめた」その功績に注目した頌辞であった。もちろん、明治日本の発展は多くの志士、仁人、学者、英雄、政治家が一身一家の得失や安危を忘れ、ほとんど宗教的熱意を以て新日本建設の理想に向って邁進したこと、いわば人民の祖国愛と献身的な公共的精神の力の結集が国勢伸張の基礎となったという認識に根差しているが、これを統御し、「彼等をして喜んでその死力を捧げしめた」のが明治天皇であった。言い換えれば、「志士、仁人、学者、英雄、政治家は扇の骨であって、明治天皇は要となり、彼等を連貫して開閉せしめたもの」、それゆえに、明治天皇なくして新日本の建設を想像することができないと彼は断言する。

このように、明治の治世と天皇の個性を強く結び付けるのであるが、ここで三叉は君主の君徳の培養に与かった「在廷の政治家の啓養の力」に言及する。

維新直後の政治家の役割は、千有余年の間に武士や豪族によって浸蝕せられた皇権を回復し、皇室をして国民崇敬の的たらしむることが急務であった。そこで、君側の臣僚は天皇の英資を研磨することに努めたが、彼らが最も力を尽したのは、一国の元首としての「万民統治の天職」観念を培養することにあった。万一、この天職が尽くされず国政が疎《おろそ》かになるようなことがあれば「上、祖宗に対して相済まず、下、万民に対しても顔色あるべからずという観念を、天皇がハッキリと明白に、且心の底より懐き給わんことを希うた一点」を強調している。

竹越は、京都東山文庫に保存せられている明治元年の「五箇条の御誓文」の巻物と明治憲法の発布に際して祖先に奉答せられた詔勅を見て、天皇がいかに天職に伴う厳粛な心持をもってこれを子孫万世に伝えようとしたか、その心事を拝察して陛下の盛徳に感じ入ったと述べている（「明治節を迎へて大帝を偲び奉る」『大阪毎日新聞』昭和元年一一月三日、『日本の自画像』所収）。

立憲君主としての見識の高さと君徳を基準に、英邁な君主としての明治天皇像を定立せんとする三叉は、また天皇紀の編纂に当って、史実を無視した牽強付会を排除することを第一義においたであろうことは容易に想像できる。さらに、「日本史は世界史の一部分」とする歴史観をもつ三叉は、『明治天皇紀』の編修においても明治時代を広く世界史の文脈に位置付けて描く必要ありと考えた。

彼は明治天皇の「治世」を次の六期に区分して通観している。

第一期は「皇権回復」時代、慶応三年の天皇践祚から幕府の崩壊、叛乱軍の討滅、開国政策の決定を経て、天皇が万機を親裁する制度が定まった三年間、第二期は「国家一統」時代、明治三年の山口藩兵の解隊に反対して暴動を起こした者を処罰し、翌四年の廃藩置県、税制改革、徴兵令の発布、佐賀の乱の平定、元老院、大審院の設置、地方官会議の開催、神風連の乱、西南戦争を鎮定する八年間、第三期は「国力涵養」時代、明治一一年の郡区町村編成法の制定による地方自治の基礎確立、明治一四年の国会開設の詔勅を経て、十七年の地租条例、兌換銀行券条例など、経済改革のための諸条例の制定に至る七年間で、この時期はまた、鉄道、鉱山、海運、道路建設を盛んにし、造林の奨励、銀行設立、起業公債を募集して民間の事業を助成し、保護干渉による勧業興産政策を実施して「国家積年の創痍」を治療せんとした時代、第四期は「制度皇張」時代、明治一八年の内閣制発足、地方制度の改定、憲法発布、明治二三年の帝国議会の開設に至る六年間、第五期は「国勢開展」時代、日清戦争、条約改正、日露協約、北清事変など勃発して、「東洋の大局、大日本帝国の向背によりて定る時」の明治二四年から三三年までの十年間、第六期は「世界の日本」時代、明治三四年の満州に関する露清密約より、日英同盟、日露戦役、日仏協商、日韓併合、日米協商を経て、明治天皇の崩御に至る十二年間、それは「大日本帝国の向背は、独り東洋のみならず、世界全局形勢の開闔《かいこう》に関するに至りたる時代」でもあった。

以上、六期にわたる明治時代の特徴を記述した。そして彼は、「明治天皇の事業」と明治の盛代を描くにあたって、その前史として、皇室の歴史を平安朝以来の朝廷勢力の盛衰から説き起こし、同時に日本・極東地域における外圧の問題を視野に入れて論ずるなど、「緒論」はきわめて広汎なパースペクティブのなかで論じられている。

また、本書は徳川時代の叙述が大半を占めるが、取り上げられる主要な論点は以下の通りである。

幕府と朝廷

まず、幕府と皇室・朝廷勢力の関係の叙述が詳細を極める。とくに幕府がいかに用意周到に朝廷を掣肘《せいちゅう》せんとしたかという問題について、「幕府の威権朝野を圧倒」「幕府の皇室と公卿に対する猜忌」「元和元年の禁中御条目の制定」「諸宗諸寺に関する法度の制定（寺院に対する朝廷権力の削減）」などの項目を立てて述べている。そして、統治の実権を失った皇室と宮中制度の変遷が、「宮中儀礼の繁縟」「宮中生活の一班」「宮中の禁忌」などの問題を中心に明らかにされている。その他、「徳川時代における朝廷の官職」「朝廷の権官（武家伝奏）」、そして「朝廷と諸侯の接近禁止策」「貴族の京都以外の地への転住禁止」などが論じられている。

かくして朝野を圧服し、権勢をほしいままにした幕府であったが、その盤石の重みの中に自ら崩壊の兆しが現れてきたことを次のように説明している。

「徳川氏の威柄《いへい》樹立して泰平を来し、生活之と共に安定するや、学問鬱然として起り、武夫豪族等相競うて学者を延きて其の教を乞ふもの少からず。諸侯にして名君賢主の名ある者は、学者を顧問として其の説に聴従したるものを云ふ。当時の学問は主として宋儒の説に基づきしが、此の間支那大陸には、清朝起りて明の宗社陸沈の禍あり。志士慷慨憤怒、其の気を詩文に洩らすを以て、一時の文学、忠憤邁往の気に富む。我が学者其の事を耳聞し、其の文を讀誦して、自ら忠君殉国の志気を醸成し、此の間王覇の説、正統の弁を生じ、徳川氏が武力によりて皇権を攘《ぬす》むを是とせざるの心、油然として学者の間に起る。然るに儒者が宋学を尊重するに反し、一国には自ら一国の歴史あり、歴史を外にして現在を論ずべからずとの思想を生じ、所謂和学なるもの茲《ここ》に起る。然るに和学者が旧事を追拾する間、王朝の盛時を追懐して即今皇室の式微に比較し、咨嗟《しさ》詠嘆涯なく、転じて憂憤となり、進みて慷慨となり、遂に尊王の精神を鬱生す」

徳川時代の泰平の実現と学問（和学・儒学）の興隆、そして隣国中国における明から清への激動が儒者に「忠君殉国の志気」を培養し、やがて「王覇の説」、「正統の弁」を生じたこと、そして和学の興隆が尊王精神の勃興に結び付いたことを指摘する。皇権回復の精神について、彼はさらに宝暦・明和の変の叙述に進み山県大弐、藤井右門、竹内式部ら尊王論者に対する幕府の弾圧事件から徳川光圀の『大日本史』編纂事業に及ぶ。

三叉は水戸の『大日本史』編纂に勤王精神の結晶を見るが、明和・安永時代の勤王思想の発達と幕藩体制の衰退を次のように簡潔にまとめている。

「徳川氏の封建組織は元和より寛永に至りて大成せると共に、元禄明和の間に於て譜代制度の弊已に甚だしく、士風頽廃して統治機関の威望地に墜ち、之を陰にしては、学問の普及によりて国民の精神動揺し、之を陽にしては、生活の昂上によりて武士階級公私の財政を紊《みだ》して、幕府はその根柢に於て一大振動を感じたり」

そして、その背景には土地経済から貨幣経済への社会の進展があった。

すなわち、「徳川氏が天下を一統して泰平を来すや、鬱然《しゃか》として茲に一個の新文明を生じ、之と共に国民の生活大いに進みて、家居、飲食、衣服、器玩皆奢華にして、前代の未だ曾て見ざりしものを用いるに至りて物価急に騰《あが》り、之と共に貨幣の用大に起り、一時の形勢、急に土地経済時代より躍進して貨幣経済時代に入る。之を以て単に土地を領有する将軍、諸侯、及び此の土地の産米を賜与せらる、武士等は、貨幣の管掌者たる商民のために其の財務を控制せられ、幕府は上に於て財政に窮して貨幣悪鋳の猾策を行うて一事を了し、武士は下に於て商民と争って其の負債を償はざらんとするの変態を生じ、武権を以て百事を為し得べしと信じたる幕府をして驚愕狼狽せしむ」といった社会状況の変遷があった。

そして武士階級が富を中心とする平民階級に首を伏せ、江戸は学問、趣味、娯楽において完全に「平人」の都会となり、奢侈禁止令もあらばこそ、「上下恬安、士民放縦、何ものにも拘束せられず、何ものをも憂へず、何ものをも省みず、唯今日あるを知って明日あるを知らざる一幅の歓楽場」と化し、江戸の栄華は、文化文政期においてその絶頂に達したのである。そして竹越は、まさに、この化政期の「歓楽境」において、国民の対外危機感が顕在化するという捉え方をしている。

本書の叙述のスタイルは、前述のような徳川幕藩体制の根底を覆す貨幣経済の進展と勤王精神の浸潤の記述を受けて、ロシアをはじめ欧米諸国の対日接近とそれに対する幕閣の対応や国民の対外危機感について論及されるのである。

本書を一読して、さながら、幕末で叙述が終わっている『二千五百年史』の続編といった印象を受ける。そして本書に『新日本史』『二千五百年史』『日本経済史』と共通の発想や視角があることを強く感ぜられるのであるが、これほど大きく広げた「緒論」の叙述を本論でどのように縮小整理するのかか、いいかえれば、他の編修官の担当する本論部分との整合性をどのように付けようとするのかという疑問が湧いてくるのも事実である。また、天皇と幕府の関係について、幕府が徹底的に朝廷を牽制した事実が詳細に述べられ、徳川家宣が自ら日本国王と称した事実も述べられているが、こうした史実に即した客観的な叙述の方法は戦前のわが国では一般に忌避されたのではないか。開明進取な方法を容れない宮内省の因循固陋な空気に、三叉が耐えられなかったのではないかと思われる。

帝室編修官長の辞任

大正一五年五月、竹越が二代目の臨時帝室編修官長を辞任した。その理由について関係者の回想が残っている。最大の原因は編修方針が金子総裁と合わなかったことであろう。

渡辺幾次郎は既述のように金子の拘束の厳しさを理由に挙げるが、股野と違って明治時代を叙述する国史として明治天皇紀を編修するという点では二人の考えは一致していた。しかし、世界史の一環として天皇紀を編纂する構想は、金子に十分理解されなかったのではないか。金子は若いころにハーバードに留学し、伊藤博文の下で、帝国憲法と皇室典範の起草に参加したが、思想的にはエドマンド・バークやハーバート・スペンサーの保守主義に傾倒し、官僚のキャリアをもつ金子と竹越の肌合いの違いは大きい。それに加えて、金子が高齢で天皇紀の完成を急いだこと、さらに『明治天皇紀』の完成によって伯爵の爵位に昇叙されることを望んでいた彼は、『明治天皇紀』の完成の暁には三叉に男爵を推薦すると言った権威主義的な態度が三叉を憤激させたというエピソードも伝えられている（竹越熊三郎「竹越三叉　日本経済史・明治天皇紀」、前掲堀論文、六七一頁所引）。

三叉の甥で小学生の頃から身近に接した政治学者の中村哲によれば、三叉が明治憲法に批判的で、その起草者の一人で藩閥官僚的色彩の強い金子とは「もともと合うはずがなく、弘田直衛が三叉に忠告したように、『明治天皇紀』には三叉の抱負を発揮するまでは行かず、その後任を官学派の三上参《みかみさん》次《じ》にゆずることになった」という（中村哲『わが学芸の先人たち』法政大学出版局、一九七八年、二七〇頁）。

後任の三上参次は、東大教授で昭和天皇の進講役を務め史料編纂掛主任でもあった。彼は記述の範囲を縮小し、早期の完成を目指して編修事業を進めた。昭和八年九月、その編修を完了し、本紀二百六十巻と画巻一巻を昭和天皇に奉呈、さらに翌年七月に公刊明治天皇紀編修委員会が宮内省内に設置された。公刊用に縮約された稿本は昭和一四年にほぼ完成したが、その稿本は未刊行である。現在、公刊されている『明治天皇紀』は、昭和天皇に奉呈された本紀二百六十巻を基に宮内庁書陵部が校訂したものである。

第八章　貴族院・枢密顧問官の時代

1　貴族院議員時代

貴族院勅選議員となる

大正一一年二月、西園寺の推薦で、竹越は貴族院勅選議員（貴族院令第一条四号の「国家に勲功あり又は学識ある者より特に勅任せられたる者」）に任命された。『日本経済史』の執筆や『明治天皇紀』の編纂に従事していたために、次の衆議院議員選挙に出馬する機会を失った三叉であるが、その自由民権運動の流れを汲んだ民党的な立憲政治論からいっても、上院議員になるより民意を代表する衆議院に議席をもつ政治家として活躍するのが本筋であると彼自身は考えていた。そこで、皇室の藩屛として創設された貴族院議員の推薦を受けるべきか否か、大いに苦慮したという。

西園寺から長年贔屓《ひいき》にされていた彼であるが、衆議院選挙に落選後も、首席全権としてベルサイユ講和会議に参加する西園寺から使節の一員に加わるようにとの誘いを受け、また先述のように臨時帝室編修官長に推薦されるなど、変わらぬ恩顧を受け続けていた。なお、三叉はパリから帰国した西園寺から、「平和条約に記名した万年筆」を「千古の大機会の記念」に貰っている（「平和会議の使節」『陶庵公』三〇七頁）。

こうした西園寺との浅からぬ因縁もあって、三叉は貴族院議員に就任したと考えられる。ただし、この時はまだ帝室編修官長として『明治天皇紀』の編修を担任していたので、その政治活動は制約され、大正一五年に編修官長を辞任するまでは院内で特別な活動をしていない。本格的な院内活動が始まるのは、彼が昭和元年に常任委員となって予算、決算、陸海軍の事項に関与するようになってからのことである。しかし、上院議員としての政治活動は衆議院の政党活動と違って、元老西園寺を中心に「帷幄の臣」として「高等政治」を側面的に推進援助するという性格の活動に変わった。したがって、政治全般の情勢判断、情報の収集、内閣首班の奏薦など西園寺と密接な連携を保ちつゝ、形影相伴う形で組閣の斡旋や政府施政の匡正助言を行うことが主たる役目であったといえよう。それは、政党組織をベースに院内・院外の両面で厳しく政権与党を攻撃し、政権の奪取を狙うといった衆議院議員の活動スタイルと異なり、その意味では三叉の政治生活に一大転機をもたらしたといえる。

関東大震災と三叉

大正一二年九月一日、午前一一時五八分、関東地方にマグニチュード七・九の激震が襲った。死者、行方不明者一四万二〇〇〇人、負傷者は一〇万人を超え被害世帯数も六九万に及んで京浜地方は壊滅的な打撃を受けた。

三叉はちょうど交詢社の旧館にあったビリヤード（玉突き場）で友人と立ち話をしているときこの

地震に遭い、友人の導きで窓を飛び下りて銀座の大通りに逃れたが、辺りの煉瓦造りの建物は激しく振動して今にも頭上に倒れ掛からんとする有様であった。車は使えず歩いて家路に就いたが、途中、赤坂溜池付近の家屋は一軒残らず倒壊していたという。その時、従前に勝る余震が発生し幅二、三間もある火焰が襲来した。その様子は、さながら古代イタリアのポンペイを想起させる天変地異であったと思い出を綴っている（『明日はどうなる』言海書房、昭和一〇年、二六頁）。

この震災で四谷東大久保にあった洋風の煉瓦づくりの家は倒壊、「読画楼」と称した書斎も全壊した。そこで、約一年後に、明治三四年以来長く住み慣れた東大久保から中野区野方町新井に引っ越した。そこは西武新宿線の沼袋駅に接する高台で、まだ武蔵野の面影を残す雑木林約千坪ほどの広さのある敷地であった。その地は閑静で、門の傍の清流には小魚が泳ぐ田園情緒たっぷりのところであった。三叉は大正一三年一二月、この土地に新居を構え昭和二五年に死去するまで終の棲家になった。

なお、震災後三叉は家屋の復旧資金の調達のために蔵書数千冊を立命館大学に売却処分している。立命館大学は、貴族院議員で西園寺の秘書であった中川小十郎（一八六六〜一九四四）が明治三三年六月、勤労学徒のための夜学校として創設した京都法政学校がその前身であった。三叉と中川は西園寺を中軸にいわば同門の間柄で親しい付き合いが長く続いたが、大正一一年大学令による大学への昇格を遂げた立命館にとって、蔵書の充実を図ることは喫緊の課題であったことから両者の思惑が一致したのであろう。立命館大学に引き取られた彼の蔵書は、当初「竹越文庫」として大切に保存されたようだが、現在では現物は散逸して一般の蔵書に紛れ込んでしまっていて確認は困難である。わずかに

『竹越文庫図書書名目録』一冊が残っている。この目録には和書・漢籍を中心に約五四〇〇冊が記載されているが、注目すべきは膨大な漢籍類であろう。三叉は中国歴史の通史、とくに明・清代思想史の執筆に意欲的であったが、彼はこの時点で体系的な中国史の執筆を断念したものと考えられる。

震災後の世相不安と「思想悪化」

関東大震災が世相に与えた影響は多くの人々の関心を惹きつけ、今日まで様々な評論や研究成果が発表されている。とくに大正一二年九月、大杉栄、伊藤野枝が憲兵大尉の甘粕に惨殺された事件、朝鮮人殺害などの震災渦中の思想弾圧や「虎ノ門事件」（大正一二年一二月の第四十八議会開院式に臨む皇太子を難波大助が狙撃した事件）に関する三叉の感想など知りたいところであるが、彼は全く言及していない。

ただ、彼は先に引用した震災体験の回想のところで、巷間に流言蜚語が飛び交い、「風俗の壊乱や、思想の悪化や、共産党の現出に驚いて前途に望を失はんとするのは、眼前の地震と火焔に驚いたものと同一の心持」と述べ、過激な言動、「思想の悪化」に周章狼狽してはならないと警告を発している。

彼は過激に見える行動を二種類に区別し、一つは人々が数百年の長きにわたり実行し、善美であるとして守ってきた習慣中のあるものを軽蔑し破壊しようとする行動である。しかし、習慣に「絶対の善」はなく、古今東西すべて否定すべからざるものでもない。たとえば、封建時代の国家や社会を構成する単位は家族であるが、現代の国家は個人を単位として組織せられている。封建時代においては家族の保存が至上の課題であり、政治、社会、道徳上の行為規範はその一念から割り出されていた。家長が失策を犯した場合、彼が自殺して、「一死を以て九族を保全せん」としたこと、また家族が貧窮に陥った時、少女が身を売って娼妓となって家族を救おうとする行為は「善良な風俗」とみなされて、詩人や文士は詩歌に詠んで歎美したのも家族主義の生み出した現象である。

しかし、個人を単位とした今日の社会では、それを「絶対の善」と考える人はいないという。つまり、道徳は社会の組織の変化とともに変わるのであり、旧道徳の衰滅はそのこと自体、不道徳でもなければ、社会の頽廃でもない。道徳の中身は社会の仕組みによって異なるのであり、「官憲に対する反抗や、長上に対する不遜や、権威に対する侮蔑や、商店工場に於けるストライキや、組織的の恐喝取材や所謂る思想の悪化」も「社会頽廃の一現象として見るべきものでなくして、社会進化の一道程として見るべきである」という風に解釈している。労働争議におけるブローカーの介在などその作為性に嫌悪感を示す三叉であるが、同時に、彼はまた資本家が巨大な資本を擁して過大な配当金を分配し、大正五、六年ころ戦争成金で浮かれた阪神間の資産家が、多数の売春婦を自動車に満載して市中を乗り回して顰蹙を買うなどの非常識な散財行為を見た労働者が、彼らの待遇改善や賃金増加を要求するのは当然ではないかと主張する。

ここで彼は、マルクスやレーニンの共産主義思想、ボルシェビキ思想への警戒を示しながら、労使双方の対立の激化を憂えて「資本と労力との交緩《こうかん》による新資本主義」の樹立を説いている。三叉のコミュニズム観は別の章で検討するが、ここでは世間が嫌悪する過激思想について、ロシアの世界共産主義革命運動とそれ以外の「思想の悪化」を一緒くたにして、世間の憂慮と煩悶が深化することを警戒している点に注目しておきたい。

浜口雄幸
（国立国会図書館蔵）

浜口「奏薦」に動いた三叉

昭和元年一二月、三叉は貴族院決算常任委員に選任されたが、この頃から各種委員に選ばれて本格的な活動が始まった。前述のように、彼は西園寺と緊密な連携の下に任務の遂行に努めたのであるが、重要な職務の一つが、天皇に対する元老西園寺の内閣首班の奏薦に協力することであった。最初に、浜口雄幸が首班に指名されたときの彼の動きに注目してみよう。

昭和四年七月二日、民政党の浜口雄幸内閣が誕生した。それは、田中義一首相が張作霖爆殺事件の処分問題で総辞職した後を承けての就任であった。浜口内閣は、先の田中首相の対中国強硬外交の破綻による対華外交の転換と軍縮会議の課題の実現、財政緊縮と金解禁問題など内外の重要施策が目白押しであった。七月二日に田中内閣が総辞職するや、昭和天皇より牧野伸顕内大臣に対して後継首相の人選について御下問があり、牧野から元老西園寺に対して御下問然るべしと奉答し、ついで鈴木貫太郎侍従長が西園寺邸に勅旨を伝えた。当日の様子を三叉は次のように記している。

「昭和五年（ママ）、濱口内閣の成るとき、余は多少の微力を尽くし内閣成立の前後、濱口君に対して二三の注文をつけたほどに、深厚なる同情を持って居った」（『旋風裡の日本』立命館出版部、昭和八年、三一～四頁）と述べ、西園寺が、次期政権の担当者として浜口を異常な決断を以て奏薦するその心情をよく理解していた三叉はこの奏薦の重要性を認めて、「昭和四年七月二日濱口内閣を奏薦したる日、此の日は公の伝記に於て最も記念すべき日也、然れども事未だ公にす可からず、竹越三叉記」と記している（安藤徳器編『陶庵公影譜』八四頁）。

文中にある浜口への二、三の注文とは何か。それは浜口が掲げた十大政策のなかの緊縮財政と金解禁の問題であろう。すなわち、浜口は自らの内閣の政綱として、「政治の公明」「民心の作興」「綱紀革正」「対支親善」「軍縮促進」「財政の整理緊縮」「非募債と国債総額の減額」「金解禁断行」「社会政策確立」「教育の更新」の以上十大政綱であった。対外的には経済外交を重視し、軍備縮小を図ることによって、財政経済の好転を図り、対内的には財政の緊縮と金解禁によって財政経済の建直しを行おうとした。

なお、「対支親善」の施政方針声明書には次のような趣旨が記されている。

「両国間の条件に付ては双方共に自他の特殊なる立場を理解して同情的考量を加へ、以て中正公平なる調和点を求めざるべからず。徒らに局部的の利害に跼蹐《きょくせき》するは大局を保全する所以に非ず。軽々しく兵を動かすは固より国威を発揚する所以に非ず、政府の求る所は共存共栄に在り、殊に両国の経済関係に至りては自由無碍の発展を致さざるべからず。我国は支那の何れの地方に於ても一切の侵略政策を排斥するのみならず、更に進んで其の国民的宿望の達成に友好的協力を与ふるの覚悟を有すと雖、我国の生存又は繁栄の缺くべからざる正当且緊切なる権益を保持するは、政府の当然の職責に属す」。

と謳って、国際連盟の重視とその目的の遂行に努力することを期した。

次に「金解禁断行」について、「金輸出の解禁は国家財政及び民間経済の建直しを為す上に於て、絶対必要なる基本的要件」であり、その実現は遷延を許されぬものと声明した。

諸家の見解――赤松克麿の批評

この政府の施政方針声明は、おおむね時宜を得たもので識者の間で好評であった。内容が抽象的に過ぎるとの非難もあったが、田中前内閣の放漫政策に比べてはるかに優れたものであった。赤松克麿《あかまつかつまろ》は反動的な田中内閣に比べて「善き一歩前進を示すもの」と評価しながら、「由来民政党にはその発達過程からくるところの官僚的正義心と自由主義的上品さとがあって、政友会のやうな傍若無人の雲助的悪事を働く勇気を缺くと共に、自己の主義主張を貫徹するためにどこまでも押し強く戦ふといふ積極性に乏しい。政友会の積極主義と民政党の消極主義は、ひとり財政方針に現はれるばかりではない。政友会は悪政に於いて積極主義であり、民政党は善政に於いて消極主義といふことが出来る」と述べている（赤松克麿「濱口内閣と議会解散」『改造』昭和四年八月、今井清一『濱口雄幸伝』下巻、朔北社、二〇一三年、四四～四五頁）。

しかし、金看板の財政緊縮と金解禁については、その具体的な方策に関して厳しい批判の目を向けた。すなわち、財政緊縮方針は民政党の伝統的政策であり、今日の不景気に対処するには民政党の消極主義の方が政友会の積極主義に比べてより善き政策であろうと認める。ただ浜口内閣がはたして緊縮政策を一貫して堅持しうるかどうか、前の加藤（高明）及び若槻内閣が竜頭蛇尾の醜態を演じた事例を念頭に置いてそのことを危惧している。そこで、赤松は緊縮政策の具体的な方法を問題にする。

緊縮政策を実施すれば、不景気はさらに深刻化するが、いかに財界建直しのためとはいえ、無産階級はこれ以上の失業苦に堪えることができないと明言する。「政府が鳴物入りで国民に節約を宣伝しても、国民の中には有産階級と無産階級とがあって、無産階級はこれ以上節約を実行したら命を縮める外はない。我々はもとより財政緊縮には賛成であるが、新内閣が如何なる立場に立ってこれを行はんとするか括〔刮カ〕目して監視せんとするものである」と。

次に金解禁問題であるが、新内閣は、政友会内閣が手を付けることが出来なかったこの難問の打開に取り組むべきであるが、彼はここでもやはり金解禁の方法に注目する。金解禁を断行するためには、一時的不景気も已むなしと述べた井上蔵相の発言を捉えて、赤松は現在、金解禁の即時断行を最も要求しているのが金融資本家であることを指摘して、労働階級が被る犠牲や影響を政府はもっと真剣に考慮すべきであると主張している。すなわち、「特融」によって生じた遊休資本を持て余し、その一部を海外に「放資」しようと考えた金融資本家が、その前提として金解禁によって為替相場の安定を目指して金解禁に踏み切ったと見た赤松は、このような金融資本家の利害のみを偏重して、他の方面の犠牲を顧みない金解禁を断行すれば、必ずや為替相場の騰貴によって物価の暴落を来し、事業家は商品利潤の上に打撃を蒙り、その結果、事業の休止や縮小が行われ、労働者の失業、労働条件の低下が起こらざるを得ない。つまり、労働階級は産業資本家の打撃を転嫁されて、多大の犠牲を強いられることになる。そうなれば、各地に労働争議が起こり、「死物狂いの経済闘争」が展開され、労働階級はこの恐慌状態に抗して犠牲を免れることができないであろうという論旨であった。要するに、赤松が主張するのは、不景気を緩和して、無産大衆の生活難を救うこと、そのための方策は、為替相場の安定と貿易の振興を図り、産業活動を活発にすること、そしてその最良の方法が、平価切下げによる金解禁の断行を措いて他にないという立論であった。

「十大政綱」のうち最大の政治問題になったのが、金解禁問題と海軍軍縮問題であった。

三叉の懸念

金解禁問題に関する三叉の懸念は以下のような性質のものであった。三叉は浜口内閣の姿勢に対して協力支援の姿勢を示したが、政府の「緊縮政策」と金の輸出を解禁する方針については、そのことに依って生ずる国民の経済活動の意欲が減退し、全般的な生気が衰退に向かうことを心配した。浜口の注意を喚起したが、結局、話し合いは物別れに終わった。政府は当初予算の約五％減の緊縮実行予算を発表し、八月に入って首相は緊縮政策を全国に放送し、さらに「全国民に訴う」の宣伝のチラシを配布した。新内閣の金解禁の即時実施の動きに株価はただちに続落の反応を示した。一一月になり、大蔵省は金解禁に関する省令を公布、そして浜口首相、井上蔵相、土方日銀総裁がそれぞれ金解禁に関する声明を発表、翌昭和五年一月に金解禁が実施され金本位制に復帰した。時あたかも米国発の世界恐慌が日本に波及し長い不況が続く。そして、ロンドン海軍軍縮会議（昭和五年一～四月）において日・英・米三国間の補助艦総トン数の比率を米国10に対して英国約10、日本約7という割合にすることの妥協が成立したが、軍部と野党は、衆議院で条約の締結に関して統帥権干犯の疑義ありとして激しく政府を攻撃した。

内政と外交政策の両面で苦境に立った浜口内閣であるが、三叉は「緊縮政策」について、直接首相に反対意見を具申する他、昭和五年四月二五日に貴族院で登壇演説し、緊縮政策の非を論じ井上蔵相の銀行偏重政策を批判して失業者の発生と群民の団結に依って生ずべき深刻な社会不安の問題について警告を発した（竹越熊三郎「貴族院議員時代」（未定稿）昭和四四年六月）。この議会は紛糾して延会十二日に及んだという。そして、三叉の危惧した通り浜口は昭和五年一一月一四日、東京駅頭で右翼の佐郷屋留雄に狙撃される事態が起こったのである。なお失業者の救済問題について、昭和六年三月二一日、三叉は自ら「中小産業並に失業者救済に関する決議案」を発議し、事態の緊急性を訴えていることに注目したい。

宇垣「流産」内閣の実現に動いた三叉

次に、宇垣一成《うがきかずしげ》の首班奏薦に三叉がどのように関わったか簡単に触れておきたい。

昭和一二年一月二三日、広田（弘毅）内閣の総辞職を承けて、宇垣一成に組閣の大命が降下したが陸軍の反対で陸相を得られず組閣を断念した。世に言うところの陸軍の妨害による宇垣内閣の「流産」事件である。

宇垣一成
（国立国会図書館蔵）

広田内閣は二・二六事件後に成立した内閣で、軍部や右翼陣営の支持を得ていたが、一年ももたぬ短命内閣に終わった。背景に政党と軍部の軋轢《あつれき》があったが、政府は昭和一一年一一月に日独防共協定を結んで、独伊との接近を決定的にし対英米外交が悪化するなど外交上の困難が発生した。また綏遠事件をはじめ北支の軍事行動が所期の目標を達成できず、二・二六事件後の陸軍の粛軍がスムーズに進まないことも重なり、内閣更迭説、陸軍閥の議会解散説など錯綜して辞職に追い込まれた。広田内閣は軍部大臣現役制を復活し、思想犯保護観察法を制定し、官業労働組合やメーデーを禁止するなど、国際連盟脱退後の孤立した日本の国際状況のなかで内政面でもファッショ的色彩を濃厚にした内閣であった。西園寺は広田内閣の華北分離政策、日独防共協定、議会制度の改革のすべてに反対であった。そこで、彼は宇垣の力量を用いて政党を再編して軍部の勢力を抑えようと期待し、次期政権の首班に予備役陸軍大将宇垣一成を推すことを考えていた。ちなみに、内大臣の湯浅倉平《ゆあさくらへい》は枢密院議長の平沼騏一郎の意見を聞くべきか否かを西園寺に問い合わせたが、平沼を好まぬ西園寺は意見を聞く意向をもたず内大臣に任せたという（岩井忠熊『西園寺公望』岩波新書、二〇〇三年、一九六頁）。

宇垣は陸軍士官学校、陸軍大学を卒業、参謀本部員、ドイツ駐在武官などを経て、陸軍省軍事課長、参謀本部総務部長、教育総監部本部長、陸軍次官などの要職を歴任、大正一三年の清浦内閣の陸軍大臣となり、加藤高明、若槻礼次郎内閣にも留任した。在任中に、四個師団の廃止などの大規模な軍備の整理を行い、その経費で近代装備の充実を図って軍の合理化、近代化を目指した。また、浜口内閣にも陸相として入閣、自己の周囲に「宇垣閥」を作り上げた。昭和六年には、桜会の幹部将校らが企てた未発のクーデター、三月事件の黒幕といわれ、宇垣は事件後に陸相を辞職して朝鮮総督になった。宇垣は政党との関係も深く、しばしば政権への参加を誘われている。彼は昭和一一年八月にすでに朝鮮総督を辞任しているが、それは広田内閣の不評に鑑みて、次期内閣の首班候補たらしめることを意図した決定という憶測もあった。

昭和一二年一月二三日に広田内閣が辞職を表明するや、三叉は西園寺と緊密な意思疎通をとりながら、宇垣内閣の実現に向けて奔走している。宇垣に対する軍部の反感は根強く、宇垣推挙の事前工作は内密に進められた。たとえば、宇垣と直接の接触は避けて、宇垣の参謀格の某予備陸軍中将と密かに旧岡山藩主の屋敷で会い、打ち合わせをしたあとで、宇垣に会見するといった慎重な手法が取られたという（同前「貴族院議員時代」「宇垣一成に組閣の大命降下す」（未定稿）、『竹越与三郎関係文書』。ただし出典は不明瞭）。

軍部が反宇垣の姿勢を取った理由は、宇垣が陸相時代に行った師団廃止の決定、そして三月事件に宇垣が大川周明らのクーデター計画に賛同したことが粛軍の実行に支障をきたすといった点などが挙げられる。宇垣は軍の反対を押し切って、軍幹部の意向を抑圧する強硬手段を取って大命降下に応えんとしたが、西園寺はそのような強硬作戦に出ることを憂慮した。一方、政党や財閥関係者は大いに歓迎したようである。

原田熊雄はその間の事情について、次のように陸軍の抵抗ぶりについて述べている。

「宇垣がこの際後継内閣の首班者になることについては、各政党財閥、ほとんど国民挙って非常な賛同であり、非常な好人気であった。これが一面また非常に軍部に厭な感じをもたせ、同時に一種の脅威を感じさせたらしく、どこまでも宇垣が出られないやうにいろいろ工作を始めて、大権干犯の誇りとか、或は大権を阻止したとかいふことにならないやうに、ひそかに侍従武官あたりが内大臣と秘書官長あたりに意見を求めたらしい。要するに陸軍としては、三長官が人を物色して推薦してみたが、各個人がおのおの絶対にこれを受けることを拒否したといふのである。宇垣大将は再三『陸軍には三人—即ち三長官が挙げた連中以外にもう候補者がないのか』と追及したが、結局停年の関係とか或はいろんな関係で『もう人がないんだ』と言って、とうとう事実上阻止した形になった」(『西園寺公と政局』第五巻、二四三～二四四頁)。

一月二四日から二九日の午前まで、宇垣は大命降下に応えるべく八方手を尽したが、結局陸軍を説得できず、二九日の正午頃皇居に参内して天皇に大命拝辞を申し出た。

かくして、西園寺の奏薦が功を奏することなく、宇垣内閣の誕生を見ることなく終わったのである。西園寺は、元老の奏請に基づく天皇の大命がこのような軍の反対で拒否されるようでは、元老の存在意義がないに均しいと元老の辞退を申し出ている。西園寺の軍に対する憤懣の気持ちがよく伝わってくる。後継首班は結局林銑十郎《はやしせんじゅうろう》に決まったが、それは西園寺が推薦した人物ではなく、内大臣、内大臣秘書官長(木戸幸一)、侍従長らの協議の上で西園寺の同意を得て天皇が承認した人事であった。

それ以降の後継首班奏請は元老中心ではなく、次第に内大臣中心に移行していく。その背景には、すでに八八歳の高齢に達した西園寺の意欲の減退や他の宮中重臣グループとの世代差からくる意思疎通の困難さがあったことも見逃せないであろう。

三叉はその後、後継首班問題では、昭和一五年一月に内大臣湯浅倉平らの推薦で成立した米内光政内閣を支持する立場に立った。親英米路線に立つ西園寺も最後の切札として米内に期待した。海軍大将の米内は、同年九月に締結される日独伊三国同盟では陸軍の強硬派を押さえたが短命内閣に終わり、同年七月には陸軍首脳の陸相畑俊六の単独辞職で内閣総辞職に追い込まれた。しかし米内は重臣であったが、昭和一九年東条（英機）内閣の倒閣に動き、七月に小磯（国昭）内閣が成立するや海相に就任、そして昭和二〇年四月、鈴木貫太郎内閣に留任して終戦工作に尽力した。日中全面戦争から太平洋戦争の勃発に向けて、緊迫の度を深める日本の政局にあって、破局から救いうる人物として三叉は宇垣と米内に一縷の望みを繋いでいたのである。

2　孤独の抵抗——枢密顧問官として

枢密顧問官に就任

三叉が枢密顧問官に任命されたのは昭和一五年四月一七日であり、「最後の元老」となった西園寺の意を体して米内内閣が奏薦したものらしい。軍部が跳《ちょう》梁跋扈《りょうばっこ》する時にあって、少しでも西園寺を援けるべく任命されたのであろう。

『東京日日新聞』（昭和一五年四月一八日夕刊）は選考事情を次のように報じている。

「竹越与三郎氏は、現に政友会久原派に党籍を有する政党人、先きに逝去した元田肇氏、及び最近亡くなった藤沢幾之輔氏の補充の意義もかねて、政党人から選ばれたもので、西園寺老公との特殊な関係から近衛枢府議長の推輓もあって、政友会久原派の中から推されてゐた、三土忠造《みつちちゅうぞう》、芳沢謙吉両氏より一足先に枢府入りしたものである」。

衆議院議員を辞めて久しい三叉が、一般世間からは未だに政友会系の政党人とみられていたのは興味深い。

ちなみに、三叉と同時に顧問官に就任したのは、大島健一（元陸相）と小幡酉吉（元駐独大使）であった。なお、他に昭和一五年中に枢密顧問官に任命されたのは以下の人々である。松浦鎮次郎（元九大総長、文相）、三土忠造（逓相）、伊澤多喜男（台湾総督）で、同年度の議長は原嘉道（六月二四日以降）、副議長は鈴木貫太郎（六月二四日以降）であった。

『枢密院重要議事覚書』を残した日銀総裁の深井英五は二年前の昭和一三年に任命されている。彼らの多くが軍人・官僚・政治家であり、貴族院議員の経験者でもあった。なお、三叉の肩書は帝室編修官長となっている。

そもそも枢密院は明治二一年四月、天皇の最高諮問機関として設立された。枢密院は英国の Privy Council, フランスの Conseil du Roi, ドイツの Staatsrat の邦訳で、絶対君主制にその起源をもつと云われる。三叉は、我国の枢密院は西欧諸国や中国の制度と何ら関連する所はないと述べている（「外国の枢密院」『讀畫樓随筆』二四九頁）。なお、彼は中国の制度に言及して、支那で初めて枢密院という文字が使用せられたのは、古代の律令国家唐の第八代皇帝代宗（在位七六二～七七九）の時代で、ちょうど我国の奈良時代に当たると述べている。宋代になって枢密院の権限を拡張し、中書（内閣）と対立したが、中書は文権を握り、枢密院は武権を担当した。その後、時代の変遷とともに枢密院の役割、名称が大きく変わったが、清朝になって前代の枢密院は軍機所という名義で復活したという。

さてわが国の場合、帝国憲法草案が出来上がると、欽定憲法の建前を取って草案の諮詢に答えるために審議の必要があって枢密院が設置されることになった。枢密院官制には組織として、議長・副議長それぞれ一人、顧問官一二人以上、書記官長一人、書記官数人が定められ、選任される人は何人も四〇歳以上でなければならなかった。職掌は憲法および憲法に付属する法律の解釈に関し、予算その他会計上の疑義に関する争議、憲法の改正または憲法に付属する法律の改正に関する草案、重要な勅令、新法の草案または現行法律の廃止改正に関する草案、列国交渉の条約及び行政組織の計画などである。

官制第八条には「枢密院は行政及び立法のことに関し天皇の至高の顧問たりといえども、施政に干与することなし」と謳っていた。会議については次のような定めがあった。会議は天皇出席のもとで開かれ、顧問官一〇人以上の出席が必要であり、各大臣はその職権上から枢密院において顧問官たる地位を有し、議席に列して表決の権利をもつ。そして、議事は多数決で決められた。

すなわち、枢密院は内閣・議会から独立した機関であり、天皇に対する他は何者にも責任をもたず、議会や国民と交渉をもたない特権的な地位にあったといえる。官制とともに公布された詔勅には、

「朕元勲及練達ノ人ヲ撰ミ、国務ヲ諮詢シ、其啓沃《ケイヨク》ノ力ニ倚《ヨ》ルノ必要ヲ察シ、枢密院ヲ設ケ、朕ガ至高顧問ノ府トナサントス、茲ニ其官制及事務規程ヲ裁可シ、之ヲ交付セシム」とあった。

次に枢密顧問官の人選であるが、それはどのような基準で行われたのか。

枢密院創設当時は伊藤博文が議長に任ぜられ、副議長が寺島宗則、書記官長に井上毅、そして顧問官が一七人の陣容であった。出身別にみると薩摩四、土佐四、肥前三、長州二、公卿一、幕臣一、熊本一という藩閥的構成であった。その後、明治二八年までに補充されたが、その分類は薩摩九、長州六、土佐二、幕臣二、公卿二、佐賀一その他四という内訳であった。やはり薩長が圧倒的に多い。ところが大正期に入ると官僚の古手の他に、浜尾新、菊池大麓、穂積陳重、富井政章など学者が選ばれ、議長も元老級の大物ではなく、浜尾、穂積らが就任したのは、枢密院に対する批判が強かった時代の姿を反映している。

政党人が選ばれたのは、昭和七年の元田肇、九年の藤沢幾之輔が初めで、財界人では昭和一三年の深井英五がそうであった。竹越の場合も帝室編修官長の肩書が記されているが、それは『明治天皇紀』編纂に関わっているからで、他の官僚たちの官歴とは意味が違う。彼の本業はいうまでもなくジャーナリストであり、その経歴からいえばきわめて異例の選抜であったといえよう。

官僚勢力の牙城として出発した枢密院だが、内閣と議会から独立した機関としての性格をもつ枢密院は、昭和期において第一次若槻内閣の台湾銀行救済緊急勅令案を否決して内閣を総辞職に追い込み、田中内閣の日米間の不戦条約問題やロンドン条約締結をめぐり、枢密院議長倉富勇三郎が浜口首相に対して兵力量に関する奉答文の提示を要求して首相が拒絶、それを受けて枢密院がロンドン条約審査委員会を開催するなど枢府と政府が衝突する事例がたびたび起こった。そのため、政党の側から枢密院の態度を不当とする決議案が提出されることもあった。ただ、統帥権を楯に軍部の勢力が強大な力を発揮する時期にあって、枢密院が内閣や政党に代わって一定の抵抗力を示したことも事実である。

三叉が枢密顧問官に選ばれた昭和一五年前後の政治状況を振り返ってみよう。それはちょうど五・一五事件によって政党内閣制に終止符が打たれた後であった。時局は日中全面戦争に突入し、米内内閣から第二次近衛内閣に代り、陸軍大将の東条英機が陸相に就任、武力行使を含む南進政策が決定された。そして日独伊三国同盟の締結によって、軍国主義的な支配が一段と強化される時期でもあった。また、大政翼賛会が結成され、各政党は解党、また産業報国会、翼賛壮年団、大日本婦人会などを統合して、部落会、町内会、隣組を末端組織とする国民統制組織が強化、準戦時体制が着々と実体化される状況下にあった。そうした、いわば非常時の日本の監視役を西園寺から託された三叉であるが、具体的にどのような活動をするのであろうか。

まず彼が就任したその年の秋一一月に西園寺が死去したが、それは、三叉にとって大きな衝撃であった。西園寺とともに、国事に一身を捧げる覚悟ができていた三叉の出端を挫くような出来事であったと云えよう。

『枢密院重要議事覚書』に見る三叉の動静

三叉より一足早く枢密顧問官になった日銀総裁の深井英五は、迫りくる東京大空襲の戦火の中で、病苦をおして自宅の書斎であるいは防空壕の中で枢密院の議事記録を書き続けた。それは、会議で出席者の発言内容を紙片に略記し、「会議後速やかに記憶によりて要目の内容を補塡し、時としては議事の背景たる情勢に関する所聞、所感等を添加し、之を別張に収掲」して出来上がり、現在『枢密院重要議事覚書』という名でまとめられている。枢密院議事の公式記録が公表されていない今日（一九九二年四月、国立公文書館保管の枢密院記録文書（昭和期）が、東京大学出版会から公刊された。『枢密院会議議事録』（昭和篇全五十四巻）がそれである）、断片的な議事録とはいえ、重要な政治問題をめぐる顧問官の生の言動を知り得る貴重な史料である。以下、「覚書」に依りつゝ竹越の言動を探っていきたい。

日ソ中立条約の締結

昭和一六年四月一三日、モスクワで日ソ中立条約が調印され、同月二四日にその中立条約批准の件が枢密院で審議された。その時の模様が「覚書」に記載されている。松岡（洋右）外相の説明を受けたあと、顧問官の質問と政府側の応答があった。紹介されている顧問官たちの意見は、日ソ中立条約と日独伊三国同盟との関係、本条約の日独関係に及ぼす影響といった問題を中心に展開されている。

例えば、南弘顧問官は三国同盟の規定に依れば、独ソ間に軍事行動が起こったとき日本はドイツのために起たなければならない、しかるに今回の条約に依れば日本は中立を守るべきことになるが、その間の矛盾はどう解すべきなのかという質問が出された。外相は「法理上の矛盾は起る」と認めたうえで、その場合は日独両国は協議を要するが、「日本は独自の立場に於て決定すべし。リッベントロップ〔ドイツの外交官、ナチス党員〕は、独ソ戦争の場合独力を以て容易に片付くる自信あるが故に、日本の援助を期待せず、それにも拘らず日独伊条約により日本を援助すべき事態の発生するときは、日本の為めに起つと言へり」と楽観的な見方を示している。

さらに、わが国のソ連に対する根本的関係について問われた政府は、東条陸相が答弁して、この条約にかかわらず「対ソ軍備は益々充実す」ること、「ソ連には不断の威圧を加へざるべからず。条約違反を敢てするは諸国の実状なり。本条約により、ソ連の戦略態勢を変更せしむるを得れば、我に利なり。本条約に関連して国境画定を遂げ得れば、戦因を減ずることとなる故喜ぶべし。然れども作戦及び思想謀略上の用意には変ることあるべからず」と対ソ警戒を緩めない姿勢を強調している。

三叉はこの対ソ不安や警戒心に関連して次のような質問をした。

「ソ連に対する不安は其の縁て来る所久し。嘗て竹槍だけを以てもソ連に対抗すべしとの論もあり、又ソ連との貿易は通商官に外交官資格を与ふることとなる故危険なりとの論もありたる位なり。悪魔と会食するには長き匙を以てすべしと云ふ諺を想起すべし。今此の条約が成立したりとて直に安心して南方をやっつけるなどと云ふは悪魔に利用さるゝなり」と対露警戒心を率直に表明している。

この問題は、ソビエトの積極的な共産主義宣伝活動に対する懸念とも重なって、顧問官たちの根強い不安感を引き出した。それに対して松岡は交渉相手のモロトフ外相（人民委員会議長）に、「共産主義には絶対反対なる旨」を伝えたと云い、ドイツは防共協定を継続する意思が固いことを告げて安心させようとした。また、内務大臣の平沼騏一郎は、今後も共産主義弾圧は変わらないこと、しかし、徒にソ連を刺戟することは避けたいと言明している。

顧問官の潮恵之輔は企画院事件を取り上げて官吏のなかに共産主義者が検挙されたことを指摘して、政府の注意を促している。深井の外相に対する質問のなかで、松岡がスターリンとの会談で、「我国には古来道徳的共産主義ありたり」の一節を捉えて、「甚だ危険なる誤解を生ずるならん」と迫ったところ、外相は「余の意味は天皇即国家と云ふに過ぎず。道徳的共産主義と言へるは、若しソ連人をして言はしむれば此くも言ふならんとして、意見交換中に用ひたるのみ」と奇妙な回答を引き出した。深井の理路整然としたマルクス思想の理解に比して、松岡の思想としての共産主義理解の浅薄さが暴露されている。

対米英宣戦の布告をめぐる質疑

昭和一六年一二月八日、米英に対する宣戦布告の件が枢密院の全員委員会に付議せられた。この日早朝の午前五時半ごろに緊急招集があり、午前七時半開会、冒頭島田繁太郎海軍大臣から「今暁ハワイに於て戦闘の開始せられたる事実を報告し、戦況の詳細は未だ明かならざるも、我が攻撃の効果甚大なりとの報告に接し居る旨」の説明があった。続いて、各顧問官と政府理事者の間の緊迫した質疑のやりとりが伝えられている。

深井は、諮詢事項は「開戦の決定にはあらずして、宣戦の布告を為すべきや否やに限られたるなり」と察知した。すなわち、作戦上の交戦状態はすでに成立しており、要は「米国および英国に対する宣戦を布告す」という件の奉答であると審議の核心を整理している。また、宣戦の詔書案は参考資料として添付せられただけで、諮詢事項の範囲外であったことは深井にとって奇異に感ぜられたが、法制及び枢密院の慣例に精通していないので緊急の際でもあり、会議が紛糾することを案じて黙過したと述べている。

東条首相は「我方に於て即刻宣戦を布告すべし。開戦時期の微細なる点に重きを置かず。彼れが圧迫の態度を開戦の原因とし、之を以て世界に対処する積りなり」と説明し、日米戦争に対するドイツの態度について聞かれて、東条は「ドイツは日米開戦の場合参戦姿勢を執り、又単独講和を為さざる意向を示し居れり。大島浩大使交渉中なれども、未だ具体的協定に至らず」と答弁した。ドイツは対米宣戦布告するか、と聞かれた東条は「ドイツは戦争状態に入れり。単独不講和に付いては事態に適合するやう協定の相談中なり」と答えた。さらにソ連の態度はどうかという質問があったが、東条は「ソ連は対独作戦に忙しく、我方とは成るべく平穏ならんことを望むものの如し。米英は極力ソ連を誘ふならんも、今の処懸念なし」という観測を示した。

次いで「戦争に必要なる物資調達の能力」の問題に移り、深井は「作戦上果して充分に資源を獲得輸送し得べきや否やは今尚未知に属す」と、「戦争の遂行と銃後の措置とに付、物資調達の見地より遺漏なきを期せられんことを望む」と要望した。深井の言わんとするところは「我国の弱点が物資調達力の方面にあること、並びに戦時に於て資金調達の比較的容易なるを以て安心すべからざること」の指摘にあったが、東条はじめ当局に十分理解されなかったこと、そして物資の不足が戦局を困難ならしめた重要原因であることを昭和二〇年四月の段階で付記している（『枢密院重要議事覚書』岩波書店、昭和四二年一一月、第二刷、一九九頁）。

この点に関連して三叉は、「物資供給に付き、政府は軍需品に力を入るゝも、食糧に付て万全を期せられんことを望む。戦争は国内食糧問題によりて破綻することあり」と要望したのは、深井と同じく近代の戦争が総力戦としての性格をもつことをよく弁え、戦争遂行に伴う物資の確保と物資動員計画の重要さを強調したものと思われる。戦争末期、多くの国民は飢餓線上をさまよったが、ここにはそうした先を見越した配慮がよくうかがえる。

なおこの案件に関する竹越の発言は、記録されたものとしてはこれが総てである。

大東亜省の設置

昭和一七年一〇月二八日、大東亜省設置案が本会議に上程された。案の要旨は、従来の興亜院の規模権限を拡大して一省とし大東亜共栄圏内の地域に対する様々の施設を統合処理するための機関たらしめることにあった。それは深井の見るところでは「単に官制上の一大変革たるのみならず、大東亜戦争の初期に於ける我が政府及び軍部の軒昂たる対外的意気を象徴せるもの」であった。それは、拓務省や外務省の一部を吸収する行政機関として企図された。したがって、政府と顧問官の間でこの問題をめぐって稀に見る激しい議論が闘わされた。

論点は何か。従来、外務省が担当処理してきた大東亜圏内の対外問題をその所管より除外して、新しく設置する大東亜省の所管事項とすること、その所管より除外される事項を「純外交」と改めることを東条内閣は提議してきた。枢密院は大東亜省案の審査委員会を設けて審議したが、竹越は委員の一人に選ばれた。委員の多数は外交二元化に反対した。その理由は様々であるが、三叉は大東亜圏諸国を属国扱いするものであるという理由から強い異議を唱えた。曰く、「政府の真意は大東亜圏内の諸国を凡てデペンデンシーとして取扱ひたしと云ふにあるものの如し。委員の多数は原案が支那等に悪影響を及ぼすことを懸念し、種々質問も出でたるが、政府は相手国の諒解を得たるが故に心配に及ばずと答弁せり。然し其の諒解なるものは表面の形式に過ぎざること明かなり」と述べた。

石井菊次郎は政府案に絶対反対の強硬論で、委員会審議の最終日には欠席して決議に加わらなかった。小幡酉吉も反対意見を述べて東条と激論したという。そもそもこの案は軍部の発案になるもので、外務省から当該地域に関する権限を奪うものであることから、東郷茂徳は強く反対して外相を辞任した。陸軍は初め大東亜相に軍司令官を当てることを主張したが、海軍の反対にあって、文官の青木一男が初代の大東亜相に決まった。

汪兆銘は大東亜省の設置に甚だしく不安を感じていたが、汪政権顧問の青木が任命されたことで、いくぶん彼の態度が和らいだという。

本会議の鈴木（貫太郎）審査委員長の報告が、各委員の反対論を的確に紹介している。すなわち、外交の二元化が大東亜省と外務省の権限の混乱を将来するのみならず、大東亜圏内の独立国家の自尊心を傷つけ、また独立の期待をもつ民族の希望を損じ、かえって政府が期待するこれら諸国との協力に累を及ぼすこと、そして敵国に謀略を逞しくして人心を攪乱せしむる機会を与えるのではないかと憂慮していることが報告された。

深井の東条首相に対する質問は正鵠を得ていた。それは、政府が大東亜省設置によって施行せんとする実際処理の方針に関するものであった。首相は大東亜全域を通じて、それが独立国と占領地の如何を問わず「その各自の力を帝国の為めに寄与せしむべきこと」を強調するが、諸民族は果たしてこれを納得するか否か、さらに言えば東条の口癖である「道義に立脚する新秩序の樹立により、大東亜諸民族の永遠の発展」に犠牲を払うことを甘受するのか、とくに中国の現状に対する不平不満に鑑みて「大東亜圏内の諸民族、殊に有力多数なる支那人をして、我れに離反するの心機を生ぜしむるならば、物資の利用による作戦上の効果に拘らず、我が目的の達成に蹉躓《さち》を来たすことなきを保し難し」と迫った。

東条は昂奮して、「言辞冗長にして趣旨の繰返し」が目立ったという。さらに、彼は枢密顧問官の反対意見が東条内閣打倒の意図に出る者と邪推し、神経過敏になって政府の再考を促す発言に耳を傾けなかった。竹越は「本案が支那等を属国扱いにするの嫌あることは蔽ふべからず。論議は既に委員会に於て尽されたるが故に、茲に再言せず。今日は甚だしく昂奮の空気を生じたるが、案の帰着する所は略々《ほぼ》知れ居るが故に、最早議論を止め、冷静に経過せんことを望む」と飄逸に述べて、古歌を援用、朗詠して東条の狭量を嘲笑する気分を露わにしたという。

とにかく、大東亜省設置の議案は東条内閣にとって最大の政治問題であった。そして、東条の昂奮の原因は、枢密院の論議が倒閣運動に関係あるとの疑念にあると深井は見た。異論を傾聴し、それを融和的に解釈する政治家としての度量に欠け、必ずしも反対ならざる者をも敵に回してしまう東条の態度に顧問官はみな一様に反感を感じたと記している。

以上、『枢密院重要議事覚書』の記述に依りつゝ、東条内閣に対する三叉の対応姿勢を見てきたが、随所のコメントに見られる深井の東条批判は三叉のそれと概ね同意見であると見て間違いなかろう。

一九四四年に入って戦況が逆転し、サイパン玉砕、マリアナ沖海戦の敗戦といった一連の重大な戦局悪化の状況下、東条の戦争指導能力を疑問視する声が高まってきた。岡田啓介や近衛文麿ら反東条派の重臣グループによる倒閣運動が功を奏し、ついに昭和一九年七月一八日に東条内閣が総辞職する。

三叉は七月二一日の『東京朝日新聞』に枢密顧問官の名で談話を発表、「総力結集を望む」と題する記事で、いかなる大政治家といえども民心を離れて政治をできないこと、今の国民の気持ちは文武一致であり陸海軍の緊密な一致を望むと表明し、小磯、米内両大将が内閣を組織されると聞いて「まさに旱天《かんてん》に慈雨を迎えた気持ち」と東条内閣に対する批判を述べた。

終章　ファシズムに抗して

昭和初期の言論活動

貴族院議員と枢密顧問官時代を通じて西園寺が存命中の竹越の政治的役割は、西園寺の「影武者」的な存在であったことが分かる。後継首班奏請のために立ち働くその姿には、言葉は悪いが、時に黒幕的な要素も看取できる。しかし、この時期にあっても、彼のレーゾン・デートル（存在理由）はやはり言論人としての活躍にあったと言えよう。

昭和初期の三叉の言論人としての経歴であるが、大正一五年六月に『大阪毎日新聞』と『東京日日新聞』の両新聞社に客員（顧問格）として入社、公的な発言の場を確保した。彼はそこを舞台に昭和二一年五月まで、時論を中心とした執筆活動を続けている。昭和四年に『大阪毎日』と『東京日日』の両新聞に「陶庵公」七十余編を発表、のちに一冊の本にまとめた。他に公刊された著書だけでも以下のように多数ある。

『陶庵公』（叢文閣、昭和五年二月）、英訳版『日本経済史』（昭和五年四月）、『旋風裡の日本』（立命館出版部、昭和八年八月）、『明日はどうなる』（平凡社、昭和六年一二月／言海書房、昭和一〇年五月）、『倦鳥求

張作霖との会見

林集』（岡倉書房、昭和一〇年六月）、『磯野計君伝』（明治屋、昭和一〇年八月）、『支那義和団の再発』（昭和一二年九月）、『倭寇記』（白揚社、昭和一三年四月）、『日本の自画像』（白揚社、昭和一三年一〇月）、『三叉小品』（立命館出版部、昭和一五年六月）、『讀畫樓随筆』（大日本雄弁会講談社、昭和一九年一月）、そして八・一五を挟んで昭和二二年一二月に『西園寺公』が出版された。その他新聞雑誌への寄稿、座談や回想・対談記事などもあって、執筆活動は切れ目なく続いている。

ここで二、三の時論や著書を選んで、晩年の三叉の関心対象や思想内容を概観してみたい。

三叉は大正一五年（一九二六）八月、満州（現・中国東北部）視察旅行に出かけて張作霖《ちょうさくりん》と会見した。そのあと「張氏に勧む」（社説）の一編を『大阪毎日新聞』に発表した。それは副題に「省外征戦を中止せよ」とあるように、張が「専ら省外のみの征戦にこれ努めてやゝもすれば省内政治に放漫であり、また時として甚だしく武断に流れることを、張氏自らのためにも、東三省民のためにも将た満州にある邦人のためにも之を利益であるとは信じない」という趣旨の立論であった。

張のいわゆる「保境安民」の実はいつまで経っても挙がらず、内政も充実整頓されない。内政が整頓されない間は奉天省（現・遼寧省）の財政的信用は高まることがなく、「奉天票の公定市価維持」はまた、とうてい不可能という事実を指摘して、張がこれ以上の軍事的、政治的困難に陥る危険性を避けて、国民軍と妥協して「消極的に内部の整頓に鋭意する」方策を説いた一文である。北方におけるロシア勢力の南下を食い止め、南からの国民軍の北上を抑えるために張を利用した政府だったが、張の満州における軍票乱発によって、日本円の流通が阻害されて省内経済が混乱し日本人事業家の活動が圧迫され、日本政府に救済策を講ずるよう要望、三叉はその使命を帯びて渡満し張作霖に会見したのであった。三叉のスタンスは、張の国民軍との妥協による「域内平和」と「東三省民」の利益擁護を優先させることにあった。それは、張作霖が昭和二年、国民政府の北伐軍と河南で戦って大敗し、昭和三年六月四日、奉天（瀋陽）に入ろうとして関東軍の謀略で爆死を遂げる約二年前のことであった。

同年秋には九州視察旅行に出かけ、その時の紀行文「転蓬日記」を『大阪毎日』に連載、後に『倦鳥求林集』（昭和一〇年）に収められた。それは長州の旅から始まって、足跡は九州一円におよび、歴史的な名所旧跡、神社仏閣、自然風物の観賞、歴史上の名家探訪、臼杵の崖仏見物、薩摩の尚古集成館、薩摩焼とガラス、長崎探訪など歴史的なエッセーを盛り込んだ文芸作品であり、改めて三叉の文学的才能を看取し得る。

大正天皇の崩御に関する記事として、「大正天皇の追憶」（一二月二五、二六、二七日）、「国民の胸中に生けるが如き御風格」（昭和元年一二月二七・二八日）と題する二篇の追悼文が、『東京日日』『大阪毎日』にそれぞれ掲載された。そこでは、大正天皇即位の朝見式における勅語に拠りながら、天皇が立憲政治の施行と国際平和の実現を希望したことに触れている。

ところが、現実には、第一次大戦の勃発やシベリヤ出兵などによる防衛力増強のため、仁愛と平和を尊ぶ天皇の望み通りにいかなかったこと、そして国民生活の向上と複雑化に伴う思想の変化によって「極端な団体」の出現と「人心動揺」による政治社会や思想の中心点の拡散現象が起こり、日本の光栄は明治時代と共に過ぎ去り、面白からぬ大正の御代が来たという悲観論が台頭したことにも触れている。しかし、三叉はそうした見方に与せず、大正時代は「休息する時代」、明治時代が産んだ「調和の時代」という見方を示した。批判の対象となる歓楽や風俗の乱れも、それは見方を変えればゆとりある平和の時代の象徴であり、生活が楽になれば当然現れる現象である。それを以て時代の衰退と捉えるべきでない。また、思想の混乱も憂うるに足らない。極端な左傾論は極端な右傾論を調和する作用があることを説いて、人知の進歩が自から極端思想を淘汰するという、いわば楽観的な予定調和論が展開される（「大正天皇奉悼会にて」『倦鳥求林集』一七四～一七七頁）。

彼はまた『明治天皇紀』編纂当時のエピソードも紹介している。先帝の伝記編纂は実に『三代実録』以来の偉業と評価し、明治天皇の事業と風格を広く国民に周知せしむべく編修事業を企てた大正天皇の「御孝心」に深く感動している。さらに編修の規模方針を立てる責任を担った三叉は、明治帝の風格と事業を「有りのまゝに描かねばならぬ」と考え、その旨を奏議にまとめて西園寺、松方、山県三元老の同意を得て総裁名義で意向を伺ったところ、少しの遅疑もなく速やかに許可が下りたことにも言及している。

以上、三叉は通常のスタイルと違った追悼記事を書いたのであるが、短文ながら明治と大正両時代の比較論に、彼のリベラルな思想が垣間見られる。また、とくに勅語の「憲法の条章に由り、これが行使を愆《あやま》ることなく」の言葉に注目した彼は憲法を守る先帝のイメージを強調し、大正天皇の御代に至って立憲的な政治が広く深く行われることの前触れであったと述べている。

昭和三年秋に、改訂普及版の『日本経済史』全六冊が平凡社から刊行されることになったが、三叉は「改訂普及版に題す」という序文を寄稿している。第七章の叙述と多少オーヴァーラップするが、日本の経済学に対する社会主義の思想的影響にも言及されているので、重複を厭わずその一節を紹介しておきたい。

「近年、社会主義的の議論が著しく勢力を得るに至って、始めて専ら経済的に史実を考察しようとする一道の潮流が、強く漲るに至ったので、其こと極めて新しきがために、経済史の形体方式は、未だ一定して居らぬ」、「然るに我国の学者、未だ一定の形式とさへならぬ欧米の学者の経済史の体態を模するに汲々として、新手を出すものなく、唯、税制や、貨制や、田制等を個々に記述するに止まり、それが国民の生活や、思想や、政治に、如何なる影響を生じたかについて、綜合的に議論するものゝないのは、余の甚だ遺憾とする所である。若し唯、此著の題目につきて、個々に之を論ずるに止まらば、是れ支那に於て、九通*の名に於て、古来已に久しく為された事業であって、何等の新し味もないことである。余は此書の如く史実に経済的解釈を加ふることが、今後経済史の正当と云はざるも有力なる形式となるであらうと云ふことを信じて疑はぬものである」

＊中国の経済史、社会史、制度に関する九種の書物。唐・宋・元代の三通と称される「通典」「通志」「文献通考」に加えて、清の乾隆帝の時代に編纂された六種の欽定の制度・典故などを記した政書。「続文献通考」「皇朝文献通考」「続通典」「皇朝通典」「続通志」「皇朝通志」を指す）

昭和初期の社会主義思想の影響によって、経済史が重要視されるようになったが未だ経済史の叙述の方式が確立していないこと、そして日本の学者が外国学者の研究様式の模倣に汲々としている状況を批判し、その多くが歴史における経済的要因の個別的記述に追われて、経済的史実が国民の生活や思想、政治にどのような影響を与えるかについて、綜合的な議論にまで高められていない現状を憂えた文章である。

経済的史実の総合的解釈の重視は、三叉の史論を理解するうえで看過できない視点であることを書き添えておきたい。

全体主義批判――『旋風裡の日本』

昭和八年四月、三叉は「我々はどこに居る」と題するラジオ放送を行った。前年に「満州国」の建国や五・一五事件、そして、この年の三月には国際連盟脱退という国の内外で大きな出来事が相次いだ時期であるが、当時、各界で叫ばれた国難の声について所信を披歴している。

国難とは「歴史的、沿革的に国家存亡の別れる大危機」の謂と捉える彼は、太平洋の波が一斉に吹きまくって日本を呑みこみ、泰山が崩れて日本を押しつぶすといった国難は全くないと断言する。今、世人が容易く口にする国難という言葉の背景には、日本経済が米国発の「恐慌」の影響で多数の失業者が発生し、農村や漁村の生活が逼迫、中産商工階級の苦痛が増大して、憤激の余り一部の過激派が破壊手段に訴えんとして社会、政治上の不安が漲る状況があるが、こうした現象はこれまで多くの国民が歴史上経験してきたことである。

したがって、国難のコーラスの大部分は「不景気から反映した幻」に過ぎない（「我々はどこに居る」『倦鳥求林集』一三八〜一三九頁）。

明治維新以来、数千年の旧慣を破り、旧制度を廃して近世国家を建設した日本国民は欧州各国が数百年を要したことをわずか五、六十年でやり遂げた。その急なること、あたかも時速八十マイルの特急列車か、飛行機に乗ったような具合で、そのため国は常に動揺、変転、回転の繰返しでその間に生活苦もあり、財政難もあり、暗殺や暴動、謀叛さえも経験した。もし国に幾多の動揺や変転があってそれを国難というのであれば、維新以来六十年、一日として国難でない日はなかった。何ぞ必ずしも今日を国難といわんや、である。

国際連盟脱退後の日本に対する経済封鎖や、満州事変後の一連の出来事が欧米諸国との戦争につながるのではないかという懸念に対しても、彼は「外国より日本へ手を出すといふことは断じてあり得ない」と否定する。

ただ三叉は、日本に「狂気じみた政治家が権力を得ぬように努力」することが必要と忠告している。

と同時に、連盟を脱退したことによって生じた損失の回復も必要で、そのためには「国難という文字に伴ふ反動思想を排して、憲法政治により、議院政治により、デモクラシー政治により、人民は皇室を戴いて、みな双手を挙げて、国のために力を挙げて働」くことの必要を強調している。ここには、軍部勢力による議会政治の破壊を許さない決然たる姿勢があることを見落としてはならない。

こうした幻としての国難否定の思想は、より詳細に『旋風裡の日本』（昭和八年）で展開されている。本書は雑誌『ダイヤモンド』に連載された論文を一書にまとめたものである。その論旨は厳しいファッショ批判に貫かれている。

まず第一章の「国難の声」では、高唱される農村窮乏もその実態をリアルに見極める必要があると強調する。彼は日本の農村の窮乏に二種類あると言い、第一は長野、群馬、埼玉などの養蚕と製糸の盛んな地方のケース、そして第二は東北、北海道地方の凶作による打撃に依って生じた貧困を挙げている。第一の窮乏は海外の貿易振興の実現によって解決可能であり、現に米国の景気回復の兆しによって事態が好転しつつある。第二の原因に基づく窮乏は由来既に久しく救済も容易でない。元来、日本の農民は「旧習に泥《なず》んで新勢に乗ずるを厭ふ」欠点をもつていた。

ところが、熱心な農村指導者が輩出し、急速に旧業を捨て丶投機的農業という「新勢」に走った。しかし、「新勢」に乗ずるあまり、彼らは多角的な農業経営を忘れて米、麦、雑穀を放擲し、養蚕、生糸などに全力を尽くした。こうした一元的経済の立て方に移ったのは、明治二四、五年頃からで所有地の全部を桑畑にしたり、養鶏を業とする者が現れたという。現在、最も窮迫を感ずるのはこれらの投機的農業地である。しかし、これは日本全国にみられる現象ではなく、投機的企業を主とせざる他の農村は、日本全体の不景気によってその影響を受けるものの、農村崩壊、農民亡滅といった境遇に瀕していない。しかるに、今や日本全国の農村が、亡滅の域に迫っているかのごとく主張する者がいる。そして、農村の窮乏に比して、都市の多数の失業者は軽視せられ、商工業の救済は論ぜられない状況である。

国難の文字が、筆太にふられるのは何故か。三叉はその理由を端的に述べて憚らない。曰く、「代議士は農村の投票を集めんがため」、「学者は事態を正確に見ざるがため」、「志士はその慷慨気分を消火せんがため」、「軍人は単純なる頭脳から眼前四囲の事態を見て速やかにその見解を下して国難を叫ぶ」と。それに加えて「これらのコーラス隊の後方には、魔神がコンダクターとなり、指揮棒を揮って之を鼓吹している。暗中に立てるこの魔神のタクトの尖端から、ファッショ化とクウデター招来の文字が、時々閃光となりて現はるゝことを見落としてはならぬ」と。

五・一五事件の硝煙未だ消えやらぬ時期にあって、この発言は実に率直で勇気ある発言といえよう。昭和八年九月二六日、斉藤（実）内閣の閣議で本書が話題になった。高橋（是清）蔵相が「人心不安は、なんとかしなければ困る」といふやうな話をしてゐると、後藤（文夫）農相や鳩山（一郎）文相が『旋風裡の日本』といふ竹越氏の近著は、非常によく出来てゐる」と言って感心したところが、陸軍大臣荒木貞夫は「どうもあゝいふ地位にある人があゝいふことを書いては非常に困る」と言って文句を付けたという。蔵相は「寧ろ他山の石として大いに読んでみたらいゝじゃないか」と言って、荒木をたしなめたという記述がある（原田熊雄述『西園寺公と政局』第三巻、一五〇～一五一頁）。実際、三叉はこの書物によって軍部から睨まれることになったと述懐していた、という（次男熊三郎の証言）。

本書はファシズム批判の他に共産主義や統制経済と資本主義経済の比較論があるが、彼が立脚する基本的価値観は個人尊重に根差す社会経済思想である。

三叉における「個人の尊貴」の問題

三叉は一九世紀における「社会の発見」の問題に触れて、国家の他に有機体としての社会があること、そしてそれが自動的、自治的機能を発揮して政治に影響を与えることを欧州の学者が発見したと述べている。それは、もはやプルタークの英雄伝や史記漢書で説明の出来ない現象が現れたことの反映であり、それ自体が一九世紀の画期的な大発見に相違ないと賛辞を惜しまない。しかし、その議論の結果英雄偉人は「神の祭壇から地下に引きおろされ、そして個人の力は、九地の下に蹴落されてしまった」。つまり、社会の発見が個人の力の忘失に繋がり、そして社会学の誕生と近世の政治論の転換をもたらしたと述べている。

ここで彼がいう政論の転換とは、社会の経済的要因の重視を意味する。しかし、議論の起点を経済的要素や原因のみに置く論法の危険性も指摘する。

彼はルイス・モルガンの『古代社会』に依りながら人類文明の発達過程を論じて、野蛮から文明への進化を可能にしたものは、「その時代の胚芽中の或る優種が、他の劣種凡種を凌いで、創造的躍進をした結果」、すなわち「大衆に対する個人の勝利」の結果を意味すると主張した。ところが、社会と個人の衝突は創世以来の常態であり、「上代に於てはその法律とも云ふべきタブウや、禁忌や、巫女の語《ことば》などは、凡て個人を抑制圧服してその躍進によりて、現状を変革することを妨ぐるようにする傾向」があった。しかし「優種なる個人」、「強固優良なる胚芽」はこの妨害に敗退することなく、「禁忌や、タブウ、巫女の語などの圧服に屈せず、大衆の仲間から挺進して躍進し、遂に社会の原動力となりて、今日の文明を創造した」。ゆえに文明とは個人の勝利に他ならないと強調する。

そして、「異常なる個人」がその文明創造のために最も力を用いたのが、私有財産の設定であったという。モルガンの所説を引用しながら、個人の力が私有財産の設定に向って走った経路を説明している。私有財産制度の確立が社会を衝動し、幾多の制度が起こり、その制度の保障によって工業、技術、学問が起こった。この点に関して、三叉はわが国の大化、大宝の改革によって破壊された一切の私有財産制度が、やがて五、六十年にして再び私有財産制度が復活し始め、その後百年にして土地国有制度は全く崩壊した史実を持ち出して学説の正しさを証明している（『旋風裡の日本』二七〇～二七一頁）。

次いで私有財産制と個人主義の関係について論じている。三叉曰く、私有財産の思想を中心に発達した文明は自ずから経済上の放任と不干渉の政策となり、政治上にはいわゆる個人主義を生み出した。そして、放任政策と個人主義の欠点に反発して起こったのが社会主義である。一八世紀以降のヨーロッパ諸国は、放任政策と個人主義によって前代未聞の繁栄を実現し、物資は豊富で高賃金、事業が至る所で起こり、教育は行き届き、衛生設備の向上は人口の増大と社会一般の生活向上をもたらした。そして大量の工場労働者（「第三級の人民」）が出現し、彼らは新聞を読み、選挙権を手にした発言する階級に成長した。やがて彼らは貴族や僧侶、ブルジョワ階級と自らの生活上の格差を比較して、富の平等を主張するようになった。そして、その経済上の不平等、格差是正を叫ぶ心理状態を巧みに捕捉したのが社会主義であったと説く。

ここで、彼は社会主義者の平等観や社会観を説明する。彼らは社会が個人の集合であり、理学者が鉱物を見るように社会を一つの鉱物と見なして、これを組織する個人はその鉱石を何万分の一に分解した一単位と見る。しかし、社会における個人は鉱石における一単子のように、同型、同量、同種、同重ではあり得ない。それでは、文明の進歩に寄与した個人と酔生夢死した個人の違いを説明できない。何千万の人がリンゴの落下を見ながら、ニュートンのみが引力の法則を考え付いたこと、また等しく鉄瓶の湯気を見ながら、ワットはこれを見て蒸気力を案出したことの説明がつかないではないか。この明白なる事実の看過に社会主義の理論的弱点があると強調している。

また社会主義とタブーの問題に触れて、大衆を神聖視してすべての個人の同質性を強調する思想は、「凡ての人類を優等なる位置に引上るのでなくして、凡ての人類をゼロに引下ると同じ事」であり、その意味で、今日の社会主義は、古来「異常なる個人」の躍進を妨害したタブーや禁忌、巫女と同じ役割を果たしていると批判する。

かくして、三叉の私有財産の尊重と個人の自由な活躍を基本とする文明を擁護する姿勢は明らかであろう。

民主主義・自由主義・ナショナリズム

三叉はデモクラシーの属性として次のような要因を挙げている。「国家を組織する個人が、各種の歴史的因縁ある勢力から解放せられること」を前提に、

⑴個人が宗教的自由をもつこと、⑵人民が選挙した議員の制定した法律以外の他の勢力によって支配されないこと、⑶権力者の利害を主とする「経済的施設」からの解放、その他種々の因襲的勢力の抑圧からの解放の三点を挙げている。

そして、これは一面から見れば個人が国家の干渉から免れて、その独立性を認められる点を考慮すれば個人主義の擁護であり、他の一面から見れば自由を得ることであるから自由主義ということもできる。要するに、個人主義と自由主義の交錯したところにデモクラシーが立脚するという見方に立つ。

それでは、デモクラシーと愛国心は矛盾するのか。三叉はこの点について以下のように述べている。デモクラシーを嫌悪する人は、個人主義と自由主義が「愛国殉公の志」を弛緩せしむる恐れがあるというが、それは大きな誤解である。デモクラシーは貴族政体下の奴隷主義や寡頭政体下の家長主義や牧民主義に反抗して起こったもので、国家そのものに対立して起こったものではない。

デモクラシーは「多数の人民をして、政府のなす所、なさんと欲する所を諒解せしめ、知らせしめ、その諒解知了の結果として、愛国奉公の志念を起さしめんとするもの」である。言い換えれば、「人民をしてその自由意志によりて、愛国奉公の念を起さしめんとするもの」と述べ、デモクラシー時代の兵士は「郷村にあって、選挙に奔走し、演説会に臨みては政治家の品定めをなし、新聞紙を見ては外交の巧拙、財政の損失を批評」する。彼らは上官の命令に唯々諾々と服従するのではなく、事態をよく理解し、国家のために好悪の情を捨てゝ服従する。それはまさに「盲従でなくして、悦服《えっぷく》」であり、彼らは「一発の砲弾を放つとき、祖国の興廃は、此弾丸の中《あた》ると外れるとにあると信じて撃つ」、祖国同胞の運命を一身に担って敵陣を攻める兵士と述べている（『旋風裡の日本』二四六〜二四八頁）。

このような民主主義と自由主義、そして愛国心の捉え方は、若き日の民友社時代から大きく変化していないように見受けられる。

終焉――敗戦を挟んで

戦況が日々に悪化する昭和一九年一二月一九日、東京大空襲の最中に妻の竹代が享年七十四歳で永眠した。死因は慢性の腸疾患であった。竹代は若いころは熱心なキリスト教徒で、開明的な思想の持ち主で婦人記者として活躍したことはすでに触れたが、明治四二年、母中村静子の死を転機に信仰上の混迷を深め、その後急速に仏教に接近していった。禅宗から天台に進み、仏道修行に励んで晩年は「大阿闍梨」の階位が与えられていた。

竹代の死後、三叉の身辺はとみに寂しさを増し、気力も目に見えて衰退してきたという。敗戦前夜の彼は友人知己にしきりに老いの孤独に苛まれる心境を洩らしていた。公的には「済世の志ありて済世の才なく、救国の見ありて救国の力なく、遂に一事をも為す能はずして退て書斎に入る」（『倦鳥求林集』題辞）といった心境も加わって、彼は悶々とした日々を過ごしていた。かつて友人の山路愛山が、政界に打って出んとする竹越の国事を憂うる「公共的精神」の強さ、「殉公的精神の猛烈さ」を称賛したが、経世済民の情熱はすでに燃え尽きてしまったのであろうか。

晩年の三叉に親炙した弁護士の野口恵三は、二人の間で交わされた折々の会話やエピソードを伝えている。昭和一八年一二月に初めて三叉の門を叩いた野口に、三叉は西園寺が中川小十郎に托した遺書「憂うる所我が力にあらず」が彫られた陶板の詩文を見せた。それは、軍閥の横暴が国を亡ぼす恐

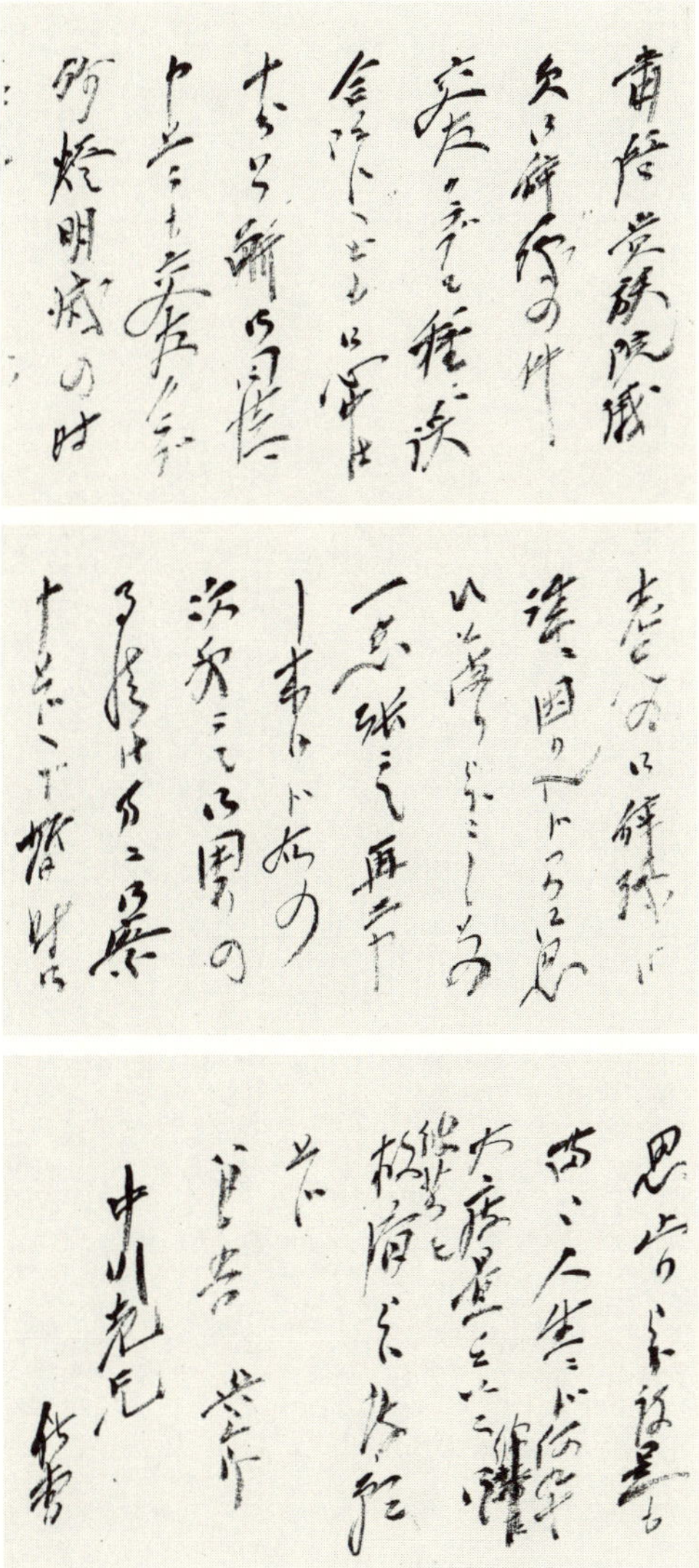

中川小十郎宛の書簡（昭和一九年八月一五日）
貴族院議員を辞職した中川へのねぎらいを記している。

れのあることを、何よりも恐れていた西園寺の心境を托したものであると説明している。そこには、憲法に統帥権の根拠をもつ軍部に対して、元老の力を以てしても如何ともしがたいという悲痛な思いが込められており、同時に日本国民に遺した西園寺の遺書であると語ったという。しかし、西園寺の心境はまた、前掲の『倦鳥求林集』題辞に込められた三叉晩年の心境でもあった。

また、終戦と除隊直後に三叉を訪れた野口に、「日本の復興はけっして遠くありません。むしろわれわれの五十年来の主張が実現できます」と予想外に三叉の表情が明るかったことを伝えている（「晩年の竹越三叉」『中央公論』臨時増刊「歴史と人物」昭和四六年六月）。

昭和二〇年八月一五日のポツダム宣言受諾と日本の敗戦に関する竹越の感想は、まとまった文章の形で残されていない。同年一〇月九日に幣原喜重郎内閣が成立し、憲法改正の審議が帝国議会で始まるが、昭和二一年三月一七日、枢密院において改正案の審議が開始された。三叉は枢密院内に設置された特別委員会の委員長として審議に当っている。なおその間に近衛文麿の自殺がある。近衛は戦犯容疑者としてGHQから逮捕命令が出るが、拘引直前の一二月一六日早朝に服毒自殺した。前日の一五日に近衛は決別の意味を込めて三叉邸を訪ねている（『竹越与三郎関係文書』「枢密顧問官時代と晩年」）。

日本国憲法は昭和二一年一一月三日に公布され、昭和二二年五月三日施行されることになった。新憲法の実施に伴い枢密院及び宮内省が廃止されることになり、ここに三叉の枢密院時代が終わった。三叉、八二歳であった。同年九月、「連合軍最高指揮官覚書G項」に該当する理由で公職追放処分を受けた。具体的には、「枢密院において日本軍の仏印進駐に関し積極的に協力した」という理由が挙げられた。しかし、軍部絶対の戦時下にあって「積極的に軍の行動に反対しても、まったく無益であったから、軍の進駐に積極的に反対しなかっただけであって、積極的に協力したものではない」というのが彼の偽らざる心境であった。

一切の公職を離れた三叉は自宅に閑居して、時々訪れる知人や旧友との交歓を楽しんでいたが、昭和二四年のころから急速に衰弱をみせ、昭和二五年一月一二日、東京杉並区天沼の熊三郎の家で家人に看取られながら静かに波乱に富む八五年の生涯を閉じた。葬儀は密葬に近い簡素な形式であったが、のちに三叉の死を聞き知った多数の知名士が集まって、三叉ゆかりの銀座の交詢社で盛大に告別式が執り行われたという。

戒名は直指院絶学三叉居士。竹代夫人と一緒に多磨墓地で静かに永遠の眠りに就いている。

交詢社
（東京都中央区銀座6丁目）

竹越家墓碑
（府中市多磨町の多磨霊園内）

参考文献（発表年の表記は原典に従った）

I　竹越与三郎著書目録

『近代哲学宗統史』総論巻之一（仏国ウヰクトル・カウシン V. Cousin 講説、米国ヲ、ダフリウ、ウエート訳、日本竹越与三郎重訳）明治一七年五月
『独逸哲学英華』（チャーリー・ボース原著、竹越与三郎講述、由井正之進筆記）明治一七年一二月
『英国憲法之真相』（W. Bagehot, 岡本彦八郎と共訳）明治二〇年七月
『政海之新潮』明治二〇年八月
『格朗空』明治二三年一一月
『新日本史』上・中、明治二四年七月、二五年八月
『マコウレー』明治二六年八月
『基督伝記』明治二六年九月
『支那論』明治二七年八月
『二千五百年史』明治二九年五月
『人民読本』明治三四年五月
『萍聚絮散記』明治三五年六月

『三叉書簡』明治三六年一二月
『台湾統治志』明治三八年九月
『比較殖民制度』明治三九年二月
『三叉文集』明治四〇年一二月
『三叉演説集』明治四一年五月
『南国記』明治四三年四月
『惜春雑話』大正元年八月
『讀書樓閒話』大正二年四月
『人民読本（新刊）』大正二年一〇月
『三叉文存』大正三年一〇月
『三叉文鈔』大正七年二月
『日本経済史』全八巻、大正八年一一月～大正九年一〇月
『陶庵公』昭和五年二月
『旋風裡の日本』昭和八年八月
『明日はどうなる』昭和一〇年五月
『倦鳥求林集』昭和一〇年六月
『磯野計君伝』昭和一〇年八月
『支那義和団の再発』（非売品）昭和一二年九月
『倭寇記』昭和一三年四月
『日本の自画像』昭和一三年一〇月

『三叉小品』昭和一五年六月
『讀畫樓随筆』昭和一九年一月
『新日本歴史』上・下、昭和二二年六月、昭和二三年一〇月
『西園寺公』昭和二二年一二月

英文著書

Japanese Rule in Formosa, Longmans Green & Co. London 1920
The Economic Aspects of the Civilization of Japan, 3vols. George Allen and Unwin, London 1930
Prince Saionji, Ritsumeikan, Kyoto 1933
Self Portrayal of Japan, 国際報道工芸社、1940
'Land Tenure in China' in Encyclopedia of the Social Sciences edited by E. R. Seligman, New York 1938

雑誌・新聞『世界之日本』の編集、執筆

その他、三叉が直接、編集・はしがき執筆等に関係した書物

『三条実万伝』（絵巻物）
『明治天皇紀緒論』（未刊）
『大川平三郎伝』
『一九三六年危機解剖』
『河村瑞軒伝』

『海軍政策一変の機熟す』
『岡崎邦輔伝』
『和田豊治伝』
＊なお、竹越が関係した主な新聞雑誌は民友社の『国民之友』『国民新聞』のほかに、『六合雑誌』『基督教新聞』『大阪公論』『日刊人民』『読売新聞』（主筆）『大阪毎日新聞』『東京日日新聞』など多くあり、それぞれ記者、客員、顧問などとして関与した。

Ⅱ　基本史料（伝記・選集・書簡等）

『竹越与三郎関係文書』（マイクロフィルム全四巻）東京大学法学部「近代立法過程研究会」所蔵
＊竹越研究の基礎史料。子息の熊三郎氏がまとめた詳細な年譜・資料目録・著述目録と書簡集から成る。
『竹越三叉集』西田毅編・解説（民友社思想文学叢書4、三一書房、一九八五年七月）
＊最初のアンソロジー（作品集）。ただし明治三〇年代までの著作選集。詳しい年譜と解題・解説付き。
『人民読本』西田毅編・解説（慶應義塾福澤研究センター、一九八八年一月）
『新日本史』上・下、西田毅編・解説（岩波文庫、二〇〇五年九、一一月）
＊岩波文庫に収録された唯一の竹越の作品。
『二千五百年史』上・下、中村哲校閲（講談社学術文庫、一九九〇年一、二月）
『旋風裡の日本』高坂盛彦解説（中公クラシックス、中央公論新社、二〇一四年三月）
『明治史論集』㈠明治文学全集77、松島栄一解題（筑摩書房、昭和四〇年九月）
『民友社文学集』明治文学全集36、柳田泉解題（筑摩書房、昭和四五年四月）
『世界之日本』（雑誌）全十巻、復刻、福井純子解題（柏書房、一九九二年一月）

『上毛青年会雑誌』、『上毛之青年』（一八八九―一八九二）復刻（不二出版、一九九三年）
『高松宮日記』第二巻、第三巻（中央公論社、一九九五年六月）
『竹越文庫図書書名目録』立命館大学図書館蔵
『慶應義塾姓名録』第一二号、福澤研究センター編（『慶應義塾入社帳』第二巻、昭和六一年三月）
『交詢社百年史』（交詢社、昭和五八年一〇月）
『交詢社の百二十五年――知識交換世務諮詢の系譜』（財団法人交詢社、二〇〇七年三月）
『柿崎町史』（新潟県柿崎町史編纂会、昭和一三年一月）
『伊藤博文関係文書』6、伊藤博文関係文書研究会編（塙書房、昭和五三年三月）
『徳富蘇峰関係文書』近代日本史料選書7―1、伊藤隆他編（山川出版社、昭和五七年一〇月）
『徳富蘇峰宛書簡目録』（徳富蘇峰記念塩崎財団編、一九九五年三月）
『陸奥宗光関係文書』国立国会図書館憲政資料室所蔵
『立憲政友会史』全四巻（立憲政友会史出版局、大正一三年五月～一五年一一月）
『貴族院委員会速記録　昭和篇』（東京大学出版会、一九九〇年四月）
『枢密院会議議事録』一九四〇―四五（東京大学出版会、一九九六年）
『枢密院重要議事覚書』深井英五（岩波書店、昭和二八年三月）
＊著者が会議当日のメモを基に迫りくる戦火のなかで、病苦と闘いながらまとめあげた労作。
『枢密院高等官履歴』昭和―4（東京大学出版会、一九九七年五月）
『政治談話速記録　憲政史編纂会旧蔵　第6巻　竹越与三郎氏談話速記』広瀬順皓監修・編集（ゆまに書房、一九九九年三月）
『西園寺公と政局』第三巻、原田熊雄述（岩波書店、昭和二六年四月）

Ⅲ 研究・評伝・回想・座談等の文献

渡瀬常吉「現今の日本天職論」上・中・下（『基督教新聞』明治二七年九月七、一四、二一日）
正岡芸陽「竹越三叉」（『新声』明治三四年六月）
「竹越与三郎先生」（『万朝報』明治三四年一一月二〇日、西田長寿編『明治文化資料叢書』12新聞編所収、風間書房、昭和四七年九月）
山路愛山「濁世論」㈠〜㈢（『信濃毎日新聞』明治三五年七月一六、一七、一九日）
暮村隠士「現代人物評論其七　山路弥吉と竹越与三郎」（『新公論』明治三八年一〇月）
北一輝『国体論』（『国体論及純正社会主義』明治三九年五月、『北一輝著作集』第一巻所収、みすず書房）
春風道人「昔の民友社」（『文章世界』明治三九年七月）
「竹越与三郎氏」（『慶応義塾出身名流列伝』実業之世界社、明治四二年六月）
山路愛山他八名「竹越与三郎論」（『中央公論』人物評論十一、明治四三年一一月）
望湖楼「竹越三叉の第一印象」（『生活』大正二年一二月）
弘田直衛『三叉政戦録』（大正四年八月）
＊大正四年三月の第十二回総選挙で三叉は群馬県前橋から出馬したが、大隈の選挙大干渉にあって敗退した。
　本書はその一部始終を記録に留めたもの。
徳冨蘆花『冨士』第一巻（福永書店、大正一四年五月）
結城礼一郎「民友社の金蘭簿」（『蘇峰先生古稀記念知友新稿』所収、民友社、昭和六年一一月）
白柳秀湖「明治の史論家」（『日本文学講座第十二巻　明治大正篇』所収、改造社、昭和九年四月、『明治史論集』㈠明治文学全集77、筑摩書房、昭和四〇年九月に再録）

服部之総「史家としての蘇峰・三叉・愛山」（『唯物論研究』昭和一〇年六月、『服部之総全集』第七巻所収、福村書店）
嶋中雄作『回顧五十年』（中央公論社、昭和一〇年九月）
正宗白鳥『文壇的自叙伝』（中央公論社、昭和一三年一二月）
木村荘五「解題」『南国記』明治文化叢書（日本評論社、昭和一七年一月）
三叉座談「危局と人物」回顧断片（『実業之日本』昭和一七年一月）
山川均『ある凡人の記録』（朝日新聞社、昭和二六年四月、のち『山川均自伝――「ある凡人の記録」その他』に再録、岩波書店、昭和三六年一一月）
『村山竜平伝』（朝日新聞大阪本社、昭和二八年一一月）
家永三郎「日本近代史学の成立」（『日本史研究入門』所収、昭和二九年一一月、その主要部分は『日本歴史講座第八巻　日本史学史』昭和三三年六月や『明治史論集』㈠明治文学全集77等に収録さる）
萩原進『群馬県青年史』（群馬県神道青年会、昭和三三年三月）
萩原進『群馬県史』明治時代（高城書店出版部、昭和三四年一二月）
『上野理一伝』（朝日新聞大阪本社、昭和三四年一二月）
丸山信「竹越与三郎」（『三田評論』慶應義塾出身名流書誌四、昭和三五年九月）
中村哲「竹越三叉の史論と政論」（『法学志林』第五九巻第一号、昭和三六年一月、『わが学芸の先人たち』に収録、法政大学出版局、昭和五三年一二月）
＊三叉の甥にあたる著者は、少年時代から三叉の影響を受けた人である。著述や講義などを通して、広く三叉の思想を語り続けた。筆者も多くの御教示を得た。
桑原武夫「二千五百年史」（竹越与三郎）（桑原編『日本の名著』所収、中公新書、昭和三七年一一月）

山岡桂二「竹越三叉の近代史観について」(『日本歴史』一八一号、昭和三八年六月)
木村荘五「竹越与三郎」(『三田評論』慶應義塾出身人物列伝その六、昭和三九年三月)
桑原武夫「歴史の思想序説」(『歴史の思想』現代日本思想大系27、筑摩書房、昭和四〇年一月)
丸山信「竹越与三郎——明治の文明批評家」(『新潟日報』昭和四〇年二月二五日)
松島栄一「竹越与三郎『新日本史』」名著その人と時代6(『エコノミスト』昭和四〇年五月)
福本和夫『日本ルネサンス史論』(東西書房、昭和四二年一〇月)
中村哲「三叉追想」(『政界往来』昭和四三年一〇月、前掲『わが学芸の先人たち』所収)
『大阪朝日新聞編年史(明治二二年)』上巻(朝日新聞社史編集室、昭和四六年六月)
野口恵三「晩年の竹越三叉」(『歴史と人物』中央公論社、昭和四六年六月)
野口恵三「徳富蘇峰と竹越三叉」(『歴史と人物』中央公論社、昭和四六年一二月)
Peter Duus, Whig history, Japanese Style: The Minyusha Historians and the Meiji Restoration, *Journal of Asian Studies*, May 1974.
今井宏『明治日本とイギリス革命』(研究社、昭和四九年七月)
＊比較思想史の観点から三叉とイギリス革命を分析した本書は、民友社研究に新たな刺激を与えた。
飯田裕子「若き日の竹越与三郎——前橋時代をめぐって」(『地方史研究』一三九号、地方史研究協議会、昭和五一年二月)
武田清子「竹越与三郎の歴史観——研究ノート」(国際基督教大学『社会科学ジャーナル』第一七号、昭和五四年三月)
西田毅「The Minyusha and Victorian Liberalism」(『同志社法学』一五七号、昭和五四年五月)
西田毅「『大阪公論』と竹越三叉」(田中浩編著『近代日本におけるジャーナリズムの政治的機能』所収、御茶の

水書房、昭和五七年七月）
武田清子「竹越与三郎の新日本史観――国民史のふところにある〝世界史〟」（『歴史と社会』2、リブロポート、昭和五八年五月、『日本リベラリズムの稜線』（岩波書店、一九八七年一二月）に収録）
中村青史「竹越三叉と民友社」（熊本大学教育学部紀要『人文科学』第三二号、昭和五八年九月）
西田毅「『平民主義』から『自由帝国主義』へ――竹越三叉の政治思想」（日本政治学会編『年報政治学一九八二 近代日本の国家像』所収、岩波書店、昭和五八年九月）
＊明治三〇年代三叉の「自由帝国主義」思想とイギリス自由党領袖のローズベリーやグラッドストンらヴィクトリア朝の政治・社会思想との比較を試みている。
西田毅「竹越三叉」（田中浩編『近代日本のジャーナリスト』御茶の水書房、一九八七年二月）
秋元信英「久米邦武と竹越与三郎の連続性」（『国学院女子短大紀要』第五巻、一九八七年三月）
小股憲明「日清・日露戦間期における新教育勅語問題について」（『京都大学人文学報』六四号、一九八九年三月）
中村哲「西園寺陶庵と竹越三叉」（『法学志林』八七巻三号、一九九〇年三月）
福井純子「『世界之日本』と西園寺公望」（『西園寺公望伝』第二巻、岩波書店、一九九一年九月）
笠原昭吾「金解禁をめぐる日銀見解――深井英五副総裁の場合」（中央大学『経済学論叢』第三二巻第一・二号、一九九一年三月）
平林一・山田博光編『民友社文学・作品論集成』（三一書房、一九九二年三月）
西田毅「近代日本における『士魂商才』論――竹越三叉『磯野計君伝』を中心に」（『近代日本研究8』慶應義塾福澤研究センター、一九九二年三月）
丸山真男「忠誠と反逆」（『忠誠と反逆――転形期日本の精神史的位相』筑摩書房、一九九二年六月）

杉江雅彦「高橋是清の財政政策と深井英五」（『同志社商学』第四五巻二・三号、一九九三年一〇月）
藤田安一「深井英五論――悲劇の日本銀行総裁(1)(2)」（『政治経済史学』第三三九・三四〇号、一九九四年九～一〇月）
竹田充『平民主義者竹越与三郎における地域と国家』（私家版、一九九六年二月）
大沢博明「民友社の朝鮮政策論――一八八七―九四年」（大阪市立大学『法学雑誌』第四二巻第四号、一九九六年三月）
西田毅「竹越三叉と天皇制認識」（富阪キリスト教センター編『近代天皇制の形成とキリスト教』新教出版社、一九九六年四月）
杉原志啓「竹越三叉とマコーレー」（近代日本研究会編『年報・近代日本研究18 比較の中の近代日本』一九九六年一一月）
佐々木隆「陸奥宗光と『世界之日本』」（『メディア史研究』第七号、一九九八年三月）
西田毅「天皇制国家体制の確立と国家主義の台頭――民友社と政教社グループの思想を中心に」（西田毅編『近代日本政治思想史』ナカニシヤ出版、一九九八年三月）
西田毅「竹越三叉と福沢諭吉――「順逆」のドラマ」（『福澤諭吉年鑑』25、福澤諭吉協会、一九九八年一二月）
工藤雅樹「明治期における民間史家の古代史研究――田口卯吉、三宅米吉、竹越与三郎、山路愛山と記紀批判」（『東北考古学・古代史学史』吉川弘文館、一九九八年一二月）
清水靖久「二十世紀初頭日本の帝国主義論」（『比較社会文化』九州大学大学院社会文化研究紀要、第六巻、二〇〇〇年三月）
大村章仁「竹越与三郎における『自治』と『人民』」（筑波大学歴史・人類学系『年報日本史叢』二〇〇〇年号、二〇〇〇年一二月）

福井純子「『世界之日本』とその同人」(西田毅編『近代日本のアポリア』晃洋書房、二〇〇一年二月)
加藤哲郎「二〇世紀日本における『人民』概念の獲得と喪失」(『政策科学8—3』二〇〇一年二月)
上野隆生「竹越与三郎のアジア認識」(黒沢文貴ほか編『国際環境のなかの近代日本』芙蓉書房出版、二〇〇一年一〇月)
堀和孝「竹越与三郎と『大川平三郎君伝』——一つの統制経済批判」(『日本経済思想史研究』第二号、二〇〇二年三月)
高坂盛彦『ある明治リベラリストの記録——孤高の戦闘者竹越与三郎伝』(中央公論新社、二〇〇二年八月)
＊最初の三叉評伝。生誕から最晩年に至る生涯が簡潔に描かれており、三叉の思想と言論の内容にもよく注意を向けられている。
西田毅・和田守・山田博光・北野昭彦編『民友社とその時代——思想・文学・ジャーナリズム集団の軌跡』(ミネルヴァ書房、二〇〇三年一二月)
堀和孝「竹越与三郎と『明治天皇紀』編修事業——稿本「明治天皇紀」の分析」(『同志社法学』三二一号、同志社法学会、二〇〇七年七月)
西田毅「民友社の福澤論——山路愛山・竹越三叉の福澤観」(1)(2)(『福澤手帖』一四八、一四九号、福澤諭吉協会、二〇一一年三月・六月)
西田毅「明治期の知識人とピューリタン革命」(『ピューリタニズム研究』第八号、二〇一四年三月)

あとがき

本書執筆の依頼があったのは十年以上も前のことである。弁解めいて恐縮であるが、当時、筆者は同じミネルヴァ書房から出版された共編著『民友社とその時代』（二〇〇三年）や岩波文庫本『新日本史』（二〇〇五年）の校訂の仕事で掛りきりで余念がなかった。二〇〇九年に『概説日本政治思想史』（ミネルヴァ書房）の仕事を終えて、ようやく本書執筆に取り掛かったわけだが、そこからでも六年近い歳月を経ている。刊行が遅れたのはむろん筆者の遅筆のせいもあるが、評伝の書き方が自分なりによく摑めなかったこと、すでに旧著『竹越三叉集』（一九八五年）で詳細な年譜を書いていて、もうひとつ伝記の執筆に新鮮味を感じなかったこと、さらに所属する学会や研究会から三叉に関する思想史的な論文の執筆依頼が続いたことなどが重なって仕事が遅延した。

筆者が竹越与三郎研究に取り組むようになったのは、四十余年前に遡る。その頃同志社大学人文科学研究所の「キリスト教社会問題研究」班で共同研究（民友社研究）が編成され、私がたまたま竹越三叉を担当することになった。三叉とはそれ以来のお付き合いである。筑摩書房の『明治史論集』（一）（明治文学全集77）に収録された『新日本史』が初めて接した三叉の作品であった。それ以来ずっと竹越三叉と民友社研究を続けているが、時間が長いだけにいろいろの思い出がある。

一九八〇年代初め、日本政治学会の報告や三一書房の『竹越三叉集』（民友社思想文学叢書）の仕事を抱えて民友社研究が本格的になってきたが、三叉の次男竹越熊三郎氏にお会いして長時間のインタビューをお願いしたのはその頃であった。二宮の徳富蘇峰記念館の高野静子さんの斡旋で実現した。熊三郎氏はほとんど御一人で『竹越与三郎関係文書』をまとめた方である。私がお会いした時は九十歳に手が届くご高齢であったが、すこぶるお元気で快く長時間の会見に応じて下さった。吉祥寺のお住まいをお訪ねして、史料の他に三叉の蘇峰評などいくつかエピソードを聞かせていただいた。

また、四男の龍五郎氏にもお会いできた。銀座の交詢社で待ち合わせて、近くの帝国ホテル新館のレストラン（プルニエというフランス料理店）で豪華な午餐に招待されたこともある。食前酒を吟味し食事中のワインにマディラを注文されるなど、粋でダンディーな老紳士であった。龍五郎氏は三叉と同じ慶應義塾の経済のご卒業で、藤原銀次郎の引きで王子製紙に勤務された。末っ子らしくご両親（三叉と竹代）に対する思い入れもひとしおで、亡き母親に対する思い出話も伺った。また、早世した友人山路愛山の次男（久三郎）を三叉が引き取って世話し、龍五郎氏と同じ部屋で暮らしたこと、龍五郎氏が中野区の大政翼賛会の支部長を頼まれたとき、きっぱりと断りかねている当人に対して三叉は大政翼賛会は大嫌いだからはっきりと断れと命じたという話や、三叉が高松宮と親しく、宮邸に三叉の著作が全部そろっていたことなど興味深い話をお聞きした。

御子息二人から親しくお話を聞けて、人間竹越与三郎に対する新たな興味が湧いたのも事実である。

中村哲氏のことも触れておこう。三叉の甥（竹代夫人が実の伯母）で法政大学総長、当時、参議院議員をしておられた中村哲氏とは面識がなかったが、丸山眞男先生の紹介状を持って、世田谷区松原の自宅をお訪ねした。夜の八時過ぎであったが、宿舎のホテルから電話すると今すぐ来るようにとのお誘い、夜分遅い時間なので躊躇したが、遠慮はいらぬ今すぐにとの重ねてのお誘いで先生を訪ねた。

初対面であったが、十年の知己のように親しく、かつ詳細な三叉に関するお話を聞くことができた。順序立ったお話というよりは、いろんな話題を整理されずに一度に堰を切ったように話しかけられ、メモも十分取れない始末であった。明治大正期に比べて昭和の三叉の言論活動は精彩を欠くのではないかと言う私の意見に、「それはそのとおりです」と同意され、昭和初期における貴族院や枢府の役割を三叉自身がどのように考えていたか、そこが問題ですと語っておられたのが印象に残っている。また、戦時中、禁書であったハロルド・J・ラスキの『国家論』が三叉の書斎にあったことなど話しておられた。それから急に思い付いたように先生は、「近くに隅谷三喜男氏が住んでいるのでこれから一緒に行きませんか」とおっしゃった。

ちなみに隅谷三喜男とは、経済学者で東大名誉教授の隅谷教授のことで、隅谷氏の父君が『世界之日本』発行元の開拓社で発行兼印刷人や会計長を務めた隅谷巳三郎である。隅谷氏に会えば何か新たな情報が得られるかもしれないという配慮で誘われたと思うが、時間が夜の十時を過ぎていたのでご遠慮した。隅谷先生とはその後お会いするチャンスがなく、惜しいことをしたという思いが残っている。中村先生とはその後、学会でお会いしたり、著書や抜刷を送って下さって絶えず三叉研究を奨励していただいた。なお先生には前掲の『竹越三叉集』の「月報」に「三叉の硬と軟」と題する一文を寄稿していただいている。

およそ三十年前に関わりをもったこれらのゆかりの人たちは、今はすべて鬼籍に入られた。まさに「光陰矢のごとし」の想いしきりである。他にもいちいちここでお名前を記さないが、同じ民友社研究の各位から貴重な示唆やご教示を得た。出来栄えはともかく、本書はそうした諸先輩や先学の方々の学恩や励ましの上に成り立っている。改めて各位に心から感謝とお礼を申し上げる次第である。

本書の作成にあたっては、索引作りに協力いただいた同志社大学講師の竹本知行氏と法学部助教の望月詩史氏のお二人にお礼を申し上げたい。また同志社大学図書館のレファレンス担当の方々には、資料検索や古い新聞雑誌のコピーサービスでお世話になった。そして本書に掲載する写真については竹越家の方々にご協力いただいた。おかげで珍しい写真など利用させていただけることができた。

最後になったが、ミネルヴァ書房の編集担当の田引勝二氏には本書が出来上がるまで長年辛抱強く待っていただいた。そして仕上げの段階では、面倒な校正作業もいろいろ助けていただいた。田引氏との接触を通して一冊の本を作ることの楽しさと辛労が私なりに少しは理解できるようになった。そして本づくりは書き手と編集者の協同作業《コラボレーション》であることを再認識した。今回の仕事はその意味でもいい経験になった。一言駄弁を弄して擱筆したい。

二〇一五年盛夏　　西田　毅

竹越与三郎年譜

和暦	西暦	齢	関係事項	一般事項
慶応 元	一八六五	0	10・14新潟県中頸城郡柿崎村の清野仙三郎・イクの次男として埼玉県児玉郡本庄町に生まれる。与三郎は号を三叉といい、兄迂策、弟耕平（明治四〇年に坂口家の婿養子となる）の三人兄弟であった。	
明治 三	一八七〇	5	清野家の当主啓助が明治元年に死去したことにより、柿崎村の清野家の家業（醸造業）を管理する必要が起こり、仙三郎は家族ともども本庄を引き上げて柿崎に移る。この時から三叉の越後での生活が始まる。	
五	一八七二	7	明治二年三月の太政官布告により、「子弟凡ソ八才ニシテ小学ニ入」ることが定められた。柿崎村では当時まだ小学校がなかったが、学制制定に先立ち、村役人や「有志惣代」らが柿崎県庁（翌明治六年に柿崎県が廃せられ新潟県に統合される）に宛てて、「郷学創設」に関する願書（「明治五壬申年七月二七日」）を提出し直ちに許可された。場所は親鸞上人ゆかりの浄土真宗寺院浄善寺を以て仮校舎にあてた。ちょうど学齢期に達していた三叉	2月福沢諭吉『学問のすゝめ』初編刊行。

			は第一期生としてこの柿崎校に入学した。	
一〇	一八七七	12	5・1実弟耕平生まれる。耕平は後に『世界之日本』の編集に名前（坂口耕平）を連ねる。	2～9月西南戦争。
一一	一八七八	13	9月明治天皇の六大巡行の一つである北越地方への巡行があり、柿崎で一二日と二四日の二夜駐輦となった。その時、仙三郎は戸長として多忙な奉迎準備にあけくれ、また供奉官員の宿泊の分担を引き受けるなど奉迎行事に熱心に取り組み、三叉は「内膳課の給仕」役として奉仕した。	5・14大久保利通暗殺さる。
一二	一八七九	14	柿崎村小学課程を終える。上級学校に進学するか両親の希望を入れて故郷に留まり家業を継ぐか選択に迫られる。向学心に燃える三叉は両親の反対を押し切って出奔。一度は親元に連れ戻されるが上京の志願は断ち難く旅立ちの金策に工夫を凝らしていた。その決意の固さに同情した兄迂策の協力もあってついに家を飛び出すことに成功した。	
一三	一八八〇	15	東京に向かった三叉は一旦埼玉県熊谷付近の吉岡村にある伯父の長井市太郎の家に旅装を解いた。この家は父仙三郎の生まれた所であり、また迂策が長らく滞在して世話になるなど三叉の家族とは深いつながりがあった。長井家の当主市太郎は醸造と製糸業を営み、埼玉県会議員、酒造肝煎役等を務める豊かな地方名望家であった。そして甥三叉の向学心の強さを知るや彼は、三叉の両親を説得すべく斡旋の労を執る約束を与えた。しばら	

			く伯父の家に落ち着くことになった三叉は、近くの私塾折適学舎に通い、中桐倹吉らについて学ぶ。9月同人社に入学。中村敬宇に親しく接する。敬宇の訳するミルの『自由之理』やスマイルズの『西国立志編』から大きな思想的影響を受ける。	
一四	一八八一	16	9・1慶應義塾に入学。「慶應義塾姓名録（入社帳）」には本人姓名清野与三郎、迂策の弟とあり、証人として久代孝次郎の名前が挙がっている。三叉は当時の慶應の学業課程（中等学校程度の内容）五年のうち、三年に満たない課程を修学しただけであり、正規の卒業生ではない。	10・11明治一四年の政変。10・18自由党結成。
一六	一八八三	18	9・22伯父竹越藤平の養子となり、竹越与三郎と改名。10月時事新報社に入社。これまで受けてきた伯父長井市太郎の経済的援助から独立して自活の道を切り開かんとする。時事新報社では主に外国書（英書）の翻訳を手伝った。他に時事新報に掲載されるのを期待して記事もいくつか書いた。	
一七	一八八四	19	5月『近代哲学宗統史』総論巻之一（訳書、丸善刊）を出版。本書は仏人V・クーザン原著、O・W・ウエート英訳本の重訳。三叉は同人社から慶應義塾の学生時代を通じて外国語、とくに英語と仏語をよく勉強した。三叉が就いた外国語教師には米人モルフォードの名前が知られている。8月矢野次郎の主宰する東京商業学校（一橋	12・4甲申事変。

一八	一八八五	20	大学の前身）で教鞭をとる。英語や哲学史などの教科を教えたものと思われる。12月チャーリー・ボース原著『独逸哲学英華』（訳書、報告堂刊）を出版。三叉が講述し由井正之進が筆記したもの。慶應義塾から離れた三叉は、新島襄をはじめ同志社出身者との親密な交わりがこの頃から始まる。なかでもとりわけ小崎弘道とは深い接触をもった。海老名弾正をはじめ初期同志社卒業の有能な多くのキリスト者に三叉を紹介したのも小崎である。5・30『六合雑誌』に「陰陽新説」を発表。翌一九年二月二八日まで計七回にわたり連載。
一九	一八八六	21	3・5前橋英学校開校。三叉、英学校教授に就任。知識欲旺盛な青年たちに向かって原書で歴史や政治・哲学を講ずるかたわら、積極的に青年会の組織化や指導にあたる。8・1小崎弘道により受洗（霊南坂教会）。
二〇	一八八七	22	1・5「上毛青年会」が組織され、高津仲次郎、石島良三郎とともに幹事に選ばれる。1・29湯浅次郎から『国民之友』の特別寄書家になることを依頼される。民友社との関わりが始まる。3・5他の青年団体と合併合同して「前橋青年談話会」が結成される。三叉が中心人物。以後、「上毛青年会」と緊密な連携を取りながら、廃娼運動その他の風俗改良運動に取り組んだ。4月「出て懇会事件」発生。5・9「出て懇会事件」で地元の有力者

二一	一八八八	23

と青年婦人層の間に対立が生じ、反対運動のリーダーであった三叉はそれまでの主張に対する責任を感じて前橋を去る。6月いったん帰京したのち高崎に行き、牧師星野光多（高崎西群馬教会）等の高崎英和学校開設の計画を助ける。7月『英国憲法之真相』（訳書、共訳者岡本彦八郎）を出版。8月処女作『政海之新潮』（集英社刊）出版。8・5「青年は已に緑光を望めり」を『青年思海』に発表。8・15「英雄崇拝ノ時代ハ已ニ過ギ去リタリ」を『国民之友』に発表。9月高崎英和学校開校。開校式（九月一五日）に三叉は創立者を代表して挨拶している。9・30「社会問題の成行」を『六合雑誌』に発表。11月高崎における生活を終えて東京に帰る。『基督教新聞』の編集人となる。11・30「基督教徒の一大責任」を『六合雑誌』に発表。なおこの年に三叉は『六合雑誌』の特別寄書家になった。

1・16「未来保守党の射影」を『六合雑誌』に発表。2・15「歴史家及び宇宙の調和」を『六合雑誌』に発表。5・15「退歩せる理想境」を『青年思海』に発表。6・15「十九世紀の勲爵士」を『六合雑誌』に発表。7・11三叉が杉山重義に代って『基督教新聞』の編集長に就任する「社告」が同新聞二五九号に掲載される。8・22「東洋策」を『基督教新聞』に発表。9・26「政府は何

二二	一八八九	24	故に基督教を日本国内に公許せざるや」を『基督教新聞』に発表。12・5「編輯人の職を辞することを読者に告げまひらす」を『基督教新聞』に発表。 1月『大阪公論』記者としての生活が始まる。主筆織田純一郎の下に西河通徹や上野岩太郎、多田直勝らと共に三叉は編集陣を構成した。三叉の俸給は五〇円で、社内では編集発行人上野理一や織田（いずれも一〇〇円）に次いで高かった。大阪の住所は「大阪中の嶋西照庵」。1・3『大阪公論』創刊号発行。「国民の建設並に階級の嫉悪」を発表。2・12『大阪公論』は前日に公布された大日本帝国憲法の詳細な報道を行う。2・17「憲法発布後の日本人民」「世は漸く弁舌の世界とならんとす」（いずれも無署名）を『大阪公論』に発表。4・3「文学につき若き婦人に告ぐ」を『基督教新聞』第二九七号・二九八号（四月三日・一〇日）に発表。4・24「基督教新聞が三百号を重ねたるにつきて」を『基督教新聞』に発表。6月織田主筆『大阪公論』を辞めて東京に転勤。織田と入れ違いに境野熊蔵と西村時彦（天囚）入社。境野、西村、西河通徹らとの対立が次第に顕著になる。8・20中村竹代と結婚す。仲人役は安部磯雄が執った。大阪土佐堀二丁目の岡本旅館で新生活を始める。9・22村山龍平宛て手記において三叉は辞意を表明する	2・11大日本帝国憲法発布、皇室典範制定。

二三　一八九〇　25

（この時は村山や上野理一らの慰留もあって退社するに至らず）。12・17「トーマス・カアライル」を『六合雑誌』に発表。12月末大阪公論社を退社。三叉の大阪公論社勤務はわずか一年であった。三叉はこの間、蘇峰と緊密な連絡を取りながら、大阪公論社内の模様、それにライバル新聞の東雲新聞他関西の新聞界の動きや、大阪における政社の政治的動向について実に細々とした情報を提供している。こうした蘇峰との関係が「只今の公論は徳富が出店同様」（境野熊蔵）といった同僚の反発を買ったのであろう。

1・17『国民新聞』社説並びに論説担当記者（政治記者）として民友社に入社する。2・1『国民新聞』創刊さる。「国民新聞社社員給料『日誌』」によれば、三叉は二月分給料として二五円を受け取っており編集員一七人のうち、久保田米僊の七〇円に次いで多額の収入である。翌三月から三〇円に増額された。なお三月分編集員給与表に三叉夫人（竹村女史）に車代五円が支給されており、夫婦そろって執筆活動等に従事していることが分かる。2・3社説「人民にあらず議会にあらざる一階級」「断じて元老院を廃すべし」を『国民新聞』に発表。2・13「覚悟せよ民間党」（無署名）を『国民新聞』に発表。2・15「経済書と聖書」（岡山講談筆記）を『六合雑誌』

7・1第一回衆議院議員総選挙。

二四	
一八九一	
26	
に発表。2・22新島襄追悼「演説」を『基督教新聞』第三四四号・三四五号（二月二八日・三月七日）の二回に分けて連載する。なお一月二三日に死去した新島の追悼文は他に「新島襄先生長逝す」がある。3・11「言語の人、血性の人」（無署名）、3・17「真正の大人は社会の下層に伏す」（無署名）を『国民新聞』に発表。5・21「沼間守一君の死を弔す」（無署名）を『国民新聞』に発表。7・17「第一九世紀（一）」を『六合雑誌』に発表。「眦を決して山県内閣の倚る所を見よ」（無署名）を『国民新聞』に発表。8・5「改進党に檄を伝ふ」（無署名）を『国民新聞』に発表。11・7『格朗宼』を民友社より出版。11・8「読者諸君に見ゆ」（無署名）を『国民新聞』に発表。一〇月一一日の社説「第一国会の第一質疑」で筆禍事件を起こした国民新聞は、同日から翌一一月七日まで発行停止処分を受けた。本文は解停当日の社告的性格をもった一文。なお筆の早い三叉はこの発行停止を利用して一気呵成に『格朗宼』の伝記を書きあげた。1・9『国民新聞』に発表した「咄々怪事」（無署名）で第一次山県内閣の逓信大臣後藤象二郎が、高輪の後藤邸でかねてから約束していた立憲自由党議員鈴木昌司、石田貫之助両人との面会の当夜、帰路両名を要撃せんとして邸内に多数の壮士が潜んでいたことを非難したため	5・11大津事件。

二五	一八九二	27	に、七日間の発行停止処分を受ける。この他にも三叉執筆の時論や社説が原因で発行停止処分を受けたことがしばしばあり、蘇峰が直接、三叉に警戒するよう注意している。2・13「大経綸なきは何ぞ」（無署名）、2・14「勝者勝に狎る可らず、衆議院欠席の多きを論ず」（無署名）、2・25「維新に帰れ」（無署名）を『国民新聞』に発表。3・8〜9「第一国会の小歴史（一）（二）」（無署名）、4・2「吏権党の同盟軍」（無署名）、4・8「徳育書の編纂」、5・9「第一着の希望＝松方伯に向て」（無署名）、5・30「君子国の巡査」（無署名）を『国民新聞』に発表。6・8「山羊飼養の利害」（無署名）、6・30「東北に於ける板垣伯」（無署名）を『国民新聞』に発表。7・1『国民新聞』創刊号以来これまで無休刊制を採用してきたのを改め、日曜日及大祭日の翌日を休刊とする。7・3『新日本史』上巻を民友社より出版。8・22、25「国民之友夏期附録を読むの感第一第二」を『国民新聞』に発表。9・12「自由党と自由倶楽部」（無署名）を発表してまたもや『国民新聞』は発行停止に遭い、同二七日解停。同日、長女（北見）誕生。10・30「中立人士の向背」（無署名）を『国民新聞』に発表。なお、この年三叉は北海道移住を真剣に考えた。7・2「政界三分の偉業」（無署名）を『国民新聞』に

二六　一八九三　28

発表。8・4『新日本史』中巻を民友社より出版。9・3「福沢諭吉氏の政治論」を『国民之友』に発表。9・15『家庭雑誌』創刊、「一家の歴史」を寄稿する。9・28「公開状」を『国民新聞』に発表。熊本県知事松平正直が小学校教員がキリスト教を信ずることを禁止したこと、熊本県山鹿高等小学校長赤星某が同校生徒が聖書を研究した理由で退校を命じた事件に対し、帝国憲法第二八条信教の自由の保障を侵害するものとして、抗議の声明を発表した。12・2「元勲内閣の真価」(無署名)を『国民新聞』に発表。

1・10「貴族院議員に告ぐ」(演説)を『国民新聞』に発表。1・12長男(虎之助)誕生。1・13「大勢一斑」(無署名)を『国民之友』に発表。1・23「大なる日本」(無署名)を『国民之友』に発表。1・24「自由党の旗幟」(無署名)、1・28「官民調和論」(無署名)、2・14「民党今日の位置」(無署名)を『国民新聞』に発表。2・15『国民新聞』発行停止、同一九日解停。3・1〜3、5「最近一五年間思想の変遷」(無署名)を『国民新聞』に連載。この一文の論旨に対して、蘇峰は不満の意を示した。蘇峰の意向を汲んで中断の形をとったが、釈然としない三叉は、蘇峰に対する「尊信とアップレシエーション」の気持ちを表明しながらも、民友社を離れ

二七	一八九四	29	る申し入れをした。3・20特別寄書「第二の宗教」を『青山評論』に発表。3・31民友社の仕事を休んで保養のために信越地方への旅に出るが、埼玉県熊谷の従兄長井茂吉の家にしばらく滞在することになったと蘇峰に書簡で知らせる。4・10蘇峰や同僚たちの慰留を受けて民友社に復帰。4・23「大勢一斑」（無署名）を『国民之友』に発表。5・10「国民之友と民党」（無署名）、5・16「民党と革新的精神」（無署名）を『国民新聞』に発表。6・3「現今史学の困難」（無署名）を『国民之友』に発表。8・22『マコウレー』（民友社刊、「十二文豪」シリーズの一冊）を出版。9・7『基督伝記』を福音社（大阪）、警醒社（東京）より出版。小崎弘道、横井時雄、高橋五郎、宮川経輝の序文がある。9・13〜17、19、20「個人乎、国家乎」（無署名）を『国民新聞』に七回連載として発表。10・1〜「王安石の伝を読む」を『国民新聞』に四回に分けて連載。10・10「林孚一翁の家族に遺せる教訓」を『家庭雑誌』に発表。12・23「伊藤伯の真価」（無署名）を『国民之友』に発表。 1・30「忠臣義士」（無署名）を『国民新聞』に発表。 2・2「如何にせば婦人の位置を昂げ得んか」を『婦人矯風雑誌』に発表。3・25「人権」を『国民新聞』に発表。5・2「矯風事業最先の急務」を『婦人矯風雑誌』	3月東学党の乱起こる。 8・1清国に宣戦布告（日清戦争開戦）。

に発表。5・31「兵を朝鮮に出すべし」(無署名)を『国民新聞』に発表。これ以後、朝鮮の内乱や対支那論策が多数発表される。6・20「朝鮮独立の担保」を『国民新聞』に発表。6・23「支那論」(一)を『国民之友』に発表。6・25編集会議で編集総支配人を置くことが決まり、人見一太郎が選ばれる。7・3「支那論」(二)を『国民之友』に発表。7・13「支那論」(三)を『国民之友』に発表。7・25「支那論」(四)を『国民新聞』に発表(『国民之友』発刊停止のため)。8・23「日清の事局を結ぶの策如何」と題する「支那論」(五)を『国民之友』に発表。この五回にわたって連載された長編の「支那論」(無署名)は後に一冊の単行本にまとめられる。なお『国民之友』本号(二二三号)に内村鑑三の *Justification of the Corean War* が「特別寄書」欄に掲載された。8・27『支那論』(民友社刊)を出版。東学党の乱が起こり日清開戦の機運が高まるや民友社社員一同は時局への対処に忙殺される。日清戦争中、三叉は留守部隊として東京に留まり、『国民新聞』の編集責任にあたった。9・2「日本婦人の三世相」を『婦人矯風雑誌』に発表。9・11~16、18~23、26~27「海の日本」(無署名)を一四回の連載で『国民新聞』に発表。10・13「戦功論」(無署名)「非常徴発を断ぜよ」(無署名)を

二八	一八九五	30	『国民之友』に発表。発行停止処分を受ける。 1・3「日本膨張史の第一葉」（無署名）を『国民之友』に発表。1・23「侯爵西園寺公望氏」（無署名）を『国民之友』に発表。2・3「日本と英国」（無署名）を『国民之友』に発表。3・13「平安奠都の主人桓武天皇及び其時代」（無署名）を『国民之友』に発表。3・23「清国に処するの道」（無署名）を『国民之友』に発表。4・3「李鴻章伯に与ふるの書」を『国民之友』に発表。4・23「深憂大患」（無署名）を『国民之友』に発表。この一文が原因で六月二日まで発行停止を受ける。6・5「列国間に於ける日本の位置」（無署名）を『国民之友』に発表。6・8次男熊三郎誕生。6・23「同盟時代の日本」（無署名）を『国民之友』に発表。12・12福沢諭吉の還暦祝賀会が芝の紅葉館で開かれ、三叉も出席。三田を去って十余年目に福沢に再会。12・19「政治家の苦節」を『国民新聞』に発表。12・25民友社退社の意向を書簡で蘇峰に伝える。12・28「支那に対する日本の発言権」（無署名）を『国民之友』に、「伊藤内閣の境遇」（無署名）を『国民新聞』に発表。この二編の文章は民友社員としての三叉の最後の執筆になるものである。	4・17日清講和条約調印。 4・23三国干渉。
二九	一八九六	31	1・3『国民新聞』に「退社竹越与三郎氏」の記事が載る。民友社を退いた三叉はしばらく、福沢諭吉の勧めで	

時事新報社に籍を置く（約六カ月）。この間、陸奥宗光によって西園寺公望を紹介される。この時から生涯を通じて西園寺に親炙する。5・28『二千五百年史』（警醒社刊、のち開拓社刊、三叉の代表作の一つ）を出版。7・25雑誌『世界之日本』（月二回刊）を創刊。同時に開拓社を創設。陸奥、西園寺らの支持後援を得て三叉宿願の雑誌発刊が実現。誌名「世界之日本」は西園寺の命名。創刊号社説「世界の日本」（無署名）「支那に対する態度を一変せよ」（無署名）を発表。8・1福沢諭吉、雑誌経営資金の一部にと「金子五十円」を醵金。8・25「山県大使、日露の関係」（無署名）を『世界之日本』に発表。9・10「近日の政変及び其の前途」（無署名）、「大蔵大臣渡辺子辞職の真因、政治社会の毒泉」（無署名）を『世界之日本』に発表。9・25「元老を葬むる弔鐘」（無署名）、「政鋼内閣とは何ぞ」（無署名）を『世界之日本』に発表。10・10「明治天皇陛下の宮廷」（無署名）、「外交の術を論じて大隈外務大臣に示す」（無署名）を『世界之日本』に発表。10・25「松方内閣の政鋼」（無署名）を『世界之日本』に発表。11・10「露国の進退」（無署名）を『世界之日本』に発表。11・25「局面打破の新題目」（無署名）、「西園寺侯を送る」（無署名）を『世界之日本』に発表。12・10「外交の舞台を一転せ

三〇	一八九七	32	よ」（無署名）、「英国自由党の首領」（無署名）を『世界之日本』に発表。なお『世界之日本』本号（第一〇号）に『世界之日本』を改めて毎月一回の発行とし名づけて『月刊世界之日本』とすることを公告している。 1・5「『日刊世界之日本』の位置」を『日刊世界之日本』に発表。1・6「朝鮮を如何せんと欲するか」（無署名）を『日刊世界之日本』に発表。2・4「名将言行録を読む」を『日刊世界之日本』に発表。2・14「読書一則」を『日刊世界之日本』に発表。3・1「東隣の新政府」（無署名）を『月刊世界之日本』に発表。4・1「国命論」を『月刊世界之日本』に発表。5・1「陸奥宗光伝を読む」（無署名）を『月刊世界之日本』に発表、のち「陸奥大伯」と改題して『萍聚絮散記』に再録。7・1「欧州外交の変局」（無署名）を『月刊世界之日本』に発表。三男鵠四郎誕生。8・25「陸奥伯の薨去」（無署名）を『日刊世界之日本』に発表。8・26「陸奥伯を哭す」を『日刊世界之日本』に発表。10・16「廃刊の辞」を『日刊世界之日本』に発表。11・1「新官を論ず」（無署名）、「支那論」（無署名）を『世界之日本』に発表。12・1「近時の政変及其前途」（無署名）を『世界之日本』に発表。	8・24陸奥宗光死去。12・29伊藤博文に組閣命令下る。
三一	一八九八	33	1・1「膠州湾占領問題」（無署名）を『世界之日本』	3・6清独間に膠州湾租借

に発表。１・11第三次伊藤内閣の成立を前に長文の意見書（「内外情勢に付き意見書」一一月二三日付）を送る。１・12第三次伊藤内閣が成立、西園寺公望が文相（第二次）に就任。三叉は勅任参事官兼文相秘書に起用される。２・１「小柴信一郎君を悼む」「伊藤第三次の執政」（無署名）を『世界之日本』に発表。４・30西園寺、盲腸炎が再発して文相を辞任。後任に戸山正一が選ばれる。三叉も西園寺の辞任と同時に退官。わずか四カ月の任期であった。７・１「新戦国策」「政局変遷の批評」（無署名）を『世界之日本』に発表。８・１「政局の現在及将来」（無署名）、「赤坂の有本兵造」を『世界之日本』に発表。９・15四男竜五郎誕生。９・17「露帝宣言の裏面」（無署名）を『世界之日本』に発表。９・24「局面打破」（無署名）、「衰世衰残の気象」（無署名）を『世界之日本』に発表。10・１「藤井三郎氏」を『世界之日本』に発表。「宮中における現内閣の不信任」（無署名）、「対岸帝国の悲劇」（無署名）を『世界之日本』に発表。10・４三叉、『東京新聞』（憲政党の機関新聞）の編集に携わる。なお『東京新聞』は明治三二年一月一日に『日刊人民』に改称される。10・８「財政計画の欠陥」（無署名）を『世界之日本』に発表。10・15「沈黙せる時勢の代弁」（無署名）を『世界之日本』に発表。10・19

（九九年間）条約調印。３・27ロシア、大連旅順両港租借権（二五年間）と南満州鉄道敷設権を獲得。列強の中国分割の熾烈化。６・22自由・進歩両党合同し、憲政党を結党。６・24伊藤首相辞表提出、後継首班に大隈重信、板垣退助を推す。６・30大隈内閣（「隈板内閣」）成立。日本最初の政党内閣。８・21文相尾崎行雄、帝国教育会で演説。共和政体に言及したために、いわゆる「共和演説」事件に発展する。10・24尾崎文相、「共和演説」問題で辞表提出、後任をめぐる閣議が紛糾する。10・29板垣内相、松田農相、林逓相ら旧自由党系の閣僚辞表を提出。憲政党分裂。憲政党旧自由

三二	一八九九	34	「藩閥復興の望ある乎」を『東京新聞』に発表。10・22「英に与せん乎、露に与せん乎」(無署名)、「非政府派の恥辱」(無署名)を『世界之日本』に発表。10・29「母后専制国」(無署名)、「伊藤侯の帰朝と現内閣」(無署名)、「侍従内閣の乱憲」(無署名)を『世界之日本』に発表。「侍従内閣の乱憲」(社説)は尾崎文相の「共和演説」事件に対してとった大隈内閣の政治的決断は「天皇輔弼の大義」つまり「天皇を忠諫するの権利」を放棄した非立憲の政治であると論鋒鋭く迫った。そのために三カ月間の発行停止処分を受けた。「乱憲の総理大臣」(無署名)を『東京新聞』に発表。10・31三叉、憲政党(旧自由党系)に入党、政治活動を始める。11・24三叉、憲政党代議士会に出席、党の調査会理事に選ばれる。	党派は大会を開き、憲政党の解散と新憲政党の結成を決議する。一方、旧進歩党は憲政本党を結成(一一月三日)。10・31大隈内閣崩壊。
			1・1『日刊人民』(人民新聞社発行)の社員に推挙される。2・4「『世界之日本』の復活」(無署名)を再刊『世界之日本』に発表。「同盟か孤立か」(無署名)を『世界之日本』に発表。2・11「日本中心の国策」(無署名)を『世界之日本』に発表。2・18「沐猴冠の時代」(無署名)を『世界之日本』に発表。2・25「進歩党の明日」(無署名)を『世界之日本』に発表。3・4「仏国近時の危局」(無署名)を『世界之日本』に発表。3・5松本君平「東京政治学校の組織」を『憲政党党	10・12ボーア戦争勃発。11・9憲政党首脳、山県首相と会談、提携の推進を図る。

報』第一巻第七号に発表。3・11「春畝先生？伊藤侯？」（無署名）を『世界之日本』に発表。3・25「近時の外交」（無署名）を『世界之日本』に発表。4・22「支那分割に関する謬想」（無署名）を『世界之日本』に発表。4・29「風俗人情の変遷」（無署名）を『世界之日本』に発表。「塊堂雑話」「軍備拡張の警鐘」を『世界之日本』に発表。5・6「咯陽雑話」「進歩党の心理的変化」（無署名）「科学智識の欠乏」（無署名）を『世界之日本』に発表。5・13「新政党の虚偽」（無署名）を『世界之日本』に発表。5・20「新らしき貴族政治」（無署名）を『世界之日本』に発表。5・27「法王の現出」（無署名）を『世界之日本』に発表。6・8京都祇園座で開催された憲政党関西地方大会で、片岡健吉、板垣退助、星亨ら党幹部とともに演説。6・10「現今の政治事情　新潟における演説筆記」を『世界之日本』に発表。6・17「公使以外の公使」（無署名）、6・24「煽揚家たる大隈伯」（無署名）、「賭博公許論」（無署名）を『世界之日本』に発表。7・1「仏教を国教とするの議」（無署名）、7・8「女子大学の設立」（無署名）、7・22「牡蛎的徳育」（無署名）を『世界之日本』に発表。8・5「外交上の一大機会」（無署名）、「壟断同盟の現出」（無署名）を『世界之日本』に発表。8・12「五年後の欧州」（無署名）、8・19「何人の罪ぞ」を『世界之日本』に発表。8・20政治雑誌『鳴鶴』（清野迂策らを顧問に郷里柿崎近村の下黒川村青年らによって創刊された機関雑誌）創刊号に三叉は、松田正久、板垣退助、星亨らと一緒に「祝詞」を寄せる。8・26「中米南米に『新日本』を作るの議」（無署名）を『世界之日本』に発表。9・2「仏国政変の教訓」（無署名）、9・9「時勢小観」（無署名）、9・16「帝室制度制定の大業」（無署名）、「書翰論」（無署名）、9・23「欧州の友人に与へて日本を論ずるの書」（無署名）、9・30「独逸の陰謀」（無署名）を『世界之日本』に発表。10月松本君平著『新聞学』に三叉は序文を執筆する。10・7「星亨氏の進退」（無署名）、「クロムウエル三百年記念会」（無署名）を『世界之日本』に発表。10・21「朝鮮に関する風説」（無署名）を『世界之日本』に発表。11・4「石坂空洞翁逝く」（無署名）「自由党の危機」（無署名）を『世界之日本』に発表。11・11「現代記」（一）（無署名）、11・25「現代記」（二）（無署名）を『世界之日本』に発表。11・18「現今政治上の形勢」（無署名）を『世界之日本』に発表。12・2「望岳楼随筆」、12・23「政教問題の開始」（無署名）を『世界之日本』に発表。

三三　一九〇〇　35

1・6「自由帝国主義」（無署名）、「政治的孤児の出現」

5・31憲政党総務、首相山

（無署名）、「バアレット氏の演説を読む」（無署名）を『世界之日本』に発表。1・13「政海の暗潮」（無署名）を『世界之日本』に発表。1・20「憲政党の進退」（無署名）、「現代記」（三）（無署名）、1・27「現代記」（四）（無署名）を『世界之日本』に発表。2・3「外交社会の低気圧」、「循吏の風尚」（無署名）、「北京の悲劇」（無署名）を『世界之日本』に発表。2・10「国民的競技の奨励」（無署名）、「近時の政治社会」（無署名）、「文章に関して木浦生に答ふ」を『世界之日本』に発表。2・17「外交の新局面」を『世界之日本』に発表。2・24「立憲の大義」（無署名）、「宗教法案の否決」（無署名）を『世界之日本』に発表。3・2「議会を解散せよ」（無署名）、「半官半民の外交家」（無署名）、「『世界之日本』の休刊」（無署名）を『世界之日本』に発表。三叉の欧州外遊を理由に「休刊」が広告された。だが再び公刊されることなくついに廃刊となった。8・11神奈川丸に乗船して欧州に向かう。10・10ロンドン郊外ティルバリーに到着。翌日ロンドン市内ポートランドプレースのランガムホテルに投宿する。旅費の調達にあたっては、西園寺の斡旋で伊藤の援助があったという。欧州旅行中の見聞や感想は、「瞥見したる巴理」「英京の逍遙」「アルマタデマの画」「女皇座に於けるシーザル劇」「日

県有朋に閣僚の入党または憲政党員の入閣を要求するが拒否される。憲政党、山県内閣との提携を断つ。9・13憲政党臨時大会を開き政友会に参加のため解党を決議する。9・15立憲政友会結成（総裁伊藤博文）。9・26山県内閣総辞職。10・19第四次伊藤内閣（政友会内閣）成立。12・18憲政本党大会、党則を変更して新たに総理を置き、大隈重信を総理とする。

			曜日の宗教論」「英人気質」等の文章に記されている。この旅行は一年間の予定であったが、計画を短縮して約七カ月後の明治三四年三月に帰国。	
三四	一九〇一	36	2・3福沢諭吉永眠。三叉は外遊中のこととて福沢の最期に会うことはできなかった。3月三叉、第一回欧州外遊より帰国。四月東京麻布富士見町二六の住所から閑静な郊外の豊多摩郡東大久保に移転。5・5『人民読本』（開拓社刊）を出版。三叉の外遊後に発表された初めての創作。新しい立憲政治の時代にふさわしい人民の政治教育を目指して公刊された。11・20『万朝報』の連載記事「当今の新聞記者」に「竹越与三郎先生」が掲載される。11・23政友会東北大会が開催され三叉も出席。原敬、尾崎行雄等の幹部も参加。11・24仙台で政談演説会が開かれ、原敬、尾崎行雄、片岡直温らとともに三叉も演説。	6・2第一次桂内閣成立。6・21星亨、暗殺される。9・18伊藤博文、欧米に向けて出発。
三五	一九〇二	37	1・3「興国の学風」（無署名）、1・8「外交の近情」（無署名）を『二六新報』に発表。1・12〜13「ローズベレー卿」（一）（二）を『二六新報』に発表。1・16「タルレーラン自叙伝」を読む」（無署名）、「欧州の友人に与へて日本を論ずるの書」（無署名）を『新天地』に発表。6・28『萍聚絮散記』（開拓社刊）を出版。7・16、17、19山路愛山「濁世論」（一）（二）（三）を『信濃毎日新聞』に発表。三叉の選挙区である高田と直江津	1・30日英同盟協約調印。

三六　一九〇三　38

で応援演説を行うために用意した演説草稿。鉄道の不通のために演説は実現しなかった。ここには親友愛山の三叉論や「文人と政治の関係」が興味深い筆致で論じられている。8・10第七回衆議院総選挙に新潟県郡部旧七大区より立候補し、初当選を果たす。8月福田和五郎の斡旋により『二六新報』に入社。12・4政友会の定期大会で党の役員が決められ三叉は調査部文部担当副部長に選ばれた。12・14議会で初めての演説を行う（「予算と内閣の不一致に就て」）。

1・1「総理大臣」を『太陽』に発表。1・5「教育方針一変の必要」を『教育時論』に発表。3・1明治三五年一二月二八日に桂首相の海軍拡張案並びにその財源としての地租増徴継続をめぐり政友会・憲政本党との会談成功せず、ついに衆議院解散となった。第八回総選挙に前回と同じように新潟県から三叉が出馬し当選。5・7党の政務調査本部部長になる。5・29教科書事件並びに取引所問題に関して所管大臣の責任を問う議会演説「文部農商両大臣弾劾案に就て」を行う。7月三条実美の父実万の伝記を絵物語にして追憶したいという明治天皇の勅令が西園寺に伝えられた。三叉が西園寺の指示を受けて筆をとり、それを西園寺が添削して浄書し、さらに宮内省の絵師が絵を描き入れて全部で一二巻の絵巻物が完

			成した。11・8政友会近畿大会に総裁西園寺に三叉は、末松謙澄、伊藤大八らと一緒に同行参加。11月「衆議院の娯楽に関して林田書記官長に与ふ」を『二六新報』に発表。12・1『三叉書翰』（開拓社刊）を出版。12・11衆議院解散。	
三七	一九〇四	39	3・1議長河野広中が内閣弾劾の上奏案を提出し可決されたため議会が改選され、この日第九回総選挙が行われた。三叉は前回同様、新潟県郡部から立候補し当選する（第三回目）。6・7台湾視察のため初めて台湾に入る。翌年明治三八年にも再度台湾を歴訪している。6・10「立憲国に於ける教育せられたる勇気」を『中学世界』に発表。11・1「朝鮮に於ける半上落下の政策」を『太陽』に発表。12・4選ばれて議会の請願委員長に就任。12・21「商業会議所法中改正法律案」委員長に選ばれる。請願委員長として三叉は三つの請願を採択すべきであると議会で報告。「所得税法中改正の請願」「旱害地租特別免除の請願」「葉煙草売買事業者交付金下付請願」。	2・10ロシアに宣戦布告（日露戦争勃発）。8・22第一次日韓協約調印。11・28第二一議会召集。
三八	一九〇五	40	2・19体育建議案反対演説を行う。学校の体育競技に撃剣柔道を加えて、国民の志気を振作すべしという建議趣旨に対して、三叉は横井時雄らとともに反対に回った。3・5「台湾統治の方法」を『時代思潮』に発表。6・20「近時外交のサイドライト」（慶應義塾政治学会にお	5・27〜28日本海海戦。9・5日露講和条約調印。日比谷で講和反対国民大会が開かれ、講和条件に不満を持つ一般民衆の興奮はや

ける演説)。9・1「男女学生の交際に就て」を『中央公論』に発表。「日英同盟の改訂」を『太陽』に発表。9・5『台湾統治志』(博文館刊)を出版。なお、この書物は後に英訳(*Japanese Rule in Formosa*)されてロンドンで出版された。11・1「日仏は接近し得ざる乎」を『太陽』に発表。11・2「『妹邦』か『勝国』か」を『読売新聞』に発表。11・15「殖民教育を起すべし」を『教育時論』に発表。12・1「楽天観」を『中央公論』に発表。

がて御用新聞、交番、電車などの焼打に発展。『国民新聞』も襲撃された。11・17第二次日韓協約調印。12・20韓国統監府を設置。12・21初代統監に伊藤博文を任命。

三九	一九〇六	41	1・2三叉、西園寺とともに銚子に遊ぶ。山本悌二郎(佐渡選出の政友会代議士)も一緒。三叉は時局を論じ西園寺に強く組閣を勧奨する。1・5「韓人教育についての謬見」を『教育時論』に発表。1・26三叉、第二二議会の請願委員長に選ばれる(二回目)。2・5「学者に対する尊敬」を『読売新聞』に発表。2・23『比較殖民制度』を読売新聞社より発行。3・15鳥谷部春汀「当今の時文家」と題する一文を『文章世界』(第一巻第一号)に発表し、石川幹明、徳富猪一郎、山路愛山、三宅雪嶺らと一緒に三叉を論じている。また、『文章世界』同号の「文範」欄で三叉の「招待状」が取り上げられている。3・16「鉄道国有法案に就て」衆議院における同法案の賛成演説。4・1「外交の現状」を『中央公論』	1・7第一次西園寺公望内閣成立。

に発表。4・15「文章管見」（論説）を『文章世界』に発表。また、「余が文章に裨益せし書籍」（雑録）を同誌に幸田露伴、依田学海、井上巽軒とともに掲載。5月「速記と立憲政体」（速記者会合における演説）。5・16欧州視察旅行に出発、仏伊露の各国を訪問。パリでは栗野慎一郎駐仏公使を訪ね、ロンドンでは代理公使陸奥広吉（宗光の弟）の手厚い世話を受けた。またロンドン滞在中に開かれた国際議院連合会（七月二三〜二五日）に列席し、この会議に参加した日本最初の代議士として非常な歓迎を受けた。八月にはロシアに渡り、本野一郎公使を訪問。ロシアからロンドンに戻った三叉は英国皇帝（エドワード七世）に謁見する。一一月に帰国。6月「日仏協約の必要」、パリ、レコードパリ新聞記者のインタビュー記事。7・15春風道人「昔の民友社」を『文章世界』に発表。7・26「国際議院連合会に臨むの記」（一）〜（四）を『二六新報』に発表。8・30「英国皇帝に謁見の記」を『読売新聞』に発表。9・15「演劇につきて」を『都新聞』に発表。11・9「朝野の交綏国民の一致」（サヴェージクラブでの演説）。11月「如何にして妹邦を治めん乎」を『太陽』に発表。11・20三叉、読売新聞主筆となる。明治四〇年一月五日より六月一日まで「いろは便」を執筆掲載する。三叉は現職の衆議院議員として多忙だったので、読売新聞社長である本野盛亨（本野一郎の父）を十分に援助して頽勢を挽回することができず、結局、明治四〇年六月二六日を以て主筆を辞任した。12・1「世界連絡鉄道」を『読売新聞』に発表。12・15「新聞の論文」、12・16「外交の現状」を『読売新聞』に発表。

四〇	一九〇七	42	1・1「列国議院会議」を『中央公論』に発表。1・15「交友社会と文章」を『文章世界』に発表。1・31「人事に於ける個人的要素」と題する講演を第一高等学校学生に対して行う（『読売新聞』二月五〜八日に連載）。2・12衆議院で「明治四〇年度予算案」に賛成の演説を行う。「査定予算を支持するの理由」を『読売新聞』（二月一五〜一六日）に発表。3・1「農民世襲財産制定の説」を自治協会において演説。3・17「時に古今なし」慶應義塾商科学生に対する講演（『読売新聞』三月二〇〜二一日に発表）。4・1「薔薇文学」を『中央公論』に発表。5・15「我が読書趣味の変遷『史記から写生文』」を『文章世界』に発表。5月「国家の現状」と題して信州上田劇場にて講演する。5・26「教育管見」と題して越後教育会において講演（『読売新聞』六月一五〜一九日に発表）。6・10日仏協約及び仏領インドシナに関する宣言書が調印される。三叉は前年の明治三九年	6月ハーグ密使事件。7・24第三次日韓協約調印。

六月にパリを訪れた際に日仏協約の実現促進のため栗野公使を助けて色々と周旋した。6・17〜19首相西園寺公望の第一回文士招待会（「雨声会」）が開かれる。西園寺の駿河台の私邸に二〇名の文学者らが招かれたが、その人選は三叉の委嘱を受けた近松（徳田）秋江が行った。6・24早稲田校風会において「功名禅」と題する講演を行う。6・26読売新聞「主筆辞任の弁」を『読売新聞』に発表。7・1「余の知れる福沢先生」を『中央公論』に発表。7・15「余が執筆の実際」を『文章世界』に発表。9〜12月支那視察旅行に出る。北京で一カ月半滞在して張之洞と会見したり、一一月三日には阿部代理公使とともに親王大臣等を公使館に招いて交歓し時の外務大臣袁世凱とも会見した。袁と日清両国の様々の懸案問題（日露戦後の満州問題、間島帰属問題等）について協議。このように三叉はあくまでも一人の衆議院議員として支那の要人たちと重要な政治問題についていわば民間外交的な役割を演じた（『倦鳥求林集』「袁世凱との会見」、『読画楼随筆』「張之洞との会見」参照）。10・1「書簡の文学的価値」を『文章世界』に発表。「外交上の新局」を『中央公論』に発表。11・7「国際に於ける婦人の位置」（北京婦人会における講演）。12月「支那新聞記者に対して」（上海寰球学堂における演説）。12・2「国際に

四一	一九〇八	43

於ける黄金の勢力」（明治大学駿台会における演説）。12・19『三叉文集』（陸文館刊）を出版。12・25政友会の在京議員総会が開かれ、三叉は政務調査会委員に指名された。またこの総会で外務担当部長に選任された。

1・15「趣味眼に映ぜる北京」を『文章世界』に発表。1・20「変化せんとする清国」と題して東京高等商業学校で講演。1・23増税案に対する内閣不信任決議案（「政府問責決議案」）が提出され否決。この時三叉は決議案に反対する演説を行い、賛成派の島田三郎らと対立する、1・24衆議院の請願委員長に就任（三回目）。2・1「大変せんとする支那」を『中央公論』に発表。2・28三叉、北海道「鉄道買収に関する法律案」を請願委員長として議会に提出。4・1「青年とアンビション」（早稲田大学越佐会に於て）を『中央公論』に発表。5・15「演説に対する予が用意」を『文章世界』に発表。衆議院議員の任期満了に伴う第一〇回総選挙に新潟県郡部より出馬、最高位で当選。5・26『三叉演説集』（二酉社刊）を出版。7・15訪問記事「竹越三叉氏の家庭」が『文章世界』に掲載される。8・1「国木田独歩」を『趣味』拡大号三巻八号に発表。9・1「韓国に於ける統監政治」を『中央公論』に発表。11・15「言文一致以外の文章を学ぶ要ありや　多少の除外例がある」を『文

1・14阪谷蔵相、山県逓相、鉄道建設改良費予算問題で辞任。首相西園寺も辞表を提出したが却下され、西園寺内閣留任。6・25原敬内相、天皇に社会主義者取締の現状について上奏。6・27西園寺、原敬、松田正久蔵相を呼び、病気を理由に辞意を告げる。7・4第一次西園寺内閣総辞職。7・14第二次桂太郎内閣成立。

四二	一九〇九	44	章世界』に発表。11・21政友会の政務調査会理事になる。委員長は松田正久。12・1「時代の謳歌」を『中央公論』に発表。 2・15「文芸院設立の要ありや　あがり鳥の入る所」を『文章世界』に発表。3・1「憲法を愛するの熱情」を『中央公論』に発表。3・9議会に三税（通行税、織物消費税、塩専売税）の廃止を内容に盛り込んだ「非常特別税法中改正法律案」と「塩専売法廃止法律案」が提出されたが、三叉は現状の財政状況では大きな減税は不可能であるとして反対の演説を行った。3・14「内地及台湾司法共通に関する法律案」についてこの法律案の委員長として、委員会における審議の結果を議会に報告。 4・15「高商問題」調査特別委員となる。文部省が東京帝大に商業学科を新設して、東京高等商業学校の専攻部を廃止しようとしたため、高等商業関係者の間に強硬な反対運動が展開された。そして高商の大学昇格運動を推進中の学生が同盟退学の決議を行ったり、高等商業学校に怪火が発生して建物を焼失するなどの紛糾が生じたので、政友会はこの問題を調査する必要があるとの認識に立って調査委員会が設置されることになった。5・15「低調派」を『文章世界』に発表。7月南洋視察旅行に出発。この時の見聞を基に翌年『南国記』が公刊された。

10・15「偉大なる思想の力」を『文章世界』に発表。10・26伊藤博文、ハルビン駅頭で韓国人安重根によって暗殺される。ちょうど南洋旅行中の三叉は、伊藤の横死に大きな衝撃を受けた。11・1「南国見聞の一斑」を『太陽』に発表。「南方亜細亜の明日」を『中央公論』に発表。11・10「伊藤博文公、並陸奥伊藤の関係」を『太陽』に発表。12・3「天長節紀念演説」（日本女子大学）。12・15「漢文学の研究法如何　無用にして且つ不可能な仕事」を『文章世界』に発表。

四三　一九一〇　45

2・1衆議院に「工場法案委員会」が設置され、三叉はその委員長に選ばれた。政府提出の工場法案を委員会で審議した結果、いくつかの欠点が指摘され、政府に法案内容の再検討を求めた。2・12三叉、明治四三年度予算案賛成の演説を行う。3・1「秋元興朝子」を『中央公論』に発表。3・15『文章世界』の「新文範」（名文の抜萃鑑賞）欄で『三叉書翰』が取り上げられる。4・8「植民文学及び植民教育」。4・24『南国記』（二酉社刊）を出版。本書は昭和一七年に日本評論社から「明治文学叢書」の一冊として、木村荘五解題で公刊された。4・28竹越三叉、新渡戸稲造、江木翼らが中心になって殖民学会を設立。5・1「朝鮮よりもドレッドノート艦を要す」を『中央公論』に発表。6・15『文章世界』の「新

8・22韓国併合に関する日韓条約調印。8・29同条約公布。9・30朝鮮総督府設置。

四四	一九一一	46	文範」欄に三叉の『南国記』が取り上げられる。7・1「殖民地略奪の愚策」「夏の南国」を『中央公論』に発表。7・3「丹次郎政治」を『大阪毎日新聞』に発表。8・14「巨艦、巨砲、而して多砲」を『大阪毎日新聞』に発表。9・1「山路愛山君」を『中央公論』の「人物評論(九)山路愛山論」の欄に発表。10・1「朝鮮併有の方法を評す」を『中央公論』に発表。10・15『文章世界』に「談片　竹越三叉、与謝野晶子、山路愛山三氏の談話」が掲載される。11・1『中央公論』一一月号で「竹越与三郎論」(人物評論(十一))が掲載され、山路愛山、早川鉄治、松井柏軒、鉄拳禅、一政客、正宗白鳥、足立北鷗、上司小剣、秋元興朝らがそれぞれ一文を寄せている。11・14『日本新聞』に入社。社主伊藤欽亮を助けて新聞の経営に参画する。また明治四五年一月初めまで随筆、時論短評などを寄稿する。11・15「明清の文辞を学べ」を『文章世界』に発表。12・24三叉、一二月二三日に開会された第二七回通常議会(明治四四年三月二二日閉会)の全院委員長に選任される。1・29桂首相の政友会員招待の宴が築地精養軒に開かれ三叉も出席。3・1『文章世界』に「当今の文章家(一)竹越三叉、島崎藤村、岩野泡鳴三氏を論ず」「文範(抜萃鑑賞)竹越三叉『三叉書翰』」が載る。5・1「青	1・18大逆事件判決、幸徳秋水らに死刑判決。3・11普通選挙法案、衆議院を通過、貴族院で否決さる。

大正元 四五	一九一二	47	年必読の漢籍」を『文章世界』に発表。5・8京都地方で遊説活動を行う。6・1『文章世界』に「当代時文家の雄（徳富蘇峰、三宅雪嶺、竹越三叉、山路愛山、池辺吉太郎、松井柏軒、朝比奈知泉の七氏を論ず）」が掲載される。6・10千葉県下の選挙応援演説に参加。8・10岡山地方遊説のため東京を出発。数日にわたり備前備中を歴遊す。9・1『文章世界』に「文界十傑得点決定発表」が載り、小説家、戯曲家、批評家、時文家、翻訳家、詩人、歌人等の最多得票者が紹介される。三叉は「時文家」の分野で、最上位の徳富蘇峰、次点の三宅雪嶺に続いて、山路愛山、池辺吉太郎、大町桂月と並んでその名が挙がっている。9・4〜21四国地方の遊説活動に従事。この時の過労がたたって発病し、入院するはめになった。10・15『文章世界』の「政論家の新選手—新らしき選手の一群を論ず」で三叉は、本多精一、山路愛山、福本日南、茅原華山、田川大吉郎らと一緒に取り上げられている。10・22「婦人の牡蛎的地位は保ち得べきか」を『大阪毎日新聞』に発表。12月辛亥革命渦中の支那視察に出かける（明治四〇年秋の視察に次いで二回目）。 1・27三叉、「帝国大学特別会計中改正法律案」の委員に指名され、さらにこの法律案委員会の委員長に選ばれた。2・7三叉、「清国事件費支弁に関する法律案」委	3・29わが国最初の労働立法である工場法公布。8・25桂内閣総辞職。8・30第二次西園寺内閣成立。10月辛亥革命起こる。 1・1中華民国建国。7・30明治天皇崩御、嘉仁皇太子践祚（大正改元）。12・

			員に指名される。2・11「二十年間の堯風舜雨」（早稲田憲法記念講演会演説）。4・1『文章世界』「文壇の人の風丰」にKN生が、芳賀矢一、戸川秋骨、徳富蘇峰、千葉掬香、土肥春曙、高安月郊、竹越三叉の六人の印象記を掲載している。5・15第一一回総選挙に群馬県前橋市より立候補し当選。8・5『惜春雑話』（二酉社刊）を出版。8・11米国視察旅行に出発、一一月に帰国する。米国滞在中、日本人移民の実情を視察した。11・1『文章世界』の「新著四種」欄に「竹越三叉氏の『惜春雑話』」千葉亀雄が掲載される。12・1「米国近状」を『中央公論』に発表。12月「紅顔の美少年国事に奔走す」を『学生』に発表。12・27築地精養軒で第一回護憲連合懇親会が開催され、犬養毅、花井卓蔵、斯波貞吉らと一緒に三叉も演説を行う。	5陸相上原勇作の後任難で第二次西園寺内閣総辞職。12・19第一回憲政擁護大会が開かれ、「閥族政治を根絶して憲政を擁護せんこと」の決議文が採択された（第一次憲政擁護運動の始まり）。12・21第三次桂内閣成立。
二	一九一三	48	1・12三叉、大阪で開かれた憲政擁護運動大会に出席。尾崎行雄、小川平吉らとともに演説を行う。1・13大阪土佐堀の青年会館で開かれた憲政擁護演説会は聴衆が殺到して会場に入りきらない盛況ぶりを示した。尾崎、犬養、本多精一らと一緒に三叉も演説を行う。1・14憲政擁護静岡県民大会に出席、関直彦、江原素六らと共に演説。1・15前橋で開催された憲政擁護群馬県民大会に出席して演説を行う。1・16埼玉県熊谷で開催された憲政	2・5政友・国民両党、桂内閣不信任決議案を提出。2・10政府、三たび議会の停会命令を発す。激昂した民衆は警察や御用新聞、桂内閣支持の代議士邸等を襲撃し暴動化する。騒動は京阪神にも波及。2・11桂内

擁護県民大会で演説。1・18第二回護憲連合懇親会が開かれ三叉も演説。懇親会に招待された新聞記者に対して、言論の府に占める新聞の勢力の大きさを説き新聞記者は今こそ日本国民の憲法を愛する精神の涵養のためにその職責を全うすべきであると強調した。このように三叉は主として、立憲政友会と立憲国民党両党によって各地で開催された憲政擁護大会に席の暖まる暇もないほど頻繁に出席して桂軍閥内閣を批判攻撃した。1・24憲政擁護第二回連合大会を東京新富座で開催、三千余名の聴衆が集まる。2・1「虚栄心は世界的の慾望」を『淑女画報』に発表。「天に口無し、人をして言はしむ」を『中央公論』に発表。2・15政友会有志、築地精養軒に集まり、後継内閣問題で論議し、山本権兵衛と政友会の協調の条件について、「総理大臣、陸海軍大臣を除く他の七大臣は総て現に政党に在籍せる者を以て任ずること」などの申し合わせ事項を決めた。三叉は、尾崎、岡崎、小泉策太郎、小山完吾らと一緒にこの有志の会合に参加。2・19政友会議員総会が開かれ、原敬が内相に、松田正久が法相に就任し、首相、外相、陸海両相を除く他の全閣僚は政友会員となる条件で山本内閣を援助する方針が決定さる。2・23三叉を含めた政友会の硬派議員二四名、山本内閣との提携に反対して脱党届を出す。2・24尾崎

閣総辞職。2・20第一次山本内閣成立。

行雄ら脱党派、政友倶楽部（院内各派）を結成。三叉の起草になる宣言書を発表。2・28政友倶楽部を代表して林毅陸、内閣の政綱に関する質問書を提出。3・8政友倶楽部、国民党、新聞記者らが集まり、憲政擁護運動を継続することを確認し合い、憲政擁護会を改組する。三叉は犬養毅、岡崎邦輔らとともに会の評議員に選ばれる。3・11山本首相、林の先の議会質問に答えて、軍部大臣現役制、文官任用令につき改正の必要ありと答弁。三叉は山本首相の答弁に対して、陸海軍大臣の任命と天皇大権との関連について質問した。3・12三叉、東京神田の青年会館で開かれた憲政作振演説会で山本内閣批判の演説を行う。3・16民党各派が主催する関西連合憲政擁護会が大阪中之島公会堂で開かれ三叉、尾崎、犬養、林らが演説。会衆一万人と称される。3・24新富座で政友倶楽部の政談演説会開かれ、三叉演説。4・3岡崎邦輔、政友倶楽部脱会の意思を表明、翌日精養軒に政友倶楽部の代議士会を開いて協議した結果、岡崎の申出を承認。その後六月に岡崎は政友会に復党した。岡崎と行動を共にする議員も何人かあったが、三叉はこの時は同調しなかった。だが後に三叉も政友会に復帰する。4・15『讀畫樓閒話』（二酉社刊）を出版。6月「現代婦人の叫は性閥打破に在り」を『太陽』増刊号に発表。8・1「首

年号	西暦	齢	関係事項	一般事項
			相をして枢相を兼ねしめよ」を『太陽』に発表。9・1「籠城的教育と野戦的教育」を『婦人之友』に発表。10・1「何の為の二師団」を『太陽』に発表。10・18『人民読本』（冨山房刊）を出版。三叉は明治三四年に同名の旧著を公刊したが、今回、再販としてではなしに旧著の内容を大幅に修正し、新刊本として出版した。12・12『東京毎夕新聞』の主筆となる（翌大正三年三月の退社まで）。「望岳楼雑話」を連載。	
三	一九一四	49	1・1「また是れ南海の泡沫のみ」を『中央公論』に発表。「第三級時代の政治文学」を『青年日本』に発表。1・29「政党政治家も亦官僚のみ」を『雄弁』に発表。三叉、議会に「海軍政策質問主意書」を提出して政府の回答を要求。7月「海軍政策一変の機熟す」。8・1「議会見聞の一二」を『中央公論』に発表。10・3『三叉文存』（至誠堂刊）を出版。12・11大隈内閣の二個師団増設案の提出に対して、三叉は民力休養と産業振興による国力増進こそ先決課題であるとして師団増設の延期を訴える演説を行う。	3・24シーメンス事件の発覚が基になって山本内閣総辞職。4・16第二次大隈重信内閣成立。7・28第一次世界大戦勃発。8・23日本、ドイツに宣戦布告。12・25政府提出の二個師団増設案否決さる。衆議院解散。
四	一九一五	50	3・25第一二回総選挙に三叉は前回と同様に群馬県前橋市から立候補。ところが、大隈の政友会切崩の選挙大干渉に遭い苦戦した。三叉の選挙区には大隈の養嗣子大隈信常が対抗馬として立てられて三叉落選のために万策が	1・7農商務省大浦兼武を内務大臣に任命。大隈の次期総選挙に備えての起用。1・18対華二十一カ条要求。

			講じられた。三叉側の選挙陣営に対する官権の総力をあげての弾圧、有権者である地元の有力な蚕糸業者の大隈陣営への利益誘導、三叉引退説の流布など猛烈な選挙干渉が加えられた結果、はじめの予想に反して三叉は大隈信常に敗れ去った。6・20「日本経済史編纂会」発足。11月東京京橋山下町の鉄道工業会社内に「日本経済史編纂局」を置き、『日本経済史』の執筆を開始する。	
五	一九一六	51	8・21「叙勲拝辞の上表」を天皇あてに上奏。だが上奏は聴許されず、従四位勲三等に叙せられた。	10・5大隈内閣総辞職。
六	一九一七	52		3月ロシア二月革命。11月ロシア十月革命。
七	一九一八	53	2・23『三叉文鈔』（正午出版社刊）を出版。	7月米騒動発生。11・11ドイツ、連合国と休戦協定調印（第一次世界大戦終結）。
八	一九一九	54	8月ベルサイユ講和会議に西園寺が全権使節として出席することになり、三叉も西園寺から使節一行に加わるようにとの誘いを受けた。しかし、「日本経済史」編纂の仕事に追われていた三叉は推薦を拝辞した。11・15『日本経済史』第一巻を出版。「日本経済史編纂会」が発足して四年五カ月にして漸く第一巻刊行に漕ぎ着けた。	
九	一九二〇	55	10月『日本経済史』全八巻完成し初版が刊行さる（「日本経済史編纂会」刊）。最初一千部印刷、後に三百部増	1・10国際連盟発足。

一〇	一九二一	56	刷して、うち三百部は出資者や知人に寄贈した。この年 *Japanese Rules in Formosa,* translated by George Braithwaite. Longmans, Green & Co. London が出版される。 1・27西園寺の推薦により宮内省、臨時帝室編修官長に就任。明治天皇紀編纂の基本方針策定に取り組む。未公刊の「明治天皇紀稿本」を執筆。	11・4原敬、刺殺される。 11・12ワシントン会議（〜翌年二月六日）。
一一	一九二二	57	2・2三叉、貴族院勅選議員に任命される。西園寺公望の推薦による。『日本経済史』の執筆や帝室編修官長として「明治天皇紀」の編纂に従事していたために衆議院議員選挙に出馬する機会を失った三叉であるが、持論の立憲政治理論からいっても民意を代表する衆議院に議席を持つ政治家として活躍するのが本筋であると彼自身考えていた。現に三叉は貴族院議員の推薦を受諾すべきか否か大いに苦慮した。ともあれ、昭和一五年四月二四日に辞任するまでの一八年間、軍部専制を憂う西園寺の施政に形影相伴うようなかたちで協力する三叉の貴族院議員時代が続くのである。11月「海清庵記」。	
一二	一九二三	58	9・1関東大震災が起こり四谷東大久保一四の三叉の居宅が損壊。「読画楼」と称する洋風レンガ造りの書斎も全壊する。中野区野方町新井に新築を決意し、資金調達の一環として数千冊の蔵書を立命館大学に売却処分する。	

一三	一九二四	59	3・1「福沢先生に就ての追憶」を『三田評論』に発表。12月中野区野方町（のち新井町）新井三三三の新居に移転。武蔵野の面影を残す一千坪の雑木林に囲まれた閑静な屋敷であった。	
一四	一九二五	60	1・10『日本経済史』「第三版小序」を執筆。	1・20日ソ基本条約調印。4・22治安維持法公布。
一五 昭和 元	一九二六	61	3・1正四位に叙せられる。5・15臨時帝室編修官長を辞任、後任に三上参次を推す。6・2大阪毎日、東京日日の両新聞社に客員として入社。8月満州視察旅行。張作霖と会見。8・30「張氏に勧む」を『大阪毎日新聞』に発表。10・11九州視察旅行。八幡製鉄所、直方の三菱鉱業所、長崎造船所、高等商業学校等にて講演。11・1に帰阪。11・13「転蓬日記」と題して九州旅行記を『大阪毎日新聞』に連載。12・25～27「大正天皇の追憶」㈠㈡㈢を『東京日日新聞』に発表。12・27～28「国民の胸中に…生けるが如き御風格」を『大阪毎日新聞』に発表。12・28貴族院の常任委員に選任される。政友会の党協議員に選ばれる。	12・25大正天皇崩御、裕仁皇太子（摂政）践祚（昭和改元）。
二	一九二七	62	1月東京市主催の大正天皇奉悼会で「大正天皇奉悼会にて」と題する講演を行う。1・29「殯宮に候して」を『東京日日新聞』に発表。11・1～3「明治節を迎へて大帝を偲び奉る」を『大阪毎日新聞』に発表。	

三	一九二八	63	2・20第一六回総選挙が行われる。最初の普通選挙で、三叉は普通選挙法の趣旨を説明するため、大阪毎日新聞主催の講演会で演説。9・21『日本経済史』「改訂普及版に題す」を執筆。11・20改訂普及版『日本経済史』(全六冊)第一巻が平凡社より刊行。昭和四年四月二〇日に第六巻刊行。	6・4張作霖爆殺事件。
四	一九二九	64	7・2浜口雄幸内閣成立。田中義一首相に代わって次期政権担当者として、西園寺が浜口を奏薦するにあたり、三叉は協力した。また浜口内閣が成立するや、三叉は直接官邸に浜口を訪問して、浜口が実施しようとする経済政策、つまり緊縮政策と金解禁によって生ずる国民生活の萎靡沈滞について注意を促した。また満州現地軍の綱紀粛正にも三叉は強い関心を払っていた。この年「『大阪公論』しぐれ話」(談話筆記)を発表。	10・24ニューヨーク株式市場大暴落(世界恐慌の始まり)。
五	一九三〇	65	1月『上毛教界月報』第三七四号に三叉、古賀快象、波多野培根らの教会合同問題の回顧記事を発表。2・4『陶庵公』(叢文閣刊)を出版。大阪毎日・東京日日の両新聞に連載した記事を一書にまとめたもの。4月『日本経済史』英訳版がロンドンのGeorge Allen and Unwinから出版される(英文書名は*The Economic Aspects of the Civilization of Japan*, 3 vols.) 4・25三叉、金解禁問題について貴族院で浜口首相と井上準之助蔵相に質問	1・11金輸出解禁の実施、金本位制に復帰。1・21〜4・22ロンドン海軍軍縮会議。11・14浜口首相、東京駅で佐郷屋留雄に狙撃され重傷を負う。

六	一九三一	66	演説を行う。5月「慶長前後のマーカンタイル・システム」（海軍有終会における講演）。3・21三叉は自ら「中小企業並に失業者救済に関する決議案」を議会に発議し失業者救済の緊急性を訴えた。	4・13浜口内閣総辞職。9・18満州事変勃発。
七	一九三二	67	4・29「昭和七年天長節放送」。	3・1満州国建国。5・15犬養首相、陸海軍将校らに暗殺さる（五・一五事件）。
八	一九三三	68	4月「我々はどこに居る」（ラジオ放送）。*Prince Saionji*, Ritsumeikan, Kyoto 出版される。8・1『旋風裡の日本』（立命館出版部刊）を出版。11・20「一九三六年の危機解剖」と題して時事新報社で講演。	1・30ヒトラー首相就任。
九	一九三四	69	1月『明治天皇紀』の完成を記念して、かつての編修官長三叉の旧功を報奨する勲一等授章の命があったが、三叉は固辞した。そこで勲章の代わりに花瓶一対、金一封、旧功を賞する詔旨が授けられた。9月「堤清六君碑」「河村瑞賢翁追憶碑文」「河村瑞賢翁追憶碑建設の由来」を執筆。	
一〇	一九三五	70	2月「桔梗屋覚帳」を『政治経済時報』に発表。5・5『明日はどうなる』（言海書房刊）を出版。6・5「近世日本の発達に働いた経済的原因」（東京帝国大学経友会における講演）。6・20『倦鳥求林集』（岡倉書房刊）を出版。8・15『磯野計君伝』を出版。	

一一	一九三六	71		2・26二・二六事件発生。
一二	一九三七	72	1・1「日本の自画像」を『ダイヤモンド』に発表。3月「時代と日本料理」（日本料理会における講演）。9・25「支那義和団の再発、上海はサラミスである」（九月八日の貴族院における演説の要旨）を印刷する（非売品）。10月「倭寇が作った上海」を『サンデー毎日』に発表。12・1「欧州諸国回頭の秋——上海はサラミスである」を『中央公論』に発表。	7・7盧溝橋で日中両軍衝突、日中戦争勃発。
一三	一九三八	73	4・1「倭寇記」を『中央公論』に発表。4・20『倭寇記』（白揚社刊）を出版。7月「鷓鴣《シャコ》の声」を『野火』に発表。10・5『日本の自画像』（白揚社刊）を出版。この年、セリグマンの『社会科学百科事典』*Encyclopedia of the Social Sciences 1938*, edited by E. R. Seligman, New York に Land Tenure in China を執筆。	
一四	一九三九	74	1・10「福沢先生の誕生日に際して」を『三田評論』に発表。10月「西安に於ける日本人の遺跡」を『創造』に発表。11・1「深草の元政どの」を『中央公論』に発表。	9・1ドイツ、ポーランド侵攻（第二次世界大戦勃発）。
一五	一九四〇	75	1月「二千六百年間に作られた日本人の心性」を『紀元二千六百年』（内閣刊）に発表。「白拍子たけ女の道の記に就て」を『武女道の記』に発表。4・17枢密顧問官に任命される（昭和二一年四月一七日の辞任まで六年間）。「最後の元老」として軍部の跳梁跋扈に苦慮する西園寺	10・12大政翼賛会発足。11・24西園寺公望死去。

			の積極的な推挽によるもの。旧著『二千五百年史』の発売禁止の通告を受ける。6・25『三叉小品』（立命館出版部刊）を出版。9・26枢密院全員委員会並びに本会議が開催され、「日独伊三国同盟条約の締結の件」が審議される。三国同盟締結によって生ずる対米対ソ関係の悪化、万一、日米が戦端を開くことになった場合の処置等について三叉は松岡洋右外相に質問した。12・15 *Self-Portrayal of Japan* が国際報道工芸社より出版。	
一六	一九四一	76	4・24枢密院全員委員会が開催され、日ソ中立条約批准の件について審議される。三叉は、この条約によってソ連に対する警戒心を緩めて、直ちに南方攻略に出ることの危険性について松岡外相に強調。11・27「昭和版の南国記に題す」を執筆。昭和一七年一月一二日、『南国記』木村荘五解題（日本評論社刊）が出版される。12・8緊急の枢密院全員委員会が開かれ、「対米英宣戦布告の件」につき審議。諮詢の内容は戦闘開始の是非の決定ではなく、すでに真珠湾攻撃が行われた時点での対米英宣戦布告の可否という問題に限定されていた。	10・18東条英機内閣成立。12・8ハワイ真珠湾攻撃。
一七	一九四二	77	1月「危局と人物」（三叉座談）が『実業之日本』に掲載される。5・1「私の母」を『婦人倶楽部』に発表。10月交詢社常議院長に就任（昭和二三年まで）。10・28枢密院本会議で政府提案の「大東亜省設置案」が長時間	6・5〜7ミッドウェー海戦。

一九	一九四四	79	にわたって審議され、ほとんど全員の顧問官の反対に遭って東条首相は大いに昂奮した。1・15八〇歳を迎えたので宮中杖を下賜される。1・25『讀畫樓随筆』（大日本雄弁会講談社刊）を出版。3・10「陸軍記念日にちなみ」を『毎日新聞』に発表。7・21「総力結集へ」を『朝日新聞』に発表。東条英機批判の一文。12・19妻竹代逝去（享年七四）。	7・18東条内閣総辞職。
二〇	一九四五	80		7・17〜8・2ポツダム会談。8・6広島原爆投下。8・9長崎原爆投下。8・15終戦。
二一	一九四六	81	3・17枢密院会議が開かれ憲法改正案を審議。三叉は特別委員会の委員長として審議に参加する。	11・3日本国憲法公布（翌年五月三日施行）。
二二	一九四七	82	5・2枢密院廃止。6・5『新日本歴史』上巻（東京タイムス社。下巻は昭和二三年一〇月一五日に刊行）を出版。9・22公職追放処分を受ける。12・30『西園寺公』（鳳文書林刊）を出版。	
二五	一九五〇	85	1・12老衰のため永眠。葬儀は当時、東京杉並区天沼一丁目にあった次男熊三郎宅で簡素に「死亡公告を新聞にも掲載せず」「三叉と親交のあった若干の友人の会葬を得て、密葬に近い葬送」で執り行われた。しかし後に、三叉の死を聞き知った多数の知名士が集まって、生前の	6・25朝鮮戦争勃発。

三叉ゆかりの銀座の交詢社において、盛大な告別式が挙行された。戒名は直指院絶学三叉居士。竹代夫人とともに多磨墓地に埋葬された。

本年譜は、西田毅編「竹越三叉年譜」（『竹越三叉集』民友社思想文学叢書4、三一書房、一九八五年）に補訂を加えたものである。

三宅雪嶺　長妻三佐雄
*岡倉天心　木下長宏
志賀重昂　中野目徹
徳富蘇峰　杉原志啓
*竹越与三郎　西田　毅
内藤湖南・桑原隲蔵　礪波　護
廣池千九郎　橋本富太郎
岩村　透　今橋映子
*西田幾多郎　大橋良介
*金沢庄三郎　石川遼子
柳田国男　鶴見太郎
厨川白村　張　競
天野貞祐　貝塚茂樹
大川周明　山内昌之
西田直二郎　林　淳
折口信夫　斎藤英喜
辰野　隆　金沢公子
シュタイン　瀧井一博
*西　周　清水多吉
*福澤諭吉　平山　洋
成島柳北　山田俊治
福地桜痴　山田俊治
島田三郎　武藤秀太郎
田口卯吉　鈴木栄樹
*陸　羯南　松田宏一郎
黒岩涙香　奥　武則
長谷川如是閑　織田健志

*吉野作造　田澤晴子
山川　均　米原　謙
*岩波茂雄　十重田裕一
*北　一輝　岡本幸治
*穂積重遠　大村敦志
中野正剛　吉田則昭
満川亀太郎　福家崇洋
*北里柴三郎　福田眞人
高峰譲吉　木村昌人
田辺朔郎　秋元せき
*南方熊楠　飯倉照平
寺田寅彦　金森　修
石原　純　金子　務
*辰野金吾　河上眞理・清水重敦
*七代目小川治兵衛　尼崎博正
ブルーノ・タウト　北村昌史

現代

昭和天皇　御厨　貴
高松宮宣仁親王　後藤致人
*李方子　小田部雄次
吉田　茂　中西　寛
マッカーサー　柴山　太
石橋湛山　増田　弘
重光　葵　武田知己

市川房枝　村井良太
*池田勇人　藤井信幸
高野　実　篠田　徹
和田博雄　庄司俊作
朴正熙　木村　幹
竹下　登　真渕　勝
*松永安左ヱ門　橘川武郎
鮎川義介　井口治夫
*出光佐三　橘川武郎
松下幸之助　米倉誠一郎
渋沢敬三　井上　潤
*本田宗一郎　伊丹敬之
井深　大　武田　徹
*佐治敬三　小玉　武
幸田家の人々　金井景子
*正宗白鳥　大嶋　仁
大佛次郎　福島行一
*川端康成　大久保喬樹
*薩摩治郎八　小林　茂
太宰　治　安藤　宏
松本清張　杉原志啓
安部公房　鳥羽耕史
*三島由紀夫　島内景二
井上ひさし　成田龍一
R・H・ブライス　菅原克也
柳　宗悦　熊倉功夫

バーナード・リーチ　鈴木禎宏
イサム・ノグチ　酒井忠康
熊谷守一　古川秀昭
川端龍子　岡部昌幸
藤田嗣治　林　洋子
*井上有一　海上雅臣
*手塚治虫　竹内オサム
古賀政男　藍川由美
*吉田　正　金子　勇
武満　徹　船山　隆
*八代目坂東三津五郎　田口章子
*力道山　岡村正史
*西田天香　宮田昌明
安倍能成　中根隆行
サンソム夫妻　平川祐弘・牧野陽子
和辻哲郎　小坂国継
矢代幸雄　稲賀繁美
石田幹之助　岡本さえ
*平泉　澄　若井敏明
安岡正篤　片山杜秀
島田謹二　小林信行
田中美知太郎　川久保剛
前嶋信次　杉田英明
唐木順三　澤村修治
保田與重郎　谷崎昭男

*福田恆存　川久保剛
井筒俊彦　安藤礼二
佐々木惣一　伊藤孝夫
小泉信三　都倉武之
*瀧川幸辰　伊藤孝夫
矢内原忠雄　等松春夫
式場隆三郎　服部　正
*フランク・ロイド・ライト　大久保美春
*中谷宇吉郎　杉山滋郎
大宅壮一　有馬　学
今西錦司　山極寿一

*は既刊
二〇一五年九月現在

*月性 海原徹
*吉田松陰 海原徹
*高杉晋作 海原徹
久坂玄瑞 一坂太郎
ペリー 遠藤泰生
ハリス 福岡万里子
オールコック 佐野真由子
アーネスト・サトウ 奈良岡聰智
緒方洪庵 米田該典
冷泉為恭 中部義隆

近代

*明治天皇 伊藤之雄
*大正天皇 F・R・ディキンソン
*昭憲皇太后・貞明皇后 小田部雄次
大久保利通 三谷太一郎
山県有朋 鳥海靖
木戸孝允 落合弘樹
井上馨 伊藤之雄
*松方正義 室山義正
北垣国道 小林丈広
板垣退助 小川原正道
長与専斎 笠原英彦
大隈重信 五百旗頭薫
伊藤博文 坂本一登
井上毅 大石眞
*井上勝 老川慶喜
*桂太郎 小林道彦
渡辺洪基 瀧井一博
*乃木希典 佐々木英昭
星亨 小林道彦
*児玉源太郎 小林道彦
*高宗・閔妃 木村幹
山本権兵衛 室山義正
*金子堅太郎 松村正義
高橋是清 鈴木俊夫
小村寿太郎 簑原俊洋
*犬養毅 小林惟司
*加藤高明 櫻井良樹
加藤友三郎・寛治 麻田貞雄
牧野伸顕 小宮一夫
田中義一 黒沢文貴
内田康哉 高橋勝浩
石井菊次郎 廣部泉
平沼騏一郎 堀田慎一郎
鈴木貫太郎 小堀桂一郎
宇垣一成 北岡伸一
*宮崎滔天 榎本泰子
*浜口雄幸 川田稔
幣原喜重郎 西田敏宏
関一 玉井金五
水野広徳 片山慶隆
広田弘毅 井上寿一
安重根 上垣外憲一
*グルー 廣部泉
*永田鉄山 森靖夫
東條英機 牛村圭
今村均 前田雅之
蔣介石 劉岸偉
石原莞爾 山室信一
木戸幸一 波多野澄雄
*岩崎弥太郎 武田晴人
伊藤忠兵衛 末永國紀
五代友厚 田付茉莉子
大倉喜八郎 村上勝彦
*安田善次郎 由井常彦
渋沢栄一 武田晴人
益田孝 鈴木邦夫
山辺丈夫 宮本又郎
武藤山治 阿部武司・桑原哲也
池田成彬 松浦正孝
西原亀三 森川正則
小林一三 橋爪紳也
大倉恒吉 石川健次郎
大原孫三郎 猪木武徳
*河竹黙阿弥 今尾哲也
イザベラ・バード 加納孝代
*林忠正 木々康子
*森鷗外 小堀桂一郎
*二葉亭四迷 ヨコタ村上孝之
夏目漱石 佐々木英昭
徳冨蘆花 半勝英明
巌谷小波 千葉信胤
樋口一葉 佐伯順子
*島崎藤村 十川信介
泉鏡花 東郷克美
上田敏 小林茂
*有島武郎 亀井俊介
永井荷風 川本三郎
北原白秋 平石典子
菊池寛 山本芳明
芥川龍之介 髙橋龍夫
*宮沢賢治 千葉一幹
正岡子規 夏石番矢
高浜虚子 坪内稔典
与謝野晶子 佐伯順子
*種田山頭火 村上護
*斎藤茂吉 品田悦一
*高村光太郎 湯原かの子
萩原朔太郎 エリス俊子
*原阿佐緒 秋山佐和子
*狩野芳崖・高橋由一 古田亮
*小堀鞆音 小堀桂一郎
竹内栖鳳 北澤憲昭
黒田清輝 高階秀爾
中村不折 石川九楊
横山大観 高階秀爾
*橋本関雪 西原大輔
小出楢重 芳賀徹
土田麦僊 天野一夫
岸田劉生 北澤憲昭
*山田耕筰 後藤暢子
松旭斎天勝 川添裕
中山みき 鎌田東二
佐田介石 谷川穣
*ニコライ 中村健之介
出口なお・王仁三郎 川村邦光
島地黙雷 阪本是丸
*新島襄 太田雄三
新島八重 佐伯順子
木下広次 冨岡勝
海老名弾正 西田毅
嘉納治五郎 クリストファー・スピルマン
柏木義円 片野真佐子
津田梅子 田中智子
*澤柳政太郎 新田義之
河口慧海 高山龍三
山室軍平 室田保夫
大谷光瑞 白須淨眞
*久米邦武 髙田誠二
フェノロサ 伊藤豊
井上哲次郎 井ノ口哲也

親鸞 末木文美士
恵信尼・覚信尼 西口順子
覚如 今井雅晴
*道元 船岡誠
叡尊 細川涼一
*忍性 松尾剛次
*日蓮 佐藤弘夫
一遍 蒲池勢至
夢窓疎石 原田正俊
*宗峰妙超 竹貫元勝

南北朝・室町

後醍醐天皇 上横手雅敬
護良親王 新井孝重
*赤松氏五代 渡邊大門
*北畠親房 岡野友彦
楠正成 兵藤裕己
*新田義貞 山本隆志
*光厳天皇 深津睦夫
足利尊氏 市沢哲
足利直義 亀田俊和
佐々木道誉 下坂守
円観・文観 田中貴子
足利義詮 早島大祐
足利義満 川嶋將生
足利義持 吉田賢司
足利義教 横井清
大内義弘 平瀬直樹
伏見宮貞成親王 松薗斉
*山名宗全 山本隆志
細川勝元・政元 古野貢
日野富子 脇田晴子
世阿弥 西野春雄
雪舟等楊 河合正朝
宗祇 鶴崎裕雄
*満済 森茂暁
一休宗純 原田正俊
蓮如 岡村喜史

戦国・織豊

北条早雲 家永遵嗣
*毛利元就 岸田裕之
毛利輝元 光成準治
*今川義元 小和田哲男
*武田信玄 笹本正治
*武田勝頼 笹本正治
*真田氏三代 笹本正治
*三好長慶 天野忠幸
*宇喜多直家・秀家 渡邊大門
*上杉謙信 矢田俊文
島津義久・義弘 福島金治
長宗我部元親・盛親 平井上総
吉田兼倶 西山克
山科言継 松薗斉
*雪村周継 赤澤英二
正親町天皇・後陽成天皇 神田裕理
織田信長 三鬼清一郎
豊臣秀吉 藤井讓治
*北政所おね 田端泰子
*淀殿 福田千鶴
前田利家 東四柳史明
*黒田如水 小和田哲男
*蒲生氏郷 藤田達生
*細川ガラシャ 田端泰子
伊達政宗 伊藤喜良
*支倉常長 田中英道
*長谷川等伯 宮島新一
顕如 神田千里
教如 安藤弥

江戸

徳川家康 笠谷和比古
*徳川家光 野村玄
徳川吉宗 横田冬彦
*後水尾天皇 久保貴子
光格天皇 藤田覚
崇伝 杣田善雄
春日局 福田千鶴
宮本武蔵 渡邊大門
*池田光政 倉地克直
保科正之 八木清治
シャクシャイン 岩崎奈緒子
*田沼意次 藤田覚
*二宮尊徳 小林惟司
末次平蔵 岡美穂子
*高田屋嘉兵衛 生田美智子
*林羅山 鈴木健一
吉野太夫 渡辺憲司
中江藤樹 辻本雅史
*山崎闇斎 澤井啓一
山鹿素行 前田勉
*北村季吟 島内景二
伊藤仁斎 澤井啓一
貝原益軒 辻本雅史
松尾芭蕉 楠元六男
*ケンペル B・M・ボダルト＝ベイリー
新井白石 大川真
荻生徂徠 柴田純
*雨森芳洲 上田正昭
石田梅岩 高野秀晴
白隠慧鶴 芳澤勝弘
前野良沢 松田清
平賀源内 石上敏
本居宣長 田尻祐一郎
杉田玄白 吉田忠
木村蒹葭堂 有坂道子
*大田南畝 沓掛良彦
菅江真澄 赤坂憲雄
*鶴屋南北 諏訪春雄
良寛 阿部龍一
*山東京伝 佐藤至子
*滝沢馬琴 高田衛
平田篤胤 山下久夫
シーボルト 宮坂正英
本阿弥光悦 岡佳子
小堀遠州 中村利則
狩野探幽・山雪 山下善也
尾形光琳・乾山 河野元昭
*二代目市川團十郎 田口章子
伊藤若冲 狩野博幸
鈴木春信 小林忠
*佐竹曙山 成瀬不二雄
葛飾北斎 岸文和
酒井抱一 玉蟲敏子
孝明天皇 青山忠正
*和宮 辻ミチ子
徳川慶喜 大庭邦彦
島津斉彬 原口泉
*古賀謹一郎 小野寺龍太
*永井尚志 高村直助
*栗本鋤雲 小野寺龍太
大村益次郎 竹本知行
西郷隆盛 家近良樹
*塚本明毅 塚本学

ミネルヴァ日本評伝選

企画推薦
梅原　猛
ドナルド・キーン
佐伯彰一
角田文衞

監修委員
上横手雅敬
芳賀　徹

編集委員
石川九楊
伊藤之雄
猪木武徳
今谷　明
今橋映子
熊倉功夫
佐伯順子
坂本多加雄
武田佐知子
竹西寛子
西口順子
兵藤裕己
御厨　貴

上代

*俾弥呼　古田武彦
日本武尊　西宮秀紀
*仁徳天皇　若井敏明
雄略天皇　吉村武彦
*蘇我氏四代　遠山美都男
推古天皇　義江明子
聖徳太子　仁藤敦史
斉明天皇　武田佐知子
小野妹子・毛人　大橋信弥
*額田王　梶川信行
弘文天皇　遠山美都男
天武天皇　新川登亀男
持統天皇　丸山裕美子
阿倍比羅夫　熊田亮介
*藤原四子　木本好信
*柿本人麿　古橋信孝
*元明天皇・元正天皇　渡部育子
聖武天皇　本郷真紹
光明皇后　寺崎保広
*孝謙・称徳天皇　勝浦令子
藤原不比等　荒木敏夫
橘諸兄・奈良麻呂　遠山美都男
吉備真備　今津勝紀
*藤原仲麻呂　木本好信
道　鏡　吉川真司
*藤原種継　木本好信
大伴家持　和田　萃
*行　基　吉田靖雄

平安

*桓武天皇　井上満郎
嵯峨天皇　西別府元日
宇多天皇　古藤真平
醍醐天皇　石上英一
村上天皇　京樂真帆子
花山天皇　上島　享
*三条天皇　倉本一宏
藤原薬子　中野渡俊治
小野小町　錦　仁
藤原良房・基経　瀧浪貞子
菅原道真　竹居明男
*紀貫之　神田龍身
源高明　所　功
*安倍晴明　斎藤英喜
藤原実資　橋本義則
*藤原道長　朧谷　寿
藤原伊周・隆家　倉本一宏
藤原定子　山本淳子
清少納言　三田村雅子
紫式部　竹西寛子
和泉式部　ツベタナ・クリステワ
大江匡房　小峯和明
*阿弖流為　樋口知志
坂上田村麻呂　熊谷公男
*源満仲・頼光　元木泰雄
平将門　西山良平
藤原純友　寺内　浩
空　海　頼富本宏
最　澄　吉田一彦
円　珍　岡野浩二
*空　也　石井義長
奝　然　上川通夫
*源　信　小原　仁
慶滋保胤　吉原浩人
*後白河天皇　美川　圭
式子内親王　奥野陽子
建礼門院　生形貴重
藤原秀衡　入間田宣夫
平時子・時忠　元木泰雄
平維盛　根井　浄
守覚法親王　阿部泰郎
藤原隆信・信実　山本陽子

鎌倉

源頼朝　川合　康
*源義経　近藤好和
源実朝　神田龍身
九条兼実　加納重文
九条道家　上横手雅敬
北条時政　野口　実
熊谷直実　佐伯真一
*北条政子　関　幸彦
北条義時　岡田清一
曾我十郎・五郎　杉橋隆夫
北条時頼　山本隆志
北条時宗　近藤成一
安達泰盛　山陰加春夫
平頼綱　細川重男
竹崎季長　堀本一繁
西　行　光田和伸
鴨長明　浅見和彦
藤原定家　赤瀬信吾
*京極為兼　今谷　明
*兼　好　島内裕子
重　源　横内裕人
*運　慶　根立研介
快　慶　井上一稔
法　然　今堀太逸
慈　円　大隅和雄
明　恵　西山　厚

刊行のことば

歴史を動かすものは人間であり、興趣に富んだ人間の動きを通じて、世の移り変わりを考えるのは、歴史に接する醍醐味である。

しかし過去の歴史学を顧みるとき、人間不在という批判さえ見られたように、歴史における人間のすがたが、必ずしも十分に描かれてきたとはいえない。二十一世紀を迎えた今、歴史の中の人物像を蘇生させようとの要請はいよいよ強く、またそのための条件もしだいに熟してきている。

この「ミネルヴァ日本評伝選」は、正確な史実に基づいて書かれるのはいうまでもないが、単に経歴の羅列にとどまらず、歴史を動かしてきたすぐれた個性をいきいきとよみがえらせたいと考える。そのためには、対象とした人物とじっくりと対話し、ときにはきびしく対決していくことも必要になるだろう。

今日の歴史学が直面している困難の一つに、研究の過度の細分化、瑣末化が挙げられる。それは緻密さを求めるが故に陥った弊害といえるが、その結果として、歴史の大きな見通しが失われ、歴史学を通しての社会への働きかけの途が閉ざされ、人々の歴史への関心を弱める危険性がある。今こそ歴史が何のためにあるのかという、基本的な課題に応える必要があろう。評伝という興味ある方法を通じて、解決の手がかりを見出せないだろうかというのも、この企画の一つのねらいである。

狭義の歴史学の研究者だけでなく、多くの分野ですぐれた業績をあげている著者たちを迎えて、従来見られなかった規模の大きな人物史の叢書として、「ミネルヴァ日本評伝選」の刊行を開始したい。

平成十五年（二〇〇三）九月

ミネルヴァ書房

《著者紹介》

西田　毅（にしだ・たけし）

1936年　大阪府生まれ。

1962年　同志社大学大学院法学研究科政治学専攻修了。

ただちに同志社大学法学部助手に就任，1974年同法学部教授，1988年同法学部長などを経て，

現　在　同志社大学名誉教授。

著　書　『竹越三叉集』（民友社思想文学叢書４）三一書房，1985年。

『近代日本政治思想史』編著，ナカニシヤ出版，1998年。

『近代日本のアポリア』編著，晃洋書房，2001年。

『民友社とその時代』共編著，ミネルヴァ書房，2003年。

『概説　日本政治思想史』編著，ミネルヴァ書房，2009年，ほか。

校　注　竹越与三郎『新日本史』上下，岩波文庫，2005年。

ミネルヴァ日本評伝選

竹《たけ》越《こし》与《よ》三《さぶ》郎《ろう》

――世界的見地より経綸を案出す――

2015年９月10日　初版第１刷発行　〈検印省略〉

定価はカバーに
表示しています

著　者　西　田　　毅

発行者　杉　田　啓　三

印刷者　江　戸　宏　介

発行所　株式会社　ミネルヴァ書房

607-8494 京都市山科区日ノ岡堤谷町１

電話代表（075）581-5191

振替口座 01020-0-8076

共同印刷工業・新生製本

ISBN978-4-623-07424-2

Printed in Japan

人名索引

あ 行

か　行

さ 行

た 行

な 行

は 行

ま　行

や　行

ら・わ　行

事項索引

た　行

な　行

は　行

ま　行

や　行

ら　行